中国道教典籍丛刊

四子真经集释

〔晋〕张　湛　〔唐〕殷敬顺等　注

【上】

图书在版编目(CIP)数据

四子真经集释／(晋)张湛注．－－北京：华龄出版社，2024.4
 ISBN 978-7-5169-2631-4

Ⅰ.①四… Ⅱ.①张… Ⅲ.①《道德经》-注释②《文始真经》-注释③《列子》-注释④《文子》-注释 Ⅳ.①B223

中国国家版本馆 CIP 数据核字(2023)第 205719 号

责任编辑	郑 雍	责任印制	李未圻
书　名	四子真经集释	作　者	(晋)张 湛
出　版发　行	华龄出版社 HUALING PRESS		
社　址	北京市东城区安定门外大街甲57号	邮　编	100011
发　行	(010)58122255	传　真	(010)84049572
承　印	侨友印刷(河北)有限公司		
版　次	2024年4月第1版	印　次	2024年4月第1次印刷
规　格	880mm×1230mm	开　本	1/32
印　张	41	字　数	900千字
书　号	ISBN 978-7-5169-2631-4		
定　价	118.00元(全三册)		

版权所有　侵权必究
本书如有破损、缺页、装订错误，请与本社联系调换

出版说明

《四子真经集释》是道家四大经典著作的注释集成。包括关尹子所撰著的《文始真经》，列子所撰著的《冲虚真经》，文子所撰著的《通玄真经》，亢仓子所撰著的《洞灵真经》。先秦时期，老子创立道家理论，主张道法自然，反对争斗，提倡无为而治，具有朴素的辩证法思想，对中国乃至世界都产生了深远的影响。列子、关尹子、文子、亢仓子等道家学者继老子之后，著书立说，在道家学派中起到了承前启后的作用。本次整理出版的《四子真经集释》，以《正统道藏》中收录的注本为底本，简体横排，方便当今读者阅读。

总目录

上 册

列 子 ·· 1
 冲虚至德真经解 ······················· 2
 冲虚至德真经四解 ··················· 168

中 册

 冲虚至德真经义解 ··················· 451
 冲虚至德真经鬳斋口义 ··········· 501
 冲虚至德真经释文 ··················· 614
关尹子 ·· 643
 文始真经注 ······························ 644
 文始真经言外旨 ······················ 787

下 册

文 子 ·· 859
 通玄真经徐注 ·························· 860
 通玄真经朱注 ·························· 971

通玄真经缵义 …………………………… 1122
通玄真经缵义释音 ……………………… 1231

亢仓子 …………………………………… 1235

洞灵真经注 ……………………………… 1236

分目录

上 册

列 子

冲虚至德真经解 ……………………… 2
冲虚至德真经解卷之一 ……………… 2
　天　瑞 …………………………… 2
冲虚至德真经解卷之二 ……………… 12
　天　瑞 …………………………… 12
　天瑞解 …………………………… 21
冲虚至德真经解卷之三 ……………… 23
　黄　帝 …………………………… 23
冲虚至德真经解卷之四 ……………… 38
　黄　帝 …………………………… 38
　黄帝解 …………………………… 51
冲虚至德真经解卷之五 ……………… 52
　穆王上 …………………………… 52
冲虚至德真经解卷之六 ……………… 60
　穆王下 …………………………… 60

穆王解 …………………………… 67
冲虚至德真经解卷之七 …………… 68
　仲　尼 ……………………………… 68
冲虚至德真经解卷之八 …………… 79
　仲　尼 ……………………………… 79
　仲尼解 …………………………… 88
冲虚至德真经解卷之九 …………… 89
　汤　问 ……………………………… 89
冲虚至德真经解卷之十 …………… 97
　汤　问 ……………………………… 97
冲虚至德真经解卷之十一 ………… 105
　汤　问 …………………………… 105
　汤问解 …………………………… 112
冲虚至德真经解卷之十二 ………… 113
　力命上 …………………………… 113
冲虚至德真经解卷之十三 ………… 119
　力命中 …………………………… 119
冲虚至德真经解卷之十四 ………… 124
　力命下 …………………………… 124
　力命解 …………………………… 127
冲虚至德真经解卷之十五 ………… 129
　杨朱上 …………………………… 129
冲虚至德真经解卷之十六 ………… 134
　杨朱中 …………………………… 134
冲虚至德真经解卷十七 …………… 141

杨朱下 ·················· 141
　　杨朱解 ·················· 146
　冲虚至德真经解卷之十八 ·········· 147
　　说符上 ·················· 147
　冲虚至德真经解卷之十九 ·········· 154
　　说符中 ·················· 154
　冲虚至德真经解卷之二十 ·········· 161
　　说符下 ·················· 161
　　说符解 ·················· 166

冲虚至德真经四解 ············· 168
　列　子 ··················· 168
　晋张湛注解并序 ··············· 169
　唐通事舍人卢重玄叙论 ············ 170
　政和解序 ·················· 172
　范左丞解吴师中撰序 ············· 172
　冲虚至德真经四解卷之一 ·········· 173
　　天　瑞 ·················· 173
　冲虚至德真经四解卷之二 ·········· 188
　　天　瑞 ·················· 188
　冲虚至德真经四解卷之三 ·········· 204
　　天　瑞 ·················· 204
　冲虚至德真经四解卷之四 ·········· 215
　　黄　帝 ·················· 215
　冲虚至德真经四解卷之五 ·········· 231
　　黄　帝 ·················· 231

冲虚至德真经四解卷之六 …… 250
　黄　帝 …… 250
冲虚至德真经四解卷之七 …… 263
　周穆王 …… 263
冲虚至德真经四解卷之八 …… 277
　周穆王 …… 277
冲虚至德真经四解卷之九 …… 287
　仲　尼 …… 287
冲虚至德真经四解卷之十 …… 301
　仲　尼 …… 301
冲虚至德真经四解卷之十一 …… 315
　仲　尼 …… 315
冲虚至德真经四解卷之十二 …… 330
　汤　问 …… 330
冲虚至德真经四解卷之十三 …… 344
　汤　问 …… 344
冲虚至德真经四解卷之十四 …… 358
　汤　问 …… 358
冲虚至德真经四解卷之十五 …… 368
　力　命 …… 368
冲虚至德真经四解卷之十六 …… 380
　力　命 …… 380
冲虚至德真经四解卷之十七 …… 395
　杨　朱 …… 395
冲虚至德真经四解卷之十八 …… 407

杨　朱 ………………………………… 407
冲虚至德真经四解卷之十九 ……………… 419
　说　符 ………………………………… 419
冲虚至德真经四解卷之二十 ……………… 434
　说　符 ………………………………… 434

列 子

冲虚至德真经解

冲虚至德真经解卷之一

宋杭州州学内舍生臣江遹进

天 瑞

子列子居郑圃,四十年人无识者。

解曰:子列子,古之善为士者也。微妙玄通,其藏深矣,不可测究,故居郑圃四十年,人无识者。圃泽多贤,居四十年而无有识者,然后有以见其藏用之深,《易》所谓退藏于密。

国君卿大夫视之,犹众庶也。

解曰:德足以君国,道足以养人者,宜劳于求贤也。智足以率众者,宜哲足以知人也。国君卿大夫视之,犹众庶,此所以为深不可识。

国不足,将嫁于卫。

解曰:国不足,年饥也。世之学列子者,以其能御风而行,妄意其不食五谷,而以吸风饮露为事,殊不知一涉乎人间世,则人道之患均所不免。故其书首言此,将俾后之学者务求其道,而不行怪以骇俗也。《说符》亦曰:子列子穷容貌,有饥色。

弟子曰:先生往无反期,弟子敢有所谒,先生将何以教?先生不闻壶丘子林之言乎?

解曰:以虚容为体,以中庸为道,兼覆万物者,壶丘子林也。此所以为子列子之师。

子列子笑曰：壶子何言哉？虽然，夫子尝语伯昏瞀人，吾侧闻之，试以告女。

解曰：列子之师壶子，相视而笑，莫逆于心。若伯昏瞀人者，年齿长而聪明衰，故壶子不得已而语之，列子得侧闻之也。《庄子》曰：知而不言，所以之天。列子之于壶子如此。又曰：知而言之，所以之人。壶子所以语伯昏瞀人以此。

其言曰：有生不生，有化不化。不生者能生生，不化者能化化。生者不能不生，化者不能不化。

解曰：天之神，地之富，圣之所以为圣，物之所以为物，一言而尽其道者，生化而已。故《天瑞》之训，首明此焉。夫形体区别，迁谢不停，此为有生有化。太易未兆，真常不变，此为不生不化。囿于有生，日趋于化，安能生生？役于有化，终归于尽，安能化化？生者受化，彼无生者奚有于化？化者终灭，彼不化者初无起灭。纭纭之生，皆其真心之所显示，是为能生生。扰扰之变，皆其妙心之所发起，是为能化化。既已有生，则不能不生。既已有化，则不能不化。虽天地之大，日月之明，一囿于生化之域，则若有机缄而不能自已，或运转而不能自止。时变岁迁，终古不息，而况于万物乎？生者不能不生，则生生者亦不能不生生。化者不能不化，则化化者亦不能不化化。生生化化，莫穷其端，且生且化，不知其纪，是天地之所以含万物而无穷，道之所以含天地而无极也。虽然，所谓不生不化，初不可名，因有形无强为之名，是以生化者之外非更有不生不化者也，即生化而不生不化之妙寓乎其中矣。故其言曰：有生不生，有化不化。以言有生者实未尝生，有化者实未尝化。而其所以为生化，亦不在外，亦不在我，自生自化而已。观其首言有生不生,有化不化,既已尽其道矣。不得已明夫生生化化之理,终必归之自生自化也。若夫寓生化之境而顺其生化,即生化之中而不制于生化,则万物之生皆吾心之真体,万物之化皆吾心之妙用,此圣人之所以为圣,而子列子垂训之旨也。

故常生常化。常生常化者,无时不生,无时不化,

解曰:所谓常生常化者,通古今万物而为言造化之至理也。即一物以观,既化而生,又化而死。以气之暂聚者为生,则不得为常生;以形之迁灭者为化,则不得为常化。盖造化之于万物,方生则其化固不停,已死而其化犹自若。化固有常,生亦无间,如俾一物在造化之中,其生其化容秋毫之间,则生化之理或几乎熄矣。尝谓物之生死犹日之昼夜,日出为昼,日没为夜,昼安可以言生,夜安可以言灭,此所谓无时不生,无时不化也。老君《道经》首章言常道常名、常无常有,语道而不至于常,不足以为众妙之门也。

阴阳尔,四时尔。

解曰:阴阳播而为四时,凡属乎有生之域者,随其陶运而不能自已。然而道散而为阴阳,其生化特寓于有形者尔。常生常化之妙,不即是而见之也。其曰阴阳四时尔云者,盖小之也。

不生者疑独,不化者往复。其际不可终,疑独,其道不可穷。

解曰:唯独也故能偶而应,而为芸动之所属,是万物之所系而一化之所待也。然道不偶物,物自偶道,老君所谓似万物之宗,此之所谓疑独也。往复,即所谓无端之纪也。其际不可终,其道不可穷,是所以常生常化。

《黄帝书》曰:谷神不死,是谓玄牝。玄牝之门,是谓天地根。

绵绵若存，用之不勤。

解曰：谷虚而能应，应而不藏。人之生，冲气运乎一身而出入于鼻口，有谷之象。所谓谷神者，谷之神也，以言得一，以灵妙而不可测也。谷神不死，长生久视之道也。谓之不死者，含生之类，皆命于造化，役于阴阳。其生也，不得不生，其死也，不得不死。唯人为万物之灵，虽与万物均命于造化而有生，及其既生，则有造化之所不能死者。盖吾与天地分一气而治，自守本根，故我命在我，不属天地。能常存其谷神，则其息以踵，冲和遍躯，有修身千二百岁而形未尝衰者，是虽有生而入于不死不生，而与道同久矣。故其言谷神，不谓之生而谓之不死也。玄者，天之色。牝者，地之类。飞曰雄雌，走曰牝牡，牝则至阴而能生生者也。形而上者，阴先于阳，是以托言于此物之生生者为牝。谷神之生生不穷，是为玄牝，盖谷神之妙，用之于身则生身，施之于人则生人。能常存其神，则其为生岂有穷哉？其要妙若此，非玄牝曷足以命之？门以出入往来，为言谷神之在我，出入往来，间不容发。能常生而不死，则一体之盈虚消息不制于造化，而造化在我矣。天地之所以能长且久者，本于此道尔。故曰：玄牝之门，是谓天地根。绵绵若存，则谷神之体也。用之不勤，则存神之道也。绵绵以言弱而不绝也，一息往来乎一身之内，可谓弱矣。能常生而不死，是为不绝。夫唯绵绵，是以若存而非有非无也。用之不勤，则《孟子》所谓以直养而无害。其为气也，不可废而不用，其用之亦不可以勤。不用则是宋人之不耘苗也，用之而勤则是宋人之揠苗。唯用之不勤，而复能充塞乎天地之间，而谷神不死也。《道授》云：太素传者，浩然虚映景中之道言也，老君所谓谷神是也。谷神若是，所以灭生死之根而常生不死也。

故生物者不生,化物者不化。自生自化,自形自色,自智自力,自消自息,谓之生化。形色、智力、消息者,非也。

解曰:继谷神不死而言此者,能存其谷神,则即吾身之生化而有不生不化之妙,无待于生生化化,是为自生自化。由一身之自生自化则知物物皆自生自化矣。尝原生化之道,一本于自然,谓之生生化化,是二生化矣。以为自生自化,若无所缘矣。犹堕言说,盖生化之道离于言说,无有称谓,谓之生化,离道已远,必于谓之生化,亦知其非,然后为至。且万物之变,不可胜穷,等为生化尔。别而言之,则有形色智力消息之异,将明道之赡足万物,而于小不遗,故言其别如此。

子列子曰:昔者,圣人因阴阳以统天地。

解曰:语万物之生化,必本于阴阳。要阴阳之推迁,则囿于天地。究天地之造化,则统于圣人。盖天地虽大,未离乎有形,则不能无待以统。圣人虽一化之所待也,其于天地亦不能无所因以统。其统之也,又不能不因阴阳之宜也。且天地之道,初无所待,亦不可统矣。唯天地之化,必因于阴阳而不能无所待,圣人斯得因其所因而统之矣。能因阴阳而不拂万物自然之宜,万物各得由其道而各正性命矣。夫万物听命于造化者也,得圣人而后各正性命,则造化唯圣人之从,非能统天地而何?统言举此而彼从之也。近取诸身,首足象天地,呼吸犹阴阳,以直养而无害,则一身之气浩然充塞乎天地之间。莫或养之,则气马妄作而反动其心。养之而不以直,则为益生之不祥。故统一身者必本于我之直养,统天地者必在于圣人之因阴阳也。由是天地之造化虽不变于古今,圣人在上则能俾阴阳常调,日月常明,而致安平泰之俗也。姑射之神人,使物不疵疠,而年谷熟。黄帝欲取天地之精以佐五谷,岂他道哉？因阴阳而已。噫！人之生也，莫不比形于天地，受气于阴阳，虽圣人亦无以异于人也。阴阳，役我者也，而圣人能因之。天地，生我者也，而圣人能统之。则谓圣人糠秕足以陶铸尧舜，信不疑矣。

夫有形者生于无形，则天地安从生？故曰：有太易，有太初，有太始，有太素。

解曰：昭昭生于冥冥，有伦生于无形，万物皆天地之化生也。天地虽能生万物，犹未离于有形也。既已有形，则不能无自而生；如亦有生，则知其安所从生哉？莫知其所自生，则谓有形生于无形，亦不信矣。盖天地为有中之最巨，而难终穷者也。不可谓其无所从生也，莫能睹其所自生也。能即我之一身而穷其生生之理，则天地与我并生尔，又奚为而不可知哉？虽然，太初之无不可以言论也，所可言者，有而未形者尔，故自有太易而下明其序焉。所谓太易、太初、太始、太素，果何物哉？亦以夫道之自无生有者，因其生出之序，拟诸形容而强为之名尔。

太易者，未见气也；太初者，气之始也；太始者，形之始也；太素者，质之始也。气形质具而未相离，故曰浑沦。浑沦者，言万物相浑沦而未相离也。视之不见，听之不闻，循之不得，故曰易也。易无形畔。

解曰：太者，大之甚言也。形名而降，不足以拟其大，故以太名之。易者，变通不穷之谓也。故于其未见气，则名之太易。万物同乎太初，而后各有初，有初矣而未形，故以气之始为太初。万物成象于天，而成形于地。始之为字，从女从台，胎而女，可知也。胎者，形之始也，故以形之始者为太始。到于素，则在色为未受采，虽可名以素，而色未著焉，故谓之太素，而以质之始者名之。

气形质之始虽具,而其序可拟,其道犹未判也。为天,为地,为圣,为物,同乎素朴而未离,是为浑沦也。形形而无有,安可视而循声?声而无闻,安可听而知?虽然,气形质之始即具,则其去太易也远矣。然犹浑沦而未离于易,故虽不可名之太易,犹曰易也。

易变而为一,一变而为七,七变而为九。九变者,究也,乃复变而为一。

解曰:一者,水之生数。七者,火之成数。精神既具,火腾水降,坎离交济,万化由是而显矣。七又变而为九,而万物之变尽矣。九,天数之穷也。穷则变,故复变而为一。数变无穷,如环之循,此天地造化之至理也。于水言生数,于火言成数。水,物生之方;火,物盛之方。且火之生数为次二,二不能变故也。老君《德经》言:一生二,二生三,三生万物。盖言水一而火二次之,精具而神从之。天肇一于北,地耦二于南,人成位乎三,三才具而万象分矣。老君言物之生,列子言物之变,其数虽不同,莫不自一以始,而资水火之用也。由是知圣人之教,一出焉,一入焉,互明于道而已矣。

一者,形变之始也。

解曰:一之为数,虽离于道而未耦于物,故一为形变之始。天一生水,精所舍也。人之生,天一在藏,本立始也。万物之化生,皆本于天地含精,此一所以为形变之始。《庄子》谓通于一而万事毕,非以其达形变之始而然欤?

清轻者上为天,浊重者下为地,冲和气者为人。故天地含精,万物化生。

解曰:天得一而积气,故清轻而覆物。地得一而积块,故浊重而载物。肃肃出乎天,赫赫发乎地,两者交通成和,冲和气者为人。万物之化生,均于得一而不能无待于生生化化,故必天地含精而后万物化生。不曰生化而曰化生,则化已而复生,以言生化之无穷也。夫人之与物,均禀阴阳之和以成若生,载若形。特言冲和气为人者,有生虽均,而万物之生则有飞潜动植之异类、羽鳞介倮之异属,其于阴阳不能无偏系也,则冲和气者唯人而已。

子列子曰:天地无全功,圣人无全能,万物无全用。故天职生覆,地职形载,圣职教化,物职所宜。然则天有所短,地有所长,圣有所否,物有所通。何则？生覆者不能形载,形载者不能教化,教化者不能违所宜,宜定者不出所位。故天地之道,非阴则阳;圣人之教,非仁则义;万物之宜,非柔则刚。此皆随所宜而不能出所位者也。

解曰:论天地圣人之道,则无不该也,无不遍也;语天地圣人之用,则既已降本流末,囿于形变之中,而各有所职矣。故天能天而不能地,地能地而不能天;圣宜通而有所否,物宜否而有所通。以阴阳求天道,则千岁之日可坐而致;以仁义求圣人之教,则帝王之功可端拜而议;以柔刚求万物,则扰扰之变可一二以数。盖一丽于形,则必不能出其宜定之位也。虽然,不违其宜,万物之微亦各有妙用。求其备,天地之大无全功。能常即其宜定之位而不逆其自然之性,则物物皆与天地同功。虽万变之殊,莫不融会于一致矣。

故有生者,有生生者;有形者,有形形者;有声者,有声声者;有色者,有色色者;有味者,有味味者。生之所生者死矣,而生生者未尝终;形之所形者实矣,而形形者未尝有;声之所声者闻矣,而声声者未尝发;色之所色者彰矣,而色色者未尝显;味之所味者尝矣,而味味者未尝呈。

解曰:经曰:无无有无,有有无有。盖所谓有无者,非以有为有也,非以无为无也。由不有中有,不无中无,即有是无,即无是有,故有生者,有生生者。非生故有,非生生故无,有生不离于生生,生生不外乎有生。其有不有,其无不无。形声色味,亦莫不若是矣。是故不有形色声味,则无无之化不显,不有生生形形声声色色味味者,则有有之物不运。由是有生不可以言徼,生生不可以言妙,故形声色味虽有物之至粗,始终相续,其生不穷,资于人者无已也。且形色声味一体,固足以兼之,所以屡言之者,万物之生固有偏于声色臭味者矣。言此以明含生之类,情与无情,无非运于无为之职也。

皆无为之职也。能阴能阳,能柔能刚,能短能长,能圆能方,能生能死,能暑能凉,能浮能沉,能宫能商,能出能没,能玄能黄,能甘能苦,能羶能香。无知也,无能也,而无不知也,而无不能也。

解曰:道常无为,而无不为。无为之职,即万变之宗主,而《庄子》所谓真宰也。夫唯无为,则不拘于阴阳,不制于柔刚,非方非体,不死不生,不丽于时,不著于物,不属于声色,不主于臭味。出气物,包形神,万物皆资其用,而我初不离此,所以无不知,无不能。老君所谓其用不可既也,是以职教化者必本于无为。

子列子适卫,食于道,从者见百岁髑髅,攓蓬而指,顾谓弟子百丰曰:唯子与彼知而未尝生未尝死也。此过养乎?此过欢乎?种有几:若蛙为鹑,得水为㡭,得水土之际,则为蛙蠙之衣。生于陵屯,则为陵舄。陵舄得郁栖,则为乌足。乌足之根为蛴螬,其叶为胡

蝶。胡蝶，胥也，化而为虫，生灶下，其状若脱，其名曰朐掇。朐掇千日，化而为鸟，其名曰乾余骨。乾余骨之沫为斯弥。斯弥为食醯颐辂。食醯颐辂生乎食醯黄軦，食醯黄軦生乎九猷。九猷生乎瞀芮，瞀芮生乎腐蠸。羊肝化为地皋，马血之为转邻也，人血之为野火也。鹞之为鹯，鹯之为布谷，布谷久复为鹞也，燕之为蛤也，田鼠之为鹑也，朽瓜之为鱼也，老韭之为苋也，老羭之为猨也，鱼卵之为虫。亶爰之兽自孕而生曰类，河泽之鸟视而生曰鹢。纯雌其名大腰，纯雄其名稚蜂。思士不妻而感，思女不夫而孕。后稷生乎巨迹，伊尹生乎空桑，厥昭生乎湿，醯鸡生乎酒。羊奚比乎不筍，久竹生青宁，青宁生程，程生马，马生人，人久入于机。万物皆出于机，皆入于机。

解曰：髑髅至于百岁，其游魂之所之，更而为人，亦已百岁而死矣。若化为物，则其更死更生，其化抑不可胜计矣。而为空髑髅者，方且髐然有形，则游魂所更之化亦已众矣。列子者，独悟一身之妙，而髑髅既更百岁之变，故列子指之曰：唯予与彼知而未尝死未尝生也。列子于是即其尝所见闻而知其种者，托问于百岁髑髅，以明万物之变也。夫万物之生，或以情而生，或以想而有。因湿而生者，以合而感；由化而成者，以离而应。情想合离，更相变易。或以有情而化无情，若毫之为陵舄；或以无情而化有情，若瞀芮生乎腐蠸。或以小而化大，或以大而化小。燕之为蛤，则飞者更潜；鼠之为鹑，则走者更飞。相视而化有，若河泽之鸟；自孕而生有，若亶爰之兽。或一种而异化，若乌足之为蛴螬，为胡蝶，若蛙之为鹑，为蛙蠙之衣，为陵舄，其不同如此。其间若后稷生乎巨迹，尤化之特异，诗之所称，为可考者。要之，情与无情，或大或小，皆出入于机而均含至理，无以相易也。所谓机者，果何物哉？万物若之何而出入哉?《素问》曰:出入废则神机化灭。盖万物之成败倚伏,生乎动,动而不已则变化作矣,故非出入则无以为生长壮老矣。然而出入虽异,其机则一;出入虽微,其机则妙。机由出入而显,出入得机而运,不可谓出入为机也,亦不可离出入而求机也。一出一入,而神机默运矣。《易》以知机为神者,意以此欤?《黄帝书》曰:天性,人也;人心,机也。而此书言万物之出机入机,亦特言人久入于机,岂不以人为万物之灵?故举以该之欤!

冲虚至德真经解卷之二

宋杭州州学内舍臣江遹进

天 瑞

《黄帝书》曰:形动不生形而生影,声动不生声而生响,无动不生无而生有。

解曰:寂然不动,常无观妙,常有观徼。微妙并观,了不相涉。有感而动,则无不能。常无必入于有,有不能常有,必入于无,自然之运,莫之能御矣。夫形声之于影响,未为无也,然处阴以休影响,久而声消,终亦必无而已矣。以夫无之不可以言生也,故言形声影响以托无也。《庄子》曰:万物以形相生。此以为不生形者,盖形虽相生,实非形能自生。有生生者,自无而生之尔。

形必终者也,天地终乎?与我偕终。终进乎?不知也。道终乎本无始,进乎本不久。

解曰:有则有尽,故有形必终。天地与我均囿于形,既已明其安从生,则亦宜知其终与否也。体道者谓天地与我并生,则其终也必与我偕终。终进乎?不知,是未始有终也。以夫天地与我犹不离形，故其言止于不知而已。若夫道，则离于形生而无始无终矣。始与终，为对者也，道本无始，安见其终也？久与尽，为对者也，道本不久，安见其尽也？

有生则复于不生，有形则复于无形。不生者，非本不生者也；无形者，非本无形者也。生者，理之必终者也。终者，不得不终，亦如生者之不得不生。而欲恒其生，尽其终，惑于数也。

解曰：本不生者，初无生灭；本无形者，初无聚散。有生矣，则必复于不生；有形矣，则必复于无形。消息盈虚，自然之数也。生也，数起不得不生；死也，数穷不得不终。生死之去来，弗由我矣。惑者乃复认其缘尘之体，以为我蕲于久生而不死，斯不识夫固然之理矣。

精神者，天之分；骨骸者，地之分。属天清而散，属地浊而聚。精神离形，各归其真，故谓之鬼。鬼，归也，归其真宅。黄帝曰：精神入其门，骨骸反其根，我尚何存？

解曰：人之生也，百骸、九窍、六藏赅而存焉，缘气暂聚，初非我体，清轻属天，浊重属地。逮其终也，精神离形，暖触斯散，动转自息，清还于天，浊还于地，各归其真，所谓我者，尚复何存？所贵乎道之善吾死者，以于物物各归其真之时，而不丧其我也。于斯而不亡我之所存，则制命在我，而造化不能沉沦矣。孔子曰：朝闻道，夕死可矣。孟子曰：寿夭不贰。颜回曰：回坐忘矣。皆此道也。

人自生至终，大化有四：婴孩也，少壮也，老耄也，死亡也。其在婴孩，气专志一，和之至也，物不伤焉，德莫加焉；其在少壮，则血气飘溢，欲虑充起，物所攻焉，德故衰焉；其在老耄，则欲虑柔焉，体将休焉，物莫先焉，虽未及婴孩之全，方于少壮间矣；其在死亡也，

则之于息焉,反其极矣。

　　解曰:人生之属乎造化也,新新不停,念念迁谢,举其大较,则有四焉。其序自然,不为贵贱而加损也。尝考德之与形,内外不相及矣。人之生也,其德之盛衰乃与形体相为消长,其理果安在哉?盖人之生,气之聚也。气专于婴孩,溢于少壮,休于老,息于死。夫或不能存我,而志不足以帅气,则内之所存几何而不为物流转?方生则唯化所役,已死则唯化是变,不知何时而已也。唯体道者能转物而不转于物,虽亦顺化之变而不迁流于造化。其在婴孩,与人同其专一;至于少壮老耄也,终不失其赤子之心。虽有死也,适所以遂其寂静之常乐尔,是所谓之于息而反其极矣。

　　孔子游于太山,见荣启期行乎郕之野,鹿裘带索,鼓琴而歌。孔子问曰:先生所以乐,何也?对曰:吾乐甚多,天生万物,唯人为贵,而吾得为人,是一乐也;男女之别,男尊女卑,故以男为贵,吾既得为男矣,是二乐也;人生有不见日月、不免襁褓者,吾既已行年九十矣,是三乐也。贫者,士之常也;死者,人之终也。处常得终,当何忧哉?孔子曰:善乎!能自宽者也。

　　解曰:所谓荣启期者,荣则英而不实,启则开以有接。揽道之英荣,形开而接物,期于趋当生之乐,而不造夫道之根深蒂固者也。此其所以以处常得,终为乐也。盖所贵乎道者,岂唯生之独乐哉?盖将以善吾死也。若夫人者,虽不汨欲于利害之涂,而无中道之夭,亦已异乎俗矣,语其闻道则未也。是所谓善自宽以为乐,非真乐之无所不乐也。

　　林类年且百岁,底春被裘,拾遗穗于故畦,并歌并进。孔子适卫,望之于野,顾谓弟子曰:彼叟可与言者,试往讯之。子贡请行,逆之垅端,面之而叹曰:先生曾不悔乎,而行歌拾穗?林类行不留,

歌不辍。子贡叩之不已,乃仰而应曰:吾何悔耶?子贡曰:先生少不勤行,长不竞时,老无妻子,死期将至,亦有何乐而拾穗行歌乎?林类笑曰:吾之所以为乐,人皆有之,而反以为忧。少不勤行,长不竞时,故能寿若此;老无妻子,死期将至,故能乐若此。子贡曰:寿者人之情,死者人之恶。子以死为乐,何也?林类曰:死之与生,一往一反。故死于是者,安知不生于彼?故吾知其不相若矣,吾又安知营营而求生非惑乎?吾又安知吾今之死不愈昔之生乎?子贡闻之,不喻其意,还以告夫子。夫子曰:吾知其可与言,果然。然彼得之,而不尽者也。

解曰:少而勤行,以名誉导其前也。长而竞时,以利欲汩于外也。不羡名故不勤行,不徇财故不竞时。内无名利之徇,外无妻子之累,既伏于老,将之于息,知既死之暂往,谓求生之为惑,此林类之所乐也。子贡方且悦生而恶死,安足以得此人之心哉?虽然,林类以死期将至为乐,亦未为道也。得道者,泊然无心于生死,其于死生,废而任之而已,奚遽忧乐于其间哉?孔子以谓得之而不尽者,其不在兹乎?又其以营营而求生为惑,亦其所得也;谓今之死为愈于昔之生,亦其所未尽也。所谓林类者,野外谓之林,以言违物离人,处乎广莫之乡,而类圣人之道者也。是所以以死为乐,得之而不尽也。

子贡倦于学,告仲尼曰:愿有所息。仲尼曰:有生无所息。子贡曰:然则赐息无所乎?仲尼曰:有焉尔。

解曰:子贡,居言语之科者也。闻夫子语林类之可与言者,于是始悟贤于辩之为非,将求为道之日损,故告于仲尼愿有所息也。殊不知有生之委运于大化,其序为不可紊。方其劳我以生,安得有夫息?虽然,为子贡者亦易悟矣,一闻孔子之言,则知君子之息、小人之伏也。故孔子许之曰：赐，汝知之矣。

望其圹，睪如也，宰如也，坟如也，鬲如也，则知所息矣。

解曰：睪如、宰如、坟如、鬲如，则以言圹之所象不同，以人之贵贱异等也，同之于息而已。

子贡曰：大哉死乎！君子息焉，小人伏焉。仲尼曰：赐，汝知之矣。人胥知生之乐，未知生之苦；知老之惫，未知老之佚；知死之恶，未知死之息也。晏子曰：善哉！古之有死也。仁者息焉，不仁者伏焉。

解曰：息，犹气之息一往而一来。伏，犹胜物而伏之，其动止有制之者矣。君子之息，虽化而不亡；小人之伏，昧然而趋化。君子者，仁之成名，小人反是。故晏子亦曰：仁者息焉，不仁者伏焉。老氏之宝，以慈为先。超死生之域者，莫先于能仁而博爱，是以言君子之仁。

死也者，德之徼也。古者谓死人为归人。夫言死人为归人，则生人为行人矣。行而不知归，失家者也。一人失家，一世非之；天下失家，莫知非焉。

解曰：人生世间，如物逆旅，要必有所归宿，古无以易此也。世之贪生失理者众，而早悟其理者希。众寡相倾，行非为是，终莫之觉。列子言此，亦不以一人而非一世也，直欲齐死生于一贯尔。

有人去乡土，离六亲，废家业，游于四方而不归者，何人哉？世必谓之为狂荡之人矣。又有人钟贤世，钟贤世，宜言重形生。**矜巧能，修名誉，夸张于世而不知已者，亦何人哉？世必以为智谋之士。此二者，胥失者也。而世与一不与一，唯圣人知所与，知所去。**

解曰:狂荡之人则以去乡土而废其家业,智谋之士则以修名誉而夸张于世。彼其所为狂荡也,则俗谓之小人;彼其所徇智谋也,则俗谓之君子。殊不知狂荡之去乡离亲特废其家业,而智谋之残生损性乃离其性宅,又乌取君子小人于其间哉?《庄子》谓臧谷之挟策读书,博塞以游为均于亡羊,即此所谓二者之胥失也。《列子》继此言贵虚之道,以虚静为得其居,取与为失其所,则圣人之所与所去可知也已。

或谓子列子曰:子奚贵虚?列子曰:虚者无贵也。子列子曰:非其名也,莫如静,莫如虚。静也虚也,得其居矣;取也与也,失其所矣。事之破䃣而后有舞仁义者,弗能复也。

解曰:虚静者,万物之本也。虚故足以受群实,静故足以应群动。虚静在我,则万变虽起而吾心常寂,万态虽殊而吾心常彻,此应物之本也。故曰:莫如静,莫如虚。虚而能容,静而常寂,周旋变故,不出性宅,是为得其居也。有所取则不虚矣,有所与则不静矣,取与交战,耳目外徇,火驰而不反,斯失其所矣。所即其居之所也,与老君所谓不失其所者久之所同意。既失其所,方且鼓舞仁义于物之凋残亏丧之后,是殆智谋之士所以夸张于世者尔。彼则自伤其性矣,又焉能使人复其初乎?

粥熊曰:运转亡已,天地密移,畴觉之哉?故物损于彼者盈于此,成于此者亏于彼。损盈成亏,随世随死。往来相接,闻不可省,畴觉之哉?凡一气不顿进,一形不顿亏,亦不觉其成,不觉其亏。亦如人自世至老,貌色智态,亡日不异,皮肤爪发,随世随落,非婴孩时有停而不易也。间不可觉,俟至后知。

解曰:物与化为体,体随化而迁。百年之间,大化有四,复于其中,时变岁迁,日改月化。虽一息之顷,呿吟前后,新故不同。

譬彼风之击水,前波非后波;灯之在缸,前焰非后焰。俯仰之间,已形万变。昧者潜移于造化,但睹夫已形之陈迹,而不知大化之密运,于物之成而乐其成,不知亏之之理已运矣。于事之亏而睹其亏,不知成之之理已进矣。杨子于《元经》言月阙其博不如开明于西,盖言造化之密移、成亏之迭进也。求之于身,百年之役,颜色智态皮肤爪发无日不异,亦已明甚,奈何其不自悟耶?此《庄子》藏舟于壑之义也。子在川上曰:逝者如斯夫。盖明此也。

　　杞国有人忧天地崩坠,身亡所寄,废寝食者。又有忧彼之所忧者,因往晓之,曰:天,积气尔,亡处亡气。若屈伸呼吸,终日在天中行止,奈何忧崩坠乎?其人曰:天果积气,日月星宿,不当坠耶?晓之者曰:日月星宿,亦积气中之有光耀者,只使坠,亦不能有所中伤。其人曰:奈地坏何?晓者曰:地积块尔,充塞四虚,亡处亡块。若躇步跐蹈,终日在地上行止,奈何忧其坏?其人舍然大喜。晓之者亦舍然大喜。长庐子闻而笑之曰:虹霓也,云雾也,风雨也,四时也,此积气之成乎天者也;山岳也,河海也,金石也,火木也,此积形之成乎地者也。知积气也,知积块也,奚谓不坏?夫天地,空中之一细物,有中之最巨者,难终难穷,此固然矣,难测难识,此固然矣。忧其坏者,诚为大远;言其不坏者,亦为未是。天地不得不坏,则会归于坏。遇其坏时,奚为不忧哉?子列子闻而笑曰:言天地坏者亦谬,言天地不坏者亦谬。坏与不坏,吾所不能知也。虽然,彼一也,此一也。故生不知死,死不知生;来不知去,去不知来。坏与不坏,吾何容心哉?

　　解曰:号物之数,谓之万人处一焉,此其比万物也,不似毫末之在于马体乎?则人之一身寄于天地之间,微亦甚矣。又况天穹隆而位乎上，经为日月，纬为星辰，而万物覆焉。地磅礴而位乎下，结为山岳，融为江河，而万物载焉。天之长，地之久，有非人之所能俄而测度者。杞国之人乃有忧其身之无所寄而至于废寝食者，岂天地之大不足以容其身哉？亦其人无以自容尔，曷亦不思自有天地至于今也，更死更生，不可胜纪，奚独至汝而忧之哉？其忧之者固悲人之自丧者也，而忧彼之所忧者则又悲夫悲人之悲者。既已忧之矣，而又以物理之鄙近者更相喻晓，而舍然大喜。噫！天长地久，何多寡于斯人，而斯人奚遽以妄心而忧喜于其间哉？长庐子闻而笑之，亦似是矣。其言天地为空中之一细物，有中之最巨，理无以易矣。且曰：遇其坏时，奚为不忧哉？是得之而不尽者也。盖成理所在，无往不一，或彼或此，终无有二，以二致一，无有别一。明夫一之不二，则生死去来各不相知。寓形宇内，饮天和，食地德，泰然终其身而已矣，奚用知其坏与不坏哉？此长庐子所以又见笑于子列子也。

舜问乎烝《庄子》作丞。曰：道可得而有乎？曰：汝身非汝有也，汝何得有夫道。舜曰：吾身非吾有，孰有之哉？曰：是天地之委形也。生非汝有，是天地之委和也。性命非汝有，是天地之委顺也。孙子非汝有，是天地之委蜕也。故行不知所往，处不知所持，食不知所以。天地强阳，气也，又胡何得而有耶？

解曰：道之与我，异名同实，即道即我，无有差殊。有无二境，虚实相形，如可得而有，亦可得而无矣。道不离我，安得复有天道，道可得而有，是道与我为二也。舜之问乎丞，盖将以道擅而有之于吾身也。吾之一身，天地强阳，气之所积尔，暂聚复散，曾非我有，安可以有道哉？究观吾之一身，天命而为性，有性斯有生，有生斯有身。性命出于天地之委顺，有生出于天地之委和，是身出于天地之委形,至于孙子抑远矣,是天地之委蜕尔。故或行,或处,或味,常因于彼而我曾不知,是以欲知其身,顾若影则知之矣。身之于我,犹影之于形也,彼强阳则我与之强阳。强阳者又胡可得而有耶？老君谓:吾有大患,为吾有身。盖将反于未生无身而同于道也。舜,古之大圣人也,而乃问道乎丞者,盖舜不得已而临莅天下,继尧之后,明德所自而始,既已离于道矣,故其托言如此。丞,即以道佐人主者。

齐之国氏大富,宋之向氏大贫。自宋之齐,请其术。国氏告之曰:吾善为盗。始吾为盗也,一年而给,二年而足,三年大壤。自此以往,施及州闾。向氏大喜,喻其为盗之言,而不喻其为盗之道,遂逾垣凿室,手目所及,亡不探也。未及时,以赃获罪,没其先居之财。向氏以国氏之谬己也,往而怨之。国氏曰:若为盗若何？向氏言其状。国氏曰:嘻,若失为盗之道至此乎？今将告若矣。吾闻天有时,地有利。吾盗天地之时利,云雨之滂润,山泽之产育,以生吾禾,殖吾稼,筑吾垣,建吾舍。陆盗禽兽,水盗鱼鳖,亡非盗也。夫禾稼、土木、禽兽、鱼鳖,皆天之所生,岂吾之所有？然吾盗天而亡殃。夫金玉珍宝,谷帛财货,人之所聚,岂天之所与？若盗之而获罪,孰怨哉？向氏大惑,以为国氏之重罔己也,过东郭先生问焉。东郭先生曰:若一身庸非盗乎？盗阴阳之和以成若生,载若形,况外物而非盗哉？诚然,天地万物不相离也,仞而有之,皆惑也。国氏之盗,公道也,故亡殃;若之盗,私心也,故得罪。有公私者,亦盗也;亡公私者,亦盗也;公公私私,天地之德。知天地之德者,孰为盗耶？孰为不盗耶？

解曰:《黄帝书》曰:天地,万物之盗;万物,人之盗;人,万物之盗。三盗既宜,三才既安。盖天施地生,役万物之力以更相变化，万物之生资人力以成其生育，人之生资万物以为养。天地无全功，圣人无全能，万物无全用。即其所不全而假于外，岂非其盗耶？故凡非其有而取之者，皆盗也。奚必手目所及无不探而后为盗哉？然而天地之生化也无穷，万物之生于天地也无极，人以私意力取而仞有者有限。国氏之盗天地，公道也，故可以大壤而施及州闾。向氏盗人之聚敛，私心也，彼既以私心而聚敛之矣，汝又从而利之，宜其获罪并与其先居之财而没之也。虽然，以有公与私为盗则无公与私，宜非盗矣。盖一犯人之形而身非我有，安往而非盗哉？虽无心于公私，奈何其不能逃于形体也？且盗一也，公道之盗既已异乎私心，而免人道之患矣。无公私之为盗，虽未能忘形体，亦异夫公道者之贵生爱身也。若夫天地之德，则不有心于为公也，任万物之自公，不有心于无私也，任万物之自私。语至于此，则万物之盗于人，人之盗于万物，不乃为天地大盗积者乎？天地生化万物，始终于此。故《天端》至此而终焉。尝试论之，一兔适于野，百人逐之，而人弗非也。曁乎一童子得之，虽有壮者力抗百夫，扶手而不敢取。何则？名分定也。悠悠之生，以多骈旁枝之心自私于天地之间，若彼逐兔之流画为分，守其有，得之于适然者，真以为已有也；莫之得者，亦以为真彼之所有也。由是贪多务得，封殖名利，终身欣玩，唯恐人之已窥，庸讵知吾身之亦盗哉？噫！天地之生万物，非天地之道也，以夫其生无方，其化无穷，使人盗之，家富而无殃。况天地之道浑沦广博，苟能得之，则其富可胜道哉？

天瑞解

六经皆载道而之后世者也，寓精神之妙于形名度数之间，寄心术之微于仁义礼乐之际,其显也,虽匹夫匹妇之愚亦与能焉,其妙也,虽圣人之智有所不与知焉。其可能者,以其言近也。其不可知者,以其指远也。经之所传,皆由此矣。六经之外,其立言著书,博极妙道之行,敛道之散而一之,落其华而实之,辩物复性,志静事简,表里六经之训者,莫备乎老列庄子之书。夫三至人之经,虽均传妙理,而其立言之旨互明,于道抑可得而言矣。老君九九之篇,明道德之旨归,才数千言,究观其始终,以可道为非道,谓上德为不德,以圣道为不争。虽言圣人应世之道,盖未尝及于羲皇之君;虽著万物生化之理,亦未尝及于动植之物。此老君之经所以为至妙而约也。至于庄子之书,以卮言为曼衍,以重言为真,以寓言为广。共书连犿而无伤,其辞諔诡而可观,老君之约得《庄子》而其道益明矣。若夫列子之教,元妙亦在于老君之道德,諔诡亦有于庄子之寓言,廓明老君之要妙,而不为庄子之曼衍。三经之旨同归于道,而列子之训适居其中。必明乎此,而后可以读列子之书也。夫道果何物也?妙而不可知者是也。所谓妙者,非曰虚无无为故妙也,以其行于万物之上而不可测知故妙尔。大哉道元,资育万物,其自然必以生化为先,其范成必以阴阳为原,是以此经首明天瑞之生化也。天者,莫为之道,瑞者,合验之物,谓之天瑞,自然之符也。尝原生化之道,非离物而能明,非即物而能尽,即物则不足以言生化,以生化不尽于有为也,离物则无以显其生化,以生化不住于无为也。其言曰:有生不生,有化不化。不生不化者本于天之自然,有生有化者有若瑞之合验,生化之道尽于此矣。爰自太易既有,而太初继之,太始见而太素兆焉,气形质之始既具,斯可名于易。易变而为一,一为形变之始,冥冥之中,其序已无毫厘之紊矣。既已堕于形变,则清浊异源,天地奠位,人冲其和,物含其精。天地虽大,其道可符于阴阳;圣道虽妙,其教可验于仁义;万物虽多,其变可合以柔刚。故一范人之形,未有能逃造化之变者。至若万物之出机入机,有情无情,更相变易,可谓妙矣。化已一定,则亦不能紊其自然之符矣。故均乌足之所化也,为蛴螬则不能为胡蝶,均蛙之所化也,为鹑则不能为继。生化之理,其符如此,宜其杞国之人睹有形之必终。观天地之昭然有物,是致区区之过计也。且所谓自然之符者,其始也,必有所自而生;其生也,必有宜定之位;其终也,必有所由以复,始而必终,终而复始。一、七、九之变,循环而无端,此生化之理所以终古不息也。尝谓物之无知,沉沦于造化,固其宜也。人为万物之灵,虽未免乎生化,亦有不生不化之理备于我。曷不思所以反身而诚?奚为甘心于造化之域,与彼万物同其转徙哉?列子之训,盖将俾学者即生化之中而明生生化化之妙,顺生化之符而不制于生化尔。故篇终托言舜之问道乎丞,以祛有生之累也。犹以为未也,直以吾乎一身谓为天地之盗。虽天地之盗,虽天地生化亦谓之为盗。盗,人之所共恶也,而我乃以盗而成。若生载若形,则之人也,奚以贵生爱身而犯人之所恶哉?故《天瑞》至此而终焉。

冲虚至德真经解卷之三

宋杭州州学内舍生臣江遹进

黄　帝

黄帝即位十有五年,喜天下戴己,养正命,娱耳目,供鼻口,焦然肌色皯黣,昏然五情爽惑。又十有五年,忧天下之不治,竭聪明,进智力,营百姓,焦然肌色皯黣,昏然五情爽惑。黄帝乃喟然赞曰:

朕之过淫矣。养一己其患如此,治万物其患如此。

解曰:生理贵于肆任,有心于养一己,则必蹈其患矣。百姓谓我自然,有心于治万物,亦必蹈其患矣。是故娱耳目,供鼻口,而有欣欣之喜,是不恬也;竭聪明,进智力,而有戚戚之忧,是不愉也。不恬不愉,非德也。虽养身治物之不同,忧喜之有异,其于残生伤性均也。残生故焦然肌色皯黣,伤性故昏然五情爽惑。夫合十有五年而一世成矣。忧喜居半,外以瘁形,内以伤性,亦何生之乐哉?此黄帝所以叹其过之深而思求至道也。

于是放万机,舍宫寝,去直侍,彻钟悬,减厨膳,退而闲居大庭之馆,斋心服形,三月不亲政事。昼寝而梦,游于华胥氏之国。

解曰:放万机则不与接构,舍宫寝则周行而不殆,去直侍则独立而不改,彻钟垂、减厨膳则无耳目鼻口之娱,闲居大庭之馆则优游而寓乎广居,斋心服形则聪明智力不用,三月不亲政事则寂然不动,历时变而不迁,昼寝而梦,则形不与物接,而昭然与神会也。华胥氏之国,神之所寓也。强为之名而无有实,非体性抱神者不能游也。故黄帝梦之所游者如此。

华胥氏之国在弇州之西,台州之北。不知斯齐国几千万里,盖非舟车足力之所及,神游而已。

解曰:西北为天地之奥、内照之元门,故托以华胥氏之国所在。虽强为之名,而寓之于方实,非方之所能制,数之所能拘。故曰:不知斯齐国几千万里,神游而已。

其国无师长,自然而已。其民无嗜欲,自然而已。不知乐生,不知恶死,故无夭殇;不知亲己,不知疏物,故无爱憎;不知背逆,不知向顺,故无利害。都无所爱惜,都无所畏忌。入水不溺,入火不热。斫挞无伤痛,指擿无痟痒。乘空而履实,寝虚若处床。云雾不硋其视，雷霆不乱其听，美恶不滑其心，山谷不踬其步，神行而已。

解曰：语有之曰：人不衣食，君臣道息。其国无师长，其民无嗜欲，以此而已。且国无师长，不以无欲治之民而然也，自然而已。民无嗜欲，亦不以有善治之君而然也，自然而已。道至于自然，则世俗之所谓欲恶、亲疏、逆顺、爱畏都忘之矣，又奚有夭殇之患、爱憎之情、利害之择哉？即是可以入水火，忘痾痛，乘空如实，处实若虚，视听洞彻，其心不滑，其行不踬也。真空不空，乘空有似乎真而非真也，故言若履实。真虚非虚，寝虚有似乎虚而非真虚也，故言若处床。非天下之至神，其孰能与于此？古之真人，其寝不梦，其觉无忧。黄帝，古之辩觉梦者，然则华胥之游，彼直真梦者矣。其托之梦，非以循斯须故然耶？

黄帝既寤，怡然自得，召天老、力牧、太山稽，告之曰：朕闲居三月，斋心服形，思有以养身治物之道，弗获其术。疲而睡，所梦若此。今知至道不可以情求矣。朕知之矣，朕得之矣，而不能以告若矣。又二十有八年，天下大治，几若华胥氏之国。

解曰：天老者，体天道之无为。力牧者，为人治之工宰。太山稽者，于地类为莫大。得道者，能命三才而役造化，是以黄帝怡然自得，则召三者而告之也。夫道有情有信，而至道不可以情求者，盖道不废情而有情，不可以求道也。所谓至道者，道之不离于真者也。安有术之可思以思而求其术？是以情求至道也，终不足以得道矣。故必疲而睡，所梦若此，而后既寤，则怡然自得也。盖疲而睡，则肢体堕而智力不用，而梦则真与神接也。唯有得于至道，则天下可不治而治矣。故又二十有八年，天下大治，几若华胥氏之国。二十有八，四七之数也。七七，天癸之数，至此得其中而极其盛。虽黄帝之治不离于有为,故其治不能逃乎数。且七七,阴数也。黄帝方敛华而复本,故特举阴数之盛者言之。且道不至于真,人未有寝而不梦者,曷亦不至乎华胥？既寤,则怡然自得欤？盖昼之所好,则夜之所梦,有若黄帝之斋心服形,则想梦自消矣,使黄帝也而有梦,则必至乎华胥而已矣。苟不能齐心服形,则役于思虑,制于阴阳。梦饮酒者,旦而哭泣。梦哭泣者,旦而田猎。方且颠倒于梦想,而得失忧喜初无有定,不知去华胥氏之国几千万里矣。且昼想夜梦,理之常也。此必托之昼寝而梦者,昼,日之中也,胶扰而接于事之时也。神游于形接之时,是神无须臾离形也。尝试论之,帝王之功,圣人之余事也。圣人不得已而有为,虽有为也,而付于物,物之自为,宜无有为之累矣。然既已有为,则帝王之功成而大道隐矣。列子将明圣人之应帝王,始终不离于至道。故即黄帝之始以为言焉,语道至于黄帝则极矣。逮其即位而应世,则扰扰之绪起矣。或治或乱,一喜一忧,其为必不免矣。虽然,黄帝以夫大宗者出而应物,常体尽无穷而游无朕,是以托之华胥之梦以祛其应世之迹。逮其斋心服形,敛应世之迹而复于至道,几若华胥氏之治,则所谓黄帝者,世莫得而见之矣。天下之人,徒亦守其陈迹以思无斁尔。故此篇终言季咸之相壶子,至于示之以未始出吾宗,则季咸莫得而相,自失而走尔。其说盖明此也。帝王之道至此而极矣,故《庄子·应帝王》亦以此终其篇。

　　列姑射山在海河洲中,山上有神人焉,吸风饮露,不食五谷;心如渊泉,形如处女;不偎不爱,仙圣为之臣;不畏不怒,愿悫为之使;不施不惠,而物自足;不聚不敛,而己无愆。阴阳常调,日月常明,四时常若,风雨常均,字育常时,年谷常丰,而土无札伤,人无夭恶,物无疵疠,鬼无灵响焉。

解曰:姑,且也。射,厌也。姑射山者,厌射世累,不得已而姑且应之者所居也。水几于道,海,河水之所归也。姑射山在其洲中,以言居道之中也,非神人孰能与于此?不食五谷,吸风饮露,则昧于道之淡乎无味。心如渊泉,则静专而不流。形如处女,则应物而不倡。不偎不爱,刍狗万物也。不畏不怒,纯气是守也。不施不惠,而物自足,所谓人人不损一毫也。不聚不敛,而己无愆,所谓人人不利天下也。由阴阳常调而至于鬼无灵响,老君所谓安平泰也。

列子师老商氏,友伯高子。

解曰:商,金声也。老商,则反性复命而无为者也。伯高子,则年弥高而德弥邵者也。故子列子师友若人也。列子尝师壶丘子,友伯昏瞀人矣。盖道无乎不在,则亦何常师之有?

进二子之道,乘风而归。尹生闻之,从列子居,数月不省舍。因间请蕲其术者,十反而十不告,尹生怼而请辞,列子又不命。尹生退。数月,意不已,又往从之。列子曰:汝何去来之频?尹生曰:曩章戴有请于子,子不我告,固有憾于子。今复脱然,是以又来。列子曰:曩吾以汝为达,今汝之鄙至此乎?姬,将告汝所学于夫子者矣。

解曰:《庄子》曰:使道而可以告人,则人莫不告其兄弟。十反而十不告,非不欲告之也,不知其可告也。与齧缺问于王倪,四问而四不知。知问无为,谓三问而三不答,频矣。为章戴者,方且以文之成尊而冠诸首,安足以语老商无为之道哉?是以既从列子,则以怼憾而辞,既退数月,复以脱然而来。去来不常,怼憾再三,其鄙而不达于道,终不近矣,故不得已而告之。

自吾之事夫子友若人也,三年之后,心不敢念是非,口不敢言利害,始得夫子一眄而已。五年之后,心庚念是非,口庚言利害,夫子始一解颜而笑。七年之后,从心之所念,庚无是非,从口之所言,庚无利害,夫子始一引吾并席而坐。九年之后,横心之所念,横口之所言,亦不知我之是非利害欤,亦不知彼之是非利害欤,亦不知夫子之为我师,若人之为我友,内外进矣。而后眼如耳,耳如鼻,鼻如口,无不同也。心凝形释,骨肉都融。不觉形之所倚,足之所履,随风东西,犹木叶干壳,竟不知风乘我邪?我乘风乎?今女居先生之门,曾未浃时,而怼憾者再三,女之片体将荕所不受,汝之一节将地所不载。履虚乘风,其可几乎?尹生甚怍,屏息良久,不敢复言。

解曰:是非在理,利害在事。昔之所是,今而非之,则是非初无定体。我以为利,人或病之,则利害初无常是。所以有是非利害者,人之生也,因欲有身,因身有爱,以欲发爱,七情交错,眼逐于色,耳循于声,鼻流于香,舌嗜于味。一体之内各不相知,虽均于耳目之见闻也,左右异位则明暗或殊,况能无不同乎?由是知是非利害咸出于耳目鼻口之知觉耳。而知觉之生,依于圆明之性,性与物对,物合于我,因以成体,体虽不一,性终无二。夫一性裂为七情,初不属彼,则反决裂于圆明,亦奚假于物哉?苟能即声色臭味之中,一有所悟,而休复于真,则七窍俱潜,耳目鼻口融通为一,回视天下万物,纷纷扰扰,如雨雪之见晛,无不殒释而同于真精矣,而况于吾之一身乎?此则子列子履虚乘风之道也。列子于此道生知而自得矣,奚假于学哉?将以垂训,故必寓于学者,历阶以进之,序而托之于躬行也。心不敢念是非,口不敢言利害,则能去智与故矣。此由一年之野进于三年而通之时也。夫不敢,非无其意也，未至乎目击而道存也，故始得老商一眄而已。至于五年而来，则心更念是非，口更言利害，其念其言出于自然而无矜吝之心，则其道莫逆于心，故为之解颜而笑，能无择于心之念口之言矣。不至乎七年之天成，则未能纵而不守，是未可与权也，安能与壶子齐驱而并驾哉？故必从心之念，从口之言，更无是非利害，始一引之并席而坐。然而从则纵之而已，虽曰更无是非利害，是能无有矣，未能无无也。故必进于九年之大妙，而后横心之念，横口之言，亦不知彼之是非利害也，亦不知我之是非利害也，无不同矣。道至于此，则不贵其资，不爱其师，故不知夫子之为我师，若人之为我友，而内外进矣。夫然后七窍休复于一真，百骸圆同于太虚，其寓于天地之间，犹木叶干壳之随风东西，不知风乘我耶？我乘风乎？谓我之乘风，则木叶之飘亦有心于乘风乎？谓风之乘我，则风之吹嘘曷尝有待于我哉？然则御风而行，泠然善也，不知其所以然而然尔。且既曰骨肉都融矣，犹拟之以木叶干壳者，盖有生之气，有形之状，可使之虚而不可使之无。虽有形体而无形体之累，可谓虚矣。虽犹木叶干壳之轻，而未离于有物也。此《庄子》所以谓其犹有所待也，是乃道之所以为大妙也。如亦无而已矣，又何贵于道哉？若尹生者，内藏怼憾，以忿滀之气自戾于大和，其生也，为天地之疣赘尔。居先生之门，曾未浃时而对憾再三，则积此妄情以终其身，有沉溺而已。虽以坤之厚载，亦不能胜其一节之沦坠矣。噫！有生均命于造化，情想一殊而升沉之异乃至于此，故列子于此特致意焉。

　　列子问关尹曰：至人潜行不窒，蹈火不热，行乎万物之上而不栗。请问何以至于此？关尹曰：是纯气之守也，非智巧果敢之列。

解曰:至人,不离于真者也。真在于内,则万物孰足以易之?此至人之所以入水不濡,入火不热,登高不栗也。关尹以谓至于此为纯气之守者,盖纯也者,谓其不亏其神也。不亏其神,是所以为真也。彼智巧果敢,有心于胜物也。内藏猜虑,外恃盛气,虽一节片体将不容于天地之间,水火岂复可近哉?唯纯气内守,则知见旋复,观听内藏,莫知其为,水火与之为一体矣,此所以无入而不自得也。老君曰:含德之厚,比于赤子。即此所谓纯气之守也。是以毒虫不螫,猛兽不据,攫鸟不搏。

居,予语汝。凡有貌像声色者,皆物也,物与物何以相远也?夫奚足以至乎先?是色而已。

解曰:貌像声色,皆谓之色者。凡物自无而生有,必始于流动而生色。太素具而形质始著,太素犹不及于太始,又安能至乎先哉?唯物物而非物者,然后足以至乎先。至乎先,其老君所谓有物混成者欤?

则物之造乎不形,而止乎无所化。夫得是而穷之者,焉得为正焉。

解曰:有形皆属乎造化,唯造乎不形,则止乎无所化矣。得是道而穷尽之者,离形超化至乎物先,泯绝是非。虽独正,不足以命之矣。是至人之所以为真也。

彼将处乎不深之度,而藏乎无端之纪,游乎万物之所终始。

解曰:甚易知,甚易行,不违万物自然之数者,不深之度也。老君以迎随不见其首尾者为道之纪,即此所谓无端之纪也。行乎万物,而万物得之以消息满虚。其际不可终者,游乎万物之终始也。内能处而藏,外能游乎物,此备道全尽者也。

壹其性,养其气,含其德,以通乎物之所造。

解曰:壹其性则不贰,养其气则不耗,含其德则不散,若是则能上与造物者游,是所谓通乎物之所造也。

夫若是者,其天守全,其神无却,物奚自入焉?

解曰:由物焉得?为正焉出?而游乎万物之所终始,斯能通乎物之所造矣。通乎物之所造则能天矣,天则神矣。其天守全,是乃其神之无郄也。其神无郄,则纯气之守也固矣,故物莫得而入焉。

夫醉者之坠于车也,虽疾不死。骨节与人同,而犯害与人异,其神全也。乘亦弗知也,坠亦弗知也。死生惊惧不入乎其胸,是故遻物也不慴。彼得全于酒而犹若是,而况得全于天乎?圣人藏于天,故物莫之能伤也。

解曰:神生形,形成神,形不得神不能自生,神不得形不能自成。神欲不亏其全,其或亏者,以有知也。形欲不伤其完,其伤之者,以迕物也。然神生形者也,爱其形者,神未必守舍,其神则物莫之能迕矣。醉者之于车,乘坠皆莫之知,此神之所以全也。神全则死生惊惧不足以动其中,虽坠车也祗能伤其形而不能伤其神也,此所谓犯害与人异,故虽疾不死也。然而得全于酒,徒以沉湎而迷其知尔,非知而忘情者也。至于不醉,则其知历然不复须臾之忘矣,故虽不死而犹有疾也。若真知之无知,则虽水火犹不能焦溺,而况于坠车耶?此全于天者所以物莫之能伤也。圣人藏乎是,所以为长生久视之道。

**列御寇为伯昏无人射,引之盈贯,措杯水其肘上,发之,镝矢复沓,方矢复寓。当是时也,犹象人也。伯昏无人曰:是射之射,非不射之射也。当与汝登高山,履危石,临百仞之渊,若能射乎?于是无人遂登高山,履危石,临百仞之渊,背逡巡,足二分垂在外,揖御寇而进之。御寇伏地,汗流至踵。伯昏无人曰:夫至人者,上窥青天,下潜黄泉,挥斥八极,神气不变。今汝怵然有恂目之志,尔于中也殆矣夫!

解曰:引之盈贯,言其张之尽镝也。揩杯水其肘上,言其手之停审也。适矢复沓,言其中之巧也。方矢复寓,言其射之敏也。其所以能若是者,以其用志不分而犹象人也。然而是射之射,非不射之射也。射之射,所要者在彼;不射之射,所守者在我。射之射,方可方不可;不射之射,无可无不可。方其犹象人,以外无所惧也。所以伏地而汗流者,以心有所矜也。夫山之高,石之危,渊之深,无心于害人也,登履之者未必皆蹈其患也。唯其贪生,外殉矜吝无所不至。卒之物不能为我害,而吾心自为之害,以至于丧生而终不悟也。若夫至人之不离于真,其于登履与人无异也,特神气内守,不知有高深之可畏,无往而不犹象人尔,挥斥八极,神气不变,以此而已。子列子尝御风而行矣,于进是道也何有?其云尔者,将俾学者不以谀闻为天下之美尽在于己,而务其全也。孔子不居其圣,亦若是矣。所谓伯昏无人者,居物之长,反明为昏,以无为人者也,是所以能登高临深而不惧,子列子之所受教也。

范氏有子曰子华,善养私名,举国服之,有宠于晋君,不仕而居三卿之右。目所偏视,晋国爵之;口所偏肥,晋国黜之。游其庭者侔于朝。子华使其侠客以智鄙相攻,强弱相凌。虽伤破于前,不用介意。终日夜以此为戏乐,国殆成俗。禾生、子伯,范氏之上客,出行,经坰外,宿于田更商丘开之舍。中夜,禾生、子伯二人相与言子华之名势,能使存者亡,亡者存,富者贫,贫者富。商丘开先窘于饥寒,潜于牖北听之。因假粮荷畚之子华之门。

解曰:禾生、子伯皆范氏之上客,则其知范氏之名势也审矣。

相与言子华之名势于中夜,则非有夸诞于人也。商丘开潜于牖比听之,则知其言之无心而不妄矣。故以其党之言皆实,唯恐诚之之不至,行之之不及也。

子华之门徒皆世族也,缟衣乘轩,缓步阔视。顾见商丘开年老力弱,面目黎黑,衣冠不检,莫不眲之。既而狎侮欺诒,挡㧙挨抌,亡所不为。商丘开常无愠容,而诸客之技单,怠于戏笑。

解曰:子华之门徒以狎侮其诒众技为戏笑者,求已胜而人辱也。为商丘开者亦以为诞辱而怼憾之,则子华之志骋而商丘开诚可辱矣。今也一遇之以诚而常无愠容,技虽众,俄而单矣,戏笑虽乐,俄而怠矣,终不足以为商丘开之辱矣。回视昔之狎伤戏笑,不亦徒劳而自辱乎?

遂与商丘开俱乘高台,于众中漫言曰:有能自投下者赏百金。众皆竞应。商丘开以为信然,遂先投下,形若飞鸟,扬于地,肌骨无砭。

解曰:猜虑不存,诚信内守,则其体虚矣。故其轻扬拟于飞鸟投于高台而肌骨无砭,亦犹醉者之坠车,其犯害与人异矣。

范氏之党以为偶然,未讵怪也。因复指河曲之淫隅曰:彼中有宝珠,泳可得也。商丘开复从而泳之。既出,果得珠焉。众昉同疑。子华昉令豫肉食衣帛之次。

解曰:信其言而泳水不能溺,此忠信错其躯于波流尔。诒以为彼中有宝珠,泳而出,果得珠焉。此何理哉?诚信能感物之证也。且宝珠之为物,体元用妙,每下愈况,无乎不在,求以明智,索以吃诟,其失愈远。唯商丘开之诚同于象罔,则其得之亦何异哉?

俄而范氏之藏大火。子华曰:若能入火取锦者,从所得多少赏若。商丘开往无难色，入火往还，埃不漫，身不焦，范氏之党以为有道，乃共谢之曰：吾不知子之有道而诞子，吾不知子之神人而辱子。子其愚我也，子其聋我也，子其盲我也，敢问其道？商丘开曰：吾亡道。虽吾之心，亦不知所以。虽然，有一于此，试与子言之。曩子二客之宿吾舍也，闻誉范氏之势，能使存者亡，亡者存，富者贫，贫者富。吾诚之无二心，故不远而来。及来，以子党之言皆实也，唯恐诚之之不至，行之之不及，不知形体之所措，利害之所存也，心一而已。物亡迕者，如斯而已。今昉知子党之诞我，我内藏猜虑，外矜观听，追幸昔日之不焦溺也，怛然内热，惕然震悸矣。水火岂复可近哉？

解曰：泳而得宝珠，亦已异矣，范氏之党昉同疑之。至于入火往还，而埃不漫，身不焦，而后以其为有道，而谓之为神人，盖投于高而无矶，或能因其势而偶然。泳而出，学泅者能之，若火之烈烈，则物无美恶柔刚，一投于烟焰皆煨烬矣。自非体合于神而同于无，则块然之形，薪火奚可近哉？商丘开以谓吾无道，虽吾之心，亦不知所以。唯其忘情而无知，则心一而不二，是所以为道而物莫之能迕也。若夫藏猜虑，矜观听，则怛然内热，已焚其和于中，又焉能入火不热哉？惕然震悸，已溺其性于内，又焉能入水不濡哉？

自此之后，范氏门徒路遇乞儿马医，弗敢辱也，必下车而揖之。

解曰：以子华之名势而弗轻于乞儿马医者，盖审夫名势之非道，以君子之盛德，其容貌若愚，故能忘其势，虽贱弗敢辱也，是亦至信之所感化也。尝谓商丘开方其诚物而无二心，虽至人纯气之守，无以复加矣。至于藏猜虑，矜观听，则犹为蔽蒙之民。由是知至道所在不俟他求，其于有得亦无渐次。狂圣相去特在克念，罔念一息之间尔，可不慎哉？

宰我闻之，以告仲尼。仲尼曰：汝弗知乎？夫至信之人，可以感物也，动天地，感鬼神，横六合，而无逆者，岂但履危险、入水火而已哉？

解曰：当而以为信，未孚之小信尔。信矣而不期，辟金之至信也。至信之人，内不疑于己，外不疑于物，至虚而无所于忤，至粹而无所于杂，故能参天地之广大，赞天地之化育，蛮貊之邦可行，豚鱼之微可及，此所谓动天地，感鬼神，横六合，而无逆也。若夫尾生之溺，鲍焦之燔，岂信之罪也哉？是塞以为有信，非至信尔。

商丘开信伪物犹不逆，况彼我皆诚哉？小子识之。

解曰：诚在于我，则物虽伪而皆真；惑存于内，则境虽顺而犹逆。处己者唯务于自诚，而圣人之善救必期于彼我皆诚而后已。若《汤问》所谓仙圣之种一日一夕飞相往来于五山之间者，其彼我皆诚者欤？谓小子识之，则道之在人，无间于少壮，小子之所宜勉也，奚俟而晚闻大道哉？所谓子华者，以荣而不实为名，固宜以名势骄人也。商则声之挚敛，丘则地之中高，开则物之启出，谓之商丘开，是以始则能入水火，终则以谓水火岂复可近也。

周宣王之牧正有役人梁鸯者，能养野禽兽，委食于园庭之内，虽虎狼雕鹗之类，无不柔驯者。雄雌在前，孳尾成群，异类杂居，不相搏噬也。王虑其术终于其身，令毛丘园传之。梁鸯曰：鸯，贱役也，何术以告尔？惧王之谓隐于尔也，且一言我养虎之法。凡顺之则喜，逆之则怒，此有血气者之性也。然喜怒岂妄发哉？皆逆之所

犯也。夫食虎者,不敢以生物与之,为其杀之之怒也,不敢以全物与之,为其碎之之怒也。时其饥饱,达其怒心,虎之与人异类,而媚养己者,顺也,故其杀之,逆也。然则吾岂敢逆之使怒哉？亦不顺之使喜也。夫喜之复也必怒,怒之复也常喜,皆不中也。今吾心无逆顺者也,则鸟兽之视吾,犹其侪也。故游吾圃者,不思高林旷泽,寝吾庭者,不愿深山幽谷,理使然也。

解曰：含生之类皆有血气之性。自人以观,血者心之所藏,气者肺之所府,气运而血如之。一昼一夜,凡万有三千五百息,血气周流,瘖行于身,瘵行于藏,间不容发,或过或不及,微则疾而甚则死矣。血气之可顺而不可逆如此。由有血气之性,斯有逆顺之境,而起喜怒之情,怨恩生杀,无所不至矣。然而人之为人,虽不能逆其气,而能帅其气；虽不能违其性,而能节其性,此人之所以为有道。虽有喜怒之情,其发也,罔或不中节矣。至于飞潜之伦,附翼戴角,分牙布爪,仰飞伏走,知有生之是利,唯血气之是使,是以鸟穷则攫,兽穷则搏,欲其柔驯,于人杂居而不相搏噬,不亦难乎？然而虎狼雕鹗,禽兽之至强者也,既已与人均其血气,则其心智与人不殊远也。苟能达其情欲,时其饥饱,媚其顺而无犯其所逆,未有不可以柔驯者。且达其喜怒而媚之,是养之之术尔。要其所以能使雄雌在前,孳尾成群,异类杂居而不相搏噬者,则本于其心无逆顺尔。何则？达其喜怒,未能使之忘喜怒也。喜怒之复,犹阴阳之往来,逆而犯之,固所不可顺而喜之,亦非其中。虽暂能顺之而喜,终必或犯而激其怒也。唯喜怒不形而于物无逆顺,则物亦无逆顺于我矣。故鸟兽之视吾,犹其侪也。夫鸟兽之所以惊骇散乱,逃窜隐伏,唯高林广泽、深山幽谷之是趋者,以避患害而从其类也。今而视吾犹其侪,则其游吾之园,寝吾之庭,与人同处,与人并行,亦已乐矣,又何暇趋山林之幽深、慕川谷之险阻耶?意无逆顺在我,其不言不为之妙,乃默得于禽兽之强食,麋角者化而柔驯,可谓妙矣。周之宣王知惜梁鸯之术而传之,至于为治则方且料民,而不知用其术焉,弗思甚矣。如亦以斯道而牧斯民,其于在宥天下而致恬愉之俗,亦易易矣。所谓梁鸯者,鸯,匹鸟,其性驯耦,梁鸯则进而在梁得其所者。所谓毛丘园者,丘园,盖羽毛之族,利养之地而所乐居也。此梁鸯所以能养野禽兽,宣王所以令毛丘园传其术也。

颜渊问乎仲尼曰:吾尝济乎觞深之渊矣,津人操舟若神。吾问焉,曰:操舟可学邪?曰:可,能游者可教也,善游者数能,若乃夫没人,则未尝见舟而谡操之者也。吾问焉,而不告。敢问何谓也?仲尼曰:譆,吾与若玩其文也久矣,而未达其实,而固且道欤?能游者可教也,轻水也;善游者之数能也,忘水也。若乃夫没人之未尝见舟也而谡操之也,彼视渊若陵,视舟之覆其车却也覆却。万方陈乎前而不得入其舍,恶往而不暇?

解曰:水,负舟者也,学操舟者宜知所本矣。学津人之操舟而不能学其为津人,虽津人之妙止能传其术而不能使之尽其巧也。有习于水勇于泅者,虽不学操舟而津人之妙可侔矣。盖不习于水则顾视水之津涯,方且惕然震悸,惟沈溺之是虞,尚何舟之能操耶?是以轻水者可教,忘水者数能。若夫没人,则未尝见舟而便操之也。未尝见舟,则非特忘水,虽舟亦忘之矣,是以无往而不暇也。涉水犹涉难也,御世者犹操舟以济斯民于无难之地也。唯有道者斯能轻忘世故,出没于万变之中而未尝有所困,则其于济世也有暇矣。颜子用舍行藏同于圣人,故孔子与之玩其文而道其实。

以瓦抠者巧，以钩抠者惮，以黄金抠者惛。巧一也，而有所矜，则重外也。凡重外者拙内。

解曰：所要愈重，则其心愈矜，心矜则智惛而巧丧矣。夫巧在我，物在外，既已巧矣，以有所矜而拙尔，曷亦定其内外之分？等黄金为瓦甓，则无往而不巧，所要者亦不能舍我矣。然此终不可以强而为之也，唯有道者其为出于自然尔。且其始也巧，其终也拙，是以巧而拙。如俾其智巧不存，则莫见其所要之轻重，而遇事未必不巧也。则世俗之所谓巧者，不乃为大拙者乎？故大巧若拙。

冲虚至德真经解卷之四

宋杭州州学内舍生臣江遹进

黄　帝

孔子观于吕梁，悬水三十仞，流沫三十里，鼋鼍鱼鳖之所不能游也，见一丈夫游之。以为有苦而欲死者也，使弟子并流而承之。数百步而出，被发行歌，而游于棠行。棠行当作塘下。孔子从而问之曰：吕梁悬水三十仞，流沫三十里，鼋鼍鱼鳖所不能游，向吾见子道之，以为有苦而欲死者，使弟子并流将承子。子出而被发行歌，吾以子为鬼也，察子，则人也。请问蹈水有道乎？曰：亡，吾无道。吾始乎故，长乎性，成乎命，与赍俱入，与汩偕出。从水之道而不为私焉，此吾所以道之也。孔子曰：何谓始乎故，长乎性，成乎命也？曰：吾生于陵而安于陵，故也；长于水而安于水，性也；不知吾所以然而然，命也。

解曰：水生之虫不疾易水性也，若人则生于陵而安于陵尔。吕梁之丈人乃能游于鼋鼍鱼鳖之所不能游,盖其性之所偏能也。唯有其性,故能长于水而安于水。虽安于水矣,不至于不知吾所以然而然,是未能从水之道而不为私也,则亦不若是之妙矣,故其言终至于命。若夫人者,犹庄子所谓得之以游大川者也。

仲尼适楚,出于林中,见痀瘘者承蜩,犹掇之也。仲尼曰:子巧乎,有道耶?曰:我有道也。五六月,累丸二而不坠,则失者锱铢;累三而不坠,则失者十一;累五而不坠,犹掇之也。吾处也,若橛株驹,吾执臂若槁木之枝。天地之大,万物之多,而唯蜩翼之知。吾不反不侧,不以万物易蜩之翼,何为而不得?孔子顾谓弟子曰:用志不分,乃凝于神,其痀瘘丈人之谓乎?丈人曰:汝逢衣徒也,亦何知问是乎?修汝所以,而后载言其上。

解曰:学承蜩于累丸者,丸之为物,可转而反,莫适为仄,能累之而不坠,则其处身之定、执臂之审、用志之不分可知矣。以是而承蜩,此所以犹掇之也。夫以蜩翼轻迅,而取之犹掇,则进乎道矣,岂智巧之列?故曰:我有道也。盖方其处身,若橛株驹,执臂若槁木之枝,则内能忘我矣。不以万物易蜩之翼,则外能忘物矣。物我两忘,奚止可用以承蜩?故孔子谓其用志不分,乃凝于神也。志分则神耗,志一则神凝,所谓纯气之守,如是而已。痀偻丈人则支离其形而无修于外者也。孔子方且衣逢腋之衣而饰儒行于鲁,是以丈人者俾孔子修其所用于世者而去之,而后载斯言于其上也。蜩之为物,舍毕秽,趣高洁,其鸣以时,不食而无求。得形禅之道者,是所以托之承蜩也。

海上之人有好沤鸟者,每旦之海上,从沤鸟游,沤鸟之至者百住而不止。其父曰:吾闻沤鸟皆从汝游,汝取来,吾玩之。明日之海上,沤鸟舞而不下也。故曰:至言去言,至为无为。齐智之所知,则浅矣。

　　解曰：经曰：既有妄心，即惊其神。心之与神，表里之符也。我惊其神，则物亦惊我矣。海上之人从沤鸟游，以其心无逆顺也。既怀取之之心，则惊其神矣，此沤鸟所以舞而不下也。且于物无迕，则物物皆然矣，奚止沤鸟而已？唯其好在于沤鸟，故沤鸟从之尔。夫沤之于人为异类也，而人心之不言不为者乃为其所密察，则吾之修身治物亦何假于言而后信，为而后知哉？齐智之所知，诚浅矣。列子于五浆先馈，所以惊也。

　　赵襄子率徒十万狩于中山，借芿燔林，扇赫百里。有一人从石壁中出，随烟烬上下。众谓鬼物。火过，徐行而出，若无所经涉者。襄子怪而留之，徐而察之，形色七窍，人也，气息音声，人也。问奚道而处石？奚道而入火？其人曰：奚物而谓石？奚物而谓火？襄子曰：而向之所出者，石也；而向之所涉者，火也。其人曰：不知也。

　　解曰：我之所以为物累，物之所以能为我累者，以形隔而不能大同也。物之与我非本不同，其不同者生于知见。故知其为石则其坚不可入矣，知其为火则其烈不可近矣。虽然，火之燔也，石之坚也，亦非泊然无知者所能亡也。唯其知以无知，湛然不留秋毫于胸中，则骨肉都融，合乎大同。大同而无己，故物莫之能碍尔。今则人从石壁中出，随烟烬上下，至于问其处石入火之道，则不知也。非特不知其道也，虽石火亦亡之，是真不知者矣。则石也，火也，孰得而碍之？

　　魏文侯闻之，问子夏曰：彼何人哉？子夏曰：以商所闻夫子之言，和者大同于物，物无得伤阂者，游金石，蹈水火，皆可也。文侯曰：吾子奚不为之？子夏曰：刳心去智，商未之能。虽然，试语之有暇矣。文侯曰：夫子奚不为之？子夏曰：夫子能之，而能不为者也。文侯大说。

解曰：可否相济谓之和，滞于有不可以为和，匿于无亦不可谓之和，盖无则无为而非理，有则有硋而非道，唯不废有无之用而有无俱遣，然后能大同于物。所谓大同者，以不同同之也。同以不同，则不毁石之坚，不废火之烈，而不能伤阂于我矣。是道也，子夏闻之于夫子者，虽子夏之未能刳心去智，亦有暇于语此矣，而况于夫子乎？夫子之不为此者，非不能也，不为尔。夫不能者，固不为矣，能而不能不为，是为能之所使，必不能为此矣。唯能之而能不为，或为之而莫知其所以为，斯无不能为矣。窃尝论之，赵人之处石入火，以其不知也。然则草木之无知也，曷亦不能不焦溺于水火，不窒阂于金石也。盖丽于五行者，木桡，水弱，金坚，火燍，土均而布，相生、相成、相克、相制，乌能逃其化？人为万物之灵，冲和之气所钟也，能天能地，能阴能阳。其所谓不知者，非若物之无知也。含和守气，融会万物，不觉其有异尔。则其游金石，蹈水火，乌乎往而不可哉？求之于物，固有云飞之翰，潜渊之鳞，虫藏于木，鼠游于火，皆阴阳之所为也。彼其得阴阳之一偏者犹若是，则圣人大同于阴阳，造化在我，其无入而不自得，又奚待为之而后信哉？

有神巫自齐来处于郑，命曰季咸，知人死生、存亡、祸福、寿夭，期以岁、月、旬、日，如神，郑人见之，皆避而走。列子见之而心醉，而归以告壶丘子，曰：始吾以夫子之道为至矣，则又有至焉者矣。

解曰：古者民之精爽不贰，而神降之者，在男曰巫，谓之神巫，则妙于其道矣。命曰季咸，则少而有感者也。妙于其道则我之于人也能洞鉴,少而有感则人之于我也无匿情。凡域于形体者,莫不惑于死生存亡祸福寿夭之数,而季咸能先事以期之,是乃昧者之所谓至至者也。

壶子曰:吾与汝既其文,未既其实,而固得道欤?众雌而无雄,而又奚卵焉?而以道与世抗,必信矣。夫故使人得而相汝。

解曰:文者事之彰,实者道之真,有文而无实,犹有雌而无雄也,安能居物之先而化育万物哉?列子以道与世抗,故其为可必而其信可期,是尽壶子之文而未尽其实者,则于何逃形哉?

尝试与来,以予示之。明日,列子与之见壶子。出而谓列子曰:嘻,子之先生死矣,弗活矣,不可以旬数矣。吾见怪焉,见湿灰焉。列子入,涕泣沾衿,以告壶子,子曰:向吾示之以地文,罪庄子作萌。乎不震不止,是殆见吾杜德几也。尝又与来。明日,又与之见壶子。出而谓列子曰:幸矣,子之先生遇我也,有瘳矣。灰然有生矣,吾见杜权矣。列子入告壶子。壶子曰:向吾示之以天壤,名实不入,而几发于踵,此为杜权,是殆见吾善者几也。尝又与来。明日,又与之见壶子。出而谓列子曰:子之先生坐不斋,吾无得而相焉。试斋,将旦复相之。列子入告壶子,壶子曰:向吾示之以太冲莫朕,是殆见吾衡气几也。鲵旋之潘为渊,止水之潘为渊,流水之潘为渊,滥水之潘为渊,沃水之潘为渊,汧水之潘为渊,雍水之潘为渊,汧水之潘为渊,肥水之潘为渊,是为九渊焉。尝又与来。明日,又与之见壶子。立未定,自失而走。壶子曰:追之。列子追之而不及,反以报壶子,曰:已灭矣,已失矣,吾不及也。壶子曰:向吾示之以未始出吾宗。吾与之虚而猗移,不知其谁何,因以为茅靡,因以为波流,故逃也。

解曰:示之者在我,见之者在彼,有所示则必有所见矣。示以地文,偏于阴也,不震以动,不止而寂,则见其德几杜而不发,故以为弗活。示以天壤,多于阳也,名实虽不入,而犹有我,气几虽外发,而其息则深,则见其德出而为善,故以为有生。所谓杜权者,始见其地文,莫知其为杜德几也。及见其天壤,然后以其杜德几为权,时之宜尔。至于示之以太冲莫胜,则至和发越,莫测其涯,气几常均,充塞天地,外应万变,而终不能挠。其渊静之居,水之九渊类是矣,故季咸于此莫得而见焉。所谓九渊者,水性无人。虽曰因地而为曲直,因器而为方圆,或旋或止,或流或滥,或下溜而为汰,或旁出而为沈,或雍而复入,或汧而流行,或出同而归异,虽波流九变,常渊然自若。道至于此,则入于不死不生矣。季咸所知者,有生之后尔,尚安得而相之哉?然而太冲莫胜犹寓于气而示以几也,至于示之以未始出吾宗,则虽人而能天,虽泛应万物而常深根宁极,此季咸之所以自失而走,列子追之弗及也。夫伪之于真,犹雨雪之见晛而消也,故曰已灭矣,已失矣。且未始出吾宗,则不离于宗而犹有所示者,盖至道虽妙,未始不示,譬如日光无所不照,盲者不见,咎岂在日?所谓壶丘子者,以空虚为体而居于中高之地,居于中高则疑若可接矣,以虚为体则未尝与世抗,此其所以莫得而相。

然后列子自以为未始学而归,三年不出,为其妻爨,食豕如食人,于事无亲,雕琢复朴,块然独以其形立,纷然而封戎,戎宜作哉。**壹以是终。**

解曰:三年不出,绝物也。为其妻爨,食豕如食人,忘我也。于事无亲,则去智与故也。雕琢复朴,块然独以其形立,则复命反常而一真独露也。纷然而封哉,则万变杂然而其却常涂也。一以是终,则亘万世而不易也。列子进此道矣,将示人以复本,故云尔也。

子列子之齐，中道而反，遇伯昏瞀人。伯昏瞀人曰：奚方而反？曰：吾惊焉。恶乎惊？吾食于十浆，而五浆先馈。伯昏瞀人曰：若是，则汝何为惊已？曰：夫内诚不解，形谍成光，以外镇人心，使人轻乎贵老，而齑其所患。夫浆人特为食羹之货，无多余之赢；其为利也薄，其为权也轻，而犹若是，而况万乘之主，身劳于国，而智尽于事，彼将任我以事，而效我以功，吾是以惊。

解曰：人之性犹水也，凝之而为冰，释之而为水。凝则其体不易，释则其用不穷。至人之心，涣若冰将释而复归其明，曾何光耀之外镇哉？若夫内矜实智，不能自解物有，结之便辟成光，人皆得以密察之，有若浆人之权轻利薄者，亦轻乎贵老而齑其所患矣。齑，乱也，谓所患众至也。齐，中央之国，任事效功之所在也。故子列子之齐，中道惊五浆之馈而反也。虽然，惊于此者，与所谓宠辱若惊者异矣。

伯昏瞀人曰：善哉观乎！汝处己，人将保汝矣。无几何而往，则户外之屦满矣。

解曰：以五浆先馈为惊，是善于内观者也。处己，谓不遗形也，此户外之屦所以满也。

伯昏瞀人北面而立，敦杖蹙之乎颐，立有间，不言而出。宾者以告列子。列子提屦徒跣而走，暨乎门，问曰：先生既来，曾不废药乎？

解曰：北面而立，辩于物也。敦杖蹙之乎颐，忘我也。不言而出，忘言辩也。列子提屦徒跣而走，则未能默悟不言之教，敏于求道而忘其足也。且徒跣而走，则既已异于处己矣。《庄子·德充符》数称无趾兀者，意几是欤？

曰:已矣。吾固告汝曰:人将保汝,果保汝矣,非汝能使人保汝,而汝不能使人无汝保也,而焉用之感也?感豫出异。且必有感也,摇而本身,又无谓也。与汝游者,莫汝告也;彼所小言,尽人毒也。莫觉莫悟,何相孰也。

解曰:能不失其德而未至乎上德之不德,知可道之有迹,而未造乎常道之无心,斯不能使人无汝保也,且以不能使人之无保为患者,与夫使人保汝者有间矣。感豫者,先施之谓也。列子固未尝出异以感物也,其所以人得而保之者,是必有以感之而不自知也。既已感物也,劳汝神,摇汝精,日与户外之屦者相与辩,其果有谓乎?故曰:摇而本身,又无谓也。与汝游者,俱沦于人道之患,故莫知所告。其小言之詹詹,安能为至言之发药哉?若是者,同之乎迷涂,物与我无成也。故曰:莫觉莫悟,何相孰也。

杨朱南之沛,老聃西游于秦,邀于郊。至梁而遇老君。老君中道仰天而叹曰:始以汝为可教,今不可教也。杨子不答。至舍,进涫漱巾栉,脱屦户外,膝行而前,曰:向者夫子仰天而叹曰:始以汝为可教,今不可教,弟子欲请夫子辞,行不闲,是以不敢。今夫子闲矣,请问其过。

解曰:孔子曰:彼非至人,不能下人。下人不精,不得其真。进涫漱巾栉,脱屦膝行,凡以欲得其真而已。

老君曰:而睢睢而盱盱,而谁与居?

解曰:存乎人者莫良于眸子,眸子不能掩其恶,盖离为目而围二,神之所托也。得道者之相遇,目击而其意已传,知人者每得于眉睫之间,故杨朱之睢睢盱盱,其视不正,则老君以为不可教也。故《黄帝书》曰:机在目。

大白若辱,盛德若不足。

解曰：明白四达，是谓大白。每下愈况，是谓若辱。冲而不盈，故盛德若不足。若此者，其视颠颠，与人相遇，目若不相见者，奚有于睢盱哉？

杨朱蹴然变容曰：敬闻命矣。其往也，舍者迎将家，公执席，妻执巾栉，舍者避席，炀者避灶。其反也，舍者与之争席矣。

解曰：避席，非止于不争而已。争席，非止于不避而已。闻命而反，则昔之避者更且争。夫秦梁之地不远也，今之舍者犹昔之舍者也，亦非有二杨朱也。其相遇遽若是之异者，乃知至道密庸，变形易虑，人常由之，而莫之知也。盖南之沛，则趋于物之所会；其反也，则复于命之所本。或避或争，在于往反之间尔。

杨朱过宋，东之于逆旅。逆旅人有妾二人，其一人美，其一人恶，恶者贵而美者贱。杨子问其故。逆旅小子对曰：其美者自美，吾不知其美也；其恶者自恶，吾不知其恶也。杨子曰：弟子记之，行贤而去自贤之行，安往而不爱哉？

解曰：贵其美而贱其恶者，情之私；恶者贵，而美者贱，道之公。或美或恶，生于妄见；贵之贱之，亦非真理。所恶于逆旅之妾者，非谓其美也，以恃其美故贱之；所贵于逆旅之人者，不以能贱其美也，以不知其美故取之。如俾逆旅之妾亦不恃其美而无自贤之行，则无往而不爱矣。老君曰：天下皆知美之为美，斯恶矣。非恶美也，恶知其美尔。

天下有常胜之道，有不常胜之道。常胜之道曰柔，常不胜之道曰强。二者亦知，而人未之知。故上古之言：强，先不己若者；柔，先出于己者。先不己若者，至于若己，则殆矣。先出于己者，亡所殆矣。以此胜一身若徒，以此任天下若徒，谓不胜而自胜，不任而自任也。粥子曰：欲刚，必以柔守之；欲强，必以弱保之。积于柔必

刚,积于弱必强。观其所积,以知祸福之乡。强胜不若己,至于若己者刚;柔胜出于己者,其力不可量。老聃曰:兵强则灭,木强则折。柔弱者生之徒,坚强者死之徒。

解曰:柔弱者道之本。守道之本,自胜而已,故无一不胜。以此胜一身,以此任天下,有安而无危,有福而无祸。虽未尝先人而人莫之能先,是乃善摄生者与天地同久之道也。《易》曰巽以行权,《庄子》曰于鱼得计,义协于此。故老君、粥子其书每致意焉,其称上古之言则以此道自古以固存也。

状不必童而智童,智不必童而状童。圣人取童智而遗童状,众人近童状而疏童智。状与我童者,近而爱之;状与我异者,疏而畏之。有七尺之骸,手足之异,戴发含齿,倚而趋者,谓之人,而人未必无兽心。虽有兽心,以状而见亲矣。傅翼戴角,分牙布爪,仰飞伏走,谓之禽兽,而禽兽未必无人心,虽有人心,以状而见疏矣。庖牺氏,女娲氏,神农氏,夏后氏,蛇身人面,牛首虎鼻,此有非人之状,而有大圣之德。夏桀、殷纣、鲁桓、楚穆,状貌七窍皆同于人,而有禽兽之心。而众人守一状以求至智,未可几也。

解曰:所谓有非人之状者,其形貌之近似,若鼍目豺声、虎头燕颔,载之近史,为可考者。斯言吻合乎造化之妙,特人惑于浅智,不悟童智之奥尔。列子务明至道,故横口而言,唯诚理之是取,而不顾众意之所惊也。

黄帝与炎帝战于阪泉之野,帅熊、罴、狼、豹、貙、虎为前驱,雕、鹖、鹰、鸢为旗帜,此以力使禽兽者也。尧使夔典乐,击石拊石,百兽率舞,箫韶九成,凤凰来仪,此以声致禽兽者也。然则禽兽之心,奚为异人?形音与人异,而不知接之之道焉。圣人无所不知,无所不通,故得引而使之焉。

解曰:观箫韶九成,凤凰来仪,则以力使禽兽,不诬之理也。

禽兽之智有自然与人童者,其齐欲摄生,亦不假智于人也:牝牡相偶,母子相亲;避平依险,违寒就温;居则有群,行则有列;小者居内,壮者居外;饮则相携,食则鸣群。太古之时,则与人同处与人并行。帝王之时,始惊骇散乱矣。逮于末世,隐伏逃窜,以避患害。今东方介氏之国,其国人数数解六畜之语者,盖偏智之所得。太古神圣之人,备知万物情态,悉解异类音声。会而聚之,训而受之,同于人民。故先会鬼神魑魅,次达八方人民,末聚禽兽虫蛾。言血气之类,心智不殊远也。神圣知其如此,故其所教训者无所遗逸焉。

解曰:皇步帝骤,有虞氏之宫,汤武之室,以言世每降而道每隘也。在太古之时,则禽兽与人同处与人并行而不疑。世降而每隘,乃始惊骇散乱,逃窜隐伏矣。夫异类而与人同处并行,虽曰太古之时则然,亦太古神圣之人有以会聚而训受之也。且古今之时则异矣,而神圣何殊于古今?后之神圣之人亦有矣,不闻聚禽兽虫蛾而训受之者,何哉?盖世已降矣,异类既已惊骇散乱,隐伏而不可复聚矣。虽有神圣之君,亦能使鸟兽鱼鳖咸若而已。故必达乎圣人之时,而后可以语圣人之道。

宋有狙公者,爱狙,养之成群,能解狙之意,狙亦得公之意。损其家口,充狙之欲。俄而匮焉,将限其食。恐众狙之不驯于己也,先诳之曰:与若芧,朝三而暮四,足乎?众狙皆起而怒。俄而曰:与若芧,朝四而暮三,足乎?众狙皆伏而喜。物之以能鄙相笼,皆犹此也。圣人以智笼群愚,亦犹狙公之以智笼众狙也。名实不亏,使其喜怒哉?

解曰:喜怒之用皆不中也,喜之复也必怒,怒之复也常喜。狙公赋芧，名实不亏，将欲限其食，使之伏而喜，必且诳之而使之起而怒，故终得其喜也。如亦遽而与之以朝四而暮三，非特不得其喜，必亦起而怒矣。且众狙之喜怒非有伪也，三四之数无增损于七也，计众狙之心，宁饮于朝而馁于暮也，则朝暮之多寡，喜怒安得不为用哉？尝谓自太易既判，一变而为七，天三地四之数，一奇一耦，方生方成，万物不能逃其数也。不明其数则役于数，不惑于数则能用其数。非唯从狙之喜怒为然也，霸者欢娱之治所以羞称于圣人之门者，为其以能鄙相笼也。非唯霸者之治为然也，虽圣人之应帝王，未免于以天下为笼也，特其用数有微妙，故其治效有浅深尔。推而极之，虽天地之造化，一昼一夜，一觉一梦，一寒一暑，一死一生，亦无以易大衍七七虚一之数矣。故谓众狙之喜怒为惑，则物物皆惑也；谓人之喜怒为是，则众狙之喜怒安得独为非乎？人见众狙之笼于狙公则笑之，至于己尝处于笼而不知笑，是亦惑矣。故以人而笑众狙，亦犹《孟子》所谓以五十步笑百步也。且狙之为物，善伐其巧，恃其便，其心难于调御者也，乃惑于三四反覆之数而不悟，而况于余物乎？是或列子特取狙公赋芧之意也。虽然，狙公以损其家之口而至于匮，故不得已而限狙之食尔。由是知圣人以智笼群愚，亦以世降而不足于道，故不得已欤？

纪渻子为周宣王养斗鸡。十日而问，鸡可斗已乎？曰：未也，方虚骄而恃气。十日又问。曰：未也，犹应影向。十日又问。曰：未也，犹疾视而盛气。十日又问。曰：几矣。鸡虽有鸣者，已无变矣。望之似木鸡矣，其德全矣。异鸡无敢应者，反走尔。

解曰：鸡，木畜也。木与木相摩则然，故鸡为善斗之畜。虚骄则有傲物之态，恃气则有凌物之志，虽未尝见鸡而求敌无所不至，若是则能无惧而已矣,岂能必胜哉?故问其可斗,则曰:未也。犹应影响,则能不恃其气,顾影之所向则应之尔。犹疾视而盛气,则弗逐于影之妄,见响而应之也。有敌之者至,则致其雄毅以待之而已。然而疾视则其神不宁,盛气则其心不平,虽弗与之斗,而心动于内,神沮于外,但忍而不发尔。故曰:未也。及其几矣,之后鸡虽鸣而无变,望之似木鸡,其德全矣。盖内忘其气,外忘其形,他鸡虽竦立而鸣,而我不闻其声矣,与槁木何以异哉?则不争之德莫盛于此,故曰全也,天下之鸡皆莫之能敌,但反走而悦服矣。若太上之降胡俗,孔子之服门人也。心为绛官,于禽为朱雀,圣人善养于内,使之足而不贪,饱而不争,故天下莫能与之争。众人但养于外,使朱雀常饥,翱翔八表,惟利是求,不贪则不足以满其怀,不争则不足以充其欲,至于死而后止,悲夫!

惠盎见宋康王。康王蹀足謦欬,疾言曰:寡人之所说者,勇有力也,不悦为仁义者也。客将何以教寡人?惠盎对曰:臣有道于此,使人虽有勇,刺之不入,虽有力,击之弗中。大王独无意耶?宋王曰:善,此寡人之所欲闻也。惠盎曰:夫刺之不入,击之不中,此犹辱也。臣有道于此,使人虽有勇,弗敢刺;虽有力,弗敢击。夫弗敢,非无其志也。臣有道于此,使人本无其志也。夫无其志也,未有爱利之心者。臣有道于此,使天下丈夫女子莫不欢然皆欲爱利之。此其贤于勇有力也,四累之上也。大王独无意邪?宋王曰:此寡人之所欲得也。惠盎对曰:孔墨是以。孔丘、墨翟无地而为君,无官而为长,天下丈夫女子莫不延颈举踵而愿安利之。今大王万乘之主也,诚有其志,则四境之内皆得其利矣,其贤于孔墨也远矣。宋王无以应,惠盎趋而出。宋王谓左右曰:辩矣,客之以说服寡人也。

解曰：宋康王说于勇力，方惠盎之见也，康王蝶足謦欬，疾言恶其以仁义之说投于我也，其意疑若不可连矣。而惠盎因以勇力投其好，屡进其说而终归于孔墨。宋王将以其言为然，则既拂其所好矣；将以其言为不然，则未见其背于理也。是以惠盎既出，则谓左右言其辩尔。尝试论之，在可言之域，初无定是非也。成者为首，不成者为尾尔。有若仪、秦习纵横之言而游于战国，俾六国之君皆知其为辩，终不能屈其说，信其言而用之，安中国者各十余年，则辩者之是非果如何耶？虽列子之书亦未免于辩也。其言此者亦遣其著书，陈言之一端尔。

黄帝解

庄子以帝王之功为圣人之余事，谓之为余事者，不曰帝王之功，为不足为也。亦云圣人之道博大宏深，帝王之功皆其糠粃土苴之所为尔。盖圣人之所以为圣人者，以其有帝王之功也。天下之所以仰望于圣人者，以其有帝王之治也。故庄子亦曰：莫神于天，莫富于地，莫大于帝王。夫天之神，地之富，必形于天瑞之生化，则圣人之寂然不动，感而遂通天下之故，以应帝王者，安可以已哉？此《黄帝》之篇所由而作也。昔者神农氏役，黄帝尧舜氏作，道出而为德矣，皇降而为帝矣。而黄帝，为帝之始，虽有应世之务，未至乎尧之放勋也；虽有济世之德，未至乎舜之明德也。然而既已通天下之故，则思为之端起，而吉凶之变生矣。故其始也，喜天下之戴己，继乃忧天下之不治。五情惑于内，肌色瘁于外，自非斋戒以神明其德，安能当天下之至变，为天下之至难，而不蹈于凶咎悔吝之域哉？唯黄帝能斋心服形，而不离于至道，是以虽游于荣辱利害之涂，而辱与害之所不能及，天下之治，几若华胥氏之国也。有若姑射神人之所为，即黄帝之治效也；有若列子之御风而行，即黄帝之至道也。至人之守纯气，圣人之藏于天。商丘开之与物无迕，梁鸯之心无逆顺，凡皆其鼓舞万物之所本也。津人之操舟，吕梁之蹈水，痀瘘之承蜩，赵人之处石入火，凡皆其感通天下之功也。以此感通天下，则天下孰足以累之？以此鼓舞万物，则万物孰足以挠之？黄帝之所以为帝，其道如此。故列子之论道，数称《黄帝书》以为宗。原缺。

终于应帝王者，亦此意也。且列子既著《黄帝》之篇，至于称杨朱之言，则以谓五帝之事，若觉若梦，浑贤愚而归于消灭。其言尧舜，亦谓其与桀跖同腐。盖自道观之，则黄帝之治初不离道；由帝王之功以观，则大道之体已隐矣。其功名之迹几何？而不与时俱运，而同归于尽耶？其称杨朱之言，岂非去黄帝之功名而存其大道欤？

冲虚至德真经解卷之五

宋杭州州学内舍生臣江遹进

穆王上

周穆王时，西极之国有化人来，入水火，贯金石，反山川，移城邑，乘虚不坠，触实不硋，千变万化，不可穷极。既已变物之形，又且易人之虑。穆王敬之若神，事之若君，推露寝以居之，引三牲以进之，选女乐以娱之。化人以为王之宫室卑陋而不可处，王之厨馔腥蝼而不可飨，王之嫔御膻恶而不可亲。穆王乃为之改筑，土木之功，赭垩之色，无遗巧焉。五府为虚，而台始成。其高千仞，临终南之上，号曰中天之台。简郑卫之处子娥媌靡曼者，施芳泽，正娥眉，设筅珥，衣阿锡，曳齐纨，粉白黛黑，佩玉环。杂芷若，以满之，奏《承云》《六莹》《九韶》《晨露》以乐之。月月献玉衣，旦旦荐玉食。化人犹不舍然，不得已而临之。居亡几何，谒王同游，王执化人之祛，腾而上者，中天乃止，暨及化人之宫。化人之宫构以金银，络以珠玉，出云雨之上，而不知下之所据，望之若云屯焉。耳目所观听，鼻口所纳尝，皆非人间之有。王实以为清都、紫微、钧天、广乐，帝之所居。王俯而视之，其宫榭若累块积苏焉。王自以居数十年不思其国也。

　　解曰：方外之与方内，其不相及亦远矣。穆王，方之内者也；化人，方之外者也。西方主金，金为从革，故化人之来必自西极也。物本非有身，原太虚化人造物之主也。六合所不能拘，五行所不能役，故可以摄乾坤于黍米之中，促劫运于须臾之内，绰绰然犹有余地，至于入水火，贯金石，反山川，移城邑，变物之形，易人之虑，皆平常闲事尔。穆王在耄荒之中，见物皆有知，身不虚故惊天骇地，而敬之若神，事之若君，惟露寝，引三牲，选女乐，庶几其欢心焉，而不知化人之所乐者真乐无乐尔，反以为卑陋腥膻，困愗中颡而不肯一顾焉。王又改筑中天之台于终南之上，其高千仞，选郑卫之处子以满之，奏《承云》《六莹》《九韶》《晨露》以乐之，献玉衣，进玉食，而不知化人者居无居，味无味，色无色，声无声，又岂悦夫人间之所悦者乎？化人见王有殷勤恭敬之心，似可教者，然未可顿超最上乘道，试渐引之入于下乘之道，使揽其祛而同游，上中天之半，及化人之宫，构以金银，络以珠玉，出云霄之外，上无所攀，下无所据，若云屯于碧霄而不坠焉。耳目之所观听，鼻口之所纳尝，皆非世间之所有。自以为清都、紫微、钧天、广乐，上帝之宫阙，乃复从上俯而视之，却见人间昔日旧宫但累土积薪尔，与蜂房蚁穴何以异哉？乃舍卑秽,趋高洁,不愿复还于故都,仿佛数十年矣。呜呼！穆王亦丹台之旧侣也,谪降人间,尘俗之气尚未深染,故能安栖圣境。此虽下乘之所居,岂胎生肉人所能到哉？纵使能到,亦魂警魄丧而必求反归也。

化人复谒王同游,所及之处,仰不见日月,俯不见河海。光影所照,王目眩不能得视；音响所来,王耳乱不能得听。百骸六脏,悸而不凝,意迷精丧,请化人求还。化人移之,王若殒虚焉。既寤,所坐犹向者之处,侍御犹向者之人。视其前,则酒未清,肴未晞。王问所从来,左右曰：王默存耳。由此穆王自失者三月而复。更问化人,化人曰：吾与王神游也,形奚动哉？且曩之所居,奚王之宫？曩之所游,奚异王之圃？王闲常,疑暂亡。变化之极,徐疾之间,可尽模哉？王大悦。不恤国事,不乐臣妾,肆意远游。命驾八骏之乘,右服骅骝而左绿耳,右骖赤骥而左白䌽。主车则造父为御,离商为右；次车之乘,右服渠黄而左逾轮,左骖盗骊而右山子,柏夭主车,参百为御,奔戎为右。驰驱千里,至于巨蒐氏之国。巨蒐氏乃献白鹄之血以饮王,具牛马之湩以洗王之足,及二乘之人。已饮而行,遂宿于昆仑之阿,赤水之阳。别日升于昆仑之丘,以观黄帝之宫,而封之以诒后世。遂宾于西王母,觞于瑶池之上。西王母为王谣,王和之,其辞哀焉。乃观日之所入,一日行万里,王乃叹曰：於乎！予一人不盈于德而谐于乐,后世其追数吾过乎？穆王几神人哉！能穷当身之乐,犹百年乃徂世以为登假焉。

解曰：化人之道,千变万化,不出于一。唯其至一,是以真能证其道者,一超而入无有,渐次以夫学者,其才未可告以圣人之至道也。故假示中天之化,使之睹人间之无有,审世累之可厌,而不思其国矣,乃始示以至道之真境也。仰不见日月,则高不足以拟之;俯不见河海,则深不足以命之。光影所照,目乱而不能得视,则天光内发,可视以神而不可视以目,音响所来,耳乱而不能得听,则天籁自鸣,可听以气而不可听以耳。由此而视化人之宫,亦犹中天之视其国矣。穆王不足以进此,故解心释神,意迷精丧,请化人求还也。夫化人复谒王同游,所及之处则初不离于中天,而见闻之异乃至此者,盖妙道所在,不离当处,顿超群有,非特不异于化人之宫尔,其所居,其所游,初不异于王之宫、王之囿也。由是知狂圣之所以异域者,名转而实不转,人迷而道不迷,亦若神游而形不动也。尝谓化人之来于西极也,岂从显奇出异,务骇于俗哉?盖将俾斯民同之乎妙道而后已。如穆王能先觉其道,则黄帝华胥之治可几矣,奚止一身之娱哉?方穆王虚五府以为化人之奉,化人犹不舍然,化人岂真有心于声色臭味之乐哉?盖欲其即此而悟世味之无乐也。此而不悟,于是化人与之为神游,显示幻化,欲其睹化工之随起随灭而悟神理之自然也。彼方假示变化,穆王乃实以为清都、紫微、钧天、广乐而乐之,抑又非矣。至于化人复谒王同游,则示以道之真境也。穆王至此非特不能进,请于化人而求还矣,何则?妙道之行,超于形体,岂未得于道,未证其理者所能居其域哉?化人知其终不悟矣,故于其求还也亦不制止之焉。虽然,化人移之,王若陨虚,是亦所以觉之也。而穆王终以不悟,故及其既寤,则自失者三月也。然而由此而复,更问化人,化人语以神游之理,乃始悟变化之理而大悦也。于是不恤国事而遗物,不乐臣妾而离人,肆意而不守其心,远游而不局于近。命驾八骏之乘,驰驱无所不至矣。夫造父三百之伦不世出,八骏之乘非常有,一日而行万里,则其超虚迭日之步风云不足以拟其驶矣。

驰驱千里,至于臣蒐氏之国者,蒐,择也,方且驰驱而择所徂向也。白鹄,洁白高飞之物。牛马,任重致远之畜。献白鹄之血以饮王,将易其虑而使之趋高也。具牛马之湩以洗王之足,则涤其形而使之致远也。昆仑,西极之山也,谓之昆仑,则拟夫道之高明浑沦也。赤水之阳,水之北也。阴而含阳,元妙之象也。其始也,至于巨蒐氏之国,则过之而不守。宿于昆仑之阿、赤水之阳,则犹托宿而不久处也。别日升于昆之丘,则进于道矣。《庄子》以支离叔观于冥伯之丘,昆仑之墟为黄帝之所休,谓黄帝由昆仑之丘南望,还归而遗其玄珠,则昆仑之象道可知矣。夫穆王能升于昆仑之丘,则其肆意所游亦远矣。然其行不能无假于舆马,非若化人之神游也。故虽一日行万里,犹可期以数。虽入于西极,终亦不过乎昆仑,不游乎太虚,而不能至化人所从来之国也。黄帝,至圣之人也,虽封于其宫而不见其人。西王母,仙圣之种也,虽不容于不主而宾之,抑与之觞于瑶池之上,而徒歌以倡之,宜能心醉其道而得其乐矣。而穆王之和,其辞哀焉,是止能穷当身之人乐,而不得夫天乐者也。乃观日之所入者,日,道喻也,庄子以十日并出、万物皆照,为德之盛,则日之入于西极,其圣人敛道而归于大本大宗之象欤?观日之所入,则观之而已,不能造其道也,故终则叹其不盈于德而谐于乐也。《周书》称其百年耄荒,是所谓后世追数其过也。然而能穷当身之乐而得寿之大斋,是乃世俗之所谓登假于道者。故考以竹书蠹简,求诸石室,不绝《金绳》《山经》《尔雅》,及乎《大传》,咸纪其说焉。尝谓黄帝之梦神行也,穆王之化亦神游也,梦化均矣。而异其治效者,黄帝之梦本于斋心服形,穆王之化殆变易于化人尔。又黄帝之寤得之自然,穆王乃不得已谓于化人而求还尔。此黄帝所以既寤则怡然自得而致华胥之治,而穆王既瘳则自失者三月,止于穷当身之乐而已。

老成子学幻于尹文先生,三年不告。老成子请其过而求退,尹文先生揖而进之于室,屏左右而与之言。

解曰:欲学幻者,是欲以幻还学于幻也。三年之久,其幻化之极可尽模哉。三年不告其术,是以不告告之也。老成子莫能洞视不说之理,方且请过而求退,故尹文先生不得已而与之言,揖而进之于室。其道奥也,屏左右而与之言,则众不见独,非所与知也。所谓老成子,则晚闻大道而能有成者也,故其学幻于尹文先生,则始也请其过而求退,终能传其术也。所谓尹文先生,则内得于道,示斯文以尹众者也,故老成子学其术焉。

曰:昔老聃之徂西也,顾而告予曰:有生之气,有形之状,尽幻也。造化之所始,阴阳之所变者,谓之生,谓之死。穷数达变,因形移者,谓之化,谓之幻。造物者其巧妙,其功深,固难穷难终。因形者其巧显,其功浅,故随起随灭。知幻化之不异生死也,始可与学幻矣。吾与汝亦幻也,奚须学哉?

解曰:生死幻化,概而论之,如形之影,如水之沤,如薤之露,如电之光,皆幻而已。即其巧妙功深而难穷难终者,谓之生死。即其巧显功浅而随起随灭者,谓之幻化。谓之者,因其用而强名之也。故徼妙虽殊,其巧均也;浅深虽异,其功等也。则幻化奚异于生死哉?唯知幻化之不异生死,则死生不足以为大。幻化不可以言浅,死生不能变幻,化自我出矣,故学幻者必本于知幻也。虽然,知不离觉,说有觉者不离幻境,就无觉者亦不离幻,是故由知学幻以幻幻,物虽能幻,物我犹在幻,既有学幻之知,斯堕为幻之境矣。唯真能以性觉者,诸幻尽灭。初无有心,奚须学哉?然则尹文先生之不告老成子,是真能幻者矣。

老成子归，用尹文先生之言，深思三月，遂能存亡自在，幡校四时。冬起雷，夏造冰。飞者走，走者飞。终身不著其术，固世莫传焉。

解曰：丽于形体，无动非幻。造化虽妙，亦不离幻。造化幻物，常因人为。人为之幻，亦依天理。造化之幻，不离阴阳。人之幻化，不离数变。制于阴阳则虽真亦幻，穷其数变则即幻而觉。觉在于我，幻岂属彼？苟得此道矣，不特能幻物，而不幻于物尔，遂能幡校四时，更造雷冰，变易飞走，夺造化之幻矣。且所谓幻者，果何自而然哉？要其所本，依于妙心，是生其体，犹如空华从空而有。幻体虽显，幻理则妙。显斯有幻，妙故能幻。唯显故可得而言，唯妙故必深思三月而后得其道尔。且古之学幻者，非曰幻可以骇俗也，故学之盖将即幻而觉其道尔。故语其能幻，则飞走可易，雷冰可造。及既得其道，则终身不著其术，固世莫传焉。噫！幻化之妙若此，故尹文先生亦不自任其道，姑道老君徂西而告之之言尔。

子列子曰：善为化者，其道密庸，其功同人。五帝之德，三王之功，未必尽智勇之力，或由化而成，孰测之哉？

解曰：天地之所以为天地者，幻化万物也。圣人之所以为圣人者，觉幻化之道也。天地之幻物，阴阳迭运，寒暑审度，使万物莫不由其道而得其宜，不以幡校四时为功也。如天地亦以冬起雷，夏造冰为幻，则物无遗类矣。则善为化者，亦奚以显奇出异，务骇人之观听为哉？是以圣人之化，虽曰密庸，不可俄而测其功，则亦同于人而已。此老成子之能幻，所以终身不著也。孔子能之而不为，亦此道也。五帝三王，皆古圣人也，或逊或争，因时适变，虽示智勇之功，而默运不言之妙，人能睹其功而莫测其化之之由，未足以语帝王之治也。

觉有八征，梦有六候。奚谓八征？一曰故，二曰为，三曰得，四曰丧，五曰哀，六曰乐，七曰生，八曰死。此者八征，形所接也。奚谓六候？一曰正梦，二曰蘁梦，三曰思梦，四曰寤梦，五曰喜梦，六曰惧梦。此六者，神所交也。

解曰：觉之证，梦之候，虽神形所遇，不一其理。要其所本，唯其心之自造尔。

不识感变之所起者，事至则惑其所由然；识感变之所起者，事至则知其所由然。知其所由然，则无所怛。

解曰：感变之所起，不出于觉之证，梦之候，理之常尔。识其所由然，且能无所怛，而况于知道乎？知道者，虽死生曾无变乎已，其视梦觉亦末矣。

一体之盈虚消息，皆通于天地，应于物类。故阴气壮，则梦涉大水而恐惧；阳气壮，则梦涉大火而燔焫；阴阳俱壮，则梦生杀。甚饱则梦与，甚饥则梦取。是以以浮虚为疾者，则梦扬；以沉实为疾者，则梦溺。借带而寝，则梦蛇；飞鸟御发，则梦飞。将阴梦火，将疾梦食。饮酒者忧，歌舞者哭。

解曰：梦者，神之所遇也。至神之道，阴阳莫测，莫之能测，则莫之能制矣。人之为神，因精而集，寓于形体，因于阴阳，因于彼则必役于彼矣。此一体之盈虚消息，神遇为梦，所以通于天地，应于物类，无所逃也。故梦涉大水，梦涉大火，气实制之也。饱而梦与，饥而梦取，欲则使之也。或梦扬，或梦溺，则疾疠得以蠹吾之神也。或梦蛇，或梦飞，则物类得以感吾之神也。将阴梦火，将疾梦食，则梦想之颠倒有如此者。饮酒者忧，歌舞者哭，则忧喜之更生有如此者。夫以一身之微，百年之生，昼夜居半，一不能守其纯气,则与时盈虚,阴阳万物昼夜为吾之寇,形劳而不休,神耗而不已,终身役役,与物俱化矣,可不悟哉?尝究梦觉之理,夜旦之常尔。梦之所见,虽曰神遇,实为形役。形之役我,非形能役,我则自役。由我役形,形反役我,我受其役,反不能制。方其为梦,不知是梦,因觉知梦,俄而复梦,犹以为觉。夜旦迁流而不停,终身觉梦而不悟,虽水火取与等相,初无有实,而忧惧喜乐之态真有于心。然而觉能知梦,梦不知觉,则觉固真于梦。觉之所为,止存于思虑之中,梦之先知,乃见于思虑之外,则梦实灵于觉。旦旦之觉,其云为常有伦;昔昔之梦,其闻见常不续。梦觉须臾之说尔,其差殊之变乃至于此,又况生死为去来之大变,苟非其人,欲无轮溺于造化,得乎哉?虽然,苟能早悟于梦觉,则死生之去来亦不足道矣。

冲虚至德真经解卷之六

宋杭州州学内舍生臣江遹进

穆王下

子列子曰:神遇为梦,形接为事。故昼想夜梦,神形所遇。故神凝者,想梦自消。信觉不语,信梦不达,物化之往来者也。古之真人,其觉自忘,其寝不梦,几虚语哉?

解曰:昼之想,夜之梦。梦也魂交,觉也形开。昼夜迭运,物化往来,犹如空华,随起随灭。故信觉者不可以语道,信梦者不可以为达。虽然,神形所遇,虽合于物,究其所生,咸其自造。故夫想梦之颠倒与夫想梦之自为,非有佗也,亦在天神之凝不凝而已。所谓真人者,不离于精,而其神凝者也。不知悦生,不知恶死,其出不欣，其入不拒，不以心捐道，不以人助天，翛然而往，翛然而来，不逐于物化之往来，而于梦觉都无所信者也。故能其觉自忘，而其寝不梦也。

西极之南隅有国焉，不知境界之所接，名古莽之国。阴阳之气所不交，故寒暑亡辩；日月之光所不照，故昼夜亡辩。其民不食不衣而多眠，五旬一觉，以梦中所为者实，觉之所见者妄。四海之齐，谓中央之国，跨河南北，越岱东西，万有余里。其阴阳之审度，故一寒一暑；昏明之分察，故一昼一夜。其民有智有愚，万物滋殖，才艺多方，有君臣相临，礼法相持。其所云为，不可称计。一觉一寐，以为觉之所为者实，梦之所见者妄。东极之北隅，有国曰阜落之国。其土气常燠，日月余光之照，其土不生嘉苗。其民食草根木实，不知火食，性刚悍，强弱相藉，贵胜而不尚义。多驰步，少休息，常觉而不眠。

解曰：西极之南隅，坤兑之方也，万物由坤之致役而趋悦息之兑，故其国以梦之所为者为实。谓之古莽之国，则其道广莫，自古以固存也，是亦西南之类也。东极之北隅，艮震之方也，万物由艮之径路而达乎震之大涂，方将趋于相见之离，故俗常觉而不眠。谓之阜落之国，则以物生阜而为聚落也，是亦东北之类也。中央之国，阴阳审度，故一昼一夜，一寒一暑，以觉为实，以梦为妄，凡皆不能逃阴阳之变尔。

周之尹氏大治产，其下趣役者，侵晨昏而弗息。有老役夫，筋力竭矣，而使之弥勤。昼则呻呼而即事，夜则昏惫而熟寐。精神荒散，昔昔梦为国君。居人民之上，总一国之事；游燕宫观，恣意所欲，其乐无比，觉则复役。人有慰喻其勤者，役夫曰：人生百年，昼夜各分。吾昼为仆虏，苦则苦矣；夜为人君，其乐无比。何所怨哉？尹氏心营世事，虑钟家业，心形俱疲，夜亦昏惫而寐。昔昔梦为人仆，趋走作役，无不为也，数骂杖挞，无不至也，眠中啽呓呻呼，彻旦息焉。尹氏病之，以访其友。友曰：若位足荣身，资财有余，胜人远矣。夜梦为仆，苦逸之复，数之常也。若欲觉梦兼之，岂可得耶！尹氏闻其友言，宽其役夫之程，减己思虑之事，疾并少间。

解曰：昼夜各分，形神迭用。昼劳于神者其形则佚，故夜则神佚而形劳；昼劳其形者其神则佚，故夜则神劳而形佚。此阴阳消长、物极则反之道也。尹氏与其仆，所以有苦佚之复，而不得兼于觉梦也。昧者不察夫盈虚之理，信觉为实，以梦为妄，知趋于昼之利害，而不暇知梦之苦佚，殊不悟使梦而无知则可矣，梦而有知则哀乐欲恶不殊于觉，又安可以为妄哉？尹氏知以是为疾而访其友，是或神者先受之也。至于能宽其役夫之程，减己思虑之事，疾并少间，则其理诚可信矣。如俾其诚之不已于己，思虑损之又损，则至神可凝，想梦自消，奚止其疾少间而已哉？

郑人有薪于野者，遇骇鹿，御而击之，毙之。恐人见之也，遽而藏诸隍中，覆之以蕉，不胜其喜。俄而遗其所藏之处，遂以为梦焉，顺涂而咏其事。傍人有闻者，用其言而取之。既归，告其室人曰：向薪者梦得鹿而不知其处，吾今得之，彼直真梦者矣。室人曰：若将是梦见薪者之得鹿耶？讵有薪者耶？今真得鹿，是若之梦真耶？夫曰：吾据得鹿，何用知彼梦我梦耶？薪者之归，不厌失鹿。其夜真梦藏之之处，又梦得之之主。爽旦，按所梦而寻，得之。遂讼而争之，归之士师。士师曰：若初真得鹿，妄谓之梦；真梦得鹿，妄谓之实。彼真取若鹿，而与若争鹿。室人又谓梦仞人鹿，无人得鹿。今据有此鹿，请二分之。以闻郑君。郑君曰：嘻！

士师将复梦分人鹿乎？访之国相。国相曰：梦与不梦，臣所不能辩也。欲辩觉梦，唯黄帝、孔丘。今亡黄帝、孔丘，孰辩之哉？且恂士师之言可也。

解曰：人之常情，信觉为实，以其形之所接也。谓梦为妄，以其魂之所交也。今焉觉之所为而忘之，不几于梦乎？梦之所遇而有实，不几于觉乎？盖觉之所为，每出于有心，故易以忘神之所遇；或出于无心，故梦则灵。要其梦觉，初无二致，冥之则俱真，辩之则俱妄。如刱梦为实，方其梦时，奚不知其为梦？以觉为实，则既已觉矣，奚为复有夫梦？斯人之生，适居中央之国，故其于梦觉，别之如此。如以梦觉之理语诸古莽阜落之民，则其是非特未可定也。郑之薪者，其初以实为梦，终则以梦为实；取鹿者用其言而以为梦，取其鹿而争其鹿。梦觉杂揉，真伪交驰，是非相蘦，此所以必有讼也。士师，听其讼而折之者也，将以取鹿者为是，则鹿本薪者之有；谓薪者为是，则寻而得之，盖出于梦，是非樊然，莫知其辩，据鹿而二分之，安可以为听讼之善乎？此郑君闻之所以叹而访之国相也。然而觉梦之理，平分昼夜，信觉不语，信梦不达，唯黄帝、孔子能辩其然尔，非黄帝、孔子则是非安可以遽而折之哉？然则士师之二分其鹿，虽为之不得已，要其至，则二分之者其于觉梦都无所信，而无所不信者也。虽未至于想梦自消，可谓能任之矣。且恂士师之言，不亦可乎？士师，法之所在也。凡有形有名而以法为分者，是非纷然，莫适为可，皆为之于且然而已，不得已而可乎可，不亦可乎？

宋阳里华子中年病忘，朝取而夕忘，夕与而朝忘，在涂则忘行，在室则忘坐，今不识先，后不识今。阖室毒之。竭史而卜之，弗占；谒巫而祷之，弗禁；谒医而攻之，弗已。鲁有儒生自媒能治之,华子之妻子以居产之半请其方。儒生曰:此固非卦兆之所占,非祈请之所祷,非药石之所攻。吾试化其心,变其虑,庶几其瘳乎?于是试露之,而求衣,饥之,而求食,幽之,而求明。儒生欣然告其子曰:疾可已也。然吾之方密,传世不以告人。试屏左右,独与居室七日。从之。莫知其所施为也,而积年之疾,一朝都除。

解曰:理涉于情伪则卦兆可占,为见于利害则祈请可祷,疾得于嗜欲则药石可攻。迷忘之疾,荡荡然不觉天地之有无,又何占相、祈祷、药石之所能已乎?露之而求衣,未能忘寒暑也;饥之而求食,未能忘形体也;幽之而求明,未能忘好恶也。由是知华子之忘特以疾而有所蔽尔,非真能忘世态者。故儒生欣然知其疾之可已也。如真忘者,虽造化亦未如之何矣,岂儒生浅术之所能已哉?儒以诗礼发冢,最为害道之大原者。其所以使斯民离实学伪,亦有以密移而罔觉之,使人由之而不知也。故自以谓其方密传世,必屏左右而独与居也。与之居七日,则浑沌死,而视听食息均于人矣。故积年之疾一朝都除。

华子既悟,乃大怒,黜妻罚子,操戈逐儒生。宋人执而问其故。华子曰:曩吾忘也,荡荡然不觉天地之有无。今顿识既往,数十年来,存亡得失,哀乐好恶,扰扰万绪起矣。吾恐将来之存亡得失、哀乐好恶之乱吾心如此也,须臾之忘,可复得乎?子贡闻而怪之,以告孔子。孔子曰:此非汝所及乎!顾谓颜回记之。

解曰:真之难遇而伪之易以乱人也久矣。所乐在于真,则万物不足以易其好,虽妻子之爱为可割矣。所物不足以拟其尊,虽儒生之道不足守矣。故华子既悟,则黜妻罚子,操戈逐儒生也。华子知忘之为可乐,则宜于世累能忘之而弗念矣。犹恐外物之乱其心而不复得须臾之忘，又况于初不知忘之为可乐而日趋于是非之涂。若华氏方且以华子之忘为阓室之毒，儒生方且欣其疾之可已，则其心之淆乱何如耶？所谓宋阳里华子者，阳则以生育长养为事，华则得阳而蕃鲜，是皆趋于扰扰之涂者也。中年病忘，则落其华而反本焉。及其既悟，则复趋于胶扰之涂矣。反常者兑之悦泽，生出者震之决躁，故华子既悟，乃大怒也。子贡居言语之科，方且以贤于方人，见斥于孔子；若颜子则能忘仁义，忘礼乐，屡进而至于坐忘矣。故孔子顾谓颜回记之。

秦人逢氏有子，少而惠，及壮而有迷罔之疾。闻歌以为哭，视白以为黑，飨香以为朽，尝甘以为苦，行非以为是。意之所之，天地四方，水火寒暑，无不倒错者焉。杨氏告其父曰：鲁之君子多术艺，将能已乎？汝奚不访焉。其父之鲁，过陈，遇老聃，因告其子之证。老聃曰：汝庸知汝子之迷乎？今天下之人皆惑于是非，昏于利害。同疾者多，固莫有觉者。且一身之迷不足倾一家，一家之迷不足倾一乡，一乡之迷不足倾一国，一国之迷，不足倾天下。天下尽迷，孰倾之哉？向使天下之人，其心尽如汝子，汝则反迷矣。哀乐、声色、臭味、是非，孰能正之？

解曰：歌哭、白黑、香臭、甘苦，至于天地四方，水火寒署，纷纷之名，同一妙本，初无二致。由彼妄情，有于爱恶，物物分辩，种种假名，寻名求实，执着不易，莫有觉者。即其一端而论之，以白为白，是从众也；以白为黑，是从我也。从我则众疑，从众则我惑。彼我异言，白黑殊名。名言虽殊，体性不动，是以名言之异。众寡相倾，寡不敌众，以迷导迷，沦胥以溺而不反矣，安可遽以众人之同疾为是，一人之独觉者为非耶？杨氏以为我之道倾天下，方且与儒墨相为是非白黑，故为逢氏病之，而俾之访于鲁之多术者。逢氏则逢物而偶之者也，故少而惠，长而以迷罔为疾。

且吾之此言未必非迷，而况鲁之君子迷之邮者，焉能解人之迷哉？荣汝之粮，不若遄而归也。

解曰：天下本无正是，大道不涉言诠。但圣人垂世立教者，不免于云云耳。又恐学者以众人之言为非而以圣人之言为是，遂认而不舍，守而不忘，谚所谓黄金虽贵，入眼成翳。故老子曰：吾之此言，未必非迷，况鲁之君子立仁义忠信之教，垂诗书礼乐之文，迷中之最迷者，又安能解人之迷哉？荣汝之粮，不如遄归，盖使之返照，求之于内耳。

燕人生于燕，长于楚，及老而还本国。过晋国，同行者诳之，指城曰：此燕国之城。其人愀然变容。指社曰：此若里之社。乃喟然而叹。指舍曰：此若先人之庐。乃涓然而泣。指垅曰：此若先人之冢。其人哭不自禁。同行者哑然大笑，曰：予昔绐若，此晋国耳。其人大惭。及至燕，真见燕国之城社，真见先人之庐冢，悲心更微。

解曰：传教者有真伪，受道者有先后，先入者为主，后入者为客。今之学者，先遇一师，传以伪法，遂认而守之，谓其无以复加矣。数年之后，忽遇真师，传以真理，反执而不信，至于终身不悟，良可悲哉！故御寇设此燕人过晋之喻。斯人也，生于燕而长于楚，既老而归。过于晋国，同行者诳之曰：此燕之城也。其人愀然变容。指社曰：此若里之社也。乃喟然而叹。指舍曰：此若先人之庐也。乃涓然而泣。指垅曰：此若先人之坟墓也。乃哭不自禁。同行者哑然而大笑，曰：此晋国也，向吾绐若。其人大惭。及至燕国，真见先人之庐冢，悲心遂消沉而不能更发矣。盖境之感人，初见则动情也，深再见则视犹平常。且父母之邦，本以乐生也,今愈近而愈蹙,终至于涕泣而止尔,何生之乐哉?又其所谓燕者,初非燕国,实晋城尔。彼以伪绐真,此以真信妄,自绐之者以观,真足资其献笑尔。由是知人之所谓内外亲疏、喜怒哀乐,未有不犹燕人之绐也。从而亲疏忧乐之,亦未有不见笑于造物者,犹燕之人也。如亦悟其不真,则亦必思其当悲忧之时,何至而能尔也?然而亲疏不在物而在我,真伪不在境而在心,心真则虽伪亦真,心惑则虽真亦伪。向俾晋人终不自言其绐,则燕人之情终亦不易矣。及知其为绐,虽真见先人之庐冢,悲心更微矣。何则?人之心未始不真,一诱于人,伪欲复于真,不可得矣。是以燕之人真情一散,漫不可复。其后彼虽以诚而来,我亦审其无妄矣,欲强之悲,终亦弗能矣,可不慎哉?尝原老列之教,大抵期镇斯民以无名之朴,使之不荡于伪而已,不以治斯民于既浇漓之后为教也。故《道经》终言无名之朴,亦将不欲以静,天下将自正,而《穆王》之篇终之以此也。

穆王解

由皇而下至于王功,虽曰道之屡降,要帝王之应世,咸本于道,皆圣人之所为也,特其因时适变。居帝者之世,不得不为帝功;至王者之时,不得不为王业尔。治至于王功而末矣,虽贤人可久之德,亦庶几及之矣,故禹汤文武同为王功。启之贤亦足以承禹之道,成王之中才亦能特守文武之业也。至于穆王,道不足以传,化人之妙不盈于德而谐于乐,周道自是而衰矣。于帝言其盛,于王言其衰,始终之理也。且五帝之德,三王之功,其道密庸,或由幻化,直若一梦尔。故此篇剧言觉梦之理,有若古莽之国,以梦中所为为实者;有若阜落之民,常觉而不眠者。役思虑于昼则昔昔梦为人仆,劳形体于昼则昔昔梦为人君。至于争鹿之讼,则觉梦又不可得而辩矣。圣人应世之迹,如斯而已。诚能审觉梦之道,则知病迷者非本迷,病忘者非本忘。是非美恶,同之于道。道化德业,同于一致。其尘垢粃糠足以陶铸尧舜而有余,而况于王功乎?尝原天下之治始于三皇,方是时也,以道在宥天下,民结绳而用之,卧则居居,起则于于,可谓至治矣。然既已出道而为治矣,则时运而往,必降而为帝者之德、帝者之治。若黄帝尧舜垂衣裳而天下治,亦已盛矣,然德已显矣。必至于汤武之王,人皆知王者之功见于夏禹之时,殊不知其闰端乃自于三皇之前,而其末存乎千岁之后也。故譬道之每降,犹水之离源,其流无已,去本日远,必不可复反矣。庄子谓有虞氏为招仁义以挠天下,谓圣人为不忍一世之伤而警万世之患,盖谓此也。虽然,有圣人者能以道御时,不随世降,虽成周之王可使民之攸墍不殊于至德之世,此则子列子之垂训,有望于万世旦暮之遇也。

冲虚至德真经解卷之七

宋杭州州学内舍生臣江遹进

仲 尼

仲尼闲居,子贡入侍,而有忧色。子贡不敢问。

解曰:退朝曰闲,闲居则方退食自公,故其忧有在于治天下、遗来世,有以见,圣人虽闲居,乃心罔不在王室,其忠有如此者。问也者,心之所欲为而未达者。仲尼之忧,虽颜子所未喻,况子贡之弗如哉?故不敢问。

出告颜回。颜回援琴而歌。孔子闻之,果召回入。

解曰:回之援琴而歌,欲夫子之闻之也。果召回入,有以见圣人之教不倦。

问曰:若奚独乐？回曰:夫子奚独忧？孔子曰:先言尔志。曰:吾昔闻之夫子曰:乐天知命故不忧,回所以乐也。孔子愀然有闲,曰:有是言哉？汝之意失矣,此吾昔日之言尔,请以今言为正也。汝徒知乐天知命之无忧,未知乐天知命有忧之大也。

解曰:颜子之乐在道,孔子之忧以人。由众人以观,唯颜子为独乐;由颜子以观,唯孔子为独忧。天之所与,乐之而不辞,谓之乐天;命之所制,顺之而不逆,谓之知命。能乐天而不能知命,能知命而不能乐天,皆不足以为不忧。虽乐天知命则穷亦乐,通下乐所乐非穷通,是所以不忧也。颜子得是道矣,故居于人不堪之忧而能不改其乐也。虽然,孔子行年六十而六十化。始时所是,卒而非之。以乐天知命为不忧,始之所是也。以乐天知命为忧之大,今之所言也。颜子之于孔子,得其行而未得其所以行,所以援琴而歌,而不能与圣人同忧也。且皆圣人之言也,岂真有迕而不合哉？因时适变,姑请以今言为正尔。至于真乐真知,则今昔之言又乌知辩？

今告若其实:修一身,任穷达,知去来之非我,亡变乱于心虑,尔之所谓乐天知命之无忧也。曩吾修诗书,正礼乐,将以治天下,遗来世,非但修一身,治鲁国而已。而鲁之君臣日失其序,仁义益衰,情性益薄。此道不行一国与当年,其如天下与来世矣。吾始知诗书礼乐无救于治乱,而未知所以革之之方,此乐天知命者之所忧。虽然,吾得之矣。夫乐而知者,非古人之谓所乐知也。无乐无知,是真乐真知。故无所不乐,无所不知,无所不忧,无所不为。诗书礼乐,何弃之有,革之何为？

解曰：圣也者，德之极而道之至也。谓之圣人，则心凝形释，都无所爱惜，都无所畏忌，当有何忧哉？虽仁者犹能不忧，而况于孔子集圣人之大成者，其果有忧乎？如未免于有忧，则不可以言圣矣。谓圣人为有忧，是不知圣人者也。今而自以为忧之大而形于色者，盖圣人者，万物之所系，一化之所待，而自任以天下之重者也。以乐天知命，修一身，任穷达，知去来之非我，止变乱于心虑，我则不忧矣，安能使斯民皆无忧乎？彼民未尽无忧，则圣人安能独无忧乎？非特忧在于当年，其忧又有及于来世。方来之世为无穷，斯民之忧为无尽，圣人之忧亦与之为无尽，则其为忧也不亦大乎？又况修诗书，正礼乐，将以求治而其道不行，以诗书礼乐为无救于治乱，思欲革之而未知其方，安得而无忧乎？何则？六经，先王之陈迹也，岂其所以迹哉？夫迹履之所出，而迹岂履哉？虽然，迹虽不可守而履亦不可废也。故诗书礼乐，弃之则无以为治，即之则不能为治。今而以乐天知命为不忧，是并与其履而弃之矣，又何以为治哉？是以谓之乐天，未免于有所乐也。谓之知命，未免于有所知也。有所乐则必有所忧，有所知则必有所遗，唯得所谓真乐真知，则无乐无知矣。无乐无知则无所不乐，无所不知，无所不忧，无所不为，忧乐两忘，为无为，俱遣诗书礼乐，亦不必弃而革，而天下可治，来世可遗也。此《易》所谓鼓万物而不与圣人同忧也。孔子所以删《诗》定《书》，系《易》作《经》，谆谆于垂训者，盖以此也。

颜回北面拜乎曰：回亦得之矣。出告子贡。子贡茫然自失，归家淫思七日，不寝不食，以至骨立。颜回重往喻之，乃反丘门，弦歌诵书，终日不辍。

解曰：颜子尝请行于孔子而将之卫矣，孔子以为若殆往而刑尔，是或未得所谓乐天知命，有忧之大而然欤！至于谓其用之则行，舍之则藏，同于孔子，其以有得于此而然尔。至于子贡，虽曰智足以知圣人，于圣人之天道则不得而闻也，故至此则茫然自失。虽然，深思历时而不变，至于不寝不食而骨立，则都忘我体，融会于理，可告以圣人之道矣。故一得颜子之喻，则释然反夫子之门，终其身焉。弦歌则得其乐，诵书则亦知诗书之不必弃也。

陈大夫聘鲁，私见叔孙氏。叔孙氏曰：吾国有圣人。曰：非孔丘耶？曰：是也。何以知其圣乎？叔孙氏曰：吾尝闻之颜回曰：孔丘能废心而用形。陈大夫曰：吾国亦有圣人，子弗知乎？曰：圣人孰谓？曰：老聃之弟子有亢仓子者，得聃之道，能以耳视而目听。鲁侯闻之大惊，使上卿厚礼而致之。亢仓子应聘而至。鲁侯卑辞请问之。亢仓子曰：传之者妄。我能视听不用耳目，不能易耳目之用。鲁侯曰：此增异矣，其道奈何？寡人终愿闻之。

解曰：人之见闻，不离形体，虽圣人亦无以异于人也。特圣人所以为见闻寄于形体以发其明，不尽循于形体也。唯其不循形体，故能废心；唯其寄于形体，故犹用形。废心，即亢仓子之视听不用耳目；用形，即亢仓子之不能易耳目之用。以亢仓子之为圣不殊于孔子之圣，则知孔子之道无异于老君之道也。

亢仓子曰：我体合于心，心合于气，气合于神，神合于无。

解曰：太初有无，无有无名，而神运乎其中矣。太初兆而为气之始，气委和而有生，有生斯有心，造化之均付于人者如此。所以有狂圣之异者，以其所合不同也。圣人则每陟愈上而合于无，合于无则无往而不合矣。众人则每降愈下而合于物，合于物则无适而不碍矣。体合于心则忘其形体，心合于气则忘其思虑，气合于神则浑然一气,圣而不可知矣。然而神虽妙犹未离有,至于神合于无则同于太虚,于大不终,于小不遗,万物莫能逃其鉴矣。

其有介然之有,唯然之音,虽远在八荒之外,近在眉睫之内,来干我者,我必知之。乃不知是我七孔四支之所觉,心腹六藏之所知,其自知而已矣。鲁侯大悦。佗日以告仲尼,仲尼笑而不答。

解曰:八荒之外,至远也,山河布列,万物纷错,视听之所不周。眉睫之内,至近也,腑藏居中,窍穴居外,知见不能自见。神合于无,则形体融虚,物象销殒,浑然太虚。虽麼虫之微,可视犹嵩山之阿,况于介然之有乎?虽麼虫之声,可听犹雷霆之响,况于唯然之音乎?老君曰:其出弥远,其知弥少。义协于此。虽然,圣人不务多知也,来干我者则知之尔,唯其不务外知,是以莫觉莫知,其知自然,无所不知也。如其所知得之于觉,则不离于体,得之于知,则不出乎思。又焉能无不毕知哉?亢仓子之言尽之矣,莫逆于心而不可以容声矣,是以鲁侯以告仲尼,仲尼笑而不答。

商太宰见孔子曰:丘圣者欤?孔子曰:圣则丘何敢?然则丘博学多识者也。商太宰曰:三王圣者欤?孔子曰:三王善任智勇者,圣则丘不知。曰:五帝圣者欤?孔子曰:五帝善任仁义者,圣则丘弗知。曰:三皇圣者欤?孔子曰:三皇善任因时者,圣则丘弗知。商太宰大骇。

解曰:道一而已,皇降而帝,尧以是而传之舜,舜以是而传之禹。汤文武皆古圣人也,然而羲皇之简朴,尧舜之逊,汤武之争,孔子之素王,皆其不得已因时而应世,所以为圣者隐矣。故孔子于商太宰之问,在己则曰不敢,于人则曰不知。虽然,善任因时则道显,善任仁义则德著,善任智勇则业富,博学多识则穷理尽胜,皆圣人之事也,特不敢知而已。且皇降而帝,帝降而王。商太宰则王者之佐尔,彼其于帝王之治,方且祖述宪章之不暇,遽而告以弗知为帝为皇之圣,彼又乌能无惊乎哉?

曰:然则孰者焉圣?孔子动容有间,曰:西方之人,有圣者焉。

解曰:所谓圣人者,即皇之道,帝之德,王之业,孔子之集大成也。孔子语商太宰者,亦皆圣人之事也。其所以不居其圣者,盖所以圣则与于神而不可知矣。圣人作而兆于变化,则为万物之所睹。而所以为圣者隐矣,可知其治而不知其道矣。商太宰乃欲外圣人而求圣,惑亦甚矣。孔子动容,将正容以悟之也。动容有间而不悟,是终不能知言之谓也,于是乃告之曰:西方之人有圣者焉。所谓西方之人者,亦以圣人之不离于神,天之本宗而未兆于变化者为言尔。盖西为复命反性之方也,且天道自西而之北,至北而后为复命之至。《列子》语圣人之道,每托言于西方者,方祛衰周文胜之弊,欲斯民去华而就实,故言主于西,亦以此言化人之所从来,老聃之所徂往也。如至于北之辩,则又将为震之出矣。此其言之旨欤!

不治而不乱,不言而自信,不化而自行,荡荡乎民无能名焉。丘疑其为圣,弗知真焉圣欤,真不圣欤?

解曰:天下本无事,彼民有常然。不忍一世之伤而治之,斯警万世之患而莫之救矣。是故应帝王者以道,观言命物之化所免也。然而有言则必有疑之者矣,有化则亦有拂之者矣,名存于治乱,则其去圣逾远矣,唯荡荡乎民无能名者为足以拟圣也。老君曰:道常无名无始,曰道不当名。圣人者,道之至也,可名则非道矣。由伏牺而至孔子,其应世之迹不几于卖名声于天下者乎?宜孔子不知其圣也。然而以无能名为圣，既可名以无名，亦既有矣，安得为无能名？盖终不可得而名者，道之真名，之以无能名而托其无者，圣人之不得已。故孔子虽曰，西方之人有圣者焉，终亦云弗知其真为圣而真不圣也。虽然，所谓无能名者，非以虚无无为离于称谓为无也，故曰虽为而无为之之累，若可名而无可名之实尔。故孔子尝以荡荡乎民无能名称尧矣，不废其巍巍之成功也。观孔子之语商太宰者，始也不知其圣，终亦疑其为圣，不知其迹于其始，莫知其妙于其终，圣而不可知，于是乎在。

商太宰默然心计曰：孔丘欺我哉？

解曰：有方而后可欺。商太宰于孔子之言，辩不足以屈其理，诚不足以信其道，故心计之以为我欺也。

子夏问孔子曰：颜回之为人奚若？子曰：回之仁，贤于丘也。曰：子贡之为人奚若？子曰：赐之辩，贤于丘也。曰：子路之为人奚若？子曰：由之勇，贤于丘也。曰：子张之为人奚若？子曰：师之庄，贤于丘也。子夏避席而问曰：然则四子者何为事夫子？曰：居。吾语汝。夫回能仁而不能反，赐能辩而不能讷，由能勇而不能怯，师能庄而不能同。兼四子之有以易吾，吾弗许也。此其所以事吾而不贰也。

解曰：诸子之德，譬犹阴阳；圣人之道，譬犹冲气。冲气微于阴阳，阴阳资于冲气。语四子之有皆贤于夫子，兼四子之有则不许其易夫子。然则其贤也乃其所以为偏，其不及也乃其所以为妙，此四子所以事夫子而不贰也。

子列子既师壶丘子林，友伯氏瞀人，乃居南郭。从之处者，日数而不及。

解曰：列子既进二子之道，乘风而归，则所以处己者至矣，尽矣。列子不忍以夫子之道独善其身也，于是乃居南郭也。南，明方。郭，邑中也。既已出而趋物之会，则不能使人无保汝，而户外之履满矣。

虽然，子列子亦微焉。朝朝相与辩，无不闻。而与南郭子连墙二十年，不相谒请，相遇于道，目若不相见者。门之徒役以为子列子与南郭子有敌不疑。

解曰：谓之南郭子，则体道之妙，居尘而不染者，是所以与子列子为连墙也。二子之道圆通妙合，常相与以不来而来，不见而见，又奚以相谒请为哉？非特不相谒请也，虽相遇于道，目若不相见者。夫学道者至于目击而道存，亦已至矣。然待于目击，犹未离见，唯相遇而目若不相见，则离于知见。无相无作，彼我都忘，列子之道尽于是矣。故曰：子列子亦微焉。微以言不离于道，心之小而妙也。然则朝朝相与辩，无不闻，岂好辩哉？以夫从之处者故不得已尔。门之徒役方且见列子于言辩之间，故以其不相谒请为有敌而不疑也。

有自楚来者，问子列子曰：先生与南郭子奚敌？子列子曰：南郭子貌充心虚，耳无闻，目无见，口无言，心无知，形无惕。往将奚为？

解曰：貌充者，修身而形不衰也。心虚者，忘心而物不留也。耳无闻者，自闻而已。目无见者，自见而已。口无言，出言不言也。心无知，真知无知也。形无惕，都无所畏忌也。若是者，师资兼忘，其往也，将奚为哉？

虽然，试与汝偕往。阅弟子四十人同行。

解曰：列子既已言南郭子之妙矣，恐其徒役之重惑于至道，故与之偕往，阅而实之以见也。弟子四十人同行，犹所谓与人偕来之众也。

见南郭子,果若欺魄焉,而不可与接。顾视子列子,形神不相偶,而不可与群。

解曰:神生形,形成神。形神偶合,人之所以有生也。形神不相偶,所谓有人之形无人之情也,是欺魄之类也。欺魄,土偶人也。若是者,遗物离人而立于独,故不可与接,不可与群。

南郭子俄而指子列子之弟子末行者与言,衍衍然若专直而在雄者。子列子之徒骇之。反舍,咸有疑色。

解曰:夫乾其静也专,其动也直。衍衍,言其和也。衍衍然若专直而在雄者,则言若体乾之道,尸万物之化,而纳之大和者。俄而指弟子之末行者与言,则遇感而应,非有心也。其道大,故骇之。信不足有不信,故反舍,咸有疑色,与退而省其私亦足以发者异矣。

子列子曰:得意者无言,进知者亦无言。用无言为言亦言,无知为知亦知。无言与不言,无知与不知,亦言亦知。亦无所不言,亦无所不知,亦无所言,亦无所知。如斯而已,汝奚妄骇哉?

解曰:书不尽言,言不尽意,故得意者无言。知者不言,言者不知,故进知者亦无言。然而以无言无知为当,是绝物也。以不言不知为是,则未能忘我也。以有言有知为是,则其所得亦浅矣。言乎言,终日言,而未尝言,不言乎不言,终日不言,而未尝不言。无所不言,无所不知,亦无所言,亦无所知。二子之相遇,如斯而已。是乃道之常,非有异也,又奚以妄骇为哉?列子凡言,如斯而已,与老君所谓,吾何以知天下之然哉,以此,同意。学者由斯足以悟至道矣,外此而二则非真矣。由是知列子之训亦昭昭矣。

子列子学也，三年之后，心不敢念是非，口不敢言利害，始得老商一眄而已。五年之后，心更念是非，口更言利害，老商始一解颜而笑。七年之后，从心之所念，更无是非，从口之所言，更无利害，夫子始一引吾并席而坐。九年之后，横心之所念，横口之所言，亦不知我之是非利害欤，亦不知彼之是非利害欤，外内进矣。而后眼如耳，耳如鼻，鼻如口，口无不同。心凝形释，骨肉都融。不觉形之所倚，足之所履，心之所念，言之所藏。如斯而已，则理无所隐矣。

解曰：狂圣异域，究观差殊，止存毫忽。心欲凝也而放之，形欲释也而结之。心驰而不反，形隔而不通。心为形之所使，形为心之所役。虽一身之中，眼不知耳，耳不知鼻，鼻不知口，肝胆有楚越之异，而况于万物之理乎？不觉形之所倚，足之所履，以其形释也。不知心之所念，言之所藏，以其心凝也。如是则耳目鼻口互相发明，骨肉都融，而合于神之至无。来干我者，我心知之，理无所隐者，以此。列子尝以是言其御风而行矣，复以此言理无所隐者。御风在我，烛理在物，其用虽不同，苟得乎此，则无适而不可矣。且语道而至于视听不用耳目，骨肉都融，可谓妙矣，疑非学之能至也。要其所以然，乃出于心不敢念是非，口不敢言利害，历阶以进而至于九年之大妙。然则学者安可以至道为若登天之不可及而不勉哉？

初，子列子好游。

解曰：游之为道，不在内，不在外，不居乎两间。行于万物之上，而逍遥乎天地之间，道之全尽者也。故御寇好游，而壶子以游为至也。

壶丘子曰：御寇好游，游何所好？列子曰：游之乐，所玩无故。

人之游也，观其所见；我之游也，观其所变。游乎游乎，未有能辩其游者。壶丘子曰：御寇之游，固与人同，而曰固与人异欤？凡所见，亦恒见其变。玩彼物之无故，不知我亦无故。务外游，不知务内观。外游者，求备于物；内观者，取足于身。取足于身，游之至也；求备于物，游之不至也。于是列子终身不出，自以为不知游。

解曰：观其所见，则于彼物象，昏明通塞，山川人物，见其体之不一也。观其所变，则即彼物象，观大观小，观有观无，知其化之不停也。然空不成见，见不离物；有见皆变，变不离见；观见观变，均囿于物，奚有同异。且见与所见，等为虚假，皆转于物。展转物变而求其备，离道愈远，故外游而求备于物，不若内观而取足于身也。所谓内观者，亦非外于物而求见也。即我一身之物，任彼物化之迁，物自转物，我不逐物，即彼逐变之体，不易圆明之性，于性中该全万化，不假周视，则其为游不亦至乎？昧者不知取足于身，以观物之变为愈于观其所见而止矣。列子欲明至游之妙，故自处于观物之变，假壶子之言以祛其蔽，终身不出，自以为不知游也。

壶丘子曰：游其至乎？至游者，不知所适；至观者，不知所眂。物物皆游矣，物物皆观矣，是我之所谓游，是我之所谓观也。故曰：游其至矣乎，游其至矣乎？

解曰：《孟子》曰：万物皆备于我，反身而诚，乐莫大焉。此内观取足于身之谓也。能内观矣，不离性地而遍含海寓，安知其所适？不离秋毫而洞观万化，安知其所眂？是物物皆游也，物物皆观也。夫以一人之内观本原，乃能俾天下万物皆游而皆观，不至矣乎？其所以重言游其至矣乎者，妙之中有妙，言不足以尽其至也，与《易》

之乾言其唯圣人乎类矣。《庄子》之书，其篇首之以《逍遥游》者，岂不以其至乎？

冲虚至德真经解卷之八

宋杭州州学内舍生臣江遹进

仲　尼

龙叔谓文挚曰：子之术微矣。吾有疾，子能已乎？文挚曰：唯命所听。

解曰：龙之为物，降升自如，不见制畜，能变者也。谓之龙叔，则未若《庄子》所谓老龙为能尽变也。龙叔以圣智为疾，或由此乎？

然先言子所病之证。龙叔曰：吾乡誉不以为荣，国毁不以为辱，得而不喜，失而弗忧，视生如死，视富如贫，视人如豕，视吾如人。处吾之家，如逆旅之舍，观吾之乡，如戎蛮之国。凡此众疾，爵赏不能劝，刑罚不能威，盛衰利害不能易，哀乐不能移。固不可事国君，交亲友，御妻子，制仆隶。此奚疾哉？奚方能已之乎？

解曰：道也者，无不通也。既已得圣智之道矣，真以治身，绪余以为国家，土苴以治天下，无不可者。而龙叔之道，荣辱忧喜不足以累其心，生死贫富不足以易其虑，内忘我，外忘物，不威劝于刑赏，不变易于利害，不推移于哀乐，其道至矣尽矣，不可以有加矣。今以其道不可以事国君，交亲友，御妻子，制仆隶，是盖以圣人之不离本宗与夫兆于变化，离而为两之过也。夫内观本宗，外兆变化，一出一入，非异非同。尝试以道之大本大宗之在我者，推而行之于天下国家,与物委蛇而同其波,虽将迎成毁,无所不撄,而终不失吾太宁之道,而万物亦无不得其治矣。而龙叔乃欲守其治身之真而勿撄,思求万物之治,安见其可哉?是所以谓圣智为疾也。

文挚乃命龙叔背明而立,文挚自后向明而望之。

解曰:命之背明而立,使之内观也。自后向明而望之,察其不能无心于应物也。

既而曰:嘻!吾见子之心矣,方寸之地虚矣,几圣人也。子心六孔流通,一孔不达。今以圣智为疾者,或由此乎?非吾浅术所能已也。

解曰:人之生六根,与我而为七,皆其心之所自为也。龙叔之道,等夷万物,可谓六孔流通矣,犹持其治身之真而未能推以有应也,岂非一孔之不达哉?尝谓心之与形,一身之表里也。常相与为矛楯,七窍俱凿则浑沌死,七窍流通则圣智尽矣。体道者以有身为大患,不以此乎?所谓文挚,则持其文以应物。圣人,兆变化者也。故龙叔必求术于文挚。

无所由而常生者,道也。由生而生,故虽终而不亡,常也。由生而亡,不幸也。有所由而常死者,亦道也。由死而死,故虽未终而自亡者,亦常。由死而生,幸也。故无用而生谓之道,用道得终谓之常;有所用而死者亦谓之道,用道而得死者亦谓之常。

解曰:既生,则废而任之,不贪于生,是为无所由而常生;将死,则究其所之,以放于尽,是为有所由而常死。谓之常生常死,则虽有死生,实未尝死尝生,而入于不死不生矣。此其所以为道。由生而生,此达生之情者,故死而不亡;由死而死,此贪生失理者,故虽生犹死。此理之常也。由生而亡,颜之夭是矣;由死而生,跖之寿是矣。此则幸不幸者也。或死而谓之神者,以其得道也;或死而谓之鬼,以由其常也;或死而谓之物,则由死而生,虽生犹死尔。

季梁之死,杨朱望其门而歌。随梧之死,杨朱抚其尸而哭。隶人之生,隶人之死,众人且歌,众人且哭。

解曰:季梁则不居物之长,其道上足以承,下足以庇,超越波流而济斯民于无难之地者,则其于生死之道进之矣。故杨朱于其死也,则望其门而歌。所谓随梧者,梧之为木,欌鄂皆五,而子不绝其所自生,若能受中以立命者。随梧则随于物化,实不能受中立命,而沦与物忘者也。故其死也,杨朱则抚其尸而哭。隶人知悦生恶死,莫知其所以生死也,故歌其所宜哭,哭其所宜歌者,皆是也。且歌且哭,自有道者观之,等为可哀尔。噫!人之生也,物物分辩,唯一颦笑之微,其中节与否,莫不从而是非之。至于死生之大变,且歌且哭,而莫觉莫悟,可不为之大哀耶?

目将眇者,先睹秋毫;耳将聋者,先闻蚋飞;口将爽者,先辩淄渑;鼻将窒者,先觉焦朽;体将僵者,先亟犇佚;心将迷者,先识是非,故物不至者则不反。

解曰:阴阳相照、相盖、相治,四时相代、相生、相杀,随序之相理,桥运之相使。穷则反,终则始,自然之理也。故明极则眇,聪极则聋,味极则爽,臭极则窒,健极则僵,识极则迷,是以收视反听,绝味除馨,黜健去识,则精神为之不衰,虽千万岁可以深根固蒂也。

郑之圃泽多贤,东里多才。圃泽之役有伯丰子者,行过东里,遇邓析。邓析顾其徒而笑曰:为若舞,彼来者奚若?其徒曰:所愿知也。邓析谓伯丰子曰:汝知养养之义乎?受人养而不能自养

者，犬豕之类也。养物而物为我用者，人之力也。使汝之徒食而饱，衣而息，执政之功也。长幼群聚，所为牢籍庖厨之物，奚异犬豕之类乎？伯丰子弗应。伯丰子之徒者越次而进曰：大夫不闻齐鲁之多机乎？有善治土木者，有善治金革者，有善治声乐者，有善治书数者，有善治军旅者，有善治宗庙者，群才备也。而无能相位者，无能相使者。而位之者无知，使之者无能，而知之与能皆为之使焉。执政者，乃吾之所使，子奚矜焉？邓析无以应，目其徒而退。

解曰：贤者啬精神，才者炫名器，然则贤之与才，其相去也远矣。伯丰之贤，邓析之才，相遇于涂，邓析炫名器而舞伯丰，伯丰啬精神而距邓析。其从者未能忘言，故越次而应之曰：大夫不闻齐鲁多机巧之士乎？善土木，善金革，善音乐，善书数，善军旅，善宗庙，皆小技而受役者也。位之者无知，使之者无能。无知无能者，帝王也。知之与能之者，人臣也。帝王者，无为之道也。人臣者，有为之职也。以有为之职事无为之道，能方者不能圆，能白者不能黑，能高者不能下，能玄者不能黄。以无为之道统有为之职，则方圆、白黑、高下、玄黄无适而不能。物各以其质而得形，而此无形。物各以其声而得名，而此无名。然则邓析谓养人而物为我用者为执政之功，不知执政者乃为人之使而不能使人者也。才奚足恃？才奚足矜焉？故其闻伯丰子从者之言，虽辩无所开其喙矣，目其徒而退尔。

公仪伯以力闻诸侯，堂谿公言之于周宣王，王备礼以聘之。公仪伯至，观形，懦夫也。宣王心惑而疑曰：女之力何如？公仪伯曰：臣之力能折春螽之股，堪秋蝉之翼。王作色曰：吾之力者能裂犀兕之革，曳九牛之尾，犹憾其弱。女折春螽之股，堪秋蝉之翼，而力闻天下，何也？公仪伯长息退席，曰：善哉王之问也！臣敢以实对。臣之师有商丘子者，力无敌于天下，而六亲不知，以未尝用其力故也。

解曰：公仪伯，则闲于在公之仪，所谓善为士者不武，是谓用人之力也。堂者，高平之基，肯构之所临，人所尊仰之地也。堂谿公，则其德如堂，能守雌而为天下谿者也，此所以能知公仪伯之不用其力。周宣王，中兴之主也，将任人以事而效人以功，故其所取有在于孔武有力之士也。商丘子，则体性抱神而示中庸之常德者，此所以其为力虽六亲不知而为公仪伯之师也。且折春螽之股，堪秋蝉之翼，则其力不足恃，故不用其力而求用人之力，此其力所以不可量。裂犀象之革，曳九牛之尾，则力足以有敌，故必负其力，则力不加增而胜己者至矣。然则不亦懦者勇而力者弱欤？

臣以死事之，乃告臣曰；人欲见其所不见，视人所不窥，欲得其所不得，修人所不为。故学视者先见舆薪，学听者先闻撞钟。夫有易于内者，无难于外。于外无难，故名不出其一家。今臣之名闻于诸侯，是臣违师之教，显臣之能者也。然则臣之名不以负其力者也，以能用其力者也，不犹愈于负其力者乎？

解曰：以死事之，则肢体堕而聪明黜，可谓有其质矣，故乃告之。所谓见其所不见，得其所不得者，非以窈冥而难见而独见之也，难能而不可为而独得之也。见不离于众人之视，众莫之窥尔。为不出于众人之能，众莫之为尔。故视莫难于秋毫而易于舆薪，听莫难于蚋飞而易于撞钟。竭目力于秋毫则见不出于秋毫，穷耳力于蚋飞则闻不过于蚋飞。借明于众则目力不用而见有余明，借听于人则耳力不竭而听有余聪。众人见物不见道，故常攻其所难。贤人见道不见物,故每为其所易。有易于内,斯无难于外矣,无所难则无非易矣。夫孰得而名之?故名不出其一道。由是能用其力者,虽力旋天地而世莫睹其健,威服海内而人不名以武也。古人有言,善力举秋毫,善听闻雷霆,此之谓也。且折春螽之股,堪秋蝉之翼,虽曰以弱为强,亦既有所折,有所堪,其迹可得而睹,其为可得而名矣。故公仪伯犹以此为显其能,而违师之教也。

中山公子牟者,魏国之贤公子也。好与贤人游,不恤国事,而悦赵人公孙龙。乐正子舆之徒笑之。公子牟曰:子何笑牟之悦公孙龙也?子舆曰:公孙龙之为人也,行无师,学无友,佞给而不中,漫衍而无家,好怪而妄言。欲惑人之心,屈人之口,与韩檀等肄之。公子牟变容曰:何子状公孙龙之过欤?请闻其实。子舆曰:吾笑龙之诒孔穿,言善射者能令后镞中前括,发发相及,矢矢相属,前矢造准而无绝落,后矢之括犹衔弦,视之若一焉。孔穿骇之。龙曰:此未其妙者。逢蒙之弟子曰鸿超,怒其妻而怖之,引乌号之弓,綦卫之箭,射其目,矢来注眸子而眶不睫,矢坠地而尘不扬。是岂智者之言与?公子牟曰:智者之言,固非愚者之所晓。后镞中前括,钧后于前。矢注眸子而眶不睫,尽矢之势也。子何疑焉?乐正子舆曰:子,龙之徒,焉得不饰其阙?吾又言其尤者。龙诳魏王曰:有意不心,有指不至,有物不尽,有影不移,发引千钧,白马非马,孤犊未尝有母。其负类反伦,不可胜言也。公子牟曰:子不谕至言而以为尤也,尤其在子矣。夫无意则心同,无指则皆至,尽物者常有。影不移者,说在改也。发引千钧,势至等也。白马非马,形名离也。孤犊未尝有母,非孤犊也。乐正子舆曰:子以公孙龙之鸣皆条也。设令发于余窍,子亦将承之。公子牟默然良久,告退,曰:请待余日,更谒子论。

解曰:公孙龙,辩者之徒也,公子牟以其言为至言者。夫至言去言,虽终日言而未尝言,则虽遍为万物说,说而不休,多而无已,不害其为言之至也。观乐正子舆以为给孔穿之言,是其未尝穷理也;以为诳魏王之言,是其未尝闻道也。何则?善射者能令后镞中前括,则知其所以中,钧后于前尔。矢注眸子而目不睫,则能度远近之宜,审弓矢之力,尽其势而不使之有过不及也。是皆理之可推而知也。若夫言在于道,则离形去智,同于大通,意在所忘,指在所非。尽物者常有,则不有一物,与一尺之棰,日取其半,万世不竭同意。有影不移,则前影非后影,与镞矢之疾而有不行不止之时同意。等物之势,则千钧非重,一发非轻。离于形名,则白不可以命马,马不可以名白。孤犊未尝有母,则犊之与母躯命不同,理非相代。其言之妙,一至于此,非知言之要者安能知其解哉?故方其未能穷理,则笑其给尔;及其言在于道,则又以为负类反伦。虽公子牟为之疏其说,子舆终莫之悟。方且忿嫉而加鄙倍焉,公子牟知其不可与语至道也,故默然告退矣。虽然,公子牟亦仁于子舆至矣,犹冀其一日克己而悟。至言不丑抵,固拒而深绝之也。故曰:请待余日,更谒子论。且公孙龙之辩,公子牟以为至言,列子称之,而庄子则以谓能胜人之口而不能服人之心者。列子之称,称其至也。庄子将假其说以祛著书之迹,故于其书之终篇既取其辩,又恶其与天下之辩者为怪,悲其骀荡而不得,逐万物而不反也。言之不同,各有攸当。

尧治天下五十年,不知天下治欤,不治欤?不知亿兆之愿戴己欤,不愿戴己欤?顾问左右,左右不知。问外朝,外朝不知。问在野,在野不知。尧乃微服游于康衢,闻儿童谣曰:立我蒸民,莫匪尔极。不识不知,顺帝之则。尧喜问曰:谁教尔为此言？童儿曰:我闻之大夫。问大夫,大夫曰:古诗也。尧还宫,召舜,因禅以天下。舜不辞而受之。

解曰:圣人之世,不治而不乱。尧治天下五十年,不知天下之治不治,是乃所谓至治也。当是时也,为左右,为外朝,知靖共尔位而已;为在野之民,知日用饮食而已。故自左右而至于在野,顾问而咨询之,皆莫知其治否也。然帝尧之用心,以天合人,不敖无告,不废穷民,终欲知之也,于是微服而游于康衢。微服则外无以镇人心,康衢则九达之会,四方之情所通也。儿童之谣则其言出于欢忻之自然,而非有伪也。其言曰:立我蒸民,莫匪尔极。不识不知,顺帝之则。以夫立蒸民而会于有极之地,其道乃本于天德而出,宁进于智矣。是言也,童儿闻之大夫,大夫以为古诗。夫古诗而童儿谣于今,是今之治有以符于古矣。夫尧之为治者,务若稽古而已,则尧闻此言,安得不与斯民同其喜欤？此尧治之大成也。书言黎民于变时雍,此其时欤？

关尹喜曰:在己无居,形物其著。其动若水,其静若镜,其应若响。

解曰:在己无居,不留一尘于胸次也。至虚在我,则万物之理无所隐矣,故曰:形物其著。其动若水,则趋变无常,而所适常啻也。其静若鉴,则应物见形,未尝揽物也。其应若响,则有声必答,无所将迎也。

故其道若物者也。物自连道,道不违物。

解曰:道之在物,于大不终,于小不违。其广包畛,其纤入薉。称物平施,无欠无余,适可而止。其若物如此,是所以有鉴水之谕也。故譬道之在天下,若日月之照临,光于四方,莫之或违,而盲者不见,咎岂在日?物自违道,道不违物,其证若此。

善若道者,亦不用耳,亦不用目,亦不用力,亦不用心。欲若道而用视听形智以求之,弗当矣。瞻之在前,忽焉在后。用之弥满六虚,废之莫知其所。亦非有心者所能得远,亦非无心者所能得近,唯默而得之而性成之者得之。

解曰:非声非色,故若道者不用耳目。无体无用,故若道者不用心力。迎随若知其首尾,故瞻之在前,忽焉在后。用之则见道不见物,故弥满六虚;废之则见物不见道,故莫知其所。然则若道者,果如何其善哉?亦非有心者所能得远,则以道不住于无为也;亦非无心者所能得近,则以道不尽于有为也。唯默而得之而性成之者得之。默得则不假于言,性成则无待于为,则其所谓得,非得人之得而自得其得者也。夫唯有得于此,则不溺于虚,不着于有,在我者无为而无不为,在物者无用而无不用矣。

知而忘情,能而不为,真知真能也。发无知,何能情?发不能,何能为?

解曰:人之所以贵于万物者,以其有知与能也。人之所以役于造化者,以其为知能之使也。所贵于知之与能者,为其为道非无心者所能得近也。所恶夫知之与能者,为其为道非有心者所能得远也。知而忘情,则无用智之凿,其知自然,无所不知,是为真知矣。能而不为,则无有为之累,其能遍物,无所不能,是为真能矣。盖有情有信,然后为道。发无知,则非忘情也,不能情矣,岂道也哉?能阴能阳,然后为道。发不能,则非不为也,不能为矣,岂道也哉?是聚块积尘之所以非理也。若商丘开之蹈水火,此知而忘情者也。若孔子之于游金石,则能而不为者。

聚块也,积尘也,虽无为而非理也。

解曰：聚块则不为野马之飘鼓，积尘则不为尘埃之飞扬，可谓无为矣。虽无为而生理息矣，何贵于无为哉？圣人之无为，则犹坤之厚载，充塞四虚，无心于物，未尝有为而万物生化，终古不息，是真无为者也。由皇而降帝王，受授至孔子而集大成，其道咸本于此。故《仲尼》之篇以是终焉。

仲尼解

孔子之道，譬犹大明东升，无愚智皆知其明。质诸圣贤之言，然后足以探其妙尔。子贡曰：以予观于夫子，贤于尧舜远矣。孟子曰：孔子之谓集大成。且曰：自生民以来，未有盛于孔子也。杨子曰：天之道不在仲尼乎？子贡，智足以知圣人者也。孟子，学孔子者也。杨子，自比于孟子者也。其所以誉圣人者，是乃天下万世之所取法者也。质之于经，而求夫子之道，可仕则仕，可止则止，可久则久，可速则速，而不倚于一偏。时清而清，时任而任，时和而和，而不胶于一曲。能仁能及，能辩能讷，能勇能怯，能庄能同，不拘于一道。孔子曰：我则异于是，无可无不可。而后之学者方且倚于一偏，胶于一曲，拘于一道，而不见圣人之大全，此《仲尼》之篇所以而作也。颜子止知乐天知命之无忧，而未知乐天知命有忧之大者。颜子，亚圣也，尚且待教而后知，况子贡之徒，宜乎其淫思而至于骨立也。关尹曰：善若道者，亦不用耳，亦不用目，亦不用力，亦不用心，惟默而识之性而成者可以得之。孟子曰：可以仕则仕，可以止则止，可以久则久，可以速则速，孔子之谓集大成。此皆知孔子者也。观此篇之义，则知孔子之最深可见矣。庚桑子远见于八荒之外而耳目俱废，列御寇学进于九年之余而骨肉都融，非穷神极妙者孰能与于此乎？商太宰深惑于西方之圣，而谓其见欺子列子，不谒于南郭之墙而信其有敌，岂世间浅识寡闻者所能议哉？心闭一孔而龙叔之病难痊，发引千钧而乐正之疑莫解，邓析侮伯丰之侣而见困于从者，帝尧听童子之诗而取信于大夫，公仪伯力堪蝉翼而名誉满于诸侯，商丘子力敌天下而功用沉于六族，季梁之死，杨朱倚其门而歌，随梧之死，杨朱抚其尸而哭。若此类者，岂容易而窥见之哉？皆谓孔子之所为，众人固不识也。今之学者，读《庄子》至于《渔父》《盗跖》，遂摈而斥之，以为毁訾孔氏而莫之观也，是岂知庄子尤尊孔子者也？《列子》之于是篇，前后发明，使孔子之教流光万古而不穷者，深有力也。宰我曰：以予观于夫子，贤于尧舜远矣。又曰：自生民以来，未有盛于孔子也。然而谦谦自晦，商太宰问其为圣，则逊而不居也。若夫关尹喜言善若道者，以知而亡情，能而不为，为真知真能，是又所以明孔子之道也。盖孔子之应世，周旋变故，不离于真，既不为卷娄药疡之强聒，亦不为聚块积尘之无为，常居于真知真能，处夫材与不材之间尔。故此篇始言其真乐真知，而终言其真知真能也。

冲虚至德真经解卷之九

宋杭州州学内舍生臣江遹进

汤　问

殷汤问于夏革曰：古初有物乎？夏革曰：古初无物，今恶得物？后之人将谓今之无物，可乎？

解曰：有天地，然后有万物。万物盈天地之间，原其所生，同于一气。一气之运，其际不可终，故万物之生相续而无间。由彼物化,迁流不已。日改月化,假名今古,物之有无,何殊今古?成汤以天锡之智,而乃问是于夏革者,盖尧、舜、禹三圣授受至汤,而革夏为商,虽出于因时适变,而其为则古之所无有也。以今之所有验古之所无,推而上之至于羲皇,其道浸,入于简朴,则及于古□□□□□□原缺有无于物也,此则汤问夏革之义也。

殷汤曰:然则物无先后乎?夏革曰:物之终始,初无极已。始或为终,终或为始,恶知其纪?然自物之外,自事之先,朕所不知也。

解曰:以形见物,散为万殊,先不识今,后不识先,虽一息之往来,不可紊其先后之伦也。以性见物,同于一真。始或为终,终或为始,虽天地之覆载,亦不知其先后于物也。究观物化,若鹞为鹯,鹯为布谷,布谷久复为鹞。鹞之所终,鹯之所始;鹯以为终,布谷以为始;布谷之终,鹞复始之,以至臭腐化为神奇,神奇复化为臭腐。其生也,莫知其所从来;其化也,莫知其所从往。譬犹日月往来,四时代谢,将先昼而后夜乎?将先秋而后春乎?则亦莫能知其纪矣。盖一囿于造化,均于沉轮,尚安有先后之别哉?欲知其先,其唯外于事物而混成者欤?然自物之外,自事之先,窈窈冥冥,昏昏默默,岂智之所能知哉?故曰朕所不知也。

殷汤曰:然则上下八方有极尽乎?革曰:不知也。汤固问。革曰:无则无极,有则有尽,朕何以知之?然无极之外复无无极,无尽之中复无无尽。无极复无无极,无尽复无无尽。朕是以知其无极无尽也,而不知其有极有尽也。

解曰:无则无极,有则有尽,知此则上下八方可不言而喻矣。然计天地在太虚之中,虽未离于物,而为物之最巨,虽曰最巨,亦已有物矣。故其为有,异乎物之为有也。不可言之为有极,以其大也。不可名之为无尽,以其有也。谓之难终难穷,难则难识者几是矣。故夏革之言曰:无极复无无极,无尽复无无尽。夫无极无尽,亦已至矣。于无极无尽之中复无无极,无尽然后足以见天地之量尔。虽然,此所谓无,非真无也,因有形无尔。谓之无者,以遣有也。以夫天地之未离于有,故假无以显其大尔。要之,既已有矣,会归于尽。故始终寓之于不知尔。

汤又问曰:四海之外奚有?革曰:犹齐州也。汤曰:汝奚以实之?革曰:朕东行至营,人民犹是也。问营之东,复犹营也。西行至豳,人民犹是也。问豳之西,复犹豳也。朕以是知四海四荒四极之不异是也。

解曰:四海之齐,谓中央之国,天地之所合也,四时之所交也,风雨之所会也,阴阳之所和也。营则居日之东,而景夕多风;豳则居日之西,而景朝多阴,地偏则风俗异习,而人民之情乃无以异于齐。豳之西,营之东,其偏于雨露益远矣,而人民亦不殊于齐,则四海之外,虽非足迹舟车之所通,以情度情,又奚待于见而后知,言而后实哉?

故大小相含,无穷极也。含万物者,亦如含天地。含万物也,故不穷;含天地也,故无极。朕亦焉知天地之表不有大天地者乎?亦吾所不知也。

解曰:一身之内,一毛含于肌肤,肌肤含于一体,百体含于一身。虽一毛之微,亦具一体之全;用一体之用,亦不废百体之俱用。其于物也,焦螟则宅于蚊睫,鲲鹏则游于天地,焦螟无不足于鹍鹏,鹍鹏不有余于焦螟,大小相含,如斯而已。然而物量易以穷,故其所含有极。天地至大哉,其所含无穷。天地犹有形,未若道之含天地为无极也。且其言大小相含,大固足以含小矣,小如何其含大哉？盖谓天地含万物，虽可以形见，其所以含之，则有道矣，即道而言，虽一芥之微，莫不含天地之妙，故曰：含万物者，亦如含天地。其言安知天地之表不有大天地者。列子将扩学者之见闻，使之不囿于范围之内，要使觉者自知其道尔，终亦存之而不论，故曰：亦吾所不知也。

然则天地亦物也。物有不足，故昔者女娲氏练五色石以补其阙。

解曰：由大小相含以观，则知天地亦物而已。既已为物矣，安能无成与亏哉？此所以有不足而可补也。五色者，五行之英；石者，石气之坚精。练五行英妙坚精之气以和阴阳之盈缩，此谓补其阙也。方是时，裁成辅相之道，既已见矣。

断鳌之足，以立四极。

解曰：天地在太虚之中，浮游至微，直犹巨鳌之戴一物尔。既已不足而可补，则所谓浮游者始峙而不动，故鳌足可断，四极始立，上下八方不可易位矣。

其后共工氏与颛顼争为帝，怒而触不周之山，折天柱，绝地维。故天倾西北，日月星辰就焉，地不满东南，故百川水潦归焉。

解曰：天柱，天之所恃以中立而不倚者；地维，则地之所资以四维而不亏者，此道之未离于浑沦也。尝原道降而一，见一兆天地生矣。天地奠位，人辟乎两间，于虚无自然之中，妄为明觉，是生同异，同异既立，爱恶交起。爱恶起而争竞立，则忿愦之气胜，而道之周遍咸者毁矣。此共工所以与颛顼帝争而触不周之山也。折天柱，绝地维，则天地析，其浑全二气交而生化显矣。故天倾西北，日月星辰就焉；地不满东南，百川水潦归焉。西北，万物归根之方也，日月星辰就于西北，则至阴之精并于下而奉于上，万物得以资其气而生。东南，万物敷施之方也，地不满东南，则至阳之精并于上而降于下，万物得以资其泽以成形。故天有精，地有形，天有八纪，地有五里，能为万物之母。其在人也，则右耳目不如左明，左手足不如右强。其于物也，虽形体万变，未有能违其化之宜也。

汤又问：物有巨细乎？有修短乎？有同异乎？革曰：渤海之东，不知几亿万里，有大壑焉，实维无底之谷，其下无底，名曰归墟。八纮九野之水，天汉之流，莫不注之，而无增无减焉。其中有五山焉：一曰岱舆，二曰员峤，三曰方壶，四曰瀛洲，五曰蓬莱。其山高下周旋三万里，其顶平处九千里。山之中间相去七万里，以为邻居焉。

解曰：水以喻道，道之为物，其大不可围，其深不可测，而众善之所宗也。故大壑实惟无底之谷，名曰归墟。道之大原该备，天人冲而不盈，故八纮九野之水，天汉之流，莫不注之，而无增无减焉。山居之象不离道之大原，而为万化之宗，仙圣之所居如此。舆者木之为，峤者火之锐，方者金之体，洲者水之类，蓬莱者土之所以然。山之名，或指事，或象物，不一其义，要皆不出乎五行之理也。万盈数，以象道之备也。凡数起于一，立于三，成于五，盛于七，处于九，一三五七九，皆数之阳也，变化之道也。故此篇数称以喻道焉。

其上台观皆金玉，其上禽兽皆纯缟。珠玕之树皆丛生，华实皆有滋味，食之皆不老不死。所居之人皆仙圣之种，一日一夕飞相往来者，不可数焉。

解曰：仙圣之人，真精不荡，故其所感变者，台观皆金玉，禽兽皆纯缟，珠玕之木皆丛生，华实也。且其华实感变于自然，不甲拆于春而就实于秋也,故食之者不随变迁,而老不逐化往而死也。仙圣之体至虚而无累,故常飞相往来。由是观之,丘陵荆棘,险恶不一,安知非人心之所自为耶?

  而五山之根无所连著,常随潮波上下往还,不得暂峙焉。仙圣毒之,诉之于帝。帝恐流于西极,失群圣之居,乃命禺强使巨鳌十五举首而戴之。迭为三番,六万岁一交焉。五山始峙而不动。

  解曰:既以不得暂峙为毒,以夫峙而不动为安,故必假于人,资于物,而即其安也。此所以诉之于帝而帝为之命禺强也。禺强,北方之神灵。龟为之使,故禺强使巨鳌举首而戴之也。虽巨鳌也,其力必有量,其用力也必或匮,故必合众力,迭为三番,而后能举焉。既已为物,而我所资以为安矣。则物必有为之害者,而物又将为我害矣。是以有鳌若此,乃有龙伯之国,人得以一钓而连六鳌,负而归,灼其骨以数也。

  而龙伯之国有大人,举足不盈数步而暨五山之所,一钓而连六鳌,合负而趣归其国,灼其骨以数焉。于是岱舆、员峤二山流于北极,沉于大海,仙圣之播迁者巨亿计。帝凭怒,侵减龙伯之国使厄,侵小龙伯之民使短。至伏羲、神农时,其国人犹数十丈。

  解曰:岱舆、员峤,东南之山也。地不满东南,故二山流沉焉。于北极沉于大海,则复于本原而归于至道。故仙圣失其所居而播迁,后世之治显也,此帝之所以凭怒而古人之大体隐矣。

  从中州以东四十万里,得僬侥国,人长一尺五寸,东北极有人名曰诤人,长九寸。荆之南有冥灵者,以五百岁为春,五百岁为秋,上古有大椿者,以八千岁为春,八千岁为秋。朽壤之上有菌芝者,生于朝,死于晦。春夏之月有蠓蚋者,因雨而生,见阳而死。终北之北有溟海者,天池也,有鱼焉,其广数千里,其长称焉,其名为鲲。

有鸟焉,其名为鹏,翼若垂天之云,其体称焉。世岂知有此物哉?大禹行而见之,伯益知而名之,夷坚闻而志之。江浦之间生麽虫,其名曰焦螟,群飞而集于蚊睫,弗相触也。栖宿去来,蚊弗觉也。离朱、子羽方昼拭眦扬眉而望之,弗见其形,䚦俞、师旷方夜摘耳俛首而听之,弗闻其声。唯黄帝与容成子居空桐之上,同斋三月,心死形废,徐以神视,块然见之,若嵩山之阿;徐以气听,砰然闻之,若雷霆之声。吴楚之国有大木焉,其名为櫾。碧树而冬生,实丹而味酸。食其皮汁,已愤厥之疾。齐州珍之,渡淮而北而化为枳焉。鸜鹆不逾济,貉逾汶则死矣,地气然也。虽然,形气异也,性钧已,无相易已。生皆全已,分皆足已。吾何以识其巨细,何以识其修短,何以识其同异哉?

解曰:万物盈于天地之间,其生殊方,其化异时,其变异数。动植飞潜,万形万状,其可胜穷哉?究其所目,造化之于万物,一本于自然。万物之于造化,又焉能有择?以之为虫臂,以之为鼠肝,唯其所寓而已。其为人也,生于龙伯之国则不得不大,为僬侥诤人则不得不小。其于植物也,为冥灵大椿于荆则寿,为芝菌于朽壤则夭。其于动物也,为鹍鹏于终北之北则大,为麽虫于江浦之间则小。大者不以大而有余于性,小者不以小而不足于性。虽寿必终,不能增其性之所无;虽夭亦生,不能损其性之所有。柚之不逾淮,鸜鹆之不逾济,貉之不逾汶,皆地气之使然也,若其性则无以相易矣。《庄子·逍遥游》之篇盖明此也。窃尝论之,物之大者,莫若巨鳌,观其能举首而戴岱舆、圆峤之山,灵亦甚矣,而不免有灼骨之患,则物也又奚以大为哉?物之微者,莫若麽虫,虽离朱、子羽、䚦俞、师旷弗能闻见其形声,至黄帝、容成子以神视而气听,则更见其有不可量之大,则物也又奚必恶夫小哉?然则物之巨细、修短、同异,亦不足识矣。

太形、王屋二山,方七百里,高万仞,本在冀州之南,河阳之北。北山愚公者,年且九十,面山而居。惩山北之塞,出入之迂也,聚室而谋曰:吾与汝毕力平险,指通豫南,达于汉阴,可乎?杂然相许。其妻献疑曰:以君之力,曾不能损魁父之丘。如太形、王屋何?且焉置土石?杂曰:投诸渤海之尾,隐土之北。遂率子孙荷担者三夫,叩石垦壤,箕畚运于渤海之尾。邻人京城氏之孀妻有遗男,始龀,跳往助之。寒暑易节,始一反焉。河曲智叟笑而止之,曰:甚矣,汝之不惠。以残年余力,曾不能毁山之一毛,其如土石何?北山愚公长息曰:汝心之固,固不可彻,曾不若孀妻弱子。虽我之死,有子存焉。子又生孙,孙又生子;子又有子,子又有孙;子子孙孙,无穷匮也。而山不加增,何苦而不平?河曲智叟亡以应。操蛇之神闻之,惧其不已也,告之于帝。帝感其诚,命夸娥氏二子负二山,一厝朔东,一厝雍南。自此,冀之南,汉之阴,无陇断焉。

解曰:渤海之尾,隐土之北,则信足以容太形、王屋之高。子孙无穷而山不加增,则平高险,通豫南,达汉阴,其理亦可信矣。既有其理,又尽其诚,故虽操蛇之神,至勇者也,闻之而知惧。上帝之崇高也,亦感其诚焉。是以虽愚公弱子,能使冀之南汉之阴,无陇断焉。且以其为愚公弱子,此陇断之所恃以除也,盖愚公则欲虑柔而其诚至,弱子则志专气柔而不杂,是其所以能动天地、感鬼神也。如俾其内藏猜虑而居血气方刚之时,则计其力不足以平魁父之丘而止矣,此其妻所以献疑,河曲智叟之所以笑而止之也。人生妄计我体增长已慢亏隔于道,奚啻二山之塞?如俾其亦能忘智虑而无矜其血气,诚之不已而不以死生为间,未必不于一息之顷能顿释诸有，而通于道也。其或不然，则亦诚之不至而已矣。

夸父不量力，欲追日影，逐之于隅谷之际，渴欲得饮，赴饮河渭。河渭不足，将走北饮大泽，未至，道渴而死。弃其杖，尸膏肉所浸，生邓林。邓林弥广数千里焉。

解曰：日影果何物哉？不量力而追之，役于妄见尔。由有妄见，是生爱渴。爱渴内存，虽竭河渭不足以止其焦炎之热，故卒渴死于道也。逮其既死，弃其杖，尸膏肉所浸，乃生邓林，弥广数千里焉。夫以一身之泽浸润所弃之杖，而生数千里之林，乃不足以润一身之枯骨，妄见蠹身，有如此者。

冲虚至德真经解卷之十

宋杭州州学内舍生臣江遹进

汤问

大禹曰：六合之间，四海之内，照之以日月，经之以星辰，纪之以四时，要之以太岁。神灵所生，其物异形，或夭或寿，唯圣人能通其道。夏革曰：然则亦有不待神灵而生，不待阴阳而形，不待日月而明，不待杀戮而夭，不待将迎而寿，不待五谷而食，不待缯纩而衣，不待舟车而行，其道自然，非圣人之所通也。

解曰：唯圣人能通其道者，非圣人乐通物也，其道无不通尔。非圣人之所通者，非圣人不能通也，其道自然无所事通尔。然而必有非圣人之所通者，而后有圣人之所能通者尔。

禹之治水土也，迷而失涂，谬之一国。滨北海之北，不知距齐州几千万里。其国名曰终北，不知际畔之所齐限，无风雨霜露，不生鸟兽虫鱼草木之类，四方悉平，周以乔陟。

解曰：北，朔方也，万物之所藏也，真一之所舍也，至神之所寓也。滨北海之北，其国谓之终北，则精之又精，神之又神者也。不拘于方，故无际畔之齐限。不役于气，故无阴阳之化。不假于物，故不生动植之类。四方悉平，其道甚夷也。周以乔陟，其外无邻也。若是则非神禹安能之其国哉？虽神禹也，非迷而失涂，亦莫之能至，以非足力舟车之所及故也。

当国之中有山，山名壶领，状若甔甀。顶有口，状若圆环，名曰滋穴。有水涌出，名曰神瀵，臭过兰椒，味过醪醴。一源分为四埒，注于山下。经营一国，亡不悉遍。土气和，亡札厉。人性婉而从物，不竞不争。柔心而弱骨，不骄不忌。长幼侪居，不君不臣。男女杂游，不媒不聘。缘水而居，不耕不稼。土气温适，不织不衣。百年而死，不夭不病。其民孳阜亡数，有喜乐，亡衰老衰苦。其俗好声，相携而迭谣，终日不辍音。饥惓则饮神瀵，力志和平。过则醉，经旬乃醒。沐浴神瀵，肤色脂泽，香气经旬乃歇。

解曰：居中在上，中虚不窒，其循无端，其出无穷。能常滋泽万物者，滋穴之神瀵也。臭过兰椒，味过醪醴，则其道发闻惟馨悦可人心如此也。经营一国，无不悉遍，则其道无不为而无不在也。物亡札厉，至和不散也。人性婉而从纯气内守也。柔心，则神凝也。弱骨，则形释也。长幼侪居，男女杂游，人不婚宦也。不耕不稼，不织不衣，人不衣食也。百年而死，处常得终也。其民孳阜，生生不穷也。相携而迭谣，则各得其真乐也。其所以能若是者，以夫饮神瀵以易其中，沐浴神瀵以染于外尔。

周穆王北游遇其国，三年忘归。既反周室，慕其国，憱然自失。不进酒肉，不召嫔御者，数月乃复。管仲勉齐桓公因游辽口，俱之其国,几克举。隰朋谏曰:君舍齐国之广,人民之众,山川之观,殖物之阜,礼义之盛,章服之美,妖靡盈庭,忠良满朝,肆咤则徒卒百万,视挒则诸侯从命,亦奚羡于彼而弃齐国之杜稷,从戎夷之国乎?此仲父之耄,奈何从之?桓公乃止,以隰朋之言告管仲。仲曰:此固非朋之所及也。臣恐彼国之不可知之也。齐国之富奚恋?隰朋之言奚顾?

解曰:周穆王尝与化人俱为神游,故其后肆意远游,尝过其国也。三年忘归,神者受之也。既归数月,而复进酒肉,召嫔御,且又为不神者求耶?夫自神禹至穆王之时,治变有忠质文之异尚,而穆王之游与夫神禹之至其国,见闻曾不少异,岂非神之所为独存而常同欤?若桓公之霸与夫隰朋之贤,安足以知此?故区区睹齐国之近,而以为莫之或加,乃更以仲父为耄,是犹埳井之蛙跨跱埳井之乐,而不知东海之大乐也。

南国之人被发而裸,北国之人鞨巾而裘,中国之人冠冕而裳。九土所资,或农或商,或佃或渔,如冬裘夏葛,水舟陆车,然而得之,性而成之。越之东有辄休之国,其长子生,则鲜而食之,谓之宜弟。其大父死,负其大母而弃之,曰:鬼妻不可与同居处。楚之南有炎人之国,其亲戚死,朽其肉而弃之,然后埋其骨,乃成为孝子。秦之西有仪渠之国者,其亲戚死,聚柴积而焚之。熏则烟上,谓之登遐,然后成为孝子。此上以为政,下以为俗,而未足为异也。

解曰:五政之所加,七赋之所养,中于天地者为中国,故其人冠冕而裳。农商佃渔,冬裘夏葛,水舟陆车,其所云为,无非中道也。地偏于阴阳,则其习俗亦偏矣,故南国多暑则被发而裸,北国多寒则鞨巾而裘。其偏于四海、四荒、四极之远者,则又有若辄沐、炎人、仪渠之国，其习俗乃有非耳目之所见闻，而人理之所甚骇者。上以为政，下以为俗，居之而不疑，是皆阴阳为之。寇习俗足以乱人如此也。

孔子东游，见两小儿辩斗，问其故。一儿曰：我以日始出时去人近，而日中时远也。一儿以日初出远，而日中时近也。一儿曰：日初出大如车盖，及日中则如盘盂，此不为远者小而近者大乎？一儿曰：日初出沧沧凉凉，及其日中如探汤，此不为近者热而远者凉乎？孔子不能决也。两小儿笑曰：孰为汝多知乎？

解曰：日丽于天，而随旋者也。上下八方，无极无尽，难终难穷，安可以俄而测其远近哉？《元命苞》曰：天不足于西北，阳极于九，故天周九九八十一万里。《历记》言：数起于一，立于三，成于五，盛于七，处于九，故天去地九万里。二家之学，其有所授之也，如信其说，不亦近者热而远者凉乎？至于验之车盖盘盂之说，则不合矣。故方其出于扶桑而为朝明，则沧沧凉凉，可拟以车盖。及其对于昆吾而为正中，则犹之探汤，而可拟以盘盂。宜大而小，宜凉而温，宜近宜远。大小温凉近远，虽小儿之智亦知惑之。究其所以然，虽孔子之智有不能辩者。盖日犹道也，以为远则或能悟之于一息，以为近则人常迷之于终身，言其大则用之弥于太虚，言其小则废之莫知其所。故视日于大小，不知者也；求道于精粗，不知道者也。尝试以夫燧求火于日，则不旋踵而至矣，又焉有初中远近之间哉？然则大小远近，终不可期，是乃日之所以为妙，而其运行终古不息也。孔子之不能决，岂真不能决哉？存之而不论尔。小儿遽谓孔子为非多知者，孔子常曰：吾有知乎哉？无知也。孔子而多知，又奚以为孔子？区区较日之大小远迩，真小儿之辩斗尔。

均,天下之至理也。

解曰:均齐万物,无有高下,则物我同而合乎一,合乎一则同乎道,是为天下之至理。庄子所以有《齐物论》。

连于形物亦然。均发均县,轻重而发绝,发不均也。均也,其绝也莫绝。人以为不然,自有知其然者也。

解曰:连于形物者,寡不能以胜多,弱不足以制强也审矣。苟得至理之所谓均而用之,则一发之微足以引千钧之重而不绝。以为不然者,累于物也。知其然者,达于理也。连于形物亦末矣。苟得其均,微可以制大若此。矧夫得至理之所谓大均,恶乎往而不可哉?

詹何以独茧丝为纶,芒铁为钩,荆篠为竿,剖粒为饵,引盈车之鱼于百仞之渊,汩流之中,纶不绝,钩不伸,竿不挠。楚王闻而异之,召问其故。詹何曰:臣闻先大夫之言,蒲且子之弋也,弱弓纤缴,乘风振之,连双鸧于青云之际。用心专,动手均也。臣因其事,放而学钩,五年始尽其道。当臣之临河持竿,心无亲虑,唯鱼之念。投纶沉钩,手无轻重,物莫能乱。鱼见臣之钩饵,犹沉埃聚沫,吞之不疑。所以能以弱制强,以轻致重也。大王治国诚能若此,则天下可运于一握,将亦奚事哉?楚王曰:善。

解曰:以弱制强则弱必绝,以轻致重则轻必压,何则? 势不等也。我诚弱矣,因彼之强而制之,则强不与我敌而为我用,是强反在于我而弱在于彼也。我则轻矣,因彼之重而致之,则重不与我争而为我使,是重反在于我而轻在于彼也。则弱之于强,轻之于重,夫孰曰不足以制而致之哉?此詹何以丝纶针钩引盈车之鱼于千仞之渊,蒲且子以弱弓纤缴连双鹤于青云之际之道也。噫,钓弋异事矣,治国者抑又不同焉?詹何之钓,乃学于蒲且子之弋,又以教楚王之治国者，盖得所谓至理之均，则物虽万变，乌能逃吾之至理哉？此《庄子》所谓通于一而万事毕，是乃圣人以眇然之身苴以治天下，而运之于一握者也，奚啻楚国乎？

鲁公扈、赵齐婴二人有疾，同请扁鹊求治。扁鹊治之。既同愈，谓公扈、齐婴曰：汝曩之所疾，自外而干府藏者，固药石之所已。今有偕生之疾，与体偕长，今为汝攻之，何如？二人曰：愿先闻其验。扁鹊谓公扈曰：汝志强而气弱，故足于谋而寡于断。齐婴志弱而气强，故少于虑而伤于专。若换汝之心，则均于善矣。扁鹊遂饮二人毒酒，迷死三日，剖胸探心，易而置之。投以神药，既悟如初。

解曰：谋虑存乎志，果断属乎气。志者，气之帅也，志足以帅气，则其发无不中节矣；志不足以帅气，则役于气而反动其心矣。故气强则伤于专，气弱则寡于断也。尝谓志在于我，初不属化；由其认有于我，贵生爱身。有爱于身，斯役于身矣。此公扈、齐婴其志虑所以与气体而为强弱也。夫以我之志虑而役于气体，诚可悲矣。扁鹊乃能治二人之疾而移造化之功，又何妙欤？扈犹跋扈也，故公扈志强而足于谋。婴犹婴儿也，故齐婴志弱而少于虑。

二人辞归。于是公扈反齐婴之室，而有其妻子，妻子弗识。齐婴亦反公扈之室，有其妻子，妻子亦弗识。二室因相与讼，求辩于扁鹊。扁鹊辩其所由，讼乃已。

解曰：昔者孔子尝使于楚矣，适见豚子食于其死母者，少焉，眴若皆弃之而走，不见已焉尔，不得类焉尔，是故苟非其类，豚子真见其母弃之而走矣。苟得其类，虽公扈、齐婴归异其室而不疑也。尝原公扈、齐婴既为扁鹊易置其心，唯使形者之是役，各反其室而不自知其形之非也。为二室者，惑于形变而不知二人之为类也，故弗识焉。然则二室之于二人者，果索之于形骸之内耶？亦索之于形骸之外耶？如在于形骸之外，则何以遽信扁鹊之辩哉？如在于形骸之内，则方其反于室也，安得而不识？奚必求辩于扁鹊哉？噫，人自生至终，大化屡迁。自老耄而视婴孩之时貌色智态，奚啻公扈、齐婴之易形哉？然大化之迁流也密移，人常由之而罔觉。扁鹊之易置其心也以遽，故莫不骇其变焉。且以公扈、齐婴志气一易，则其人与其室俱不能相知。又况造化之于万物，已化而生，又化而死，更死更生，莫知其端。彼人也又乌知其所以然哉？昔杨朱之出也素衣，其反也缁衣，其狗之不知迎而吠之，杨朱所以止杨布无扑其狗也。

　　瓠巴鼓琴，而鸟舞鱼跃。郑师文闻之，弃家从师襄游。柱指钧弦，三年不成章。师襄曰：子可以归矣。师文舍其琴，叹曰：文非弦之不能钧，非章之不能成。文所存者不在弦，所志者不在声。内不得于心，外不应于器，故不敢发手而动弦。且小假之，以观其后。无几何，复见师襄。师襄曰：子之琴何如？师文曰：得之矣。请尝试之。于是当春而叩商弦，以召南吕，凉风忽至，草木成实。及秋而叩角弦，以激夹钟，温风徐回，草木发荣。当夏而叩羽弦，以召黄钟，霜雪交下，川池暴沍。及冬而叩征弦，以激蕤宾，阳光炽烈，坚冰立散。将终，命宫而总四弦，则景风翔，庆云浮，甘露降，澧泉涌。师襄乃抚心高蹈曰：微矣，子之弹也。虽师旷之清角，邹衍之吹律，亡以加之。彼将挟琴执管，而从子之后尔。

　　解曰：夫道可传而不可受，可得而不可见。不可见故不可受，可传斯可得。善教者止于可传，善学者斯能有得。师文之学，将违其器而觉其道；师襄之教，将由其器以传其声。是以师襄既命之归,师文方且求小假之也。逮其既有得矣,则力回造化,幡校四时,翔景风,浮庆云,降甘露,出澧泉。曾不离于发乎动弦之间,是阴阳之运不出吾之把握也,岂不妙哉?师襄于此亦抚心高蹈而叹其微尔。向俾师文循师襄可传之术而为师襄之所知,则终必不能得师襄之叹也。是以务学者虽曰不如务求师,而君子则欲其自得之也。噫,一技之妙,其致若此,则有得于道者以之治天下而致安平泰之俗,信无难矣。

薛谭学讴于秦青,未穷青之技,自谓尽之,遂辞归。秦青弗止,饯于郊衢。抚节悲歌,声振林木,响遏行云。薛谭乃谢求反,终身不敢言归。

解曰:学道者固有若郑师文之于师襄,莫知其所存所志而命之归,其后乃叹其微者;亦有若薛谭之于秦青,自谓穷青之技而去之,卒乃谢而求反,终身不敢言归者。此学者之不可不辩也。

秦青顾谓其友曰:昔韩娥东之齐,匮粮,过雍门,鬻歌假食。既去,而余音绕梁欐,三日不绝,左右以其人弗云。过逆旅,逆旅人辱之。韩娥因曼声哀哭,一里老幼悲愁,垂涕相对,三日不食。遽而追之,娥还,复为曼声长歌。一里长幼喜跃抃舞,弗能自禁,忘向之悲也。乃厚赂发之。故雍门之人至今善歌哭,效娥之遗声。

解曰:真悲无声而哀,真亲未笑而和,谓哀乐之不可伪以为也。以鬻歌假食,则其歌或不出于心之诚喜;因人之辱而哀哭,亦未足以言真悲也,特以其技之妙遂能俾一里之老幼未尝有忧,徒以闻其哭悲愁垂涕相对而不食;未尝有乐,徒以闻其歌喜跃抃蹈而不能自禁。夫歌哭之伪乃真能动人,况彼我皆真哉?虽然,其术能施于雍门之里而已,使至齐而歌之,必有辩其不然者。故效其遗声,止传于雍门。

伯牙善鼓琴，钟子期善听。伯牙鼓琴，志在登高山。钟子期曰：善哉！峨峨兮若泰山。志在流水。钟子期曰：善哉！洋洋兮若江河。伯牙所念，钟子期必得之。伯牙游于泰山之阴，卒逢暴雨，止于岩下，心悲，乃援琴而鼓之。初为霖雨之操，更造崩山之音。曲每奏，钟子期辄穷其趣。伯牙乃舍琴而叹曰：善哉，善哉！子之听夫。志想象犹吾心也。吾于何逃声哉？

解曰：有声者，有声声者，声之所声者，闻矣。既已有闻，则大不过宫，细不过羽。审其宫羽之清浊而稽诸人事，将安所逃声哉？则子期之善听未足异也。且伯牙之琴，得子期而名益彰；而子期之听，非伯牙亦无所施其巧。列子称之者，贵知音尔。若季札之观乐，进此道矣。

冲虚至德真经解卷之十一

宋杭州州学内舍生臣江遹上进

汤　问

周穆王西巡狩，越昆仑，不至弇山。反还，未及中国，道有献工人名偃师，穆王荐之，问曰：若有何能？偃师曰：臣唯命所试。然臣已有所造，愿王先观之。穆王曰：日以俱来，吾与若俱观之。越日，偃师谒见王。王荐之，曰：与若俱来者何人也？对曰：臣之所造能倡者。穆王惊视之，趣步俯仰，信人也。巧夫镇其颐，则歌合律，捧其首，则舞应节。千变万化，唯意所适。王以为实人也，与盛姬内御并观之。技将终，倡者瞬其目而招王之左右侍妾。王大怒，立欲诛偃师。偃师大慑，立剖散倡者以示王，皆傅会革、木、胶、漆、白、黑、丹青之所为。王谛料之，内则肝胆心肺脾肾肠胃，外则筋骨支节皮毛齿发，皆假物也，而无不毕具者。合会复如初见。王试废其心，则口不能言；废其肝，则目不能视；废其肾，则足不能步。穆王始悦而叹曰：人之巧乃可与造化者同功乎！诏贰车载之以归。夫班输之云梯，墨翟之飞鸢，自谓能之极也。弟子东门贾、禽滑厘闻偃师之巧，以告二子，二子终身不敢语艺，而时执规矩。

解曰：虽傅会之物，既教之倡，是诲之淫也。故能歌合律，舞应节，则其瞬目也不足异矣。夫人之巧固有若飞鸢玉楮之妙者，是物而已。人为万物之灵，疑不可以傅会而象之也。偃师之所造，乃能使趣步俯仰不殊于人，歌则合律，舞则应节，千变万化，唯变所适，夫然后为至妙也，故虽班输、墨翟之巧亦不敢语艺而时执规矩也。噫，人之有生，奚啻偃师之巧？人常由之而不自悟，至于偃师之造倡亦末矣，乃更羡其巧，不亦外乎？

甘蝇，古之善射者，彀弓而兽伏鸟下。弟子名飞卫，学射于甘蝇，而巧过其师。纪昌者，又学射于飞卫。飞卫曰：尔先学不瞬，而后可言射矣。纪昌归，偃卧其妻之机下，以目承牵挺。二年之后，虽锥末倒眦，而不瞬也。以告飞卫。飞卫曰：未也，必学视而后可。视小如大，视微如著，而后告我。昌以牦悬虱于牖，南面而望之。旬日之间，浸大也。三年之后，如车轮焉。以睹余物，皆丘山也。乃以燕角之弧，朔蓬之簳射之，贯虱之心，而悬不绝。以告飞卫。飞卫高蹈附膺曰：汝得之矣。

解曰：学不瞬者，不以物易己也。学视得，将以转物也。我不易于物而物为我转，故能见小如大，视微如著，射之所以中者在我矣。此纪昌之所以能贯虱也。

纪昌既尽卫之术，计天下之敌己者，一人而已，乃谋杀飞卫。相遇于野，二人交射，中路矢锋相触，而坠于地，而尘不扬。飞卫之矢先穷，纪昌遗一矢。既发，飞卫以棘村之端扞之，而无差焉。于是二子泣而投弓，相拜于涂，请为父子。克臂以誓，不得告术于人。

解曰：孟子言矢人岂不仁于函人，以谓术不可不慎。故纪昌既尽飞卫之术，于是谋杀飞卫也。盖幻昌之学，飞卫之教，几在于唯恐不伤人也，必终于此而已矣。逢蒙学射于羿，既尽羿之道，于是杀羿，亦以是也。孟子以逢蒙之杀羿为是，亦羿有罪焉，为其取友之不端也。有学射若庚公之斯者，则安忍以夫子之道反害夫子哉？幸哉！飞卫之生也。曩非得棘刺以扞其遗矢，则必不免矣。故君子之务学者，不射之射尔。

造父之师曰泰豆氏。造父之始从习御也，执礼甚卑，泰豆三年不告。造父执礼愈谨，乃告之曰：古诗言：良弓之子，必先为箕，良冶之子，必先为裘。汝先观吾趣。趣如吾，然后六辔可持，六马可御。造父曰：唯命所从。泰豆乃立木为涂，仅可容足，计步而置，履之而行。趣走往还，无跌失也。造父学之，三日尽其巧。泰豆叹曰：子何其敏也，得之捷乎？凡所御者，亦如此也。曩汝之行，得之于足应之于心。推所御也，齐辑乎辔衔之际，而急缓乎唇吻之和，正度乎胸臆之中，而执节乎掌握之间。内得于中心，而外合于马志，是故能进退履绳，而旋曲中规矩，取道致远，而气力有余，诚得其术也。得之于衔，应之于辔；得之于辔，应之于手；得之于手，应之于心。则不以目视，不以策驱，心闲体正，六辔不乱，而二十四蹄所投无差，回旋进退，莫不中节。然后舆轮之外可使无余辙，马蹄之外可使无余地，未尝觉山谷之险，原隰之夷，视之一也。吾术穷矣,汝其识之。

　　解曰:天下之事,固有若缓而急,疑后而先。愚者之所暗,智者之所察也。故习御之道,人莫不以为先于掌握之执节。泰豆之教,乃先使之观其趣,亦犹学射者之先学视,为弓者之先为箕,为冶者之先为裘也。由是知虽一技之微,学不由师,则终莫识其为之之先务,虽有智者不能无因而造其妙也。造父学之三日而尽其巧,何其敏也?然而自非执礼甚卑,三年不告,而执礼愈谨,则其学不诚,其思不精,亦安能得之如是之捷乎?以其所得而推之所御,无余术矣。且以马驾车,以辔御马,六马之众二十四蹄,一足差所投,则六马之良皆弃矣。御之难也如此。是以习御者不用目,亦不用策,视以目则见愈乱而不周,驱以策则力愈劳而不整。唯内得于中心,外应于衔辔,则险夷急缓而其心常闲,进退旋曲而其体常正。然后舆轮之外可使无余辙,马蹄之外可使无余地。无余辙非无余辙也,以言舆轮之无所于窒也;无余地非无余地也,以言险夷之无所于择也。御至于此,乃不知是我之御马,马之驾车也,视之若一矣,岂不妙哉?此造父所以能主穆王之车,肆意远游,过昆仑,观日之所入,一日而行万里也。噫,执御者微亦甚矣,其术之妙一至于此,技安足以命之?使造父也投其衔辔而施其所得于道,夫孰曰不可?杨子曰:有天下者审其御。审此而已。

　　魏黑卯以暱嫌杀丘邴章,丘邴章之子曰来丹,谋报父之雠。丹气甚猛,形甚露,计粒而食,顺风而趋。虽怒,不能称兵以报之。耻假力于人,誓手剑以屠黑卯。

　　解曰,黑者,阴之色。卯者,阴之类。魏者,高显之所。魏黑卯,老阴之象也。邴者,明之盛。章者,文之成。丘者,中高之地。

无邠章,老阳之象也。丹舍阳,来丹,则少阳之方浸而长者也。《易》曰:阴疑于阳必战。阳常居于大夏,而以生育长养为事,而阴则退伏矣,是于阳不能无曖嫌也。故至于方冬用事则戕物,入之而杀丘邠章焉。然阴方盛,而一阳之气已潜萌于黄钟之宫矣,是为来丹故谋报父之雠焉。阳体刚,是以来丹气甚猛,形甚露。方且潜萌,是以计粒而食,顺风而趋。虽怒,不能称兵以报之。唯其体刚,故耻假力于人,誓手剑以屠黑卵也。

黑卵悍志绝众,力抗百夫,筋骨皮肉,非人类也。延颈承刃,披胸受矢,铓锷摧屈,而体无痕挞。负其材力,视来丹犹雏觳也。

解曰:阴以刻制为事,又方用事坚冰之时也,是以志悍力抗而皮骨非人,承刃受矢而痕挞无有,视来丹犹雏觳也。

来丹之友申佗曰:子怨黑卵至矣,黑卵之易子过矣,将奚谋焉?来丹垂涕曰:愿子为我谋。申佗曰:吾闻卫孔周其祖得殷帝之宝剑,一童子服之,却三军之众,奚不请焉?来丹遂适卫,见孔周,执仆御之礼,请先纳妻子,后言所欲。

解曰:宝剑,神器之能宰制者也。殷,中也,与以殷仲春之殷同。殷帝之宝剑,言冲和之气,宰制阴阳,审谛而不妄也。其祖得之,则其道自古以固存也。神器至妙,以至柔驰骋天下之至刚,故一童子服之,而却三军之众。申佗,则能申人之不直者,故为来丹谋焉。孔周,则能周旋于人理之至者,故申佗使来丹求剑于若人也。执仆御之礼,致所尊也。请先纳妻子,质其诚也。

孔周曰:吾有三剑,唯子所择。皆不能杀人,且先言其状:一曰含光,视之不可见,运之不知有,其所触也,泯然无际,经物而物不觉。二曰承影,将旦昧爽之交,旦夕昏明之际,北面而察之,淡淡焉若有物存,莫识其状。其所触也,窈窈然有声,经物而物不疾也。

三曰宵练,**方昼则见影而不见光,方夜则见光而不见形,其触物也**,骍火麦切。**然而过,随过随合,觉疾而不血刃焉。此三宝者,传之十三世矣,而无施于事。匣而藏之,未尝启封。**

解曰:含光,则葆光而不曜者也,此神之妙万物而为言也。视之不可见,以无形也。运之不知其有,以无用也。其所触也,泯然无际,经物而物不觉,则其道密庸也。承影,则既有影可承矣。将旦昧爽之交,日夕昏明之际,皆阴阳之交际于是时,反本而求之,淡兮似或存,终不可得而识也。其所触也,窈窈然有声,经物而物不疾,则鼓舞万物而无迕于物也。宵练,则既有体矣。方昼则见其影,役于阳也。方夜则见其光,制于阴也。然见影而不见光,见光而不见影,犹未赫然有物也。其触物也,骍然而过,随过随合,觉疾而不血刃焉,则行于万物,生之育之,代荣代谢,其化无穷也,使夫生化者不得不生不化,是或物之疾也。然神之所为,以无有入无间,是为随过随合。虽觉疾也,于物无所伤,而物亦不能伤我,是为不血刃焉。传之十三世,则言周历阴阳之度,而其存自古也。无施于事,是谓无用之用也。匣而藏之,则其藏深矣。未尝启封,其神无郤之谓也。

来丹曰:虽然,吾必请其下者。孔周乃归其妻子,与斋七日。晏阴之间,跪而授其下剑,来丹再拜受之以归。

解曰:神也者,妙万物而为言也。即其寓于生化之序,拟诸形容,有若三剑者焉。至于宵练,始兆于太素,而为质之始,故来丹必请其下者,孔周乃归其妻子,不绝其相生相配之道也。与斋七日,则一其志而忘其形体也。晏阴之间,则昏明之交,密传其道也。

来丹遂执剑从黑卵,时黑卵之醉偃于牖下,自颈至腰三斩之,

黑卯不觉。来丹以黑卯之死，趣而退。遇黑卯之子于门，击之三下，如投虚，黑卯之子方笑曰：汝何蚩而三招予？来丹知剑之不能杀人也，叹而归。黑卯既醒，怒其妻曰：醉而露我，使我嗌疾而腰急。其子曰：畴昔来丹之来，遇我于门，三招我，亦使我体疾而支强。彼其厌我哉？

解曰：膞下，阴阳之际也。醉而偃，则迷而罔觉之时也。阴方隆盛，必于其交际罔觉之时，始足以害之尔。虽然，宵练之剑能使物觉疾而不血刃而已。故来丹以之斩黑卯，则怒其妻曰：使我嗌疾而腰急；以击黑卯之子，则曰：遇我于门，三招我，亦使我体疾而支强。来丹知剑之不能杀人也，叹而归而已矣。然而黑卯虽承刃而不觉，亦已嗌疾而腰急，其体自是而日消矣。故虽有一之日觱发，二之日栗烈，俄而春日载阳，而小往大来矣。人皆睹夫四月维夏，不知其本乃自于来丹潜移于一之日也。尝原阴阳之道，相生犹父子相偶犹夫妇。其迭用也，则更生更死，其交战也，则更怒更雠。因则为疾，用事则旺。其道虽无待于外，其用则寓之于物，此阴阳之情也。凡物之情态，人之云为，皆阴阳之役也。尝试以人情物变求之，阴阳之情，义无一不备。故有若魏黑卯以睚嫌杀丘邴章，来丹誓手剑以屠黑卯之事也。然而阴阳之理，更王更废，终不能相绝，是以来丹虽有屠黑卯之志，而不能杀黑卯也。如黑卯而可杀，则生化之理或几乎息矣。若是则魏黑卯何以能杀丘邴章乎？盖丘邴章已用而为旺者所胜，故可杀也。若魏黑卯则方用事而旺，安可杀哉？且方是时，非独阳气潜萌，为来丹而已，为魏黑卯者亦既有其妻与其子矣。是以原阴阳之道，虽曰阳生于子，阴生于午，而阴中之阳，阳中之阴，其生其长，其消其息，有不可得而测究者。明乎列子之斯言，则其道思过半矣。

周穆王大征西戎,西戎献锟铻之剑,火浣之布。其剑长尺有咫,炼钢赤刃,用之切玉,如切泥焉。火浣之布,浣之必投于火,布则火色,垢则布色,出火而振之,皓然疑乎雪。皇子以为无此物,传之者妄,萧叔曰:皇子果于自信,果于诬理哉?

解曰:锟铻之剑,火浣之布,得于西戎之献,而非中国之有也。皇子局于耳目之见闻,而不能博通乎物理之变异,遽以为无此物,而传之者妄,非诬理而何?列子此篇,妙及于天地之表,若女娲之炼石,愚公之移山,夸父之逐日,扁鹊之治疾,偃师之造倡,来丹之手剑,几皆阐无内之至言,以坦心智之所滞,恢无外之妙理,以开视听之所阂。如俾肤识浅闻之士皆自局于见闻,而不能深求至理,又焉能解其桎梏哉?是其以此终篇之意也。

汤问解

万物之出机入机,随其种性,因其情想,更相变易,万形万状,则有大禹之所不能见,伯益之所不能闻,夷坚之所不能志者。其变可胜穷哉?虽然,其形则异,其性则钧。龙伯之国,其人虽大不殊僬侥之心智;僬侥之人,其形虽微,不殊龙伯之悦恶。焦螟为细矣,生理亦无不足;鹍鹏为巨矣,性量亦无有余。大椿之寿,亦终于死;芝菌之夭,亦既有生。昧者惑于物变之不齐,不明夫其性之不易,由是矜寿而伤夭,就爱而避恶,樊然殽乱,终身役役,莫之能止。故列子假《汤问》以别其大小、同异、巨细、长短。要之,以至道也求之此篇,有若日之远近,小儿辩之,而孔子不能决者;有若扁鹊之治疾而使公扈、齐婴与其二室俱不能相知者,是皆惑于形变,而不知其本无不同也。苟知其所同,则无往而不一矣。故蒲且子之弋可用以钓,弋钓之道可用以治国,郑师文、伯牙以此而妙于琴,子期以此而善听,飞卫、纪昌以此而名于射,造父以此而精于御。偃师之造倡,秦青之善讴,亦以此道而已。使数子者投其技而进乎道,夫孰曰不然哉?凡此万物之化,皆不能逃乎阴阳之运,故终以魏黑卯以眠嫌杀丘邴章,来丹谋报父之雠焉。虽然,物之不齐,物之情也。将欲齐之,必得其所以齐之之道而后可。如亦蔑然于万物之变而弗顾,以为能齐物矣,是犹掩目塞耳者自以谓莫之见闻,何能制其坐驰之情哉?终之以皇子果于自信,果于诬理,盖为此也。

冲虚至德真经解卷之十二

宋杭州州学内舍生臣江遹上进

力命上

力谓命曰:若之功奚若我哉?命曰:汝奚功于物而欲比朕?力曰:寿夭穷达,贵贱贫富,我力之所能也。命曰:彭祖之智,不出尧舜之上,而寿八百。颜渊之才,不出众人之下,而寿四八。仲尼之德,不出诸侯之下,而困于陈、蔡。殷纣之行,不出三仁之上,而居君位。季札无爵于吴,田恒专有齐国。夷齐饿于首阳,季氏富于展禽。若是汝力之所能,奈何寿比而夭此,穷圣而达逆,贱贤而贵愚,贫善而富恶邪?力曰:若如若言,我固无功于物,而物若此邪,此则若之所制邪?命曰:既谓之命,奈何有制之者邪?朕直而推之,曲而任之。自寿自夭,自穷自达,自贵自贱,自富自贫,朕岂能识之哉,朕岂能识之哉?

解曰:力者,人之所为也。命者,天之所谓也。天不人不因,人不天不成,力之制于命,命之因于力,未易以差殊论功也。取力之重者与命之薄者而比之,奚翅力之功多?取命之厚者与德之薄者而比之,奚翅命之功厚?主于力者虽命也,以为有性而不谓命也。主于命者虽性也,以为有命而不谓性也。是皆一偏之论也。尝即其一端而考之,彭之寿,颜之夭,疑若制于命矣,然彭之为不必皆寿,颜之才不必皆夭,是或因于力矣。然则谓力为有功于物而无预于命,则不可也;谓物物皆制于命而无预于力,亦不可也。虽然,莫之致而至,不知所以然而然,命也。既谓之命,则命万物而无所听也。如亦有制之者,安可以为命乎?故直而推之,亘万世而不穷;曲而任之,成万物而不遗。虽曰推之,无有推者;虽曰任之,无有任者。直者自直,曲者自曲,寿夭穷达,贵贱贫富,亦不由天,亦不由人。如乌之黑,如鹄之白,如椿之寿,如菌之夭,咸其自取。致者其谁耶?唯其自为,无为之者,是以之八者之在人,犹草木之生根在苗。先实从花,后嘉谷之实,以其美种,虽有恶卉,生必从根。究其根源,曾无毫厘之缪,安知今之厚于命不因于昔之厚于德耶?又安知今之厚于德不为异时厚于命之积耶?是皆不可知也。若是则命未必非力,力未必非命,若之何其有命耶?若之何其无命耶?虽命亦不知其所以然矣。是所以为命也,安可遽以当生裔卷伧囊之所为规规然责报于造物者,必欲颜寿而跖夭,贵贤而贱愚,富善而贫恶邪?其不通乎命亦甚矣。唯真能知命者,则因天理之自然,修人为而不废,寿夭两忘,穷通皆乐,贵财俱适,贫富不变,此圣人所谓乐天知命,而《列子·力命》之篇所由而作也。《庄子》于《大宗师》以子桑之言命终焉,以此为《大宗师》之至也。

　　北宫子谓西门子曰:朕与子并世也,而人子达。并族也,而人子敬。并貌也,而人子爱。并言也,而人子庸。并行也,而人子诚。

并仕也,而人子贵。并农也,而人子富。并商也,而人子利。朕衣则短褐,食则粢粝,居则蓬室,出则徒行。子衣则文锦,食则粱肉,居则连欐,出则结驷。在家熙然有弃朕之心,在朝谔然有敖朕之色。请谒不相及,遨游不同行,固有年矣。子自以德过朕邪？西门子曰：予无以知其实。汝造事而穷,予造事而达,此厚薄之验欤？而皆谓与予并,汝之颜厚矣。北宫子无以应,自失而归。中涂遇东郭先生,先生曰：汝奚往而反,偊偊而步,有深愧之色邪？北宫子言其状。东郭先生曰：吾将舍汝之愧,与汝更之西门氏而问之。曰：汝奚辱北宫子之深乎？固且言之。西门子曰：北宫子言世族年貌言行与予并,而贱贵贫富与予异。予语之曰：予无以知其实。汝造事而穷,予造事而达,此将厚薄之验欤？而皆谓与予并,汝之颜厚矣。东郭先生曰：汝之言厚薄,不过言才德之差,吾之言厚薄,异于是矣。夫北宫子厚于德,薄于命,汝厚于命,薄于德。汝之达,非智得也,北宫子之穷,非愚失也。皆天也,非人也。而汝以命厚自矜,北宫子以德厚自愧,皆不识夫固然之理矣。西门子曰：先生止矣,予不敢复言。北宫子既归,衣其短褐,有狐貉之温；进其茙菽,有稻粱之味；庇其蓬室,若广厦之荫；乘其荜辂,若文轩之饰。终身逌然,不知荣辱之在彼也,在我也。东郭先生闻之曰：北宫子之寐久矣,一言而能寤,易怛也哉？

解曰：天道之运,自西而之北。酉为万物之阖户,故谓之西门子。北则万物之所藏而化精之所奥也,故谓之北宫子。西门子方向于室处,故为厚于命而薄于德。北宫子则其藏深矣,故为厚于德而薄于命。东郭先生则既劳乎坎而复出乎震,是不住于无为,即动而静者也,故能释北宫子之愧而使之寤也。尝原命出于莫之致而至,有生者之所不能逃也。虽以尧、舜、夷、齐、孔子之圣,季札、展禽、颜子之贤，一制于命，终身不易，宜乎北宫子以德厚自愧，西门子以命厚自矜也。然而谓命出于莫之致而至，则其至自然无有致之者。致之者本无物，则其至也，孰受其制哉？或制或不制，在我而已。故苟不安于命，则制于命；苟能知其命，则制命而不制于命矣。由是圣可穷而仁可夭，善可贫而贤可贱，不闻能以命而易圣贤之操也。是以北宫子一闻东郭先生之言，而识夫固然之理，则终身逌然，不知荣辱之在彼也，在我也。若是则命果能制之乎？此则能至于命者之事也。

　　管夷吾鲍叔牙二人相友甚戚，同处于齐。管夷吾事公子纠，鲍叔牙事公子小白。齐公族多宠，嫡庶并行。国人惧乱。管仲与召忽奉公子纠奔鲁，鲍叔奉公子小白奔莒。既而公孙无知作乱，齐无君，二公子争入。管夷吾与小白战于莒，道射，中小白带钩。小白既立，胁鲁杀子纠，召忽死之，管夷吾被囚。鲍叔牙谓桓公曰：管夷吾能可以治国。桓公曰：我雠也，愿杀之。鲍叔牙曰：吾闻贤君无私怨，且人能为其主，亦必能为人君。如欲霸王，非夷吾其弗可。君必舍之。遂召管仲。鲁归之齐，鲍叔牙郊迎，释其囚。桓公礼之，而位于高国之上，鲍叔牙以身下之，任以国政，号曰仲父。桓公遂霸。管仲尝叹曰：吾少穷困时，尝与鲍叔贾，分财多自与，鲍叔不以我为贪，知我贫也。吾尝为鲍叔谋事而大穷困，鲍叔不以我为愚，知时有利不利也。吾尝三仕，三见逐于君，鲍叔不以我为不肖，知我不遭时也。吾尝三战三北，鲍叔不以我为怯，知我有老母也。公子纠败，召忽死之，吾幽囚受辱，鲍叔不以我为无耻，知我不羞小节，而耻名不显于天下也。生我者父母，知我者鲍叔也。此世称管鲍善交者，小白善用能者。然实无善交，实无用能也。实无善交，实无用能者，非更有善交，更有善用能也。召忽非能死,不得不死;鲍叔非能举贤,不得不举;小白非能用雠,不得不用。

解曰:天下之事,凡非智虑之所及而成,亏于莫之致而至者,命也。方管夷吾、鲍叔牙相友之戚,其心可谓无间矣。及夷吾事公子纠,鲍叔事公子小白,所奉虽不同,其心未有异也。至二公子之争入,战于莒道,管仲射中桓公,于斯时也,夷吾安有事桓公之心哉?及桓公既立,胁鲁杀子纠,方且请于鲁,以管仲为雠,愿得甘心而醢之,则桓公安有用仲父之心哉?鲍叔至此虽能忘莒道之异志,而不替昔之善交,宜亦以桓公之雠而不敢举其贤也。抑管仲之奉公子纠,既不能立其功于前,又不能死其节于后,其贤不足尚矣。今也鲍叔弗顾齐之嫌而举之,桓公忘其无功于子纠,且不念其雠而用之,管仲亦不以向之幽囚受辱为耻,不辞其位而尽忠于齐,忘其向之奉子纠也。是皆非智虑之所可期者。及管仲既为齐用,务实仓廪,明礼节,富国强兵,因祸为福,转败为功,遂能九合诸侯,一正天下,民到于今受其赐。故孔子称之曰:微管仲,吾其被发左衽矣。然则管仲之有功于天下后世,岂浅浅哉?夫管仲固不守匹夫匹妇之谅,而为沟渎之自经也,向使鲍叔之言不行,桓公之雠不解,则鲍叔安能全其交?管仲安所施其功哉?虽然,管仲既终有合诸侯正天下之功,使民到于今受其赐,则鲍叔之举雠,桓公之用雠,管仲之忍垢于鲁而尽忠于齐,皆有不得不然者矣。由此观之,世称管鲍善交,小白善用能者,实无善交,实无善用能者,皆命之自为,非人之所能为也。如曰有善交者,则方其莒道之战,管仲之交情何如哉?亦曰有善用能者,则桓公之用管仲,奚必俟鲍叔之言哉?其言非更有善交、更有善用能者,以为非特桓公管鲍为然也。凡朋友之信,君臣之义,罔或不若是矣。然而究观数子之为,皆能公其心者也。

心存于至公，故交不期于全而自全，雠不期于弃而自弃，忠不期于效而自效矣。此桓公所以成霸业之本也。噫，人苟能公其心矣，则其于天命之自然无往而不合矣，又焉以屈身枉道求合于物情之屑屑为哉？且以霸者之治成于智谋而力取，犹以为非人力之所能为，则推而上之，皇之道，帝之德，王民之皥皥，其莫为而自然，抑又可知矣。

及管夷吾有病，小白问之，曰：仲父之病病矣，可不讳云。至于大病，则寡人恶乎属国而可？夷吾曰：公谁欲欤？小白曰：鲍叔牙可。曰：不可。其为人洁廉善士也，其于不已若者不比之人，一闻人之过，终身不忘。使之理国，上且钩乎君，下且逆乎民。其得罪于君也，将弗久矣。

解曰：人常以管仲不许鲍叔之属国为言，盖管仲知鲍叔之才不可以属国也，恐其得罪于君也。与其使之理国而得罪，孰若不属之国而俾其自全欤？是乃管仲之全交也。

小白曰：然则孰可？对曰：勿已，则隰朋可。其为人也，上忘而下不叛，愧其不若黄帝而哀不已若者。以德分人，谓之圣人，以财分人，谓之贤人。以贤临人，未有得人者也。以贤下人者，未有不得人者也。其于国有不闻也，其于家有不见也。勿已，则隰朋可。然则管夷吾非薄鲍叔也，不得不薄；非厚隰朋也，不得不厚。厚之于始，或薄之于终；薄之于终，或厚之于始。厚薄之去来，弗由我也。

解曰：上忘者，其政闷闷之谓也。下不叛者，其民淳淳之谓也。愧不若黄帝，则不自满假也。哀不已若者，以善救为心也。以德分人，则使斯民各得以复命反常，此圣人之道也。以财分人，则使斯民不乏于仰事俯育，此贤人之德也。以贤临人，犹山之杀瘦也。以贤下人，犹泽之增肥也。所谓于国有不闻，于家有不见者，非真莫之见闻也，其道足以容之尔，隰朋之可与夫鲍叔之不可，在此而已。古语曰：不瞽不聋，不能成功。盖为是也。《诗》于《葛屦》之序言魏君之险啬褊急，而其诗则曰：唯是褊心，是以为刺。褊心之害治如此。夫与人为徒，厚薄之去来，有至公之道，有自然之理，弗由我也。唯管鲍隰朋知其然也。故始终厚薄，依乎天理而弗徇乎我，此齐国之治所以能尊周强国欤？

冲虚至德真经解卷之十三

宋杭州州学内舍生臣江遹上进

力命中

邓析操两可之说，设无穷之辞，当子产执政，作《竹刑》。郑国用之，数难子产之治。子产屈之。子产执而戮之，俄而诛之。然则子产非能用《竹刑》，不得不用；邓析非能屈子产，不得不屈；子产非能诛邓析，不得不诛也。

解曰：子产相郑三年，而善者服，恶者化，其治宜不可屈，而邓析数难而屈之。郑国用邓析之《竹刑》，宜爱其人而卒诛之，是理之不可推知者也。世谓作《竹刑》，诛邓析为子产，邓析之能，殊不知固自有不得不用，不得不屈，不得不诛者存焉。汉文帝感缇萦之言而罢肉刑，后世卒莫之能复，亦若是也。按荀子与夫左氏以驷颛杀邓析在子产之后，学者以是疑于经误。夫列子之书，务明道达理而已，所谓得其精而遗其粗者也，又焉用区区较其言之同异哉？

可以生而生，天福也。可以死而死，天福也。可以生而不生，

天罚也。可以死而不死，天罚也。可以生，可以死，得生得死有矣。不可以生，不可以死，或死或生有矣。然而生生死死，非物非我，皆命也，智之所无奈何。

　　解曰：以康宁攸，好德而生；以寿考，终命而死。此可以生，可以死，得生得死者也。《洪范》所谓五福，此之所谓天福也。可以生而凶短折与夫疾恶忧贫而生者，《洪范》所谓六极，此之所谓天罚也。得生得死，理之常也。或死或生，则幸不幸存焉。生死一矣，或以为天福，或以为天罚，或由其常，或遭其变，至智之人，宜能观其差殊矣。然而生之所以生，死之所以死，方禀生之初，既有制其死者矣。将息我以死，亦有制其生者矣。生生死死，外非物之所能夺，内非我之所能制，皆天之所命，智之所无。如之何也？唯明乎此，然后死生无变乎也。

　　故曰：窈然无际，天道自会，漠然无分，天道自运。天地不能犯，圣智不能干，鬼魅不能欺。自然者默之成之，平之宁之，将之迎之。

　　解曰：际者分之余，会者运之聚。窈言幽而难见，漠言远而无极。物之生显，与道俱会。妙与道偕，运天道常。自会自运，万物亦自生自死。虽天之神，地之富，不能犯其自然，圣智之妙，不能干其自然；鬼魅之灵，不能欺其自然。若是者，默之成之，而无言无为；平之宁之，而无偏无陂；将之迎之，而无始无终。命之所为，其极如此。

　　杨朱之友曰季梁，季梁得疾，七日大渐。其子环而泣之，请医。季梁谓杨朱曰：吾子不肖，如此之甚，汝奚不为我歌以晓之？杨朱歌曰：天其弗识，人胡能觉？匪佑自天，弗孽由人。我乎汝乎，其弗知乎？医乎巫乎，其知之乎？其子弗晓，终谒三医。一曰矫氏，二曰俞氏,三曰卢氏,诊其所疾。矫氏谓季梁曰:汝寒温不节,虚实失度,病由饥饱色欲,精虑烦散,非天非鬼。虽渐,可攻也。季梁曰:众医也。亟屏之。俞氏曰:女始则胎气不足,乳湩有余。病非一朝一夕之故,其所由来渐矣,弗可已也。季梁曰:良医也。且食之。卢氏曰:汝疾不由天,亦不由人,亦不由鬼。禀生受形,既有制之者矣,亦有知之者矣。药石其如汝何?季梁曰:神医也。重贶遗之。俄而季梁之疾自瘳。

解曰:矫之为义,执枉而矫之使直,非自然也。矫氏之医欲攻其渐而在于有生之后,是为众医。俞以顺从为言,故俞氏之医在于有生之初,以为其弗可已也,是为良医。卢以总合为言,故卢氏之医齐死生而一之,其言出于禀生受形之先,精义而入神矣,是为神医。夫季梁之于生死,其能安之如此。故其死也,杨朱望其门而歌。

生非贵之所能存,身非爱之所能厚。生亦非贱之所能夭,身亦非轻之所能薄。故贵之或不生,贱之或不死,爱之或不厚,轻之或不薄。此似反也,非反也。此自生自死,自厚自薄。或贵之而生,或贱之而死,或爱之而厚,或轻之而薄。此似顺也,非顺也。此亦自死,自厚自薄。

解曰:生死厚薄,已制于禀生受形之先,岂贵贱爱恶之所能增损于有生之后哉?盖身为天地之委形,生为天地之委顺,彼天地既已委化于我矣,犹不能犯其分之自然,矧非汝之所有,又岂贵贱之所能存亡,爱恶之所能厚薄哉?虽然,贵贱存亡,爱增厚薄,生于有见。妄为同异,众见则同,独见则异。以同为顺,以异为逆,循其本然,奚有逆顺?谓之逆顺,似之而非,究其所为,咸其自尔。是以推原有生有身之所自,虽生不知身,身不知生,而况于贵贱爱恶哉?

虽然，列子论此，亦明有生有身之妙咸本于自然，将以祛世之惑者贪生夫理、徇利累形尔。至于尊生重本，欲为天下之寄托者，宁蹈其似顺，不为其轻薄也。

鬻熊语文王曰：自长非所增，自短非所损，算之所亡若何？老聃语关尹曰：天之所恶，孰知其故？言迎天意，揣利害，不如其已。

解曰：长短之不可增损，犹凫鹤之不可断续也。方未生无身之时，既有制之者矣。算犹智也，岂智之所能奈何哉？皆天而已矣。是以人之所恶，即天之所恶也。天岂私恶于人哉？其故必有所自矣，特不止于耳目之所接，不可俄而知耳。顺而受之，可也。若夫以智为凿，揣而锐之，弊精神而妄亿度，《德经》谓之前识，此道之华而愚之始也。故其语关尹喜以迎天意，揣利害，为不如其已。亿则屡中，孔子所以恶子贡也。

杨布问曰：有人于此，年兄弟也，言兄弟也，才兄弟也，貌兄弟也。而寿夭父子也，贵贱父子也，名誉父子也，爱憎父子也。吾惑之。杨子曰：古之人有言，吾尝识之，将以告若。不知所以然而然，命也。今昏昏昧昧，纷纷若若，随所为，随所不为。日去日来，孰能知其故？皆命也。

解曰：在我者有性，在天者有命，性可修不可弛，命可听不可干。君子之处己行法，以俟命而已，亦奚欲以此道而徼此福哉？杨朱乃区区度年德才貌之厚薄，而计其寿夭贵贱名誉爱憎之差殊，父子而兄弟之。兄弟以言长少之相从，父子以言尊卑之不等也。此谓以惑复于惑是为大惑，殊不知命之所为。昏昏昧昧而非智之所能明，纷纷若若而非理之所能辩，随所为而不匿于无，随所不为而不滞于有。日去而与化俱运，日来而与时偕显，夫孰能知其故？此造化之所以妙万物也。如造化亦计斯人当生之所为而为之响应，则其生化万物,其道亦浅矣。

夫信命者,亡寿夭;信理者,亡是非;信心者,亡逆顺;信性者,亡安危。则谓之都亡所信,亡所不信。真矣悫矣,奚去奚就?奚哀奚乐?奚为奚不为?

解曰:所谓亡寿夭、是非、逆顺、安危者,非无之也。有若颜寿而跖夭,虽使有道者诚能信命矣,安能厚诬其人,谓颜子为寿而彭祖为夭哉?亦于寿夭之间任其自然而不有之尔。夫唯不有,则寿夭两行,是所以为无之也。其于是非、逆顺、安危,亦若是而已矣。谓之都亡所信,则以亡寿夭,亡是非,亡逆顺,亡安危也。谓之都亡所不信,则以信命,信理,信心,信性也。若然者,好恶不存,故无有于避就。忧喜不形,故无有于哀乐。随所不为,故无所为。随所为,故无所不为。斯可名于真矣,悫矣。真言,精而不伪也。悫言,实而不妄也。

黄帝之书云:至人居若死,动若械,亦不知所以居,亦不知所以不居,亦不知所以动,亦不知所以不动。亦不知所以众人之观易其情貌,亦不谓众人之不观不易其情貌。独往独来,独出独入,孰能碍之?

解曰:居若死,心如死灰也,言其无心而自止也。动若械,发若机括也,言其因物而后动也。随时动,随时止,是居与不居,动与不动,因其自然,皆所不知。若是则物我兼忘而视听俱泯矣,奚有于观?骨肉都融而情貌寄矣,奚有于易?超然疑独,无与为偶,独出独入,独往独来,夫孰得而碍之?若夫众人之动止异是矣,内外之分不定,荣辱之境不辩,以有名为尊荣,以无名为卑辱,情貌之易不易,乃在于人之观不观,是以畏威、畏刑、畏鬼、畏人,愁结其五脏,桎梏其形体,终身役役,与化俱徂,可不悲哉?曷亦不思吾之为我,奚假于人？审夫吾之我，则众人之观不观不足知，吾之情貌不必易矣。然则至人之不离于真，众人之不能见独，岂有他哉？在我而已。

冲虚至德真经解卷之十四

宋杭州州学内舍生臣江遹上进

力命下

墨尻、单至、嚨呾、憋憿四人相与游于世，胥如志也。穷年而不相知情，自以智之深也。巧佞、愚直、婢斫、便辟四人相与游于世，胥如志也。穷年而不相语术，自以巧之微也。獿㺒、情露、謱极、凌谇四人相与游于世，胥如志也。穷年而不相晓悟，自以为才之得也。眠娗、誺诿、勇敢、怯疑四人相与游于世，胥如志也。穷年而不相谪发，自以行无戾也。多偶、自专、乘权、只立四人相与游于世，胥如志也。穷年而不相顾眄，自以时之适也。此众态也。貌不一，而咸之于道，命所归也。

解曰：墨尻、单至，则夷俟恐惧之异情也。嚨呾、憋憿，则迂缓轻发之异态也。巧佞、愚直，则儇利鄙朴之不同。婢斫、便辟，则强阅柔佞之不一。獿㺒、情露，则多数浅中之殊情。謱极、凌谇，则讷涩辩给之异状。眠娗、誺诿，则或暗于疏通，或乐于烦重。勇敢、怯疑，则或喜于奋厉，或安于畏懦。多偶，则雷同者也。自专，则任己者也。乘权，则假威以尚人也。只立，则自奋而无辅者也。爰自大朴既散，斯民驰骛于是非利害之涂，情态百出，不可胜穷。列子姑即其情之所钟，术之所传，才之所施，行之所著，时之所遭者，概言其别有二十焉。情者自以智之深，术者自以巧之微，才者自以其有得，行者自以其无戾，时者自以其适宜，纷纷若若，人各是其所是而非其所非，胥如其志而穷其年，众态之不一如此。究其所以，则是非成败均于有生，美恶好丑同之于尽，是其所以感之于道而同归于命也。虽咸之于道而不能知道，虽同归于命而不能信命，任私智，执偏见，唯小己之是徇，忘天下之大公，若是则其比形于天地也，与夫夔蛇风目之相怜无以异矣，何贵于有生之最灵哉？唯体道而至于命者，则心凝而形释。心凝则内无有于智态，形释则外无有于貌色，是乃众态之所资，而众态无得而名者，常逍遥乎天地之间，而心意自得，俯视众态，不亦悲乎？

佹佹成者，俏成也，初非成也。佹佹败者，俏败者也，初非败也。故迷生于俏，俏之际昧然。于俏而不昧然，则不骇外祸，不喜内福，随时动，随时止，智不能知也。

解曰：天下之理至微而明，其未兆为微，而其理为至明。贤人睹于未萌，众人暗于成事，于事之成且或暗之，而况于成败之几乎？宜其昧然而莫之知也。虽然，所谓俏成俏败者，初无有俏也，理之成败默定于未形之先矣。虽曰因俏生迷，其实因迷有俏尔。唯不能睹成败之未形而惑于俏之际，虽成也不敢必其成，惴惴然唯恐其或失也，虽败也不自以为败，望望然犹幸于有得也。若是则安得不骇外祸而喜内福哉？苟能于俏之际而不昧然，则其成自成，其败自败。视祸福之至，犹昼夜之往来，寒暑之迭运，见出可以知入，观往足以知来，又奚以忧喜于其间哉？若然者，进乎智而与乎道矣，虽死生之大且无变乎己，而况利害之端乎？

信命者于彼我无二心。于彼我而有二心者，不若揜目塞耳，背坂面隍，亦不坠仆也。故曰：死生自命也，贫穷自时也。怨夭折者，不知命者也。怨贫穷者，不知时者也。当死不惧，在穷不戚，知命安时者也。

　　解曰：商丘开之蹈水火，自以谓物无迕者，心一而已，则信命者于彼我无二心可见矣。不知信命，则执著于我，我立而彼是具矣。彼是具而好恶立，好恶交起，则忧喜迭用，虽未尝背坂面隍而常有坠仆之忧。揜目塞耳者，非真能忘闻见也，然闻见暂窒，虽真背坂面隍亦不坠仆。此知命安时者所以当死不惧、在穷不戚也。

　　其使多智之人量利害，料虚实，度人情，得亦中，亡亦中。其少智之人不量利害，不料虚实，不度人情，得亦中，亡亦中。量与不量，料与不料，度与不度，奚以异？唯亡所量，亡所不量，则全而亡丧。亦非知全，亦非知丧。自全也，自亡也，自丧也。

　　解曰：量利害之成败，料虚实之有无，度人情之好恶，此多智之人也。不智者反此。然而智不尽中，愚不尽亡，是量与不量、料与不料、度与不度，皆无以异矣，然而不可谓智不尽中而废其智也，亦不可谓愚不尽亡而守其愚也。唯无所量无所不量，用智而不役于智，任智而不恃其智，则得丧两亡，常能全，而亡丧不知其所以然而然矣。

　　齐景公游于牛山，北临其国城，而流涕曰：美哉国乎！欝欝芊芊，若何滴滴去此国而死矣？使古无死者，寡人将去斯而之何？史孔、梁丘据皆从而泣曰：臣赖君之赐，疏食恶肉可得而食，驽马棱车可得而乘也，且犹不欲死，而况吾君乎？晏子独笑于旁。公雪涕而顾晏子曰：寡人今日之游悲，孔与据皆从寡人而泣，子之独笑，何也？晏子对曰：使贤者常守之，则太公、桓公将常守之矣；使有勇者而常守之，则庄公、灵公将常守之矣。数君者将守之，吾君方将被蓑笠而立乎畎亩之中，唯事之恤，行假念死乎？则吾君又安得此位而立焉？以其迭处之迭去之,至于君也,而独为之流涕,是不仁也。见不仁之君,见语谀之臣,臣见此二者,臣之所为独窃笑也。景公惭焉,举觞自罚,罚二臣者各二觞焉。

解曰：罚爵,所以养气之不足也。景公临其国城,羡美外慕,将常守之而无术,至于悲泣而不已。及闻晏子之言,始悟其所养之不充也,故举觞自罚,罚二臣者各二觞焉。二觞有副焉,所以甚其不足也。

魏人有东门吴者,其子死而不忧。其相室曰：公之爱子,天下无有。今子死不忧,何也？东门吴曰：吾常无子,无子之时不忧。今子死,乃与向无子同,臣奚忧焉？

解曰：有人之形,未有无人之情者,唯太古之人则能忘情,其下则不及情。苟不至乎忘情而泊然无忧,则不及情者尔。人而无情,何以谓之人？故虽以孔之涉世,其于颜子之死也,则哭之恸,以谓非夫人之为恸而谁为？其不能忘情如此。然则东门吴之子死不忧,其真能忘情者欤？

农赴时,商趣利,工追术,仕逐势,势使然也。然农有水旱,商有得失,工有成败,仕有遇否,命使然也。

解曰：此《力命》之篇也。列子既极言有生皆制于命矣,又恶其以力为无功而溺于莫之为也。言此者,将使力命两行而不失其然之冥运尔。

力命解

孟子谓仁义礼智为命也,有性焉,君子不谓命也。以臭味声色为性也,有命焉,君子不谓性也。性则人力之可勉,命则天理之不易,虽性所有,不可有习,则人力不可废。虽天所命,必因于人,则天命不可任。命之所制，或存于性；性之所有，或制于命。性命常并行，天人常相因，人之寿夭、穷达、贵贱、贫富，无不出于此，故列子有《力命》之篇焉。尝求列子之言，如主于命，谓力为无功于物矣，然亦不欲废人力之所为而委化于命也，要在于不累夫寿夭、贵贱、穷达、贫富，而制命在我尔。且以力对命，则自然使然。若相待而不可相无，概之以道，无非命者。故人之所欲为者，命也。人之所不为者，亦命也。为之而成者，命也。为之而不成者，亦命也。直而推之，曲而任之，寿夭、穷达、贵贱、贫富，无非自尔。夫既谓之自尔，无制之者，虽有寿夭，孰为增损？虽有穷达，安足喜悲？故知命者于此则顺而受之而已尔。是以孔子之圣，自生民以来未之有也，一制于命，则再逐于鲁，伐木于宋，穷于商周，围于陈蔡，卒之一君，无所钩用，其天纵之将圣，载之空言，而不得见之行事，斯可以为命矣。为夫子者，修一身，任穷达，知去来之非我，止变乱于心虑，其乐天知命如此。故能穷亦乐，通亦乐，而所乐非穷通也。然而自非圣人，未有由于命之所制而能知者，非特不知而已，抑又区区计人力之未为，攘臂而仍之，是可悲矣。故鲍叔厚夷吾于其始，而夷吾薄之于其终；隰朋薄夷吾于其始，而夷吾厚之于其终。邓析屈子产之治，子产用邓析之刑；子产用其刑于始，邓析遇其诛于终。厚者，其自厚也。薄者，其自薄也。用者，不得不用也。诛者，不得不诛也。皆命也，非人之所能为也。而数子者，方且自谓智能之所为而不识夫固然之理，此桓文之治所以羞称于孔门，子产之惠所以贬于孔子也。有若季梁之重蜺神医，则虽死生之大不能变矣；有若齐景公之临其国城而流涕，则于利害之端且犹惑之。皆命也，知不知其别若此，此子列子所以不免于辩也。虽然，北宫子尝以薄于命而愧夫西门子造事而达矣，及其既悟，则荣辱俱忘，终身逌然。是则虽薄于命也,命果足以制之耶？列子之意,明其已悟者,要以觉其未悟者,而使之求有悟尔。且列子一篇之旨虽尽祛力命之惑矣,终则以力不可不为,命不可不听为命之至,故以仕农工商势命之说终焉。

冲虚至德真经解卷之十五

宋杭州州学内舍生臣江遹上进

杨朱上

杨朱游于鲁,舍于孟氏。孟氏问曰:人而已矣,奚以名为？曰:以名者为富。既富矣,奚不已焉？曰:为贵。既贵矣,奚不已焉？曰:为死。既死矣,奚为焉？曰:为子孙。名奚益于子孙？曰:名乃若其身,憔其心,乘其名者,泽及宗族,利兼乡党,况子孙乎？凡为名者心廉,廉斯贫;为名者必让,让斯贱。曰:管仲之相齐也,君淫亦淫,君奢亦奢。志合言从,道行国霸。死之后,管氏而已。田氏之相齐也,君盈则己降,君敛则己施。民皆归之,因有齐国;子孙享之,至今不绝。若实名贫,伪名富。曰:实无名,名无实。名者,伪而已矣。昔者尧、舜伪以天下让许由、善卷,而不失天下,享祚百年。伯夷、叔齐实以孤竹君让而终亡其国,饿死于首阳之山。实伪之辩,如此其省也。

解曰:道常无名,名之生在于物成数定之后。智者恶事物之纷错也,不得已如事物而强为之名尔。名非自然也,凡在可名之域者皆伪而已矣。虽然,名以出信,必依于实;实不自显,必假于名。君子无恶于循名而蹈实也,但恶夫守名而累实尔。悠悠之徒,不知身之非我有也,故趣富贵于当生;不知子孙之非我有也,故竞虚名于既往。其始也，将徇名而求实；其终也，乃徇名而妨实。且以实非名，则管氏之奢奚无益于子孙？以名非实，则田氏之廉何乃因有齐国？盖名不可去，名不可趣，趣名则实斯毁矣，实聚则名斯立矣。且趣当生，则夷齐之逊不若尧舜之伪；将恤我后，则管仲之奢不若田氏之廉。若欲名实兼之，恶可哉？列子非有贵乎世俗之富贵也，非不知尧舜夷齐之不与名期而名归之，而为天下后世之所共美也。盖虽圣人之应世，日与接构则名亦既有，均在可议之域矣。列子言此，欲学者务造乎道之无名而已。如或矫情乎仁义礼教以盗当世之虚名，非特不得名，并与夫利而失之矣，曾不若盗货者之犹得肆情于当生尔。此殆矫枉不得已之言欤？

杨朱曰：百年，寿之大齐。得百年者，千无一焉。设有一者，孩抱以逮昏老，几居其半矣。夜眠之所弭，昼觉之所遗，又几居其半矣。痛疾哀苦，亡失忧惧，又几居其半矣。量十数年之中，逌然而自得，亡介焉之虑者，亦无一时之中尔。则人之生也，奚为哉？奚乐哉？为美厚尔，为声色尔。而美厚复不可常厌足，声色不可常玩闻。乃复为刑赏之所禁劝，名法之所进退。遑遑尔竞一时之虚誉，规死后之余荣；偊偊尔顺耳目之观听，惜身意之是非。徒失当年之至乐，不能自肆于一时。重囚累梏，何以异哉？

解曰：百年之生，忧患所瘁，阴阳寇其外，嗜欲蠹其内，无强无坚，为疾为恼，夜眠而神劳，昼觉而形役，计人之生，安得无介然之虑于斯须之顷哉？然而介然之虑，存之则忧惧，释之则逸乐。存之在我，释之在我，人之所以每蹈于忧患之域者，彼岂甘心于忧患哉？由其以美厚声色为可乐，是以竞誉规荣，慎耳目，惜是非，偊偊遑遑，为刑赏之所禁劝，名法之所进退，日罹于忧患而不自悟矣。是则百年之生,既不能内得于天乐,又不能自肆于一时,而两失之矣,其与重囚累梏何以异哉?庄子亦以此为久病长厄而不死者也。夫列子之设心,岂欲使斯民自肆于声色之娱哉?盖深丑夫遑遑竞虚誉者之无益于身,不若纵脱而趋当生之乐者为犹愈尔。是亦矫枉之言欤?

太古之人,知生之暂来,知死之暂往,故从心而动,不违自然所好。当身之娱,非所去也,故不为名所劝。从性而游,不逆万物所好,死后之名,非所取也,故不为刑所及。名誉先后,年命多少,非所量也。

解曰:死之与生,一往一反尔。太古之人,大朴未散,浑沦之质不雕于人伪,故能原始反终而知死生之说。由是从心而动,从性而游,无往而不适然自得矣。性于心为体,心于性为用,去性而后从心,故从心而动,则能不违自然所好之在我者尔。从性而游,然后能不逆万物所好,且动或迫之,不若游之适也。从心而动,不去当身之娱,是不为近名之善也,故不为名所劝。从性而游,不规既往之名,是不为近刑之恶也,故不为刑所及。若然者,其视死生之变,直犹夜旦之常尔,又何暇计其名誉之先后,量其年命之多少哉?

杨朱曰万物所异者生也,所同者死也。生则有贤愚、贵贱,是所异也;死则有臭腐、消灭,是所同也。虽然,贤愚、贵贱非所能也,臭腐、消灭亦非所能也。故生非所生,死非所死,贤非所贤,愚非所愚,贵非所贵,贱非所贱。然而万物齐生齐死,齐贤齐愚,齐贵齐贱。十年亦死,百年亦死。仁圣亦死,凶愚亦死。生则尧、舜,死则腐骨;生则桀纣,死则腐骨。腐骨一矣,孰知其异?且趣当生,奚遑死后?

解曰：生死交谢，初无同异。小智自私于大，同中妄见成异，因异立同，由是生死之同异昏扰而无辨矣。杨朱欲齐生死之变而一之，故即俗之所见，以生为异，以死为同，要其终必归于无同无异也。或遽而语之至道之所谓一，则彼将殽乱于滑疑之际，而其惑终不可解矣。此乃圣人之常善救人也。且齐万物之变，必以尧舜桀纣为言者，将祛世之重惑，宜以狂圣之极，天下万世之所共信者为之言也。且谓尧舜同于桀纣，非苟然也，尧舜应世之迹，因时合变，未免于有所殉，则其迹安得不同趋于腐骨哉？若夫尧舜之所以为尧舜，是乃孔子所谓荡荡乎民无能名，又安得与桀纣同腐哉？

杨朱曰：伯夷非亡欲，矜清之邮，以放饿死。展季非亡情，矜贞之邮，以放寡宗。清贞之误，善之若此。

解曰：人之生，因情有欲，以欲发爱，欲而无以节之，则盈嗜欲，长好恶，而性命之情病矣，是所以为误善也。所矜在于清正，则能抑其情而节其欲矣，安得为误善？虽然，伯夷、展季既有矜清正之名，而存心于矫枉救弊，则其迹未免于有邮，是亦为情欲之所役也。放而至于饿死寡宗，则谓之误善，不亦可乎？是以圣人缘督以为经，而不为已甚也。

杨朱曰：原宪窭于鲁，子贡殖于卫。原宪之窭损生，子贡之殖累身。然则窭亦不可，殖亦不可，其可焉在？曰：可在乐生，可在逸身。故善乐生者不窭，善逸身者不殖。

解曰：人之生也，必将资物以为养，则耕而食，织而衣所不可已也。虽太古之民亦莫不若是也，特不欲左右望而罔市利于富贵之中，有司陇断尔。由前则不窭，是所以为乐生也。由后则不殖，是所以为逸身也。盖窭则华冠纵履而杖藜，安可以言乐生？殖则满身戚醮而求益,安可以言逸身? 以是知列子之道不为已甚,于世道之安危未尝都忘之也。

杨朱曰:古语有之:生相怜,死相捐。此语至矣。相怜之道,非唯情也,勤能使逸,饥能使饱,寒能使温,穷能使达也。相捐之道,非不相哀也,不含珠玉,不服文锦,不陈牺牲,不设明器也。

解曰:立后王君公以治天下之民,欲其不懈于位,是乃生相怜之道也。至于死则略矣,虽有良朋不过,况我以永叹而已,是乃相捐之道也。

晏平仲问养生于管夷吾,管夷吾曰:肆之而已,勿壅勿阏。晏平仲曰:其目奈何? 夷吾曰:恣耳之所欲听,恣目之所欲视,恣鼻之所欲向,恣口之所欲言,恣体之所欲安,恣意之所欲行。夫耳之所欲闻者音声,而不得听,谓之阏聪;目之所欲见者美色,而不得视,谓之阏明;鼻之所欲向者椒兰,而不得嗅,谓之阏颤;口之所欲道者是非,而不得言,谓之阏智;体之所欲安者美厚,而不得从,谓之阏适;意之所欲为者放逸,而不得行,谓之阏性。凡此诸阏,废虐之主。去废虐之主,熙熙然以俟死,一日、一月、一年、十年,吾所谓养。拘此废虐之主,录而不舍,戚戚然以至久生,百年、千年、万年,非吾所谓养。

解曰:子列子之学于老商子,三年之后,心不敢念是非,口不敢言利害,则于口之所欲言,意之所欲行,莫得而恣也,故老商见之,始一解颜而笑。至于九年之后,横心之所念,横口之所言,则于是乎得恣而肆之,勿壅勿遏矣,故老商许其内外进矣。所谓恣耳之听,恣目之视,恣鼻之向,恣体之安,亦若是而已,非曰玩足于声色嗅味以犯人理之所恶,然后为恣也。能进此者,是所谓闻道也。朝闻道,夕死可矣。故虽一日一月之生,亦足以为养矣,又奚以戚戚然久生为哉？此列子论养生之至理也。管仲、晏子、曾西之所不为，曾何足以进此道乎？盖晏平仲豚肩不掩豆，是躬俭者也；管夷吾三归反坫，是好奢者也。晏平仲、管夷吾其问其答，固宜若是矣。二子之问答，譬犹果蓏之理，其言适有与道相当者。故列子取其说以寓夫至道，非欲学者为管晏之所为也。

　　管夷吾曰：吾既告子养生矣，送死奈何？晏平仲曰：送死略矣，将何以告焉？管夷吾曰：吾固欲闻之。平仲曰：既死，岂在我哉？焚之亦可，沉之亦可，瘗之亦可，露之亦可，衣薪而弃诸沟壑亦可，衮裳绣文而纳诸石椁亦可，唯所遇焉。管夷吾顾谓鲍叔、黄子曰：先死之道，吾二人进之矣。

　　解曰：得道者之于送死，以天地为棺椁，以日月为连璧，以星辰为珠玑，以万物为赍送，则其所遇乌乎往而不可哉？

冲虚至德真经解卷之十六

宋杭州州学内舍生臣江遹上进

杨朱中

　　子产相郑，专国之政。三年，善者服其化，恶者畏其禁，郑国以治，诸侯惮之。而有兄曰公孙朝，有弟曰公孙穆。朝好酒，穆好色。朝之室也，聚酒千钟，积趋成封，望门百步，糟浆之气逆于人鼻。方其荒于酒也，不知世道之安危，人理之悔吝，室内之有亡，九族之亲疏，存亡之哀乐也，虽水火兵刃交于前，弗知也。穆之后庭，比房数十，皆择稚齿婑媠者以盈之。方其耽于色也，屏亲昵，绝交游，逃于后庭，以昼足夜，三月一出，意犹未惬。乡有处子之娥姣者，必贿而招之，媒而挑之，弗获而后已。子产日夜以为戚，密造邓析而谋之，

曰：侨闻治身以及家，治家以及国，此言自于近至于远也。侨为国则治矣，而家则乱矣。其道逆耶？将奚方以救二子？子其诏之。邓析曰：吾怪之久矣，未敢先言。子奚不时其治也，喻以性命之重，诱以礼义之尊乎？子产用邓析之言，因间以谒其兄弟，而告之曰：人之所以贵于禽兽者，智虑。智之所将者，礼义。礼义成，则名位至矣。若触情而动，耽于嗜欲，则性命危矣。子纳乔之言，则朝自悔而夕食禄矣。朝穆曰：吾知之久矣，择之亦久矣，岂待若言而后识之哉？凡生之难遇而死之易及，以难遇之生，俟易及之死，可孰念哉？而欲尊礼义以夸人，矫情性以招名，吾以此为弗若死矣。为欲尽一生之欢，穷当年之乐，唯患腹溢而不得恣口之饮，力惫而不得肆情于色，不遑忧名声之丑，性命之危也。且若以治国之能夸物，欲以说辞乱我之心，荣禄喜我之意，不亦鄙而可怜哉？我又欲与若别之。夫善治外者，物未必治，而身交苦；善治内者，物未必乱，而性交逸。以若之治外，其法可暂行于一国，未合于人心；以我之治内，可推之于天下，君臣之道息矣。吾常欲以此术而喻之，若反以彼术而教我哉？子产忙然无以应之。佗日以告邓析，邓析曰：子与真人居而不知也，孰谓子智者乎？郑国之治偶尔，非子之功也。

解曰：肆情于色，人情之所惑着，人理之所甚丑者。恣口之饮，人情之所同欲，先王之所诰戒者。常人之情，目欲视色，至于阋明而不得恣者，非真能黜嗜欲也，畏夫性命之危，有所拘而不得逞耳。口欲美味，至于阋适而不得恣者，非真能忘好恶也，恶夫名声之丑，有所避而不得恣尔。由是尊礼义，矫情性，终于其身，视其外若能恬淡无为者，语其坐驰之情，则其疾俛仰之间，再抚四海之外，志念所在，无所不至，亦无所不为矣。若是则百年之生，内愁其心智，外苦其形体，何生之乐哉？若夫朝穆之所为，则真而已矣。其所谓恣口之饮者，非荒耽于酒也。其所谓肆情于色者，非沉湎冒色也。盖朝穆于世道之安危、人理之得丧，知之久矣，择之亦久矣。为欲尽一生之欢，穷当年之乐，故恣口之饮，肆情于色，虽名声之丑，曾不遑忧性命之危，亦不暇恤，此所谓治内而不治外，无愧乎道德，不为仁义之操而敢为淫僻之行者也。以其道之真以治身者，推而行之，天下可土苴而治也。子产方且以乘舆济人于溱洧，为治未免为国人之所非，邓析之所屈。所谓善治外者，物未必治而身交，若其法可暂行于一国，未合于人心者也，安足以知二子之真？其不能知则亦已矣，又以说辞乱其心，荣辱喜其意，则其为诚可鄙，其意为可怜矣。以是相郑而专国之政，虽曰善者服其化，恶者畏其禁，初不知其所以为治，是殆得之于偶尔，岂其功哉？子产之于朝穆，适居季孟之间，其趋操之不侔，内外之异治若此，故曰使道而可以告人，则人莫不告其兄弟也。且为邓析者，其初于朝穆之道为未察也，故闻子产之言则与子产同其戚；其终于朝穆之道为有得也，故闻子产之言则与子产异其知也。噫！微邓析之言，则后之观朝穆者几不尽同子产之戚，而终莫能知其真矣。

　　卫端木叔者，子贡之世也。借其先赀，家累万金，不治世故，放意所好。其生民之所欲为，人意之所欲玩者，无不为也，无不玩也。墙屋台榭，园囿池沼，饮食车服，声乐嫔御，拟齐楚之君焉。至其情所欲好，耳所欲听，目所欲视，口所欲尝，虽殊方偏国，非齐土之所产育者无不必致之，犹藩墙之物也。及其游也，虽山川阻险涂径修远，无不必之，犹人之行咫步也。宾客之在庭者日百往，庖厨之下不绝烟火，堂庑之上不绝声乐。奉养之余，先散之宗族；宗族之余，次散之邑里；邑里之余，乃散之一国。行年六十，气干将衰，弃其家事，都散其库藏珍宝、车服、妾媵。一年之中尽焉，不为子孙留财。及其病也，无药石之储；及其死也，无瘗埋之资。一国之人受其施者，相与赋而藏之，反其子孙之财焉。禽骨厘闻之，曰：端木叔，狂人也，辱其祖矣。段干生闻之，曰：木叔，达人也，德过其祖矣。其所行也，其所为也，众意所惊，而诚理所取。卫之君子多以礼教自持，固未足以得此人之心也。

解曰：子贡，以货殖累其身者也。方其货殖，财积而不敢用，服膺而莫之舍，满心戚焦，求益而不止，可谓忧矣。夫以子贡之富，丰屋美服厚味姣色以终其身，无有于不足也。其所以求益而不止者，为子孙无穷之计也。噫！孙子非汝有也，认而有之，亦惑矣。抑又苦体绝甘，约己之养，以货殖见弃于圣人门，务求适其适，可不为之大哀耶？为端木叔者，借其先赀，初不知货殖之勤，而有万金之累，既已有之，又能用之，由是放意所好，无不为而无不玩，其适意而志得，拟齐楚之君，非特能用之，至其气干之将衰，又能散其有而尽之。以俗观之，薄于子孙之遗甚矣。其后受其施者相与反其子孙之财，是亦不为无所遗矣。噫！为木叔者，其生也，无货殖之累而尽一生之欢，其死也，不为子孙留财而不失子孙之财，其所行所为，是乃聚意之所惊而诚理之所取，诚理所在，非圣人不足以尽之，此束于教者所以不免于惊其神也。意狂圣异域，奚啻天壤？达而以为狂，惑亦甚矣。杨子谓大圣为难知，不以此欤？

孟孙阳问杨子曰：有人于此，贵生爱身，以蕲不死，可乎？曰：理无不死。以蕲久生，可乎？曰：理无久生。生非贵之所能存，身非爱之所能厚，且久生奚为？五情好恶，古犹今也；四体安危，古犹今也;世事苦乐,古犹今也;变易治乱,古犹今也。既闻之矣,既见之矣,既更之矣,百年犹厌其多,况久生之苦也乎!孟孙阳曰:若然,速亡愈于久生,则践锋刃,入汤火,得所志矣。杨子曰:不然。既生,则废而任之,究其所欲,以俟于死;将死,则废而任之,究其所之,以放于尽。无不废,无不任,何遽迟速于其间乎?

解曰:囿于有生,生不难形,形终必弊;役于有化,化常流形,形安能久?是以百年,寿之大齐也,得百年者千无一焉。理或不能久生,而况于不死乎?究其生之存亡,初不属我;察其生之忧患,爰以久生。方其有生,汝形之内,五情之好恶汩于中;汝身之中,四体之安危迫于外,一世之间,万事之苦乐交于前。一日之变与一月之化不异也,一岁之迁与百年之变不殊也。既闻而知之,既见而识之,既更而历之,又安以久生为哉?虽然,死之与生,犹彼旦暮,生奚足喜?死奚足悲?亦不可以其不足喜而厌于久生也,亦不必以其不足悲而乐于速亡也。是以得道者之于生死,既生,则废而任之,究其所欲以俟于死,不为沟渎之自经也;将死,则废而任之,究其所之,以放于尽,不为吐故纳新之寿考也。虽无心于久生,有若彭之寿,亦不厌也。虽无心于速亡,有若颜之夭,亦顺化也。无不废,无不任,如斯而已。

杨朱曰:伯成子高不以一毫利物,舍国而隐耕;大禹不以一身自利,一体偏枯。古之人损一毫利天下不与也,悉天下奉一身不取也。人人不损一毫,人人不利天下,天下治矣。

解曰:于《易》损下益上为损,损上益下为益。盖益必有损,损终必益。损益,盈虚消息之理也。若夫万物之生,均舍至理,无欠无余,增之一毫,性无余地;损之一毫,性无余物,则益之而损,损之而益,皆不中也。名曰治之而乱孰甚耶?唯无以损益为者,则物我兼利之道也。《庄子》言,自容成氏而至于神农氏之时,民皆甘其食,美其服,乐其俗,安其居,至老死而不相往来,可谓人人不损一毫,人人不利天下也。若此之时,则至治矣。

禽子问杨朱曰:去子体之一毛以济一世,汝为之乎?杨子曰:世固非一毛之所济。禽子曰:假济,为之乎?杨子弗应。禽子出语孟孙阳,孟孙阳曰:子不达夫子之心,吾请言之。有侵若肌肤获万金者,若为之乎?曰:为之。孟孙阳曰:有断若一节得一国,子为之乎?禽子默然有间。孟孙阳曰:一毛微于肌肤,肌肤微于一节,省矣。然则积一毛以成肌肤,积肌肤以成一节。一毛固一体万分中之一物,奈轻之乎?禽子曰:吾不能所以答子。然则以子之言问老聃、关尹,则子言当矣;以吾言问大禹、墨翟,则吾言当矣。孟孙阳因顾与其徒说佗事。

解曰:世之语杨子者,以其道主于为我,因谓虽拔其体之一毛而济天下,亦所不为也。《列子》称其言,则异此矣。杨子之言,盖曰一世之大,必非一毛之所能济,一毛既不足以济一世矣,又安以假济为言乎?禽子之问亦不豫矣,故杨子不应。夫杨子之设心,以谓一毛之于肌肤,虽若多寡之不同,而肌肤固一毛之积,均我体则均所爱矣,奈何轻一毛而重一节哉?能使人人尊生重本而不轻于一毛,则天下有余治哉?杨子之爱一毛者,非爱一毛也,爱其身也。人皆爱其身而不知一毛之惜,不惜一毛,积而至于殒身而不之觉矣。人于爱身则是之,于爱一毛则非之,弗思甚也。尝观人之有生,贵则治贱,卑则事尊,终身役役,无非为物,曾无一毫之为己,曷亦不思我之生也,其以我耶?其亦为人而生我耶?如其在我,则我奚为而不自为耶?且将以为人也,我之不能自治,又奚以为人哉?列子深丑夫世之逐万物而不反者,故其书每托于杨氏为我之言。

禽子终不能达其况，方且谓以吾言问大禹墨翟，则吾言当矣，是特见大禹墨翟之迹尔，非特不知杨子，亦不知大禹墨翟矣。孟孙阳因顾与其徒说佗事，以其言之不类也。

杨朱曰：天下之美归之舜、禹、周、孔，天下之恶归之桀、纣。然而舜耕于河阳，陶于雷泽，四体不得暂安，口腹不得美厚，父母之所不爱，弟妹之所不亲。行年三十，不告而娶。及受尧之禅，年已长，智已衰。商钧不才，禅位于禹，戚戚然以至于死。此天人穷毒者也。鲧治水土，绩用不就，殛诸羽山，禹纂业事雠，惟荒土功，子产不字，过门不入，身体偏枯，手足胼胝，及受舜禅，卑宫室，美绂冕，戚戚然以至于死。此天人之忧苦者也。武王既终，成王幼弱，周公摄天子之政。邵公不悦，四国流言。居东三年，诛兄放弟，仅免其身，戚戚然以至于死。此天人之危惧者也。孔子明帝王之道，应时君之聘，伐树于宋，削迹于卫，穷于商周，围于陈、蔡，受屈于季氏，见辱于阳虎，戚戚然以至于死。此天民之遑遽者也。凡彼四圣者，生无一日之欢，死有万世之名，名者，固非实之所取也。虽称之弗知，虽赏之不知，与株块无以异矣。桀藉累世之资，居南面之尊，智足以距群下，威足以震海内，恣耳目之所娱，穷意虑之所为，熙熙然以至于死。此天民之逸荡者也。纣亦籍累世之资，居南面之尊，威无不行，志无不从，肆情于倾宫，纵欲于长夜，不以礼义自苦，熙熙然以至于诛。此天民之放纵者也。彼二凶也，生有从欲之欢，死被愚暴之名。实者，固非名之所与也，虽毁之不知，虽称之弗知，此与株块奚以异矣。彼四圣虽美之所归，苦以至终，同归于死矣；彼二凶虽恶之所归，乐以至终，亦同归于死矣。

解曰：舜为帝之盛帝，禹为王之首王，周公之忠圣，孔子之明道,皆圣人之极致,天下万世莫不尊亲者也。而舜之穷毒,禹之忧苦,周公之危惧,孔子之遑遽,考之虞夏商周之书,稽之孔子之言,其理为不诬,谓之戚戚然以至于死,不为溢恶之言矣。至于桀纣之逸荡放纵,恣耳目之所娱,穷意虑之所为,肆情于倾宫,纵欲于长夜,此可谓熙熙然足于从欲之欢矣。天下之美归之舜禹周孔而谓之四圣,天下之恶归之桀纣而谓之二凶,四圣被万世之虚名,二凶享当身之实利。实固非名之所与,名固非实之所取,要其所谓毁誉,徒传于万世之下,毁誉之者,何能知其前?为其毁誉者,亦何知于后?虽有毁誉,与株块何以异哉?谓美恶为同归于死,不亦宜乎?列子言此,不欲天下之人去四圣之名,趣二凶之实也。使求道者审名实之俱非,知忧喜之均累,故以天下万世之所同是非者为言,俾之遗圣人之迹而求圣人之道也。且为四圣者,乐天知命,未始有忧,其所谓穷毒忧惧,皆不得已而应世,与民同吉凶之患,而忧民之忧尔。其所以有圣智之名者,亦人与之名而弗拒尔。必知此而后知列子之言,是乃与四圣同道者。

冲虚至德真经解卷十七

宋杭州州学内舍生臣江遹上进

杨朱下

杨朱见梁王,言治天下如运诸掌。梁王曰:先生有一妻一妾而不能治,三亩之园而不能芸,而言治天下如运诸掌,何也?对曰:君见其牧羊者乎?百羊而群,使五尺童子荷棰而随之,欲东而东,欲西而西,使尧牵一羊,舜荷棰而随之,则不能前矣。且臣闻之:吞舟之鱼,不游枝流;鸿鹄高飞,不集污池,何则？其极远也。黄钟大吕不可从烦奏之舞,何则？其音疏也。将治大者不治细,成大功者不成小,此之谓矣。

解曰:治天下者必知所谓如运诸掌而后可以语治也。杨子曰:天下为大,治之在道,四海为远,治之在心。信斯言也,则不下带而道存,奚啻运诸掌哉？苟能此道矣,则我无为而民自治,我好静而民自正,是以不治,治之也。如欲治之而治,则一妻一妾已不胜其治矣,三亩之园已难为其力矣,是使尧牵羊而舜荷棰之类也。故曰:将治大者不治细,成大功者不成小。

杨朱曰:太古之事灭矣,孰志之哉？三皇之事若存若亡,五帝之事若觉若梦,三王之事或隐或显,亿不识一。当身之事或闻或见,万不识一。目前之事或存或废,千不识一。太古至于今日,年数固不可胜纪。但伏羲已来三十余万岁,贤愚、好丑、成败、是非,无不消灭,但迟速之间尔。矜一时之毁誉,以焦苦其神形,要死后数百年中余名,岂足润枯骨？何生之乐哉？

解曰:可言可为,无非事者。不离于言为之域则不逃于时数之运矣。虽太古之治,必有事焉,皇之道,帝之德,王之业,世每降而事愈丛矣。以耳目之见闻,计所识之多寡,或相倍蓰,或相什百,或相千万。推而上之,至于皇帝,则存亡觉梦,或有或无,及于太古,则已灭矣,已失矣,孰志之哉？由是美恶之迹均在所遗。谓善为可趋,则善名久亦灭矣;谓恶为可避,则恶声久亦消矣,但迟速之间尔,安可致惑于迟速奔竞而不已哉？然则为皇、为帝、为王,其应世之事不离于可名之域,其果是耶？其果非也耶？盖帝王之迹出于感而应,迫而动,无心于名而人以其名归之,与夫矜毁誉而要名者异矣。故其应世之事虽与时俱往,而所以为圣者则独存而常,今不然,何以贵于圣人之治哉?

杨朱曰:人肖天地之类,怀五常之性,有性之最灵者,人也。人者,爪牙不足以供守卫,肌肤不足以自捍御,趋走不足以逃利害,无毛羽以御寒暑,必将资物以为养,性任智而不恃力。故智之所贵,存我为贵;力之所贱,侵物为贱。然身非我有也,既生,不得不全之;物非我有也,既有,不得不去之。身固生之主,物亦养之主。虽全生,身不可有其身;虽不去物,不可有其物。有其物,有其身,是横私天下之身,横私天下之物,其唯圣人乎!公天下之身,公天下之物,其唯至人矣。此之谓至至者也。

解曰:人之生,必将资物以为养性,是乃养生之主、卫生之经、达生之情所不可不为而其为不免矣。盖身固生之主,故有生必先无离形;物亦养之主,故养形必先之物。物有余而形不养者有之矣,故虽不去物,不可有其物;形不离而生亡者有之矣,故虽全生,身不可有其身。世之人不知养形,果不足以存生也。横私天下之身以为我,横私天下之物以为养,是务夫生之所无以为也。形木必全,而生理灭矣,则世奚足为哉?能弃事遗生而至于形全精复者,其唯圣人乎?圣人犹兆于变化,未能忘我也。若夫至人之不离于真,则公天下之身而身不异物,公天下之物而物无非我。此《庄子·达生》之所谓精而又精,而此之谓至至者欤?

杨朱曰:生民之不得休息,为四事故:一为寿,二为名,三为位,四为货。有此四者,畏鬼、畏人、畏威、畏刑,此谓之遁人也。可杀可活,制命在外。不逆命,何羡寿?不矜贵,何羡名?不要势,何羡位?不贪富,何羡货?此之谓顺民也。天下无对,制命在内。

解曰:人之始生也,莫不有寿之道焉,得其常性则寿矣。秉彝而好德，则名斯宾之，名立而位至矣，名位立而资财有余矣。此四事之序也。人之寿固有若彭祖之上及有虞下及五伯者，则人之贪生奚有已哉？至于烈士之殉名，贪夫之殉财，未得则患得，既得则患失，苦心劳形，终身遑遽，岂复须臾之宁哉？四事之于人，每不得而兼之，有一于此，虽终身役役，曾不足以充其欲，况于兼四者之有而徇之，又安能偿其无厌之求哉？此生民之所以不得休息也。有此四者，则进将以有求，退将以有避。恐惧于幽，畏鬼责也。矫情于俗，畏人非也。威不必为我施，恐恐然唯畏其我及也。刑不必为我设，惴惴然唯畏其我犯也。一身之微，无动而不制于物，而在我之真宰丧矣，此之谓遁人。殊不知齐死生之变则寿夭可忘，审知足之富则货财不足徇，车服不维则刀锯不加，理乱不闻则黜陟不知，在我者一无所羡，则在物者都无所畏。其寓于天地之间也，独出独入，独往独来，天下无对，是谓独有。独有之人，是之谓至贵。

故语有之曰：人不婚宦，情欲失半；人不衣食，君臣道息。

解曰：饥而食，寒而衣，有生者不能免其欲，有欲而不足则争兴，君臣之分所由以辩也。民莫不衣食，而不尽婚宦也。婚则人道之患众矣，宦则羡慕之心起矣。生民之不得休息，其本于此乎？人不婚宦，虽未能都无情欲，愈于凡民远矣。所谓君臣道息者，是乃君臣皆安，莫知作上作下而无有于亲誉也，是以君臣之义不可废，而其道则可息也。

周谚曰：田父可坐杀。晨出夜入，自以性之恒；啜菽茹藿，自以味之极。肌肉粗厚，筋节腃急，一朝处以柔毛绨幕，荐以梁肉兰橘，心痛痞烦，内熟生病矣。商、鲁之君与田父侔地，则亦不盈一时而毙矣。故野人之所安，野人之所美，谓天下无过者。

解曰：均是人也，为田父而享国君之奉则病矣，为商鲁之君而与田父侔地则惫矣。夫舍膏粱而从茹藿，固人情之所难；以茹藿而易膏粱，疑人之所易。而不能易田父之安者，习之移人，不可遽易也。矧夫汩于外物，恬于俗学，而欲俾之易其习而安于至道，宜其未之思者以为远也。

昔者宋国有田夫，常衣缊黂，仅以过冬。暨春东作，自曝于日，不知天下之有广厦隩室、绵纩狐狢。顾谓其妻曰：负日之暄，人莫知者，以献吾君，将有重赏。里之富室告之曰：昔人有美戎菽，甘枲茎芹萍子者，对乡豪称之。乡豪取而尝之，蜇于口，惨于腹，众哂而怨之，其人大惭。子，此类也。

解曰：衣缊黂者不知有广厦隩室、绵纩狐狢之温，美戎菽、甘枲茎芹、萍子者不知有膏粱之美。暖暖姝姝而不知道之衣被万物，惑于世味而不知道之淡乎无味，亦犹此矣。

杨朱曰：丰屋、美服、厚味、姣色，有此四者，何求于外？有此而求外者，无厌之性。无厌之性，阴阳之蠹也。

解曰：丰屋、美服、厚味、姣色，皆分外之物也。苟务此而求之，亦无厌之性也。奚必外此而有求，而后为无厌哉？孟子以目之色、耳之声、鼻之臭、四肢之安逸为性，列子之教，蕲于顺性而逸乐，恶夫矫情以招虚名，故以有此四者而求于外为阴阳之蠹也。且言有此四者，是或为富足，以有此四者为言也。如亦必待于求四者而有之，其为无厌孰大焉？

忠不足以安君，适足以危身；义不足以利物，适足以害生。安上不由于忠，而忠名灭焉；利物不由于义，而义名绝焉。君臣皆安，物我兼利，古之道也。

解曰：忠则敢于犯颜，义则果于制物。忠或过于厉己，人则反蓄之矣。义或失于刻核，则不肖之心应之矣。若夫以道事君，则身荷美名，君都显号，不亦君臣皆安乎？以道应物，则我常无为，民皆自化，不亦物我兼利乎？老君曰：大道废，有仁义；国家昏乱，有忠臣。亦此意也。

鬻子曰：去名者无忧。老君曰：名者，实之宾。而悠悠者趋名不已。名固不可去，名固不可宾邪？今有名则尊荣，亡名则卑辱。尊荣则逸乐，卑辱则忧苦。忧苦，犯性者也；逸乐，顺性者也。斯实之所系矣。名胡可去？名胡可宾？但恶夫守名而累实。守名而累实，将恤危亡之不救，岂徒逸乐忧苦之间哉？

解曰：鬻子之去名，非无之也，不守之尔。老君之宾名，非去之也，不主之尔。盖有生，斯有身，有身斯有累。物我交构，事无非名，名无非实。性之苦逸，名则系之，名胡可都亡之耶？悠悠之徒，羡美虚名，趋之不已，因失其右实矣。故慕仁之名者，有至于杀身，慕义之名者，有至于灭亲。子推死于忠，尾生死于信，是皆守名而累实，恤危亡之不救者也。列子此篇，于名实之理反复告说，尽之矣。虑夫学者遂以为其道欲尽去天下之名也，故又为之说曰：但恶夫守名而累实者。夫苟能不守其名而无累其实，是乃鬻子之去名，庄子之宾名，圣人之所谓无名，而处身应物之道无余蕴矣。

杨朱解

子列子之经，明大道之要，传黄帝、尧、舜、禹、汤、文武、周公、孔子之正统也。杨氏为我，是邪说诬民者，蠹圣人之道，莫此之甚。故后之学圣人者以能言诋杨墨为圣人之徒。观列子以御寇为名，是亦以闲先圣之道为己任也。其书乃务引杨墨之言以垂训,尝以孔子与墨子均为天下之所愿安利者,至此又为《杨朱》一篇之训。为列子者,其以杨朱之道为不乖寡于圣人而可以垂训于天下耶?抑知其为充塞仁义者,又何以取其言哉?列子之旨,亦可以意逆矣。盖杨氏为我者也,列子悲夫世之人逐物丧我,不知存诸己者。其生也,为寿、为名、为位、为富,无一有益于我者;至其死也,犹需利泽于子孙。子孙,天地之委蜕尔,奚有于我哉?由是慎观听,惜是非,禁劝于赏刑,进退于名法,遑遑偊偊以终其身,不殊于重囚累梏,曾不悟造化之生我以我而已,则吾之生宜知,为我而使之勿丧也,又焉以苦身焦心求得人之得,适人之适而丧其为我者耶?以是知列子不欲天下皆为杨氏之邪说也,欲其不役于物,知存我而已。人能无丧其我,则以之治国家,推之天下,皆其绪余之所为尔,岂不盛哉?虽然,子列子之训抑微矣,其书明群有以至虚,为宗藏谷,均于亡羊,故取杨朱邪说之尤者,合圣人之道,并为一谈,蕲于学者不徇圣人之迹而求圣人之心也。故凡寓杨朱之言,无非至道之旨,其言至以四圣二凶为同归于尽。后之诵其书至此,罔有不疑列子谓尧舜为果外乎道,而真与杨氏同为邪说者,是读其文而不达其况之过也。殊不知此篇正列子之所尽心,而与夫尧、舜、禹、汤、文武、周公、孔子相为始终者。孔子曰:知我者其唯《春秋》乎?罪我者其唯《春秋》乎?《列子·杨朱》之篇类是矣。

冲虚至德真经解卷之十八

宋杭州州学内舍生臣江遹上进

说符上

子列子学于壶丘子林。壶丘子林曰:子知持后,则可言持身

矣。列子曰:愿闻持后。曰:顾若影,则知之。列子顾而观影,形枉则影曲,形直则影正。然则枉直随形而不在影,屈伸任物而不在我,此之谓持后而处先。

解曰:《说符》,明圣人应世之事也。圣人之应世,感而后应,迫而后动,不得已而后起。以物为形,以我为影,影常随形而枉直,我常任物而屈伸,彼来则我与之来,彼往则我与之往,曩行而今止,曩坐而今起,人皆取先,己独取后,若无持操者。至于不与物争,而天下莫能与之争,是乃所以处先也。子列子之师壶丘子林也,尝以弟子之谒而语之曰:壶子何言哉?至此则道其持后之言者。《天瑞》则著圣人之道由天而之人,故谓其不言。《说符》则言圣人之道由人而之天,故不免于有言。始也,不言而之天,盖圣人之本心;终也,言而之人,殆圣人之不得已尔。且列子之道生,知而自得,奚假于学哉?将以是垂训而为万世之师,故始终必假师资之道以为言也。与孔子不居其圣而曰好古敏以求之同意。

关尹谓子列子曰:言美则响美,言恶则响恶,身长则影长,身短则影短。名也者,响也。身也者,影也。故曰:慎尔言,将有和之;慎尔行,将有随之。

解曰:《易》曰:言行,君子之枢机,枢机之发,荣辱之主也。言行,君子之所以动天地也,故君子慎之。

是故圣人见出以知入,观往以知来,此其所以先知之理也。

解曰:出入往来,一机也。人常昧于至微之明,必至于物成数定而后能知其为出入往来。能见出以知入,观往以知来者,其唯由本宗而兆变化之圣人乎?《易》曰:尺蠖之屈,以求伸也。龙蛇之势,以存身也。

度在身,稽在人。人爱我,我必爱之;人恶我,我必恶之。汤武爱天下,故王;桀纣恶天下,故亡,此所稽也。稽度皆明而不道也,譬之出不由门,行不从径也。以是求利,不亦难乎?尝观之神农、有炎之德,稽之虞、夏、商、周之书,度诸法士贤人之言,所以存亡废兴,而非由此道者,未之有也。

解曰:太易未判,万象浑沦,两仪既分,物物定位。毫厘不能紊,一二不可差。声动则响应,形生而影从。在我者,其度可拟;在人者,其稽可决。适尧舜则帝业可循,由汤武则王功可袭。神农有炎之德,得此而已;虞夏商周之书,载此而已;法士贤人之言,辩此而已。虽至圣之人,微妙玄通,深不可识,一出而应物,未有不由此道以治也。孟子自谓知言,则曰:圣人复起,必从吾言矣。其言闲先圣之道,亦曰:圣人复起,不易吾言矣。于圣人之未生,逆知圣人之必行者,以其不外乎稽度而已。夫所谓人爱我,我必爱之,人恶我,我必恶之,圣人不以人之爱恶我而有憎爱于人也,盖曰人爱我,必以我有以爱之也,人恶我,必以我有以恶之也。

严恢曰:所为问道者为富。今得珠,亦富矣,安用道?子列子曰:桀、纣唯重利而轻道,是以亡。幸哉余未汝语也。人而无义,唯食而已,是鸡狗也。强食靡角,胜者为制,是禽兽也。为鸡狗禽兽矣,而欲人之尊己,不可得也。人不尊己,则危辱及之矣。

解曰:庄子尝以玄珠喻黄帝之道矣。珠之为物,至圆而明,宝之至也。圆则物莫能窒,明则物无不鉴,故以得珠喻道之富。且唯得道者,万物皆备,庄子所谓有万之富也。重利以为富,终于危辱而已矣。

列子学射中矣,请于关尹子。尹子曰:子知子之所以中者乎?对曰:弗知也。关尹子曰:未可。退而习之。三年,又以报关尹子。尹子曰:子知子之所以中乎?列子曰:知之矣。关尹子曰:可矣。守而勿失也。非独射也,为国与身亦皆如之。故圣人不察存亡,而察其所以然。

解曰:射者非前期而中,不可以为善射,为其不知所以中也。知其所以中,则其中在我,而甘蝇、飞卫之巧可能也。治国治身亦若是矣。能察存亡之所以然,故以道御时,常存而不亡也。如存亡之体已著,则虽察之无益矣。

列子曰:色盛者骄,力盛者奋,未可以语道也。故不班白语道矣, 一本作失。**而况行之乎?**

解曰:色盛者骄,力盛者奋,是少壮之时也,物所攻焉,德故衰焉,安可以语道?至于班白,则欲虑柔而体将休焉,故可与语道而行之也。虽然,此以人之役于大化者为言耳。亦有循大化而不与化俱者,常不失其赤子之心,虽壮而不骄,虽耄而不耗,其于语道,无往而不暇矣。

故自奋,则人莫之告。人莫之告,则孤而无辅矣。贤者任人,故年老而不衰,智尽而不乱。故治国之难,在于知贤,而不在自贤。

解曰:不为事任而材者尽其力,故年老而不衰;不为谋府而智者用其谋,故智尽而不乱。虽以尧舜之聪明,尧以不得舜为己忧,舜以不得禹皋陶为己忧,治国之难,如此而已,安以恃自贤之行为哉?

宋人有为其君以玉为楮叶者,三年而成。锋杀茎柯,毫芒繁泽,乱之楮叶中而不可别也。此人遂以巧食宋国。子列子闻之,

曰：使天地之生物，三年而成一叶，则物之有叶者寡矣。故圣人恃道化，而不恃智巧。

解曰：刻玉为楮，乱之楮叶之中而不可别，则人之智巧可以侔造化如此。然刻玉者三年而成一叶，造化之运，阳气潜回，倏然周天地，遍万物，荣枯而拆甲，雕刻众形而不为巧，且有若宋人之巧仅得食于宋国耳，况于巧不尽若宋人者哉？故圣人恃道化，而不恃智巧。

子列子穷，容貌有饥色。客有言之郑子阳者，曰：列御寇盖有道之士也，居君之国而穷，君无乃为不好士乎？郑子阳即令官遗之粟子。列子出见使者，再拜而辞。使者去，子列子入，其妻望之而拊心曰：妾闻为有道者之妻子，皆得佚乐。今有饥色，君过而遗先生食，先生不受，岂不命也哉？子列子笑谓之曰：君非自知我也。以人之言而遗我粟，至其罪我也，又且以人之言，此吾所以不受也。其卒，民果作难而杀子阳。

解曰：圣人之于辞受无所苟也，非其道，虽身死而不受也，宁以妻妾之奉而为之乎？以涉世，是以免于难。

鲁施氏有二子，其一好学，其一好兵。好学者以术干齐侯，齐侯纳之，以为诸公子之傅。好兵者之楚，以法干楚王，王悦之，以为军正。禄富其家，爵荣其亲。施氏之邻人孟氏，同有二子，所业亦同，而窘于贫。羡施氏之有，因从请进趣之方。二子以实告孟氏。孟氏之一子之秦，以术干秦王。秦王曰：当今诸侯力争，所务兵食而已。若用仁义治吾国，是灭亡之道。遂宫而放之。其一子之卫，以法干卫侯。卫侯曰：吾弱国也，而摄乎大国之间。大国吾事之，小国吾抚之，是求安之道。若赖兵权，灭亡可待矣。若全而归之，适于他国，为吾之患不轻矣。遂刖之，而还诸鲁。既反，孟氏之父子叩胸而让施氏。施氏曰：凡得时者昌，失时者亡。子道与吾同，而功与吾异，失时者也，非行之谬也。且天下理无常是，事无常非。先日所用，今或弃之；今之所弃，后或用之。此用与不用，无定是非也。投隙抵时，应事无方，属乎智。智苟不足，使若博如孔丘，术如吕尚，焉往而不穷哉？孟氏父子舍然无愠容，曰：吾知之矣，则勿重言。

解曰：齐之国氏，宋之向氏，其贫富之不同者，向氏不喻国氏之道也。北宫子、西门子，其造事之穷达不同者，德命之厚薄或异也。若鲁之施氏、孟氏所业既同，则非若国氏、向氏之不同道也，亦非若北宫子、西门子德命之厚薄也。齐因太公之俗，继以管晏之治。卫封自康叔武公嗣修其政，故卫多君子。而齐卫之国所务者仁义而已。楚居蛮夷，武王尝欲以敝甲观中国之政，庄王观兵于洛郊而问周鼎。秦自孝公以下，蚕食六国。秦楚之王所务者兵食而已。施氏以孟氏之所以事卫之术而事楚，干秦之法而干齐，故无适而不利。孟氏亦以干卫之术而之秦，适秦之法而干卫，则亦与施氏同功矣。奈何易置其术耶？故施氏以为其无适时之智，孟氏亦释然无愠容矣。仁义为治之德盛，故其得罪也大。兵权强国之术浅，故罪止于刖耳。虽然，投隙抵时，应事无方者属乎智，天下之事固有智之所无奈何者，则二氏之穷达是亦有命而已。而列子称其言者，盖《说符》之论不离于形名之稽度。如以物之穷达一切委之于命，则学者将趋于聚块积尘之无为，而非道矣。故于此特不废适时之智。

晋文公出会，欲伐卫，公子锄仰天而笑。公问何笑。曰：臣笑邻之人有送其妻适私家者，道见桑妇，悦而与言。然顾视其妻，亦有招之者矣，臣窃笑此也。公寤其言，乃止。引师而还，未至而有伐其北鄙者矣。

解曰：人之心见，不殊远也。我之所欲，人亦欲焉；我之所知，人亦知焉。将骋己之志而不顾人之情，是亦感矣。

晋国苦盗。有郤雍者，能视盗之貌，察其眉睫之间，而得其情。晋侯使视盗，千百无遗一焉。晋侯大喜，告赵文子曰：吾得一人，而一国盗为尽矣，奚用多为？文子曰：吾君恃伺察而得盗，盗不尽矣，且郤雍必不得其死焉。俄而群盗谋曰：吾所穷者郤雍也。遂共盗而残之。晋侯闻而大骇，立召文子而告之曰：果如子言，郤雍死矣。然取盗何方？文子曰：周谚有言：察见渊鱼者不祥，智料隐匿者有殃。且君欲无盗，莫若举贤而任之，使教明于上，化行于下，民有耻心，则何盗之为？于是用随会知政，而群盗奔秦焉。

解曰：恃伺察者得盗于既盗之后，明教化者禁盗于未萌之先。既为盗矣，仁将焉在？故郤雍之视盗，则不得其死焉。化已行矣，民斯知耻，故用随会知政，则群盗奔秦焉。夫使群盗去而奔秦，犹治水者之以邻国为壑也。以道治天下，则其民居不知所为，行不知所之，同乎无欲，是谓素朴。羡志不存，夫孰为盗？晋国方恃伺察，故即其失而救之，使之知政耳，不遂而语诸道也。

孔子自卫反鲁，息驾乎河梁而观焉。有悬水三十仞，圜流九十里，鱼鳖弗能游，鼋鼍弗能居，有一丈夫方将厉之。孔子使人并涯止之，曰：此悬水三十仞，圜流九十里，鱼鳖弗能游，鼋鼍弗能居也，意者难可以济乎？丈夫不以错意，遂度而出。孔子问之曰：巧乎？有道术乎？所以能入而出者，何也？丈夫对曰：始吾之入也，先以忠信，及吾之出也，又从以忠信。忠信错吾躯于波流，而吾不敢用私，所以能入而复出者，以此也。孔子谓弟子曰：二三子识之。水

且犹可以忠信诚身亲之，而况人乎？

解曰：忠则从水之道而不私，信则安于水而不疑，若是则其出入于水也不知所以然而然矣，此所以能入而复出也。《黄帝》篇尝言此，以为顺性命之理而然也，此以为忠信。错其躯于波流者，盖忠信即性命之理也。前篇明帝道之自然，故云性命。此篇明物理之符验，故云忠信。孔子尝语子张，谓忠信虽蛮貊之邦行矣，其言主忠信者不一矣，故于此亦俾二三子识之也。

冲虚至德真经解卷之十九

宋杭州州学内舍生臣江遹上进

说符中

白公问孔子曰：人可与微言乎？孔子不应。白公问曰：若以石投水，何如？孔子曰：吴之善没者能取之。曰：若以水投水，何如？孔子曰：淄渑之合，易牙尝而知之。白公曰：人故不可与微言乎？孔子曰：何为不可？唯知言之谓者乎？夫知言之谓者，不以言言也，争鱼者濡，逐兽者趋，非乐之也。故至言去言，至为无为。夫浅知之所争者末矣。白公不得已，遂死于浴室。

解曰：音之所不能该，则识无与焉。可言则可知矣，我以有知而能言，彼以有言而可知，盖形声既见，虽若淄渑之合，疑难辩矣，易牙能尝而知之。故白公方问微言于孔子，孔子既已知其意之所存而不应矣，言之不可隐也如此。然而无心于言者，虽言而无言；有心于言者，欲微而益彰。是以言非不可微也，欲微则不微矣。故有言则有为，有为则有争，我以怨往，彼以害来，犹争鱼逐兽之濡走，其势不得不然也。若夫知之之谓者，不以言言也，无言则无为矣。视彼浅知之争，直若蛮触耳，不亦末乎？白公虽闻孔子之言，其终死于浴室者，岂非以父之雠故不得已欤？

赵襄子使新稚穆子攻翟，胜之，取左人、中人，使遽人来谒之。襄子方食而有忧色，左右曰：一朝而两城下，此人之所喜也。今君有忧色，何也？襄子曰：夫江河之大也，不过三日；飘风暴雨不终朝，日中不须臾。今赵氏之德行，无所施于积，一朝而两城下，亡其及我哉？孔子闻之曰：赵氏其昌乎！夫忧者所以为昌也，喜者所以为亡也。胜，非其难者也，持之，其难者也。贤主以此持胜，故其福及后世。齐、楚、吴、越皆尝胜矣，然卒取亡焉，不达乎持胜也。唯有道之主，为能持胜。孔子之劲，能拓国门之关，而不肯以力闻。墨子为守攻，公输般服，而不肯以兵知。故善持胜者，以强为弱。

解曰：以我强攻彼弱，以我众敌彼寡，以我无衅攻彼有罪，此万全之道也。盈极必亏，成极必坏，盛极必衰，此必至之理也。故胜之非难，持之为难。语其胜，则齐楚吴越皆尝胜矣；语其持，非凫鹥之君则不足以为能焉。何则？胜者以强，持者以弱。抗兵相加，虽以强胜，非以强故强，盖有至柔之道运其强耳，胜敌城下，必以弱保，非弱能保强，亦以至柔之道积而刚耳。故《老子》曰：人之生也柔弱，其死也坚强；草木之生也柔弱，其死也枯槁。兵强则不胜，木强则共。唯有道者达夫天地消息盈虚之理，虽甚劲而不肯以力闻，虽能服物而不肯以兵知，以柔弱谦下为表，而常处于不争之地，故天下莫能与之争。非特莫之争也，又将乐推而不厌矣。持胜之道，孰大于是？此孔子所以知赵氏之昌也。

宋人有好行仁义者，三世不懈。家无故黑牛生白犊，以问孔子。孔子曰：此吉祥也，以荐上帝。居一年，其父无故而盲，其牛又复生白犊。其父又复令其子问孔子,其子曰:前问之而失明,又何问乎?父曰:圣人之言,先迕后合。其事未究,姑复问之。其子又复问孔子。孔子曰:吉祥也。复教以祭。其子归致命,其父曰:行孔子之言也。居一年,其子又无故而盲。其后楚攻宋,围其城。民易子而食之,拆骸而炊之。丁壮者乘城而战,死者太半。此人以父子有疾,皆免。及围解,而疾俱复。

解曰:黑牛生白犊,理之常也,唯其无故而生,则天其或者必有所示矣。夫牛者,祭天地之牲也,则其无故而生,是所以为吉事之祥也。牛,水畜也,黑者水之色,白者金之色,金生水,黑而生白,则反其所自生,而其生无穷矣。此行仁义不懈者所以恃此而免楚围之战死也。且黑幽而白显,是亦始失明而终复之类也。圣人之言皆穷理尽性之说也,故无往而不合。其或迕者,非不合也,持其事之未究耳。后之读圣人之书未达圣人之旨,安可遽而施之于事而求近效哉?尝试论之,家无故黑牛生白犊者至于再,又孔子以为祥而教之荐上帝,其发祥且异,则宜有介福之佑矣。乃止于父子,免于乘城之役者,盖自道观之,祸福之异别于小智,故其至也亦视时而为轻重。方周之衰,六国之务,兵权而已。虽孔子之生当是时也,几不免陈蔡之厄。则宋人之免于战而死者,自非行仁义不懈于三世而有以感动天地,未易以得此也。

宋有兰子者,以技干宋元。宋元召而使见其技。以双枝长倍其身,属其胫,并趋并驰,弄七剑迭而跃之,五剑常在空中。元君大惊,立赐金帛。又有兰子又能燕戏者,闻之,复以干元君。元君大怒曰:昔有异技干寡人者,技无庸,适值寡人有欢心,故赐金帛。彼必闻此而拟进,复望吾赏。拘而戮之,经月乃放。

解曰:技之妙非不同,而赏罚或异,外物不可必也,故君子务求其在我者而已。

秦穆公谓伯乐曰：子之年长矣，子性有可使求马者乎？伯乐对曰：良马可形容筋骨相也。天下之马者，若灭若没，若亡若失，若此者，绝尘弭蹴，臣之子皆下才也，可告于良马，不可告以天下之马也。臣有所与共担纆薪菜者，有九方皋，比其于马，非臣之下也。请见之。穆公见之，使行求马。三月而反，报曰：已得之矣，在沙丘。穆公曰：何马也？对曰：牝而黄。使人往取之，牡而骊。穆公不说，召伯乐而谓之曰：败矣，子所使求马者。色物、牝牡尚弗能知，又何马之能知也？伯乐喟然太息曰：一至于此乎？是乃其所以千万臣而无数者也。若皋之于观，天机也，得其精而忘其粗，在其内而忘外；见其所见，不见其所不见；视其所视，而遗其所不视。若皋之相者，乃有贵乎马者也。马至，果天下之马也。

解曰：相马，技之末者也，虽以伯乐之妙不能告之于其子，其子亦不能受之于伯乐，何则？可传者不出乎规矩钩绳，可相者不出于形容筋骨。至于天下之马，则若灭而隐于存亡之际，若没而处乎恍惚之间，超轶绝尘，不知其所。自非遗其物色，观其天机，内得于中心，外合于马体，则国马可求，而天下马不可得矣。故九方皋之求马，牡而骊，而以为牝而黄。夫九方皋岂不能知色物牝牡哉？牡而以为牝，为其所用者牡，所守者雌也；骊而以为黄，为其所骊者黑，所存者中也。此所谓见人所不见，视人所不视，乃有贵乎马者也，是以穆公闻其言以为败矣。伯乐则虽是而知其千万臣而无数，马至，果天下之马也。盖九方皋之于马，默得于不言之妙；伯乐之于九方皋，莫逆于无声之中。非九方皋不足以得马，非伯乐不足以知九方皋。夫沙丘之马，未尝无也，而伯乐、九方皋不世出,虽有天下马,不得与良马同骖,而踶踶与驽骀并驰于辕下者或不免矣。噫! 天下马难于知也如此,又况于天下之士游乎方外而不可知者乎? 徐无鬼见魏武侯,告之以相马,此武侯所以大悦而笑也。

楚庄王问詹何曰:治国奈何? 詹何对曰:臣明于治身,而不明于治国也。楚庄王曰:寡人得奉宗庙社稷,愿学所以守之。詹何对曰:臣未尝闻身治而国乱者也,又未尝闻身乱而国治者也。故本在身,不敢对以末。楚王曰:善。

解曰:黄帝问广成子曰:吾欲取天地之精以佐五谷,以养人民,吾又欲官阴阳以遂群生。广成子以谓而佞人之心剪剪者,又奚足以语至道? 至于复往邀之而问治身奈何而可以长久,广成子则善其问而语之以至道。盖得其本则末不足虑矣,故庄王问治国于詹何,而詹何对以治身也。

狐丘丈人谓孙叔敖曰:人有三怨,子知之乎? 孙叔敖曰:何谓也? 对曰:爵高者,人妒之;官大者,主恶之;禄厚者,怨逮之。孙叔敖曰:吾爵益高,吾志益下;吾官益大,吾心益小;吾禄益厚,吾施益博。以是免于三怨,可乎?

解曰:爵高者,人妒之,为其轧己也;官大者,主恶之,为其逼己也;禄厚者,怨逮之,为其多藏也。爵高而志下,则人莫见其高;官大而心小,则主不嫌其大;禄厚而施博,则人不厌其多。此其为远怨之道也。

孙叔敖疾,将死,戒其子曰:王亟封我矣,吾不受也。为我死,王则封汝,汝必无受利地。楚越之间有寝丘者,此地不利,而名甚恶。楚人鬼,而越人禨,可长有者唯此也。孙叔敖死,王果以美地封其子。子辞而不受,请寝丘,与之,至今不失。

解曰：处众人之所恶则不争，夫唯不争，故无尤，果故可以长久。夫孙叔敖，爵禄足以荣身而远于怨，利泽及于子孙而能长有，岂他道哉？亦于富贵之中审盈虚消息之理，使高不至于危，满不至于溢耳。此所谓虽富贵不以养伤身者也。若夫颜阖之真恶富贵，则又进此矣。

牛缺者，上地之大儒也。下之邯郸，遇盗于耦沙之中，尽取其衣装车。牛步而去，视之欢然无忧吝之色。盗追而问其故。曰：君子不以所养害其所养。盗曰：嘻！贤矣夫。既而相谓曰：以彼之贤，往见赵君，便以我为，必困我，不如杀之。乃相与追而杀之。燕人闻之，聚族相戒，曰：遇盗，莫如上地之牛缺也。皆受教。俄而其弟适秦，至关下，果遇盗，忆其兄之戒，因与盗力争。既而不如，又追而以卑辞请物。盗怒曰：吾活汝，弘矣，而追吾不已，迹将著焉。既为盗矣，仁将焉在？遂杀之，又傍害其党四五人焉。

解曰：牛缺以真能无吝而被害，燕人之弟又以忆其兄之戒假有所惜而受祸。虽曰安危之变出于莫之为而为，要二人之为，是皆已甚而致然耳。何则？牛缺之遇盗，欢然无忧吝之色亦足矣，及追而问其故，则又曰：君子不以所养害其所养，则在我之迹著矣。忆其戒者力争而不如，亦可以已矣，又追而以卑辞请物，则在彼之迹著矣。彼我之迹著，则盗虑其反害于己也，此二人之所以见杀于盗也。然而彼之迹显，则其为害也远，故所害者牛缺而已。盗之迹显，则其为害也近，故有傍害其党四五人焉。

虞氏者，梁之富人也。家充殷盛，钱帛无量，财货无訾。登高楼，临大路，设乐陈酒，击博楼上。侠客相随而行，楼上博者射，明琼张中。反两㩻鱼而笑，飞鸢适坠其腐鼠而中之。侠客相与言曰：

虞氏富乐之日久矣，而常有轻易人之志，吾不侵犯之，而乃辱我以腐鼠。而此不报，无以立懂于天下。请与若等戮力一志，率徒属，必灭其家为等伦。皆许诺。至期日之夜，聚众积兵，以攻虞氏，大灭其家。

　　解曰：满盈之道，天之所亏，地之所变，鬼神之所害，人道之所恶，唯圣人睹万物之变迁，故去甚而无益生，去奢而无侈性，去泰而无逾分，游乎券内而已。虞氏之富，既以不仁而敛怨矣，而又登高楼以要鬼神之所瞰，临大路以犯众人之所恶，设乐陈酒，从事击博，恣其逸荡，安可长也？故虽大尝有陵物之心，而祸败之致，乃出于飞鸢适坠其腐鼠。夫飞鸢之得腐鼠，忍弃而坠之耶？衢路之人不一矣，乃适中其侠客，岂非其骄奢为神人之所共恶，默有俾之坠而中者，将启侠者之怒邪？

　　东方有人焉，曰爰旌目，将有适也，而饿于道。狐父之盗曰丘，见而下壶餐以铺之。爰旌目三铺而后能视，曰：子何为者也？叔我狐父之人丘也。爰旌目曰：嘻，汝非盗邪？胡为而餐我？吾义不食子之食也。两手据地而欧之，不出，客喀然，遂伏而死。狐父之人则盗矣，而食非盗也。以人之盗，因谓食为盗而不敢食，是失若宝者也。

　　解曰：方其未能视则就而铺，及其既铺之而能视，则因心妄见请盗之食为盗，至于陨其身而不顾。由是知心目之知，则其于利己也少，而害己也多矣。谓之爰旌目，则以目能旌别也。《庄子》曰：贼莫大乎德，有心而心眼。《老子》曰：圣人为腹不为目。岂以此欤？

　　柱厉叔事莒敖公，自为不知己，去，居海上。夏日则食菱芰，冬日则食橡栗。莒敖公有难，柱厉叔辞其友而往死之。其友曰：子自以为不知己，故去。今往死之，是知与不知无辩也。柱厉叔曰：不然。自以为不知，故去。今死，是果不知我也。吾将死之，以丑后世之人主不知其臣者也。凡知则死之，不知则弗死，此直道而行者也。柱厉叔可谓怼以忘其身者也。

解曰：柱厉叔，以有知而忘其身者也。人之有知，生于妄见。以身为我，贵而爱之，以蕲不死，由是虑物之为己害也，其于万物，欲无不毕知而后已。既已有知，知见内惑，怨怼积中，至于忘身而不悟。是其始也将以知而爱身，其终也乃以知而反害其身，夫则知之不若不知也明矣。君子之于死，有轻若鸿毛，有重若泰山，若杀身以戚仁，则以其轻也，怼以忘身，何益哉？故圣人之所尚者在乎知不知，而其所病者在乎不知知也。

杨朱曰：利出者实及，德往者害来。发于此而应于外者唯请，是故贤者慎所出。

解曰：观爰旌目、柱厉叔，则怨往者害来可知矣，而谓贤者为之乎？

冲虚至德真经解卷之二十

宋杭州州学内舍生臣江遹上进

说符下

杨子之邻人亡羊，既率其党，又请杨子之竖追之。杨子曰：嘻，亡一羊何追者之众？邻人曰：多歧路。既反，问：获羊乎？曰：亡之矣。曰：奚亡之？曰：歧路之中又有歧焉，吾不知所之，所以反也。杨子戚然变容，不言者移时，不笑者竟日。门人怪之，请曰：羊，贱畜，又非夫子之有，而损言笑者，何哉？杨子不答，门人不获所命。

弟子孟孙阳出以告心都子。心都子他日与孟孙阳偕入，而问曰：昔有昆弟三人，游齐鲁之间同师而学，进仁义之道而归。其父曰：仁义之道若何？伯曰：仁义使我爱身而后名。仲曰：仁义使我杀身以成名。叔曰：仁义使我身名并全。彼三术相反，而同出于儒，孰是孰非邪？杨子曰：人有滨河而居者，习于水，勇于泅，操舟鬻渡，利供百口。裹粮就学者成徒，而溺死者几半。本学泅，不学溺，而利害如此。若以为孰是孰非？心都子嘿然而出。孟孙阳让之曰：何吾子问之迂，夫子答之僻？吾惑愈甚。心都子曰：大道以多歧亡羊，学者以多方丧生。学非本不同，非本不一，末异若是。唯归同反一，为亡得丧。子长先生之门，习先生之道，而不达先生之况也，哀哉！

解曰：《易》曰：天下何思何虑，天下同归而殊涂，一致而百虑。天下何思何虑，盖思以有归也。殊涂同归，则何思虑以有致也。百虑一致，则何虑？譬犹之燕者北辕，适越者南路，审燕越之定位，信道而不已，虽有多歧，亦不足惑矣。唯其学者见道不审，信道不笃，要浅功而求近效，舍大道之夷而好径，自以妄见而为差殊，迷其同归一致而惑于殊涂百虑，如亡羊者终不知所之而反耳。此杨子之所以感亡羊而损言笑也。羊之辰未，土之正位，其属则脾而意之府也。亡羊则害于守意者也，故杨子感之。庄子谓藏谷均于亡羊，亦此意也。心都子则能存心而守意者也，故知以学仁义者同师而异术为问，而杨子则以学泅而半溺为答也。孟孙阳则虽居物之先，趋于动出而支离于道矣，与庄子所谓孟子反者异也，是以谓心都子之问为迂，杨子之答为僻也。其以学泅为喻者，盖学道者期于越生死，流济斯民于无难之地而已，而学者以多方丧生，不几于学泅而溺乎？虽然，溺死者非水之咎，丧生者非道之失,以鬻渡为利则不免于溺矣,以多方求道则不免于丧生矣。从水之道而不为私,则奚有于溺哉?遵道之夷而不好径,亦奚有于丧哉?此则杨子之志也。

杨朱之弟曰布,衣素衣而出。天雨,解素衣,衣缁衣而反。其狗不知,迎而吠之。杨布怒,将扑之。杨朱曰:子无扑矣,子亦犹是也。向者使汝狗白而往,黑而来,岂能无怪哉?

解曰:缁素之衣一易,而狗莫之知,则人将扑之。外物迁变,己莫之悟,从而喜怒之者不一矣,咎将谁扑哉?唯循大变无所湮者为足以语此。

杨朱曰:行善不以为名,而名从之;名不与利期,而利归之;利不与争期,而争及之。故君子必慎为善。

解曰:始于为善而终及于争,则所谓善者果善耶?果不善耶?故君子必慎为善。所谓慎为善者,非以善为不可为也,亦不为近名为善而已。苟无近名,则天下莫能与之争矣。

昔人言有知不死之道者,燕君使人受之,不捷,而言者死。燕君甚怒,其使者将加诛焉。幸臣谏曰:人所忧者莫急乎死,己所重者莫过乎生。彼自丧其生,安能令君不死也?乃不诛。有齐子亦欲学其道,闻言者之死,乃抚膺而恨。富子闻而笑之曰:夫所欲学不死,其人已死而犹恨之,是不知所以为学。胡子曰:富子言非也。凡人有术不能行者有矣,能行而无其术者亦有矣。卫人有善数者,临死以诀喻其子。志其言而不能行也。他人问之,以其父所言告之。问者用其言而行其术,与其父无差焉。若然,死者奚为不能言生术哉?

解曰:《庄子》曰:使道而可献,则人莫不献之于其君。故燕之君不能使之不死者献其道。又曰:使道而可以与人,则人莫不与其子孙。故卫之善数者以诀喻其子，其子志其言而不能行也。然而道可传而不可受，唯可传故能行者不可无其术，唯不可受故或有其术而不能行。列子之著书，亦此类也。以夫道之不可告，不可以与人也，故不得已而寓之于书，将使觉者用其言，行其术，而与其道无差耳。

邯郸之民以正月之旦献鸠于简子，简子大悦，厚赏之。客问其故。简子曰：正旦放生，示有恩也。客曰：民知君之欲放之，故竞而捕之，死者众矣。君如欲生之，不若禁民勿捕。捕而放之，恩过不相补矣。简子曰：然。

解曰：《阴符经》曰：恩生于害，害生于恩。以仁为空，适以害物。天地之于万物，圣人之于百姓，辅之以自然，而无爱利之心，一视以刍狗者，盖此道也。

齐田氏祖于庭，食客千人，中坐有献鱼雁者。田氏视之，乃叹曰：天之于民厚矣。殖五谷，生鱼鸟，以为之用。众客和之如响。鲍氏之子年十二，预于次，进曰：不如君言。天地万物与我并生，类也。类无贵贱，徒以小大智力而相制，迭相食，非相为而生之。人取可食者而食之，岂天本为人生？且蚊蚋噆肤，虎狼食肉，非天本为蚊蚋生人，虎狼生肉者哉？

解曰：《庄子》曰：万物与我为一。故禽兽之智有自然与人同者，徒以状而见疏耳，岂相为而生之哉？太古神圣之人其于异类，会聚而训受之同于人民，以其心智与人不殊远也。后世始以小大智力相制，迭相食矣。如以人之食肉谓为人而生物，则蚊蚋之噆肤亦为物而生人矣。田氏食客千人，曾不如鲍氏之弱子，为早有知也。即是有以知道之所在，无间于少长，若鲍氏之子，可谓千人之遇矣。

齐有贫者,常乞于城市。城市患其亟也,众莫之与。遂适田氏之厩,从马医作役而假食。郭中人戏之曰:从马医而食,不以辱乎?乞儿曰:天下之辱,莫过于乞。乞犹不辱,岂辱马医哉?

解曰:役马医之辱愈于乞而假食矣,然齐之贫者初不以乞之辱而易志也,徒以众莫之与,故不得已耳。唯其安于贫如此,故虽有戏之以荣辱,不足以动其心矣,又况于真能辩荣辱之境者,其视得丧利害如何哉?

宋人有游于道,得人遗契者,归而藏之,密数其齿。告邻人曰:吾富可待矣。

解曰:遗契不足以致富,犹陈言之不足以得道也。此桓公之读书,轮人所以释椎凿而上问,以谓古人之糟粕也。

人有枯梧树者,其邻父言枯梧之树不祥,其邻人遽而伐之。邻人父因请以为薪,其人乃不悦,曰:邻人之父徒欲为薪,而教吾伐之也。与我邻,若此其险,岂可哉?

解曰:邻父言枯梧之不祥,不必以欲为薪而言也,因请以为薪则践可疑之涂矣。其人遂以为险,特不知果邻父子险耶?亦其人自险耶?要之,险不险在我而已。

人有亡铁者,意其邻之子。视其行步,窃铁也;颜色,窃铁也;言语,窃铁也,作动态度无为而不窃铁也。俄而抇其谷而得其铁。他日复见其邻人之子,动作态度无似窃铁者。

解曰:邻之子常自若也,亡铁者猜虑内藏,则见其无为而不窃铁也。猜虑一释,则见其无窃铁者。由是观之,万物分错,皆自吾心为之耳。学者苟能诚其意犹亡铁者,则无往而不在于道矣,物奚自而入焉?

白公胜虑乱,罢朝而立,倒杖策,錣上贯颐,血流至地而弗知也。郑人闻之曰：颐之忘，将何不忘哉？意之所属著，其行足踬株埳，头抵植木，而不自知也。

解曰：《庄子》曰：至人无己。不知道者认有于我，顾视吾之一身，百骸九窍六脏赅而存焉，若之何其能无己欤？胡不观诸白公胜？邪虑内藏则至于忘颐，颐之忘，将何不忘哉？又况内能致道，则形躯合乎大同而无己者，其理亦昭昭矣。

昔齐人有欲金者，清旦衣冠而之市，适鬻金者之所，因攫其金而去。吏捕得之，问曰：人皆在焉，子攫人之金何？对曰：取金之时，不见人，徒见金。

解曰：见物犹攫金，则物外无道；见道犹攫金，则道外无物。列子之书终于此者，盖八篇之训皆假物明道也。后之读其书者，其悟不悟，亦在夫欲不欲、见不见之间耳。

说符解

语道之体，不立一物，离于言说；语道之用，不废一物，寓于形数。有形斯有名，有数斯可纪。成亏之不易，如符之信；始终之可验，如符之合。莫神于天，其道符于阴阳；莫富于地，其理符于柔刚；莫大于帝王，其德符于仁义。如影之于形，枉直随形而不易；如响之于声，高下在声而不差。神农有炎之德，备此而已；虞夏商周之书，载此而已；法士贤人之言，明此而已。是以列子之教，由《杨朱》而上既已尽言至道之极矣，必终之以《说符》也。夫所谓至道之极，岂徒为是窈冥昏默而已？将以此感而遂通天下之故，而为《说符》之事也。故《说符》之义，在我者有度，在人者有稽，处世者在于重道，为治者在于知贤，应事者属乎智，持胜者本于道。治国先有治身，远怨由乎谦下。利出者实及，怨往者害来，故贤者慎所出。

名不与利期而利归之，利不与争期而争及之，故君子慎为善。凡其所言，皆世道安危，人理之得丧；凡其所为，皆言之所能论，意之所能察致者。是以言道而不在于《说符》，不足以为道也。虽然，列子以《天瑞》首篇，以《说符》终训。《天瑞》即自然之符也，《天瑞》言天道之妙而合符于生化，是为自天出而之人也。《说符》言人事之显合验于至道之妙，是为由人入而之天也。大道之行，如环之循运而无积，其际不可终，其道不可穷，常生常化，以此而已。尝考列子之书，自《天瑞》而下次序，大道之体可得而言矣。天道之运必先于《天瑞》，圣人之应世莫大于帝王，故以《黄帝》次《天瑞》，《穆王》次《黄帝》也。三代之王，莫尚于文武，至穆王而王业衰矣。不云其盛而言其衰，以明大道之妙既开其端，则不复纯常而终至于弊，有黄帝之治于前，必有穆王之弊于后也。有帝王之治矣，自非孔子之元圣删诗定书，系易作经，则帝王之功业不白于后世矣。是则帝王之道集，明帝王之大成者，孔子而已，故以《仲尼》次《穆王》。由仲尼而来，传道之序无余蕴矣。列子抑虑后世□□□原缺变之不齐而支离于道也，故假《汤问》以尽其变，使人不以物妨道也。要万物之变，其为莫不出于力，其致莫不制于命，故设《力命》之问答，要其终归于自然，欲人之不制命于外而已。至于《杨朱》之篇，则遣万物之虚名而要于道之极致，道至于此则至矣尽矣，不可以有加矣。然而道不可以终无也，故以《说符》终焉。由是观之，列子之教，一出焉而为《天瑞》，一入焉而为《说符》，是乃传黄帝、尧、舜、禹、汤、文、武、周、孔之道，而所谓古之博大真人者也。其自名为子列子者，盖以其为子矣，与孔子同，异乎诸子之子也。后之不达其书之况者，因谓不与帝王同道，而以其经并于诸子，是直用管窥天，其见者小耳，何足道哉？学者宜尽心焉。

冲虚至德真经四解

列　子

列子，姓列，名御寇，郑人也。居郑圃四十年，人无识者。初事壶丘子，后师老商氏，友伯高子，进二子之道，九年而后能御风而行。弟子严恢问曰：所为问道者，为富乎？列子曰：桀纣唯轻道而重利，是以亡。其书凡八篇。列子盖有道之士，而庄子亟称之。今汴梁、郑州、圃田列子观，即其故隐。唐封冲虚至德真人，书为《冲虚至德真经》。

太史公叙黄老而先六经，盖知崇道术矣，何偶遗《列子》？刘向乃校勘成书，其言明内外，证死生，齐物我，大抵与蒙庄合。至于谓不知我之乘风、风之乘我，周之为蝶、蝶之为周，若出一口矣。然后世注说传者，俱少《列子》。在晋有张湛，唐有卢重玄。方之《南华》，湛则郭象，卢则成玄英也。逮宋政和，有解而左辖范致虚谦叔亦有说。当是时，天下立道学，与三舍进士同教养法。儒臣王礼上言：《庄》《列》二书，羽翼老氏，犹孔门之有颜、孟。微言妙理，启迪后人，使黄帝之道粲然复见，功不在颜、孟之下。宜诏有司讲究所以，崇事之，礼从之。故其书大行。平阳逸民高守元善长收得二解，并张、卢二家，合为一书。诚增益于学者，因之得以叩玄关，探圣阃，致广大而尽精微，顾不韪欤！窃尝谓训诂之义，自昔为难，卢序曰：千载一贤，犹如比肩；万代有知，不殊朝暮，可为喟然叹息也。大定己酉春季月，承务郎前同知沁州军州事云骑尉赐绯鱼袋致仕，毛麾序。

　　右《新书》定著八章。护左都水使者、光禄大夫臣向言：所校中书《列子》五篇，臣向谨与长社尉臣参校雠太常书三篇，太史书四篇，臣向书六篇，臣参书二篇，内外书凡二十篇。以校除复重十二篇，定著八篇，中书多，外书少，章乱布在诸篇中，或字误以尽为进，以贤为形，如此者众。及在新书有栈，校雠从中书已定，皆以杀青，书可缮写。列子者，郑人也，与郑穆公同时，盖有道者也。其学本于黄帝、老子，号曰道家。道家者，秉要执本，清虚无为。及其治身接物，务崇不竞，合于六经。而《穆王》《汤问》二篇，迂诞恢诡，非君子之言也。至于《力命》篇，一推分命，《杨子》之篇，唯贵放逸。二义乖背，不似一家之书。然各有所明，亦有可观者。孝景皇帝时，贵黄老术，此书颇行于世。及后遗落散在民间，未有传者，且多寓言，与庄周相类。故太史公司马迁不为列传，谨第录。臣向昧死上护左都水使者、光录大夫臣向所校《列子书录》。永始三年八月壬寅上。

晋张湛注解并序

　　湛闻之先父曰：吾先君与刘正舆、傅颖根，皆王氏之甥也，并少游外家舅始周。始周从兄正宗、辅嗣，皆好集文籍。先并得仲宣家书，几将万卷。傅氏亦世为学门，三君总角竞录奇书。及长，遭永嘉之乱，与颖根同避难南行。车重各称力并有所载，而寇虏弥盛，前途尚远。张谓傅曰：今将不能尽全所载，且共料简世所希有者，各各保录，令无遗弃。颖根于是唯赍其祖玄父咸子集。先君所录书中有《列子》八篇，及至江南，仅有存者，《列子》唯余《杨朱》《说符》《目录》三卷。比乱，正舆为杨州刺史，先来过江，复在其家，得四卷，寻从辅嗣女婿赵季子家得六卷，参校有无，始得全备。其书大略，明群有以至虚为宗，万品以终灭为验，神慧以凝寂常全。想念以著物，自丧生，觉与化梦等情，巨细不限一域，穷达无假智力，治身贵于肆任。顺性则所之皆适，水火可蹈，忘怀则无幽不照，此其旨也。然所明往往与佛经相参，大归同于老庄，属辞引类特与《庄子》相似。庄子、慎到、韩非、尸子、淮南子，互示指归，多称其言。遂注之云尔。

唐通事舍人卢重玄叙论

刘向云：列子者，郑人也，与郑穆公同时，盖有道者也。其学本于黄帝、老子，号曰道家。道家者，秉要执本，清虚无为。及其理身接物，务崇不竞，合于六经。而《穆王》《汤问》二篇，迂诞恢诡，非君子之言也。至于《力命》篇，一推分命，《杨子》篇，唯贵放逸。二义乖背，不似一家之书。然各有所明，亦颇有可观者。且多寓言，与庄周相类。故太史公司马迁不为列传。张湛序云：其书大略，明群有以至虚为宗，万品以终灭为验，神慧以凝寂常全。想念以著物，自丧生，觉与化梦等情，巨细不限一域，穷达无假智力，理身贵于肆任。顺性则所之皆适，水火可蹈，忘怀则无幽不照，此其旨也。然所明往往与佛经相参，大归同于老庄，重玄以为黄老论道久矣，代无晓之者。咸以情智辩其真宗，则所谕虽多，同归于不了，所诠虽众，但详其糟粕，莫不以大道玄远遥指于太虚之中。道体精微，妙绝于言诠之表，遂使真宗幽翳，空传于文字，至理虚无，但存其言说。曾不知道之自我假言以为诠，得意忘言，离言以求证，徒以是非生灭之思虑，因情动用之俗心，矜彼道华，求名丧实。我开元圣文神武皇帝，知道为生本，至德非言，广招四方，傍询万宇，冀有达其玄理，将欲济于含生。小臣无知，偶慕斯道，再承圣旨，重考微言。谨寻《列子》之书，辄诠注其宗，要窈怀智。此非欲指南，傥默契于希夷，犹玄珠于象罔，是所愿也，非敢望焉。论曰：夫生者何耶？神与形会也。死者何耶？神与形离也。形有生死，神无死生，故老子曰谷神不死，死而不亡者寿也。然此之死生，但约形而说耳，若于神用，都无死生。神本虚玄，契真者为性；形本质碍，受染者为情。至人忘情归性则近道，凡迷矜性殉情则丧真，是故骈支黜聪，道者之恒性，贪生恶死，在物之常情。不矜爱以损生，不祈名而弃宝，故《庄子》曰：为善无近名，为恶无近刑。缘督以为经，可以养生，可以尽年也。代人以不求于名则纵心为恶，此又失之远矣。何则？人笑亦笑，人号亦号，人之所畏，不可不畏，复安得为不善耶？是知神为生主，形报神功；神有济物之功，形有尊崇之报；神有害物之用，报有贱陋之形。故神运无穷，形有修短，报尽则为死，功著则别生。亦由清白者迁荣，贪残者降黜。约位而说也，形不变则位殊；约神而辩也，神不易而形改。至人了知其道，故有而宝真。真神无形，心智为用，用有染净。凡圣所以分，在染溺者则为凡，居清净者则为道。道无形质，但离其情，岂求之于冥漠之中，辩之于恍惚之外耳？故老子曰，吾道甚易知，甚易行，而不能知，不能行，其故何也？代人但约形以为生，不知神者为生主；约气以为死，不知神者为气根。系形则有情，迷神则失道。封有惑本，溺丧忘归。圣人嗟其滞执之如此也，乃叹夫知道者不易逢矣。故曰：千里一贤，犹如比肩；万代有知，不殊朝暮者，惜之深矣。岂不然耶？儃因此论以用心，去情智以归本，损之又损，为于无为，然后观列子之书，斯亦思过之半矣。

政和解序

道行于万物,物囿于一曲。世之人见物而不见道,圣人则见物之无非道者,真伪立而梦觉分,有无辩而古今异。得者不以智,失者不以愚,而穷达之差生于力命之不对。为我者废仁,为人者废义,而杨朱、墨翟之言见笑于大方之家。子列子方且冥真伪而两忘,会有无于一致,得丧穷达,付之自尔。为我兼爱,通于大同,而深悯斯民之迷。见利而忘其真,如彼为盗,如彼攫金,迷而不反,驰而不顾。故著书八篇,以明妙物之神独往独来于范围之外,而常胜之道持后守柔于不争之地。其说汪洋大肆,籍外之论,托言于黄帝、孔子。要其归,皆原于《道德》之指,然考其言,赜其意,究其所造,至其见神巫而心醉,观伯昏无人之射而伏地,卒其所以进乎道者,止于乘风而归,则其去庄周也远矣。《庄子》曰:列子御风而行,犹有所待也。呜呼!不疾而速,不行而至,惟天下之至神,老氏之实体。朕万机之余,既阅五千言,为之训解,又尝注《庄子·内篇》,而子列子之书不可以无述也,聊释以所闻,以俟后圣之知我者。政和戊戌闰九月朔日序。

范左丞解吴师中撰序

世之所贵者,书也,书不过语。语之所贵者,意也,意有所随。得其意者,虽忘言可也。不明其意,非唯贵,非所贵,且又族坐错立而共排之,乌足与言大方之家?列子,盖郑国有道之士。观其立教坐议,阐扬性命之理,而救世发药之言,超越诸子。言意之表,大抵以混元为宗,而属辞设喻,骎骎乎与《庄子》并驾而驰矣。俗学世师,窘束于名物,不能越拘挛之见,而寻其阃阈,遂相与拒之于圣智之外。若司马迁，尤尊道家之学，而独不与为列传；刘向博物洽闻，校雠群书，乃指《穆王》《汤问》之篇为迂诞恢诡，非君子之言，其排而斥之若此。岂非不明其意之所随，失其所贵哉？伏见政和训解，知其解于万世之后，恢崇道教，将欲引天下之人反其性命之情而还太古，赐至渥也。乃命廱泮之儒，兼习道经，而老庄之书，一经大手，焕若日星。观而化者，得所法象，不复可置议论矣。至《列子》书，张湛尝为之注，而舛驳尤甚，非特不得立言之法，抑亦失经之旨，故士每患之。则得是书之意者，虽欲忘言，其可得耶？左丞范公太初先生比于燮理之余，亲为训释，推其意若出于列子之心，究其说足以解学者之蔽，微言妙道，历数千百年间，一旦廓然，若披云雾而睹青天，俾读其书者，不待降席而得于目击之际，则所以上裨吾君道化之方，其利博哉！爰因摹刻以广其传，谨题编之首云。宣和元年孟秋望日序。

冲虚至德真经四解卷之一

晋张湛、唐通事舍人卢重玄解
宋政和训宋左丞范致虚解
和光散人高守元集

天　瑞

张曰：夫巨细舛错，修短殊性，虽天地之大，群品之众，涉于有生之分，关于动用之域者，存亡变化，自然之符。夫唯寂然至虚，凝一而不变者，非阴阳之所终始，四时之所迁革。

卢曰：夫群动之物，无不以生为主，徒爱其生，不知生生之理。生化者，有形也，生生者，无象也。有形为之物，无象谓之神。迹可

用也,类乎阴阳。论其真也,阴阳所不测。故《易》曰:阴阳不测之谓神。岂非天地之中大灵瑞也? 故曰:天瑞。

政和释云:物有生化,道无古今。惟体道者为能,不化而常,今所以应物,无容心焉。故天瑞始言生化,而终于国氏之为盗。

范曰:天地虽大,万物虽多,一流于生死之境,一堕于出入之机,终始相循,变化相禅,死生寿夭,损益成亏,无非自然之符也。体道之人,超出物表,即万形流转之域,冥一性不迁之宗,昼夜不能役使,阴阳不能陶铸,故能物物,而不物于物。

子列子

载子于姓上者,首章或是弟子之所记故也。

居郑圃,郑有圃田。**四十年人无识者**。

非形不与物接,言不与物交,不知其德之至,则同于不识者矣。

国君、卿大夫视之,犹众庶也。

非自隔于物,直言无是非,行无轨迹,则物莫能知也。

政和:古之善为士者,微妙玄通,深不可识。

范曰:古之善为士者,微妙玄通,深不可识。故体性抱神,以游世俗之间,与物委蛇而同其波,曷常饰智惊愚,务为离世异俗之行哉?

国不足,年饥。**将嫁于卫**。

自家而出谓之嫁。

卢曰:不足,年饥也。嫁者往也。

弟子曰:先生往无反期,弟子敢有所谒。

卢曰:谒,请也。

先生将何以教? 先生不闻壶丘子林之言乎?

壶丘子林,列子之师。

子列子笑曰:壶子何言哉?

四时行,百物生,岂假于言哉?

范曰:壶则空虚而不毁,丘则安固而不动,子林则出道之母以君天下者,道无问,问无应。体道者,默而识之,无所事言,多言数穷,离道远矣。

虽然,夫子尝语伯昏瞀人,吾侧闻之,试以告汝。

伯昏,列子之友,同学于壶子。不言自受教于壶子者,列子之谦者也。

政和:道不可言,言而非也。则壶子何言哉?不得已而有言,故闻而告之。

范曰:道不可言,言而非也。卒不免于言者,盖其不言之言,未之尝言,于此言之,特为汝言其大略而已。伯昏瞀人,则体道而为物,长葆光袭明无所用见,或谓之无人。自其畸人而侔天者言之,此壶丘子林所以语之欤道,不可闻,亦不可告也。故闻则曰,吾侧闻之;告则曰,试以告汝。

其言曰:有生不生,有化不化。

今块然之形也,生物而不自生者也。今存亡变改,化物而不自化也。

卢曰:不因物生,不为物化,故能生于众生,化于群化者矣。

不生者能生生,

不生者,固生物之宗。

不化者能化化,

不化者,固化物之主。

生者不能不生,化者不能不化,

生者非能生而生,化者非能化而化也。直自不得不生,不得不化者也。

卢曰:凡有生,则有死。为物化者常迁,安能无生无死,不化不迁哉?

故常生常化。

涉于有动之分者,不得暂无也。

常生常化者,无时不生,无时不化。

生化相因,存亡复往,理无间也。

范曰:神机气母,出入升降。蝡蠉、肖翘,无非生化之宇。惟不物而物物者,乃能生生而不生于生,化化而不化于化。彼生之所生者,待是而生,不得不生,故能常生,亦无时不生也;彼化之所化者,待是而化,不得不化,故能常化,亦无时不化也。乌能践形而上脱生化之域哉?不生不化,与道玄同,是谓真人。

阴阳尔,四时尔,

阴阳四时,变化之物,而复属于有生之域者,皆随此陶运。四时改而不停,万物化而不息者也。

卢曰:为阴阳所迁,顺时转者,皆有形之物也。念念迁化,生死无穷,故常生常化矣。

不生者疑独,

不生之生,岂可贵而验哉?疑其冥一而无始终也。

卢曰:神无方比,故称独也。老子曰:独立而不改也。疑者不敢决言以明深妙者也。

不化者往复。其际不可终,

代谢无间,形气转续,其道不终。

疑独,其道不可穷。

亦何以知其穷与不穷哉?直自疑其独立而不改,周行而不殆也。

卢曰:四时变易不可终也,神用变化亦不可穷也。

政和:生自无而适有,化自有以之无。有生有化者,物也;不生不化者,道也。物丽于数,故生者不能不生,化者不能不化。道行乎物,故常生常化,而无时不生,无时不化。独立万物之上,故不生者疑独,泛应而不穷。故不化者往复。往复,其际不可终。盖莫知其端倪也。疑独,其道不可穷,盖不可测究也。物无得而耦之者,岂真知其所以然哉?疑焉而已。

范曰:阴阳相照、相盖、相治,四时相代、相生、相杀,孰主张是,孰维纲是?意者其有机缄而不已耶?其运转而不能自止耶?阴阳不离乎气,四时不逃乎数,故未能脱乎生化之域也。道之真体,独立而不改。以其不自生也,故能长生。道之妙用,周行而不殆。日与物化者,一不化者也。夫化物而不化者,虽命物之化而独守其宗。故不际之际,始终反乎无端,孰知其所终耶?生物而不生者,虽先天地生而不为久。故无物之象,彼是莫得其耦,孰知其所穷耶?

《黄帝书》曰:谷神不死,

古有此书,今已不存。夫谷虚而宅有,亦如庄子之称环中。至虚无物,故谓谷神;本自无生,故曰不死。

是谓玄牝。

《老子》有此一章。王弼注曰:无形无影,无逆无违,处卑不动,守静不衰。谷以成之而不见其形,此至物也。处卑而不可得名,故谓之玄牝。

玄牝之门,是谓天地之根。绵绵若存,用之不勤。

王弼曰:门者,玄牝之所由也。本其所由,与太极同体,故谓天地之根也。欲言存耶，不见其形；欲言亡耶，万物以生，故曰绵绵若存。无物不成而不劳也，故曰不勤。

卢曰：谷虚而气居其中，形虚而神处其内。玄者，妙而无体；牝者，应用无方。出生入死，无不因之，故曰门也；有形之本，故曰根也；视之不见，用之无穷，故曰若存者也。

范曰：黄帝、老氏，皆体神而明乎道者也。道，一而已。言岂有异哉？故谷神、玄牝之说见于老氏，而列子以为《黄帝书》也。谷之用无相，神之体无方，万物所受命也。玄者，天之色，牝者地之类，万物所赋形也。命名不同，其实一物。夫天地者，万物之上下也，而玄牝之门，又为天地之所从出入也。自本自根，自古以固，存如火之传，而不知其尽。以生生则不生，化化则不化，动而愈出，何勤之有？

故生物者不生，化物者不化。

《庄子》亦有此言。向秀注曰：吾之生也，非吾之所生，则生自生耳。生生者岂有物哉？故不生也。吾之化也，非物之所化，则化自化耳。化化者岂有物哉？无物也，故不化焉。若使生物者亦生，化物者亦化，则与物俱化，亦奚异于物？明夫不生不化者，然后能为生化之本也。

卢曰：此神为生之主，能生物化物，无物能生化之者。

自生自化，自形自色，自智自力，自消自息。

皆自尔耳，岂有尸而为之者哉？

谓之生化、形色、智力、消息者，非也。

若有心于生化形色，则岂能官天地而府万物，瞻群生而不遗乎？

卢曰：神之独运，非物能使，若因情滞，有同物生化，皆非道也。

政和：阴阳之运，四时之行，万物之理，俄生而有，忽化而无。形实色彰，智谋力作，消息盈虚，终则有始无动而不变，无时而不移。虽皆道之所寓，而运转不止，咸其自尔。

范曰：天下之物生于有，有生于无，则物未有不生者；隐化而显，显化而隐，则物未有不化者。惟不生不化，然后为能生生化化。故盈于天地之间，生者自滋，化者自禅。形分于太始，色兆于太素。智有大小，力有强弱，或消而消，或息而息。咸其自尔，使之者其谁耶？一将有心，是谓非道。

子列子曰：昔者，圣人因阴阳以统天地。

天地者，举形而言；阴阳者，明其度数统理。卢曰：夫有形之物，皆有所生以运行之。举其所大者，天地也；运天地者，阴阳也。阴阳，气之所变，无质无形，天地因之以见生杀也。阴阳易辩，神识难明，借此以喻彼，以为其例。然后知神以制形，无以有其生也。

范曰：统物者，谓系属之；为所统者，充入之。天运乎上，地处乎下，圣人位乎两间。果何足以统之耶？于此有道焉，上际于天，下蟠于地，裁成辅相弥纶围范无不可者。故因阴阳统之，则天地虽大，将不出乎吾之度内矣。杨子曰：崇天，普地，分群，偶物，使不失其统者，莫若乎辟。

夫有形者生于无形，

谓之生者则不无，无者则不生，故有无之不相生，理既然矣，则有何由生？忽尔而自生。忽尔而自生，而不知其所以生；不知所以生，生则本同于无。本同于无，而非无也。此明有形之自形，无形以相形者也。

则天地安从生？

天地无所从生，而自然生。

卢曰：天地，形之大者也。阴阳者，非神识也。有形若生于无形者，天地岂有神识心性乎？若其无者，从何而生耶？假设此问者将明，万物者有生也。

范曰：天地者，空中之细物，有中之最巨者。故与万物同囿于形。原其所始，必有先天地生者焉，《易》所谓太极是已。庄子曰：昭昭生于冥冥，有伦生于无形。

故曰：有太易，有太初，有太始，有太素。

此明物之自微至著，变化之相因袭也。

范曰：无体也，无数也，冥于气。形质未相离之先，故曰太易。若太初，则已兆于气矣；若太始，则已分于形矣；若太素，则已著于质矣。岂无始之可原耶？刀所以制其衣，方其用刀，未有衣也，是衣之初而已。故于气之始，则以太初命之，有初然后有始。女受始而生之，台倡始而成之。生之者左也，成之者右也，故于形之始，则以太始命之；素未受采，无所与杂，即染而净不与物争，故于质之始，则以太素命之。是四者，自微至著，既已离于无矣，故以有言之也。

太易者，未见气也；

易者，不穷滞之称。凝寂于太虚之域，将何所见？即如《易·系》之太极、老氏之浑成也。

范曰：有阳气焉，有阴气焉，有冲气焉，是皆无动而生之也。太易之先，气且未见，况形质乎？

太初者，气之始也；

阴阳未判，即下句所谓浑沦也。

范曰：太初有无，无有无名，杂乎芒忽之间，变而有气，故太初为气之始。

太始者，形之始也；

阴阳既判，则品物流形也。

范曰：《易》曰，乾知太始。夫有始也者，有未始。有始也者，谓之太始。则未始有始，故形之所形，莫不资始于此。

太素者，质之始也。

质者，性也。既为物矣，则方员刚柔，静躁沈浮，各有性。

范曰：有气有形，质干斯具，色之所色，将自此而彰焉。

气形质具而未相离，

此直论气形质，不复说太易，太易为三者宗本，于后句别自明之也。

范曰：太极元气，函三为一，故气形质具而未相离，则命之曰浑沦。《老子》所谓混成者是已。貌象声色，有万不同，莫不含蓄于此。

故曰浑沦。浑沦者，言万物相浑沦而未相离也。

虽浑然一气，不相离散，而三才之道，实潜兆乎其中。沦，语之助也。

视之不见，听之不闻，循之不得，故曰易也。易无形埒，

不知此下一字。《老子》曰：视之不见，名曰希。而此曰易，易亦希简之别称也。太易之义，如此而已，故能为万化宗主，冥一而不变者也。

范曰：浑沦之中，三者不可致诘。色之所色者，彰矣，而色色者，未尝显，故视之不见；声之所声者，闻矣，而声声者未尝发，故听之不闻；形之所形者，实矣，而形形者未尝有，故循之不得。若是者，吾不知其名，字之曰易。

易变而为一，

所谓易者,窈冥惚恍,不可变也。一气恃之而化,故寄名变耳。

一变而为七,七变而为九。九变者,究也,

究者,穷也。一变而为七九,不以次数者,全举阳数,领其都会也。

乃复变而为一。一者,形变之始也。

既涉于有形之域,理数相推,自一之九。九数既终,乃复反而为一。反而为一,归于形变之始,此盖明变化往复而无穷极。

范曰:大象无形,孰分高下,降而堕数,变自此生。故易变而为一,所谓道生一也。一之所起,有一未形,虽涉于数,去道未远。然既已为一矣,且得有变乎？既已谓之一矣,且得无变乎？故七也,九也,又自一而分变之,所以无穷者也。七,少阳之数;九,老阳之数。数终必穷,故九变者,究也。穷则变,变则通,故九复而为一。一者,形变之始也。终始反复,如环无端,自此以往,巧历不能计。

清轻者上为天,浊重者下为地,

天地何邪,直虚实清浊之自分判者耳。此一章全是《周易乾凿度》也。

范曰:浑沦既判,三才肇分。天穹窿而周乎上,地磅礴而向乎下,人蠢蠢而处乎中。天,积气耳,清轻而属乎阳;地,积块耳,浊重而属乎阴。人受天地之中以生,故负阴抱阳,冲气以为和。

冲和气者为人,故天地含精,万物化生。

推此言之,则阴阳气遍交会而气和,气和而为人生,人生则有所倚而立也。

卢曰:一、三、五、七、九,阳之数也。极则反一,运行无穷。《易》曰:本乎天者亲上,本乎地者亲下。亲下者,草木之类是也;亲上者,含识之类是也。故动物有神,植物无识。无识者,为气所变;

有神者，为识所迁。故云太易、大初以至浑沦，言气之渐也。其中精粹者，谓之为神。神气精微者，为贤为圣；神气杂浊者，为凡为愚。乃至含生，差别则多品矣。

政和：阴阳者，气之大；天地者，形之大。气变而有形，则有阴阳，然后有天地。而道者，为之公；圣人者，道之管。此圣人所以因阴阳以统天地也。易有太极，是生两仪。《庄子》所谓道在太极之先者是也。故太易者，未见气也，杂乎芒忽之间，变而有气。故太初者，气之始也，气变而有形；故太始者，形之始也，形辩而有质；故太素者，质之始也，气形质具而未相离。则道之全体于是乎在。故曰浑沦，老子所谓有物混成者是也。无所用其明，故视之不见；无所施其听，故听之不闻；无所致其力，故循之不得。此三者，不可致诘，故混而为一。然既已谓之一矣，且得无其言乎？此所以强名之曰易也。易无形埒者，无体也。易况之阳，则一之所起，故变而为一。数起于一，故变而为七，则屈而未申也。七变而为九，则交而有变也。数穷于九，故复变而为一。一为形变之始，则天地人皆得此以生。故曰清轻者，上为天；浊重者，下为地；冲和者，为人。精者，一也。一生二，二生三，三生万物。故天地含精而万物化生矣。

范曰：阴阳专精为天地，散精为万物。天地者，万物之上下也。物与天地本无先后，明大道之序，则有天地而后万物生焉。故《易》曰天地感而万物化生。

子列子曰：天地无全功，圣人无全能，万物无全用。

全，犹备也。

范曰：道之大全，裂于上下，天地之所以设位也。成天地之能者，为圣人；盈天地之间者，为万物。彼其覆载之功、辅相之能、散殊之用，未尝不相待也，乌能备其大全？

故天职生覆,地职形载,圣职教化,物职所宜。

职者,主也。生各有性,性各有所宜者也。

范曰:有职者当听上,故三才奠位,万物散殊,皆有常职。若乃造形而上,观天地,俯万物,而不与圣人同忧,音之所不能该听,无与焉。果且奚所受职耶?

然则天有所短,地有所长,圣有所否,物有所通。

夫体适于一方者,造余涂则阂矣。王弼曰:形必有所分,声必有所属。若温也,则不能凉;若宫也,则不能商。

范曰:三才具而万物分,其用未尝不相待也,故有所短者有所长,有所通者有所否。

何则?生覆者不能形载,形载者不能教化,教化者不能违所宜,顺之则通也。**宜定者不出所位。**

皆有素分,不可逆也。

范曰:天穹然而刚健,无不覆焘,未必能形载也;地隤然而止静,无不持载,未必能教化也。圣人位乎其中,仰观俯察,与天地参,教自我设,化自我行,斯能赞天地之化育矣。然教化之用,亦岂能违物之所宜哉?物无常宜,宜在随时。吾则顺其自然,而无汩其陈焉,俾万物之生,各得其宜而已。故教出于不言,化成于不宰,其不违物之所宜,是乃所以辅相天地之宜者耶?

故天地之道,非阴则阳;圣人之教,非仁则义;万物之宜,非柔则刚。此皆随所宜而不能出所位者也。

方员静躁,理不得兼,然寻形即事,则名分不可相干,在理之通,方员未必相乖。故二仪之德,圣人之道,焘育群生,泽周万物,尽其清宁真粹而已。则殊涂融通,动静澄一,盖由圣人不逆万物之性,万物不犯圣人之化。凡滞于一方者,形分之所阂耳。道之所运,常冥通而无待。

卢曰:气运者能覆载,神运者能教化,然则天地生万物,圣人随状而用之。

政和:天位乎上,地位乎下,圣人位乎天地之中。凡以成变化而已。变化代兴,万物异宜。天地之与圣人,岂能违其所宜哉?盖圣人之于天地,相辩则为三极,相通则为三才。生覆者不能形载,形载者不能教化,教化者不能所宜。所宜定者,不出所位。此言职之有分也。故以其所辩者言之,若夫圣人之道,上际于天,下蟠于地,化育万物,不可为象。则上下同流而无间,安有长短之相形、通否之相异者哉?

范曰:天有阴阳,地有阴阳,故天地之道,阴阳必贵其相交也:不仁则不生,不义则不成,故圣人之教,仁义必贵其相济也。动静有常,刚柔断矣。故万物之宜,刚柔必贵其相杂也。然天地体道,故擅覆载之功,万物待之以生,而未尝留道;圣人体道,尸教化之任,故物待之以成,而未尝容心。是皆随物之宜,亦不出所位而已。鹏、莺之小大,何足以相笑?夔、蚿之多寡,何足以相怜?不浴鹄而黔乌,不绩凫而断鹤,因其常然,付之自然尔。

故有生者,有生生者;有形者,有形形者;有声者,有声声者;有色者,有色色者;有味者,有味味者。

形、声、色、味,皆忽尔而生,不能自生者也。夫不能自生,则无为之本。无为之本,则无当于一象,无系于一味,故能为形气之主,动必由之者也。

卢曰:有形之始谓之生,能生此生者,谓之形神。能形其形,能声其声,能色其色,能味其味者,皆神之功,以无制有。

生之所生者死矣,而生生者未尝终;形之所形者实矣,而形形

者未尝有；声之所声者闻矣，而声声者未尝发；色之所色者彰矣，而色色者未尝显；味之所味者尝矣，而味味者未尝呈。

夫尽于一形者，皆随代谢而迁革，是故生者必终，而生生物者无变化也。

皆无为之职也。

至无者，故能为万变之宗主也。

卢曰：神所运用，有始必终。形、声、色、味，皆非自辩者也。所以潜运者，乃神之功高焉，无为而无不为也。

政和：生形、声、色、味，皆物之化，故隐斯显往。斯返生生者，形形者，声声者，色色者，味味者，皆道之妙。孰原其所始，孰要其所终，道常无为而无不为，谓是故也。

范曰：疑独者不生，不生者能生生，故形、声、色、味皆有待而生也。然太虚之中，物成生理而形者自呈。太山、秋毫，彼奚自而形耶？惟大象无形，乃能形形，吹万不同，而声者自应。雷震、蚋飞，彼奚自而生耶？惟大音希声，乃能声声。留动而后生色，彼固不能自色也，贲而无色，盖有为之色色者。物成而后有味，彼固不能自味也，淡乎无味，盖有为之味味者。形形而我无形也，故如鉴之寂，妍丑毕现，而鉴实无形，岂与形者俱有？声声而我无声也，故如谷之虚，美恶皆赴，而谷实无声，岂与声者俱发？色之所色者，彰矣，故探其本，要其末，推其色，逆其数，期其极，色虽不同，而色色者未尝显；味之所味者，尝矣，故感于醎，作于酸，化于苦，穷于甘，变于辛，味虽不同，而味味者未尝呈。然则生生之妙，岂固与生之所生者偕终耶？自非无为而无而为者，畴克尸此，故曰皆无为之职也。

能阴能阳，能柔能刚，能短能长，能圆能方，能生能死，能暑能凉，能浮能沉，能宫能商，能出能没，能玄能黄，能甘能苦，能膻能

香。无知也,无能也,而无不知也,而无不能也。

知尽则无知,能极则无能,故无所不知,无所不能。何晏《道论》曰:有之为有,恃无以生;事而无事,由无以成。夫道之而无语,名之而无名,视之而无形,听之而无声,则道之全焉。故能昭音响而出气物,包形神而章光影,玄以之黑,素以之白,矩以之方,规以之员。员方得形而此无形,白黑得名而此无名也。

卢曰:《老子》曰:吾不知谁之子,象帝之先言此。神也,先天先地,神鬼神帝,无能知者,无能证者。若能体证兹道,则天地之内无不知无不能矣。

范曰:幽无形、深不测之谓阴;莹天工、明万物之谓阳。能阴能阳,则阴阳所不能测也。曲直以立本,致曲以趋时,是之谓柔;敦实以为体,断制以为用,是之谓刚。能柔能刚,则柔刚所不能定也。长短之相形,尺寸是已,道则能短能长;圆方之相研,规矩是已,道则能方能圆。能生能死,则不涉于数;能暑能冻,则不囿于时。物之在水也,沉者不能以浮,浮者不能以沉,能沉能浮者,殆犹日光之在水欤?物之有声也,鼓宫而宫动,叩商而商应,能宫能商者,殆犹天籁之自鸣欤?出于机者,俄入于机;出于冥者,俄入于冥。惟不转于机冥者,乃所以能出能没。玄于天为小,而妙之道;黄于地为中,而光之色。惟不域于天地者,乃所以能玄能黄。能甘能苦,则以淡乎其无味故也;能羶能香,则以漠乎其无臭故也。是乃道之无为而无不为者,如此,故无知也。周万物而无所遗,乃无不知无不能也。雕众形而不为巧,乃无不能也。

政和:有所知,有所能,在道一偏,非全之尽之者也。而无知而无不知,无能而无不能,则无不该也,无不遍也,何所不能哉?阴阳,气也;柔刚,材也;短长,形也;圆方,器也;生死,数也;暑凉,时也;浮沉,势也;宫商,声也;出没,迹也;玄黄,色也;甘苦,味也;膻香,臭也。变化所为,皆在是矣。古之人其备乎？六通、四辟、小大、精粗,其运无乎不在,乌往而不暇。

冲虚至德真经四解卷之二

天　瑞

子列子适卫,食于道,从者见百岁髑髅,攓蓬而指,攓,扳也。**顾谓弟子百丰曰:唯予与彼知而未尝生未尝死也。**

俱涉变化之涂,则予生而彼死,推之至极之域,则理既无生,亦又无死也。

卢曰:形则有生有死,神也无死无生,我如神在,彼如神去,髑髅与我生死不同,若悟其神,未尝生死。

此过养乎？此过欢乎？

遭形则不能不养,遇生则不能不欢,此过误之徒,非理之实当也。

卢曰:既受其形,则欢养失理,以至于死耳。

种有几？

先问变化种数凡有几条,然后明之于下。

若蛙为鹑,事见墨子。**得水为㡭,得水土之际,则为蛙蠙之衣。**衣犹覆盖。**生于陵屯,**

陵屯,高洁处也。

则为陵舄。

此随所生之处而变者也。

陵舄得郁栖,则为乌足。

此合而相生者也。

乌足之根为蛴螬,其叶为胡蝶。

根,本也,叶,散也,言乌足为蛴螬之本,其末散化为胡蝶也。

胡蝶胥也,

胥,皆也,言物皆化也。

化而为虫,生灶下,其状若脱,其名曰鸲掇。

此一形之内变异者也。

鸲掇千日,千日而死化而为鸟,其名曰乾余骨。乾余骨之沫为斯弥,沫犹精华生起。**斯弥为食醯颐辂。食醯颐辂生乎食醯黄軦,食醯黄軦生乎九猷。九猷生乎瞀芮,瞀芮生乎腐蠸。**

此皆死而更生之一形者也。

羊肝化为地皋,马血之为转邻也,人血之为野火也。

此皆一形之内自变化也。

鹞之为鹯,鹯之为布谷,布谷久复为鹞也,燕之为蛤也,田鼠之为鴽也,朽瓜之为鱼也,老韭之为苋也,老羭之为猨也,羭,牡羊也。**鱼卵之为虫。**

此皆无所因感,自然而变者也。

亶爰之兽自孕而生曰类。

亶,音释。《山海经》云:亶爰之山有兽,其状如狸而有发,其名曰类,自为牝牡相生也。

河泽之鸟视而生曰鹢。

此相视而生者也。《庄子》曰:白鹢相视,眸子不运,而风化之也。

纯雌其名大腰,纯雄其名稚蜂。

大腰,龟鳖之类也。稚,小也。此无雌雄而自化。上言虫兽之理既然，下明人道亦有如此者也。

思士不妻而感，思女不夫而孕。

《大荒经》曰：有思幽之国，思士不妻，思女不夫。精气潜感，不假交接而生子也。此亦白鹇之类也。

后稷生乎巨迹，

传记云：高辛氏之妃名姜原，见大人迹，好而履之，如有人理感己者，遂孕，因生后稷。长而贤，乃为尧佐，即周祖也。

伊尹生乎空桑。

传记曰：伊尹母居伊水之上，既孕，梦有神告之曰：臼水出而东走，无顾。明日视臼水出，告其邻，东走十里，而顾其邑尽为水，身因化为空桑。有莘氏女子采桑，得婴儿于空桑之中，故命之曰伊尹，而献其君。令庖人养之，长而贤，为殷汤相。

厥昭生乎湿，此因蒸润而生。**醯鸡生乎酒，**此因酸气而生。**羊奚比乎不筍。**此异类而相亲比也。**久竹生青宁，**因于林薮而生。**青宁生程，**

自从鳖至于程，皆生生之物。蛇鸟虫兽之属，言其变化无常，或以形而变，或死而更生，终始相因，无穷已也。

程生马，马生人，人久入于机。万物皆出于机，皆入于机。

夫生死变化，胡可测哉？生于此者，或死于彼；死于彼者，或生于此。而形生之主，未尝暂无。是以圣人知生不常存，死不永灭，而一气之变，所适万形。万形万化而不化者，存归于不化，故谓之机。机者，群有之始，动之所宗，故出无入有，散有反无，靡不由之。

卢曰：种之类也，言种有类乎？亦互相生乎？设此问者，欲明神之所适，则为生，神之所去，则为死，形无常主，神无常形耳。神本无期，形则有凝，一受有形之质，犹机关系束焉。生则为出，死则为入。

政和：《易》曰：原始反终，故知死生之说。盖有生者必有死，而死于是者，未必不生于彼。通乎此，则唯予与彼知，而未尝生，未尝死也。方生方死，方死方生，则养形而悦生。今之所存，乃昔之所过者尔。故曰：此过养乎？此过欢乎？万物以不同形相代，则死生之变不可胜计也。故曰：种有几？如下文所云，乃耳目之所及者耳。若蛙为鹑者，盖言万物之化无川陆之间也。鹽也，蛙嫔之衣，陵舄也，一种也。或得水土而生于下，或得陵屯而生于上，盖言万物之化随形气之所遇也。陵舄得郁栖，则为乌足，则假异物以为体；乌足之根为蛴螬，其叶为胡蝶，则散同体以为物。胡蝶，胥也。化而为虫，生于灶下，其状若脱，其名为鸲掇，则翾飞者有化而为蜒动者矣。鸲掇千日，化而为鸟，其名曰乾余骨，则穴处者则有化而为林栖者矣。或因形而移易，则斯弥而为颐辂。原黄轵之生乎腐蠸，与天地皋、转邻、野火之类是也。或因性而反复，则鹞之为鹯，鹯之为布谷，布谷之复为鹞是也。燕之为蛤，田鼠之为鹑，朽爪之为鱼，老韭之为苋，老羭之为猿，鱼卵之为虫，则或以类而相因，或以不类而相与为类。亶爰之兽自孕而生曰类，则无所感而化者。河泽之鸟视而生曰鸜，则无所交而化者也。纯雌其名大腰，纯雄其名稚蜂，则其在物也，有一阴阳而自生化者矣。思士不妻而感，思女不夫而孕，则其在人也，有非阴阳而能潜通者矣。以至后稷生乎巨迹，伊尹生乎空桑，虽不可致诘，而不足怪也。厥昭生乎湿，则化于气；醯鸡生乎酒，则化于味；羊奚比乎不筍，则化于习；久竹生青宁，则以无情而生有情也。青宁生程，则以无知而生有知也。《尸子》以程为豹之类，程生马，则以同类而相生也。马生人，则以非类而相生也。然则昆虫之出入，草木之生死，变化无常，未始有极，又乌知死生先后之所在哉？惟万物生有所乎萌，死有所乎归，圣人于此，知其有机缄而不能自已耳。

范曰：道无终始，物有死生，陶于大化之冶。适然而变，则气聚形成，强名曰生；转于造化之机，适然有遗，则气散形坏，强名曰死。气有聚散，特浮云之去来耳；形有存亡，特一沤之起灭耳。死生之名，有对而立。方死方生，梦已俄觉；方生方死，觉已俄梦。孰知其所以然耶？惟原始反终者，知其未尝死，未尝生，故来而无从，去而无往，殆将入于不死不生矣。百岁髑髅，特已腐之余骨，果何知也？然《庄子》载其言有曰：吾安能弃南面王乐，复为人间之劳乎？则不悦生而恶死。可知世之昧者，揽一身而愿，胶万化而执。生化而死，戚然而恶，故此过养乎？以其畏于死也。死变而生，欣然而喜，故此过惧乎？以其悦于生也。死固奚足畏，生固奚足悦乎？是特万化而未始有极者耳。又况万物相禅，种名不同，故鹈也、鳖也、蛙蠙之衣也、陵舄也，此一种也，或得水，或得水土之际，或得陵屯，而其生各不同也。乌足也、蛴螬也、胡蝶也，其与陵舄亦一种也，或以郁栖，或以叶，或以根，而其变各不同也。鸲掇也，乾余骨也，斯弥也，食醯颐辂也，其与胥亦一种也，或以灶下，或以千日，或以其沫，而其生各不同也。食醯颐辂生乎食醯黄钺，食醯黄钺生乎九猷，九猷生乎瞀芮，瞀芮生乎腐罐，则不知其种，自然而生者。羊肝化为地皋，马血之为转邻，人血之为野火，鹎之为鹞，鹞之为布谷，燕之为蛤，田鼠之为鹑，朽爪之为鱼，老韭之为苋，老羭之为猨，鱼卵之为虫，则不知其种，自然而变者。自孕而生者，有若亶爱之兽；相视而生者，有若河泽之鸟。大腰之类，纯雌而无雄；稚蜂之类，纯雄而无雌。以思士则不妻而感，以思女则不夫而孕，以至厥昭醯鸡则有所因而生，羊奚不筍则无所因而比。久竹也，青宁也，程也，是又马与人有自之而生也。用是以观，则物或以有情而相生，或无情而相生,或以有情而生无情,或以无情而生有情,或生于无所因,或生于无所感,万形万化,无有纪极。意者,其有机缄而不得已邪？利用以出,注然勃然,莫不出焉者,皆出于机也;利用以入,油然漻然,莫不入焉者,皆入于机也。有万不同,出生入死,不知其所由,然彼其神机之张,气机之运,固有为之斡旋宰制者。列子方论无为之职,继之以此,良有以也。

《黄帝书》曰:形动不生形而生影,声动不生声而生响。

夫有形必有影,有声必有响,此自然而并生,俱出而俱没,岂有相资前后之差哉？郭象注《庄子》,论之详矣。而世之谈者,以形动而影随,声出而响应。圣人则之以为喻,明物动则失本,靖则归根,不复曲通影响之义也。

无动不生无而生有。

有之为有,恃无以生,言生必由无,而无不生有。此运通之功必赖于无,故生动之称,因事而立耳。

卢曰:形有所生,不能生无,影响是也。神而无形,动则生有,万类是也。

范曰:影之为影,若有待于形也,而实无所待形,动而影自从耳,影非有求于形也。响之为响,若有待于声也,而实无所待,声动而响自应耳,响非有求于声也。有生于无,其理若此。

形,必终者也。天地终乎？与我偕终。

料巨细,计修短,则与我殊矣。会归于终,理固无差也。

卢曰:大小虽殊,同归于尽耳。

范曰:系物数之终,冬时数之终。无物也,无时也,孰知其所终？天地者,形之大也,既已囿于形矣,虽欲不终得乎？

终进乎？不知也。

进当为尽。此书尽字例多作进也。聚则成形,散则为终,此世之所谓终始也。然则聚者以形实为始,以离散为终;散者以虚漠为始,以形实为终。故迭相与为终始,而理实无终无始者也。

卢曰:进当为尽,假设问者言天地有终尽乎? 为复不知乎? 其下自答也。

道终乎本无始,进乎不久。

久当为有。无始故不终,无有故不尽。

范曰:无物无时,孰为终始? 除曰无岁,孰为久暂? 谓道为可终邪?

特未可知也。彼其本无始,《庄子》所谓未始有始是已。谓道为可进邪? 特未可知也。彼其本不久,《庄子》所谓先天地生而不为久是已。

有生则复于不生,有形则复于无形。

生者反终,形者反虚,自然之数也。

卢曰:凡有始有终,皆本乎无始,归于不有。今从太初、浑沦而言之,是有始也,安得不终乎? 安得不尽乎?

不生者,

此不生者,先有其生,然后之于死灭。

非本不生者也;

本不生者,初自无生无灭。

无形者,

此无形者,亦先有其形,然后之于离散。

非本无形者也。

本无形者,初自无聚无散者也。夫生生物者不生,形形物者无形,故能生形万物,于我体无变。今谓既生既形,而复反于无生无形者,此故存亡之往复尔,非始终之不变者也。

卢曰:所言神之不生者,非本不曾生也。万物所以生,群品所以形,皆神之所运也。以其能生,生而即体,无生灭耳,是非都无形生,同夫太虚之气。

范曰:生之所生者,死矣,则复于不生。形之所形者,实矣,则复于无形。不生者,非本不生,自有生而复于此耳。是岂生生而不生者耶?无形者,非本无形,自有形而复于此耳。是岂形形而无形者耶?

生者,理之必终者也。终者,不得不终,亦如生者之不得不生。

生者不生而自生,故虽生而不知所以生。不知所以生,则生不可绝;不知所以死,则死不可御也。

而欲恒其生,尽其终,惑于数也。尽,亡也。

卢曰:有生之物必有终极。亦如和气萌达草木,不得不生。而欲令长生者,迷于至数者也。

范曰:生有所乎萌,死有所乎归,始终相反乎无端,而莫知其所穷,殆有数存焉。于其间而欲怕其尽者,直将执而勿失流转于生死之域,而莫觉莫悟,岂不惑哉?

精神者,天之分;骨骸者,地之分。属天清而散,属地浊而聚。精神离形,各归其真,

天分归天,地分归地,各反其本。

故谓之鬼。鬼,归也,归其真宅。真宅,太虚之域。

卢曰:神明离于形谓之死也。归真宅,反乎太清也。以太清为真宅者,明此形骸而为虚假耳。

范曰:精者,水也。神者,火也。水与火合而生土。故人之生也,因精集神而百骸、九窍、六藏该而存焉。精神者,天之分,以其运而无穷,故清而散。骨骸者,地之分,以其常而不变,故浊而聚。精神离散,各归其真,此其所以谓之鬼也。切常申之,人之初生,精神魂魄具而后形成焉。魂,云也,从于神而无不之。魄,白也,营于物而有所止。圣人则以魂制魄,故神不至于殉形。众人则以魂从魄,则不足于使形。神不至于殉形,则虽死也无以异于生。神不足以使形,则虽生也无以异于死。贤人之死为鬼,尽人道而死,虽曰其鬼不神,与夫沦于幽阴,化为异物者,固有间矣。列子之言,若非其至,姑自其归真宅者言之,故曰鬼而已。《尔雅》曰:鬼之为言,归也。

黄帝曰:精神入其门,骨骸反其根,我尚何存?

何生之无形?何形之无炁?何炁之无灵?然则心智形骸,阴阳之一体,偏积之一炁,及其离形归根,则反其真宅,我无物焉。

卢曰:凡人以形为我,缘我则有情。情多者爱溺深,而情少者嗜欲薄。唯至人无我,了识其神。凡人不知,封执弥厚,令神归乎真,形归乎地,向时之我竟何在耶?

政和:静则复性,动则去本,理之然也。形动而不生形而生影,声动不生声而生响,无动不生无而生有,则去本远矣。无则生有,有必归无,故曰形必终者也。天地与我并生,及其终也,与我皆终,孰知其极,则谓终者,进乎不知矣。有终有始,有久有暂者,唯其时物也。故有始以无始为至道,终乎本,无始则又至矣。有久者以不久为至道,进乎本,不久则又至矣。夫何故以有生则复于不生,有形则复于无形也?不生者,非卒不生,无形者,非本无形,盖自有生有形者见之也。生者理之必终,终者不得不终,生者不得不生。而欲其生之长存,以终为畀辩,又乌知环中之无穷者哉?此惑于数者也。生者,天地之委和。精神者,天之分,故清而散;骨骸者,地之分,故浊而聚。精神离散,各归其真,尚何有于我哉?然此自众人言之也。故曰精神入其门,骨骸反其根,我尚何存?若夫圣人,上与造物者游,下与无终始者反,则形未尝衰,而我独存矣。

范曰:万物有乎出而莫见其门,有乎生而莫见其根。精神入其门者,还其所自出也;骨骸反其根者,复其所自生也。若然,则归其真宅,我尚何存之有?圣人以精集神,以神御形,以形存神,精全而不亏,神用而不竭,形生而不敝。闭其门,物无目而入,深其根,物无得而摇。不坏之相,自古固存,是谓长生久视之道。古之人修身千二百岁,而形未尝衰,盖进乎此。

人自生至终,大化有四:

其间迁易,无时暂停,四者盖举大较而言者也。

卢曰:夫婴儿者,是非未生乎心也,故德厚而志专矣。及欲虑充起,攻之者必多,衰老恁柔,更近于道,命之终极,乃休息焉。

婴孩也,少壮也,老耄也,死亡也。

范曰:自物之无而观之,则真常湛寂,亘古不去。故江河竞注,实未尝流。自物之有而观之,则大化密移,交臂已失。故舟山虽藏,不能无遁。一将入阴阳之机,游造化之涂,则形之所形者,实矣。无动不变,无时不移。借明于鉴,今吾非故吾;停灯于缸,前焰非后焰。操有时之具,托无穷之间,貌色智态,止日不异,自谓变化可逃,得乎哉?故自婴孩而少壮,自老耄而死亡,大化日徂,间不可省。夫惟日夜无隙,为能通昼夜,而知古今不代,为能参万岁。而一反复终始,揭天地以趋静,是谓化化而不化于化者矣。

其在婴孩,气专志一,和之至也。物不伤焉,德莫加焉。

《老子》曰:含德之厚,比于赤子。

范曰:儿子居不知所为,行不知所之,故其气专则不杂,其志一则不二,冲和内固莫能伤,忧患不能入,邪气不能袭,故其德全而形不亏。《老子》所谓含德之厚是也。

其在少壮,则血气飘溢,欲虑充起,物所攻焉,德故衰焉。

处力竞之地,物所不与也。

范曰:孔子所谓血气方刚是也。

其在老耄,则欲虑柔焉,体将休焉,物莫先焉。

休息也。已无竞心,则物不与争。

虽未及婴孩之全,方于少壮,间矣。

范曰:庄子所谓佚我以老是也。

其在死亡也,则之于息焉,反其极矣。

卢曰:近于性则体道,惑于情则丧真。故含德之厚,比于赤子。倦而不作,犹为次焉。方之驰竞,大可知也。

政和:其在婴孩,气专志一,和之至也,《老子》所谓含德之厚也;其在少壮,血气飘溢,欲虑充起,《庄子》所谓与接为构;及其老也,血气既衰,故欲虑柔而体将休焉,至于归其真宅,则之于息焉,而反其极矣。《庄子》大块载我以形,劳我以生,佚我以老,息我以死,此之谓也。自婴孩至于死亡,皆以是日徂,故谓之化。

范曰:子贡所谓君子息焉是也。四者之化形,生之所同也。众人则形化而心亦然,圣人则外化而内不化。

孔子游于太山,见荣启期行乎郕之野,鹿裘带索,鼓琴而歌。孔子问曰:先生所以乐,何也?对曰:吾乐甚多。天生万物,唯人为贵,而吾得为人,是一乐也;

推此而言,明人之神气,与众生不殊,所适者异,故其形貌不一。是以荣启期深测倚伏之缘,洞识幽显之验,故忻遇人形,兼得男贵,岂孟浪而言?

男女之别,男尊女卑,故以男为贵,吾既得为男矣,是二乐也;

人之将生,男女亦无定分,故复喜得男身。

人生有不见日月,不免襁褓者,吾既已行年九十矣,是三乐也。贫者,士之常也;死者,人之终也。处常得终,当何忧哉?孔子曰:善乎!能自宽者也。

不能都忘忧乐,善其能推理自宽慰者耳。

卢曰:夫大冶铸金,依范成质,故神为其范,群形以成,男女修短,阴阳已定矣。何者?神运其功,形为功报耳。形既不能自了,神者未形,已知启期,暮年方始为乐,是知道之晚,情滞于形,夫子但善其自宽,未许期深达至道。

林类年且百岁,

书传无闻,盖古之隐者也。

底春被裘,底,当也。**拾遗穗于故畦,**

收刈后田中弃谷,捃之也。

并歌并进。孔子适卫,望之于野,顾谓弟子曰:彼叟可与言者,试往讯之。子贡请行,逆之垄端,面之而叹曰:先生曾不悔乎,而行歌拾穗?林类行不留,歌不辍。子贡叩之不已,乃仰而应曰:吾何悔邪?子贡曰:先生少不勤行,长不竞时,老无妻子,死期将至,亦有何乐而拾穗行歌乎?林类笑曰:吾之所以为乐,人皆有之,而反以为忧。

我所以为乐者,人人皆同,但未能触事而夷,故无暂欢。

卢曰:仁者不忧,智者不惧,不受形也,生分已随之。是以君子不戚戚于贫贱,不遑遑于富贵,人不达此,反以为忧。汝亦何怪于我也?

少不勤行,长不竞时,故能寿若此;

不勤行,则遗名誉;不竞时,则无利欲。二者不存于胸中,则百年之寿不祈而自获也。

卢曰:非于非分之行,竞于命外之时,求之不跋,伤生夭寿矣。吾所以乐天知命而得此寿。

老无妻子,死期将至,故能乐若此。

所谓乐天知命,故无忧也。

卢曰:妻子适足以劳生苦心,岂能延人寿命?居常待终,心无忧戚,是以能乐若此也。

子贡曰:寿者人之情,死者人之恶。子以死为乐,何也?林类曰:死之与生,一往一反,故死于是者,安知不生于彼?故吾知其不相若矣。吾又安知营营而求生非惑乎?亦又安知吾今之死不愈昔之生乎?

寻此旨,则存亡往复无穷已也。

卢曰:知形有代谢,神无死生,一往一来,犹朝与暮耳。何故营营贪此而惧彼哉?

子贡闻之,不喻其意,还以告夫子。夫子曰:吾知其可与言,果然,然彼得之而不尽者也。

卒然闻林类之言,盛以为已造极矣,而夫子方谓未尽。夫尽者,无所不尽,亦无所尽,然后尽理都全耳。今方对无于有,去彼取此,则不得不觉内外之异。然所不尽者,亦少许处耳。若夫万变玄一,彼我两忘,即理自夷,而实无所遣。夫冥内游外,同于人群者,岂有尽与不尽者乎?

卢曰:死此生彼,必然之理也。林类所言安知者,是疑似之言耳。故云未尽。

政和:《易》曰:乐天知命,故不忧。处常得终,死生无变于己,所以自乐也。盖修一身,任穷达,知去来之非,我亡变乱于心虑,则何忧之有?虽然,知乐知忧,非真乐也。孔子以无乐为真乐。荣启期者,真能自宽。而林类盖得之而不尽者尔。

范曰:生者死之徒,死者生之始。万化而未始有极,惟原始反终者,故知死生之说。自不悦生不恶死言之,则营营求生者,可谓惑矣,然亦安知其为惑乎?自生之劳死之息言之,则今之死者,固愈于昔之生矣,然亦安知其愈于昔之生乎?观林类之言,若是真可与言者。然以彼之所以为乐者观之,尚不免对无于有,取此去彼,故夫子以为得之而未尽者也。

子贡倦于学,告仲尼曰:愿有所息。

学者,所以求复其初,乃至于厌倦,则自然之理亏矣。

仲尼曰:生无所息。

劳知虑,役支体,此生者之事。《庄子》曰:生为徭役。

子贡曰:然则赐息无所乎?仲尼曰:有焉耳。望其圹,睪如也,宰如也,坟如也,鬲如也,则知所息矣。

见其坟壤鬲异,则知息之有所。《庄子》曰:死为休息也。

子贡曰:大哉死乎!君子息焉,小人伏焉。

乐天知命,泰然以待终,君子之所以息;去离忧苦,昧然而死,小人之所以伏也。

仲尼曰:赐,汝知之矣。人胥知生之乐,未知生之苦;知老之惫,未知老之佚;知死之恶,未知死之息也。

《庄子》曰:大块载我以形,劳我以生,佚我以老,息我以死耳。

卢曰:夫生者,动用之质也,唯死乃能休息耳。亦犹太阳流光,群物皆动,君子徇名,小人徇利,未尝休止也。

政和：学道而不至于死之说，则何以学为哉？子贡倦学而愿息，是未知死之说也。故夫子告之以生无所息，望其圹，睾如其明，宰如其高，坟如其大，鬲如而与世殊绝，此息之所也。然众人之死曰物，而君子则虽死而不亡，故曰君子息焉，小人伏焉。生之苦，所谓劳我以生也；老之佚，所谓佚我以老也；死之息，所谓息我以死也。

范曰：《老子》曰：为学日益。又曰：绝学无忧。子贡倦于学而愿息焉，由未进乎日益，又乌能损之又损，无为而无不为，而得夫谓所绝学者哉？孔子告之以生无所息，欲其日有孳孳，死而后已故也。《庄子》曰：大块载我以形，劳我以生，佚我以老，息我死。体道者，无佚老息死之事，特为载形劳生者言之乎？故孔子以是对子贡。

晏子曰：善哉！古之有死也。

生死古今所同，而独善古之死者，明古人不乐生而恶死也。

仁者息焉，不仁者伏焉。

修身慎行，恒怀兢惧，此仁者之所忧；贪欲纵肆，常无厌足，此不仁者之所苦，唯死而后休息寝伏之。

死也者，德之徼也。

德者，得也。徼者，归也。言各得其所归。

古者谓死人为归人。言死人为归人，则生人为行人矣。行而不知归，失家者也。一人失家，一世非之；天下失家，莫知非焉。

此众寡相倾者也。晏子儒墨为家，重形生者，不辩有此言，假托所称耳。

卢曰：《老子》曰：归根曰静，静曰复命，复命曰常，知常曰明。不知常，妄作凶。神之有形，一期之报，迷本执有，劳神苦心，疲亦极矣。唯死也乃归乎真,犹脱桎梏而舍负担也。贪生恶死者,苟恋乎有,曾不知归于本焉,而天下不以为非,迷者多矣。

有人去乡土,离六亲,废家业,游于四方而不归者,何人哉？世必谓之为狂荡之人矣。又有人钟贤世,钟贤世,宜言重形生。**矜巧能,修名誉,夸张于世而不知已者,亦何人哉？世必以为智谋之士。此二者,胥失者也。**

此二者虽行事小异,而并不免于溺丧也。

而世与一不与一,唯圣人知所与,知所去。

以生死为瘠瘵者,与之,溺丧忘归者,去之。

卢曰：夫弃本逐末,劳神苦心,顺情之与求名,逐欲之与徇利,二者俱失也。何厚何薄哉？而群所谓则举世为是也,凡执所滞则举世为非矣,唯有道者知去与焉。故《庄子》云：臧与谷,二人俱牧羊,俱亡羊,一则博塞问,一则读书,善恶虽殊,亡羊一也。苟失道,则游方之与修学,夫何远哉？

政和：死生亦大矣,善吾生者,乃所以善吾死,故曰善哉。古之有死也,死而不亡曰寿,仁者寿,不仁之人则与物偕尽而已,故曰仁者息焉,不仁者伏焉,徽者有所归宿之地。生,阳也。生者,德之光,而光则本乎阳。死,阴也。死者,德之徽,而徽则本乎阴。故以生为行,而死为归,亦阴阳动静之义。狂荡之人其失之也,外智谋之士其失之也。内去彼取此,世俗之蔽耳。唯圣人知所与,知所去。

范曰：人死曰鬼。鬼者,归也,归其真宅之谓。一旦揽有涯之生,托无遁之地,与物相刃相靡,其行尽如驰,而莫之能止,不亦悲乎？终身役役而不见其成功,苶然疲役而不知所归,可不哀耶？是乃迷而不知复者,人谓之不死奚益？今有人焉,去乡国,离六亲,废家业，游于四方而不知归者，果何人哉？是特造化之流人，阴阳之逆旅，蘭然疲役而不知归尔。又有人焉，钟贤世，矜行能，修名誉，自务夸张于世而不知已者，亦何人哉？是直饰智以惊愚，修身以明污，独卖名声于天下者尔。二者不同，其于溺丧而不知归一也。而世与一不与一，或自以为狂荡之人，或自以为智谋之士。要之，知所与，知所去，唯圣人能之。

冲虚至德真经四解卷之三

天 瑞

或谓子列子曰：子奚贵虚？列子曰：虚者，无贵也。

凡贵名之所以生，必谓去彼而取此，是我而非物。今有无两忘，万异冥一，故谓之虚。虚既虚矣，贵贱之名将何所生？

范曰：谷以虚故应，鉴以虚故照，管籥以虚故受声，耳以虚故能听，目以虚故能视，鼻以虚故能齅。有实有中，则有碍于此，虚固足贵矣。然所贵在此，所贱在彼，贵贱之名，未能两忘。而化于道，又奚贵虚？

子列子曰：非其名也，

事有实著，非假名而后得也。

莫如静，莫如虚。静也，虚也，得其居矣；取也，与也，失其所矣。

夫虚静之理，非心虑之表，形骸之外，求而得之，即我之性。内安诸己，则自然真全矣。故物所以全者，皆由虚静，故得其所安；所以败者，皆由动求，故失其所处。

卢曰：或问贵虚，答曰无贵，吾所以好虚者，非为名也。夫虚室生白,吉祥止耳。唯静唯虚,得其居矣。若贪求取与,神失其安,然后名利、是非纷竞交凑,将何以堪之?故虚非我贵耳。

范曰:一而不变,静之至也。无所于忤,虚之至也。守静而笃,致虚而极者,岂在夫名声之末哉?一性之中,咸有真宅,有尸则有屄矣,有屄则有所矣,静固足以应群动,虚固足以受群实。静也,虚也,不为物撄,真宅在我,居之安矣。若夫有所取,则有所求,有所与,则有所应。驰其形性,潜之万物,望旧都而畅然,指先庐而流涕,欲反汝情而无由入,殆不啻若去国之流人也。虽欲不失其所,得乎哉?此天下失家至人之所悲也。《易》以井为居其所,艮为止其所。井者性之原,艮者性之止,惟此则为不失其所故也。

事之破砏而后有舞仁义者,弗能复也。

当为之于未有,治之于未乱,乃至亏丧凋残,方欲鼓仁义,以求反性命之极者,未之得也。砏,音毁。

卢曰:吾所言虚,是修于未乱耳。若使真性破毁,心神汨昏,更弄仁义之辞教,易情之波荡,故不能克复矣。

政和:有贵斯有贱,有名斯有实,虚则无是也。《老子》曰:致虚极,守静笃虚,固足以受群实,静固足以应群动。故曰莫如静,莫如虚。以虚静为得其居者,盖言群动群实莫能阂之也。以取与为失其所者,盖言去彼取此有所著也。大道废,有仁义。因事之破砏而后有舞仁义者,岂能复归于道哉?

范曰:《庄子》曰:道德不废,安取仁义?盖失道而后德,失德而后仁,失仁而后义。仁以立人,义以立我,而去道也远矣。事既破砏,乃始蹩躠为仁,踶跂为义,薪以慰天下之心,天下莫不奔命于仁义,无以反其性情而复其初。此古之至人所以槌提而绝弃之者,良有以也。

粥熊曰：运转亡已，天地密移，畴觉之哉？

此则《庄子》舟壑之义。孔子曰：日夜无隙，丘以是徂。夫万物与化为体，体随化而迁。化不暂停，物岂守故？故向之形生，非今形生，俯仰之间，已涉万变，焉散形朽，非一旦顿至，而昧者操必化之器，托不停之运，自谓变化可逃，不亦悲乎？

范曰：阴阳相照、相盖、相治，四时相代、相生、相杀，芸芸万类，日徂于一息。不留之间，俄成俄坏，代废代兴，迭盛迭衰，倏超倏灭。壑泽之藏，在今非故，交臂之间，已为陈迹。大化密移，而昧者不知也。非通乎昼夜之道，畴能觉之哉？

故物损于彼者盈于此，成于此者亏于彼。

所谓川竭谷虚，丘夷渊实也。

损盈成亏，随世随死。此世亦宜言生。**往来相接，间不可省，畴觉之哉？**

成者方自谓成，而已亏矣；生者方自谓生，潜已死矣。

范曰：丘夷而渊实，则损于彼者未必不盈于此；栽成而木毁，则成于此者未有不亏于彼。损己而益，成己而坏，生死相循于无涯之变，往来相转于不停之机，日夜无隙，间不容楯，非大明终始者，畴觉所以然哉？

凡一气不顿进，一形不顿亏，亦不觉其成，亦不觉其亏。

皆在冥中而潜化，固非耳目之所瞻察。

范曰：消者，俄且息气，固不顿进也；盈者，俄且虚形，固不顿亏也。其进也，日造所无而好所新；其亏也，日减所有而损所成。虽欲执之而留，皆自冥冥中去矣。《庄子》壑泽之喻，必日夜半有力者负之而去，盖明乎此。

亦如人自世音生。至老,貌色智态,亡日不异,皮肤爪发,随世随落,非婴孩时有停而不易也。

形色发肤,有之粗者,新故相换,犹不可识,况妙于此者乎?

间不可觉,俟至后知。

卢曰:夫心识潜运,阴阳鼓作,故形体改换,天地密移,损益盈虚,谁能觉悟?所以贵夫道者,知本而不忧亡也。

政和:神也者,妙万物而为言者也。妙不可识,则凡丽于形,拘于数,囿于天地之间者,二气之运转无已,万物之往来不穷。求其主张推行是者而不可得,又乌足以知之哉?唯圣人通乎物之所造,觉此而冥焉。彼俟至后知,盖亦后觉之莫觉者矣。

范曰:人生天地间,一受其成形,不亡以待尽,其形化,其心与之。然若骤若驰,莫觉莫悟,谁能不失赤子之心乎?古之体道者,以神御形,化化而不化于化。四肢百体,将为尘垢,死生亦大矣,而不得与之变。虽万化而未始有极,何足以患心已?故含德之厚,复于婴儿,上与造物者游,下与外生死、齐终始者为友。

杞国有人忧天地崩坠,身亡所寄,废寝食者。又有忧彼之所忧者,因往晓之,

彼之所忧者惑矣,而复以不惑忧彼之所惑,不忧彼之所忧,喻积惑弥深,何能相喻也哉?

曰:天,积气耳,亡处亡气。若屈伸呼吸,终日在天中行止,奈何忧崩坠乎?

夫天之苍苍,非铿然之质,则所谓天者,岂但远而无所极邪?自地而上,则皆天矣。故俯仰喘息,未始离天也。

其人曰:天果积气,日月星宿不当坠邪?晓之者曰:日月星宿,亦积气中之有光耀者,

气亦何所不胜,虽天地之大,犹自安于太虚之域,况乃气相举者也。

只使坠,亦不能有所中伤。其人曰:奈地坏何?晓者曰:地,积块耳,充塞四虚,亡处亡块。若躇步跐蹈,终日在地上行止,奈何忧其坏?其人舍然大喜。舍,宜作释,此书释字作舍。**晓之者亦舍然大喜。**

此二人一以必败为忧,一以必全为喜,此未知所以为忧喜也。而互相慰喻,使自解释,固未免于大惑也。

卢曰:天为积气,何处无气也?地为积块,何处无块也?块无所隐,气无所崩,日月是气中有光者,汝何忧于崩坠乎?

范曰:确然而上者,天其运乎?是直积气耳,无为而清者耶?不然,将恐裂。隤然而下者,地其处乎?是直积块耳,无为而宁者耶?不然,将恐发。昆仑磅礴,立碍于太虚之间,忧其坏者亦已惑矣,忧彼之所忧者其惑滋甚。以不惑是尚大不惑。

长庐子闻而笑之曰:虹霓也,云雾也,风雨也,四时也,此积气之成乎天者也;山岳也,河海也,金石也,火木也,此积形之成乎地者也。知积气也,知积块也,奚谓不坏?

夫混然未判,则天地一气,万物一形。分而为天地,散而为万物。此盖离合之殊异,形气之虚实。

夫天地,空中之一细物,有中之最巨者。难终难穷,此固然矣;难测难识,此固然矣。忧其坏者,诚为大远;言其不坏者,亦为未是。天地不得不坏,则会归于坏。遇其坏时,奚为不忧哉?

此知有始之必终,有形之必坏,而不识休戚与阴阳升降,器质与天地显没也。

卢曰:积气积块,以成天地,有积有成,安得无坏耶?但体大难终,不可则见。若遇其坏时,何得不忧?

范曰:经曰:焉知天地之丧,不有大于天地者乎?则即空中以观,是为细物。又曰,天地者,形之大也。则即有中以观,是为最巨,以其难终,故难穷,以其难测,故难识。忧其坏者,既为大远;言其不坏者,亦为未是。然复谓天地不得不坏,遇其坏时奚为不忧?则长庐子之言由在可笑之域。

子列子闻而笑曰:言天地坏者亦谬,言天地不坏者亦谬,坏与不坏,吾所不能知也。虽然,彼一也,此一也。

彼一谓不坏者也,此一谓坏者也,若其不坏,则与人偕全,若其坏也,则与人偕亡。何为欣戚于其间哉?

故生不知死,死不知生;来不知去,去不知来。坏与不坏,吾何容心哉?

生之不知死,犹死之不知生。故当其成也,莫知其毁,及其毁也,亦何知其成?此去来之见验,成败之明征,而我皆即之,情无彼此,何处容其心乎?

卢曰:夫天地者,物之大者也。形体者,物之细者也。大者亦一物也,细者亦一物也,有物必坏,何用辩之哉?且人生不知死,死不知生,来去不自知,成坏不能了,近取诸己且未能知,亦何须用心于天地而忧辩于物外耶?

政和:自器言之,有成必有坏;自道言之,无成无坏。囿于器者,谓其有形有气,不得不坏;通于道者,知其不陷不坠,莫得而坏。惟达者知通乎此。此列子所以无容心于其间也。

范曰:天地之在空中,譬犹一沤之在水也。水自为沤,沤亦成水,其坏亦水,成已俄坏,坏已俄成。杞人之忧其坏,是犹悲人之丧者也。有忧彼之所忧者,故能晓之,是犹悲人之悲者也。长庐子闻而笑之,是犹悲夫悲人之悲者也。进而上之,坏与不坏,无所容心,是为至极之论。然则生死之变,去来之机,皆不足以相知也。坏与不坏,曾何欣戚于其间哉?

舜问乎丞曰:道可得而有乎?

舜欲明群有皆同于无,故举道以为发问之端也。

曰:汝身非汝有也,汝何得有夫道。

郭象曰:夫身者非汝所能有也,块然而自有耳。有非所有,况于无哉?

卢曰:夫汝我者,自他形称耳,非谓神明也。俗以己身为我,前人为汝,欲有其道,安可得乎?故曰汝身非汝有,安得有夫道。

舜曰:吾身非吾有,孰有之哉? 据有此身,故重发问。**曰:是天地之委形也。** 是一气之偏后者也。**生非汝有,是天地之委和也。** 积和故成生耳。**性命非汝有,是天地之委顺也。**

积顺故有存亡耳。郭象曰:若身是汝有,则美恶死生,当制之由汝。今气聚而生,汝不能禁也;气散而死,汝不能止也。明其委结而自成,非汝之有也。

孙子非汝有,是天地之委蜕也。

气自委结而蝉蜕耳。若是汝有,则男女多少亦当由汝也。

故行不知所往,处不知所持,食不知所以。

皆在自尔中来,非知而为之也。

天地强阳,气也。又胡可得而有邪?

天地即复委结中之最大者也。今行处食息,皆强阳之所运动,岂识其所以然?强阳,犹刚实也。而非刚实理之至,反之虚和之极,则无形无生,不死不终,则性命何所委顺?子孙何所委蜕?行处何所止泊?饮食何所因假者也?

卢曰:既不知神明之为道也,故假天地以言之。天主神用,地主形物。涉有者,委形也。体和者,生性也。应用者,委顺也。情育者,委蜕也。汝今行止食息,但知强阳之所运,而不知神明之真宰也。亦可得有夫道者耶? 或曰:虞、舜,圣人也,安得不知道乎?答曰:夫假宾主辩惑,岂可玄默而已耶? 然《庄子》曰:上梁倚有圣人之才而无圣人之道,我有圣人之道而无圣人之才。是知有济物之才,君居极之位者,未必能知道。处山林之下,有独善之名者,未必能理人。是故黄帝即位三十年,然后梦华胥之国;放勋见乎四子,然后窅然汾水之阳。舜之未寤,亦何足怪之?

政和:虚则亡,实则有,凡得而有者,皆可执而取之。道妙无形,深不可识。既莫得而有,而人之一身,形体性命,方该而存,倏化而亡,亦安能有? 形者,体也,故以身为天地之委形。和者,气也,故以生为天地之委和。物之生也,顺性命之理而已,故以性命为天地之委顺。身也者,父母之遗体也,故以孙子为天地之委蜕。若然者,亦非我有也。故行不知所往,处不知所持,食不知所味。既有制之者矣,亦有使之者矣,直天地强阳,气之所运动而已。又安能有夫道? 虽然,道者,人之所共由也。故曰道将为汝居,是岂终不可得而有耶? 盖认而有之则莫能有,唯圣人有之以不有耳。

范曰:道本无物,汝身亦虚,虚而非有,道将孰寄? 故观天下之物,汝之所得擅者,莫若乎身;身之所存者,莫若乎生;其生之本者,莫若乎性命也;其身之所亲者,莫若乎孙子也。汝皆不得而有之,故观汝之身,知本无知,则行安知所往,处安知所持,食安知所味,是皆天地强阳,气之所为耳。所谓道者,汝安得而有耶?

齐之国氏大富,宋之向氏大贫。自宋之齐,请其术。国氏告之曰:吾善为盗。始吾为盗也,一年而给,二年而足,三年大壤。自此以往,施及州闾。向氏大喜,喻其为盗之言,而不喻其为盗之道,遂逾垣凿室,手目所及,亡不探也。未及时,以赃获罪,没其先居之财。向氏以国氏之谬己也,往而怨之。国氏曰:若为盗若何?向氏言其状。国氏曰:嘻,若失为盗之道至此乎?今将告若矣。吾闻天有时,地有利。

谓春秋冬夏,方土出所有也。

吾盗天地之时利,云雨之滂润,山泽之产育,以生吾禾,殖吾稼,筑吾垣,建吾舍。陆盗禽兽,水盗鱼鳖,亡非盗也。夫禾稼、土木、禽兽、鱼鳖,皆天之所生,岂吾之所有?

天尚不能自生,岂能生物?人尚不能自有,岂能有物?此乃明其自生自有者也。

然吾盗天而亡殃。

天亡其施,我公其心,何往而有怨哉?

夫金玉珍宝,谷帛财货,人之所聚,岂天之所与?

天尚不能与,岂人所能聚?此亦明其自能自聚。

若盗之而获罪,孰怨哉?

人有其财,我犯其私,所以致咎。卢曰:夫天地不仁,以万物为刍狗。既无情于生育,岂有心于取与哉?小大相吞,智愚相役,因时以兴利,力制以徇私,动用取与,皆为盗也。人财则不尔主守,以自供取之获罪,此复怨谁也。

范曰:盗有羡志,取非其有。然有所谓公盗者,有所谓私盗者。禾稼、土木、禽兽、鱼鳖,天之所生,国氏盗之而亡殃;金玉、珍宝、谷帛、货财,人之所聚,向氏盗之而获罪。二者不同,非其有而取之则一也。

向氏大惑,以为国氏之重罔己也,遇东郭先生问焉。东郭先生曰:若一身庸非盗乎?盗阴阳之和以成若生,载若形,况外物而非盗哉?

若其有盗耶,则我身即天地之一物,不得不私有之;若其无盗耶,则外内不得异也。

诚然,天地万物不相离也,仞而有之,皆惑也。

夫天地,万物之都称;万物,天地之别名。虽复各私其身,理不相离,仞而有之,心之惑也。因此而言,夫天地委形,非我有也,饰爱色貌,矜伐智能,已为惑矣。至于甚者,横仞外物以为己有,乃标名氏以自异,倚亲族以自固,整章服以耀物,借名位以动众,封殖财货,树立权党,终身欣玩,莫由自悟。故《老子》曰:吾所以有大患者,为吾有身。《庄子》曰:百骸六藏,吾谁与为亲?领斯旨也,则方寸与太虚齐空,形骸与万物俱有也。

范曰:窃有小大皆迷者也。向氏喻其为盗之言,而不喻其为盗之道,故失之于殉货;国氏喻其为盗之道,而不喻其所以为盗之道,故失之于累物。苟得乎道,则内之一身,不可横私也。况于外物之纷纷乎?何则?且人之生也,百骸、九窍、六藏,赅而存焉。吾谁与为亲?认而有之,是为大惑。惟能不以利累形,不以形累心,则视万物与我将择焉而不可得,及吾无身,吾有何患?

国氏之盗,公道也,故亡殃;若之盗,私心也,故得罪。

公者对私之名,无私则公名灭矣。今以犯天者为公,犯人者为私,于理未至。

卢曰:天地无私,取之无对,故无殃也。人心有私,取之有情,故为盗也。以有私之心取有私之物,私则有对,得罪何疑?故法者，禁人之私，无对无禁也。

有公私者，亦盗也；

直所犯之异耳，未为非盗。

亡公私者，亦盗也。

一身不得不有，财物不得不聚，复欲遣之，非能即而无心者也。

卢曰：圣人设法教化，不害人，不侵众者，皆非盗也。不违法者，则为公道；违于法者，则为私道焉。虽不违于公而封于己者，亦为盗也，况违法封己乎？

公公私私，天地之德。

生即天地之一理，身即天地之一物。今所爱吝，复是爱吝天地之间生身耳，事无公私，理无爱吝者也。

知天地之德者，孰为盗耶？孰为不盗耶？

天地之德何耶？自然而已。何所历其公私之名？公私之名既废，盗与不盗，理无差也。

卢曰：知公知私而无私焉。与物同例而不怪者，是天地之德也。若知天地之德，取而无私心者，是不欺乎天。取之不殊于众人，得之无私，不为盗。若然者，谁为盗耶？谁为不盗耶？唯了神悟道者知之矣。

政和：取非其有，无非盗也。或以公道而无殃，或以私心而得罪，时在夫不累于有与认而有之之间耳。然有公私者，未能无羡，故曰有公私者，亦盗也；而无公私者，亦未能勿忘，故曰亡公私者，亦盗也。公公私私，任其自然，而无容心焉，则兼怀万物，是谓天地之德。知夫此者，泯然大同。虽参差不齐，而与天地为合。吾乌能知其辩哉？故天瑞之篇终焉。

范曰：自营为私，背私为公，公本无名，因私而得。天任理则大而公，故国氏盗天之所生则为公道；人任情则小而私，故向氏盗人之有则为私心。自道观之，皆在一曲。有公私者，亦盗，无公私者亦盗，公公私私，天地之德，圣人两不废焉。觉此而冥，则盗与不盗，乌能知其辩？

冲虚至德真经四解卷之四

黄　帝

禀生之质谓之性，得性之极谓之和，故应理处顺，则所适常通，任情背道，则遇物斯滞。

卢曰：此明忘形养神，从玄默以发真智。始其养也，则遗万有而内澄心，发其智则化含生以外接物。故其初也，则斋心服形不亲政事；其末篇也，则赞孔墨以济人焉。此其大旨。

政和：古之明大道者，先明天而道德次之。《列子》以天瑞首篇，而继之以《黄帝》，岂谓是欤？

范曰：即无物之自虚者，随处皆通；执有物之为实者，触途生碍。然则有而为之其易耶？必将泯是非利害之心，去智巧果敢之烈，猜虑不萌，俾物无得而伤，吾宗不出，俾人无得而先，崇自贤之行，持常胜之道，子以袭诸人间，则人道之患庶几其息矣。华胥之国，姑射之山，夫岂远哉？此一篇之旨也。

黄帝即位十有五年，喜天下戴己，随世而喜耳。**养正命，**正当为性。**娱耳目，供鼻口，焦然肌色皯黣，昏然五情爽惑。**

役心智未足以养性命，只足以焦形也。

卢曰：举代之人，咸以声色、饮食养其身，唯丰厚者，则为富贵矣。而圣人知此道足以伤生，故焦然不乐也。第一篇知神为生主，

第二篇欲明道以养身,故先示众人之所溺,然后渐次而进之。

又十有五年,忧天下之不治,随世而忧耳。**竭聪明,进智力,营百姓,焦然肌色皯黣,昏然五情爽惑。**

用聪明未足以致治,只足以乱神也。

卢曰:代谓之君子,理人之士也。皆劳心苦己,以身徇物,以求其名,以向其利耳。而不知役神以丧实,去道斯远矣。

黄帝乃喟然赞曰:赞当作叹。**朕之过淫矣。**淫当作深。**养一己其患如此,治万物其患如此。**

惟任而不养,纵而不治,则性命自全,天下自安也。

卢曰:淫者,失于其道也。含生之物,咸知养己,自私以为生,不知所生生而之死也;操仁义者,咸知徇名以取利,自私以为能,亦不知所以丧神伤生而知死也。徇己自私以为小人,济物无私代以为君子。善之以恶约外则有殊,求名丧实约内则俱失。方明大道,故双非之也。

范曰:鼓舞万物而不与圣人同忧者,道也。吉凶与民同患者,事也。体道则无忧,涉事则有患,圣人不得已而临莅天下,亦乌至而惄然耶?内而养一己,则养正命,娱耳目,供口鼻,其患既如此。外而治万物,竭聪明,进智力,营百姓,其患又如此。是岂胥易技系,劳形怵心,固若是其多忧耶?方以百姓心为心,则人之所畏不得不畏故尔。

于是放万机,舍宫寝,去直侍,彻钟悬,减厨膳,退而闲居大庭之馆,斋心服形,心无欲,则形自服。**三月不亲政事。**

卢曰:放万机者,非谓都无所行也。事至而应,如四时焉。故曰天何言哉,四时行焉,百物生焉。不劳焦思以邀虚名,不想能于千载欲垂芳于竹帛耳。但冥冥然应用,不得已而运之,不封崇其身名,不增加其嗜欲,不丰厚其滋味,不放肆于淫声。斋肃其心,退伏其体。三月者,一时也,孔子曰颜回三月不违仁是也。择贤才而责成,赏罚无私焉,是不亲政事也。

昼寝而梦,

将明至理不可以情求,故寄之于梦。圣人无梦也。

游于华胥氏之国。

政和:至人不以物累形,不以形累心,上与造物者游,下与外生死、无终始者为友。忧喜无变于己,亦有何患?黄帝以此去万有之累,而将复乎一。故斋心服形,梦游华胥氏之国也。

范曰:圣人之治,一日二日万几,今曰放万几,则不劳心于土苴之末矣。舍宫寝,非累于居处之安也;去直侍,非乐于使令之众也;彻钟悬,则耳不綦声;减厨膳,则口不綦味。退而闲居大庭之馆,斋心服形,三月不亲政事,则又洁斋至矣。故华胥之国于此得而梦游焉。经曰:形接为事,神遇为梦。尽之所为,必形于梦,则魂交之寐未必虚也;夜之所梦,必合于昼,则形开之觉未必实也。惟通乎昼夜之道,而知者乃能融梦觉于一致,等视世间得失、是非、贵贱、生死,无非梦幻。故居化人之宫者,以梦而游;执尹氏之役者,以梦而乐;获郑人之鹿者,以梦而讼。随有所遇而安之者,知所幻而非真也。何独于此而疑之?然古之真人,其寝无梦,列子言此,将明至道之不可以情求,姑寄于梦而已。

华胥氏之国在弇州之西,台州之北。

不必便有此国也,明至理之必如此耳。《淮南》云:正西曰弇州,西北曰台州。

不知斯齐国几千万里, 斯,离也。齐,中也。**盖非舟车足力之所及,神游而已。**

舟车足力，形之所资者耳。神道恍惚，不行而至者也。

范曰：华则敷而离根，胥则出而相见。理有至妙，不必求之于窈冥昏默之中。虽离道之根，而与物相见，所谓归根复命者，常自若也。正西曰弇州，正北曰台州，弇州之西，台州之北，则又归根复命之地也。夫道降中庸，则有足者皆可至于丘。不知斯齐国几千万里，则去人为远矣，盖非舟车足力之所及，神游而已。唯神也，不疾而速，不行而至，故出入六合，游乎无有，乌往而不暇哉？

其国无师长，自然而已。其民无嗜欲，自然而已。自然者，不资于外也。**不知乐生，不知恶死，故无夭殇；不知亲己，不知疏物，故无爱憎；不知背逆，不知向顺，故无利害。**

理无生死，故无所乐恶；理无爱憎，故无所亲疏；理无逆顺，故无所利害也。

都无所爱憎，都无所畏忌。入水不溺，入火不热，斫挞无伤痛，指擿无痟痒。

至和者无物能伤，热溺痛痒，实由矜惧，义例详于下章。痟痒，酸痟也。义见《周官》。

乘空如履实，寝虚若处床。云霞不硋其视，雷霆不乱其听，美恶不滑其心，山谷不踬其步，神行而已。

至顺者，无物能逆也。

卢曰：寄言也，斋心服形，神与道合，则至其大国矣。夫神者，生之主也。既为生主，则役神以养生。养之失理，却成于损也。俗以益嗜欲者为养生，适为丧年之本矣。故君子养于性，小人养于情。养性者，无嗜欲，保自然，不乐生，不恶死，无向背憎爱，无畏忌自然。神行者，神合于道也。非是别有一国、别类之人耳。故曰：

仁道不远,行之则至。一言契者,交臂相得焉。

政和:在弇州之西,台州之北,去齐国几千万里,则其道幽远而无穷。故惟神游者,所能至也。无师长而自治,无嗜欲而自足,死生无变于己,亲疏不累其身。不就利而利亦不至,不违害而害亦不来,都无所爱惜,都无所畏忌,而心有所忘,入水不溺,入火不热,斫挞无伤痛,指擿无痟痒。而形有所遗,乘空寝虚,不硋不蹴,恶往而不暇,以是出入往来阴阳之所,不能测也,而况于人乎?故曰神行而已。

范曰:其国无师长,自然而已,则无出治之劳,而国者自治。其民无嗜欲,自然而已,则无贪求之念,而民者自朴。生不知死,死不知生也,故其出不䜣,其入不距,孰为而有夭恶?视人如我,视我如人也,故无所甚亲,无所甚疏也。孰为而有爱憎?逆之而怒,顺之而喜也,故不背所异,不向所同。孰为而有利害?都无所爱憎,故其心无所知,都无所畏忌,故其形无惕。若然者,大浸稽天而不溺,大旱金石流土山焦而不热。虽有勇,刺之不入,虽有力,击之弗中,触实不硋,乘虚不坠。视不用目而见晓,听不用耳而闻和。刳心无物,美恶不能汩也。潜行不窒,山谷不能蹴也。利用出入,往来不穷,是其神之所为乎?

黄帝既寤,

亦寄之眠寤耳。圣人无眠觉也。

怡然自得,召天老、力牧、太山稽, 三人黄帝相也。**告之曰:朕闻居三月,斋心服形,思有以养身治物之道,弗获其术。**

身不可养,物不可治,而精思求之未可得。

疲而睡,所梦若此。今知至道不可以情求矣,朕知之矣,朕得之矣,而不能以告若矣。

不可以情求,则不能以情告矣。

又二十有八年,天下大治,几若华胥氏之国,

政和:劳形怵心,知而辩焉,故其术弗获,斋心服形,觉而冥焉,故其道乃得。虽有情有信,而无为无形,故至道不可以情求,而知之得之者,亦莫能以告也。

而帝登假。假当为遐。**百姓号之,二百年余不辍。**

卢曰:既寤于道也,自不因外物以得之。疲而睡者,冥于理,去嗜欲也。识神归性,不可以情求也。不能以告若者,心澄忘言也。凡以数理天下者,但成其空名,数极则迹见,虚而不能实也。上以虚名责于下,下以虚名应于上,上下相蒙,积虚以为理,欲求纯素,其可得乎?夫道者,神契理合,应物以真,非偏善于小能,不暴怒于小过。如春之布万物皆生,俗易风移,自然而化,不知所以化,不觉所以成。故百姓思之,不知其极也。

范曰:有身则累物而丧我。入而内观身,本无身也,必期于养之,则未离于身;见出而外观物,本无物也,必期于治之,则未离于物。见物我靡认,其去道也远矣。何者?至道之精,窈窈冥冥,至道之极,昏昏默默,求之以情,道终弗获。其所以知之者,无知而已;其所以得之者,无得而已。知本无知,得本无得,又乌能以是告人耶?审造乎是,则游心于淡,合气于漠,顺物自然,无容私焉,而天下治矣。千岁厌世,去而上仙,彼且释弓而登假,人则从是也。孰肯以物为事?尝原庄周之书,言黄帝始以仁义撄人心,而继以问道广成,盖以谓绝圣弃智而天下治。则黄帝其人,所谓撄人心者,是宜寓言耳。是篇之意,正与此合。

列姑射山在海河洲中,见《山海经》。**山上有神人焉。**

凝寂故称神人。

吸风饮露,不食五谷;

既不食谷矣,岂复须吸风饮露哉？盖吐纳之貌,不异于物耳。

心如渊泉,形如处女;

尽柔虚之极者,其天姿自粹,非养而不衰也。

不偎不爱,

偎者亦爱也,刍狗万物,恩无所偏。偎音隐偎。

仙圣为之臣;

仙者,寿考之迹圣者,治世之名。

不畏不怒,愿悫为之使;

畏,威也。若此岂有君臣役使之哉？尊卑长短,各当其分,因此而寄称耳。

不施不惠,而物自足;不聚不敛,而己无愆。愆,塞乏也。**阴阳常调,日月常明,四时常若,**若,顺也。**风雨常均,字育常时,年谷常丰,而土无札伤,人无夭恶,物无疵疠,鬼无灵响焉。**

天人合德,阴阳顺序,昏明有度,灾害不生,故道合二仪,契均四时。《老子》曰:以道莅天下者,其鬼不神。

卢曰:此言神之合道也,故假以方外之中,托以神人之目,不因五谷以为养,吐纳真气以为全,心如澄水无波浪之能鼓形,如处女无思虑之所营。喜怒不入其襟,是非不干其用,无求无欲,同天地之不仁,不惠不施,正阴阳之生育万物所不能挠,鬼神所不能灵证之真,其功若此也。

政和:神也者,妙万物而为言者也。体神之妙而出乎形数之外,故能胜物而无累。吸风饮露,不食五谷,则不志于养;心如渊泉,形如处女,则静一而不二;不偎不爱,仙圣为之臣;不畏不怒,愿悫为之使,则与道相辅而行。若然者,从容无为而阴阳和静,群生不伤,故不施不惠,不聚不敛,阴阳调,四时若,字育时,年谷丰,人无夭恶,物无疵疠,鬼无灵响焉。此圣人所以曲成万物而不遗者也。

范曰:神也者,妙万物而为言者也。万物在道之末。体神者,寓乎万物之上,视万物莫足以撄其心者,故能胜物而无累。然则列姑射之山,非神人,孰能居之?吸风饮露,不食五谷,则不志于养也;心如渊泉,则静尊而不流;形如处女,则柔顺而无忤;不偎不爱,则非作好以亲也,而仙圣实为之制;不畏不怒,则非作恶以疏也,而愿愍实为之役;于物无所与也,不施惠,而物咸自裕;于己无所取也,不聚敛,而己无不足。道足以役阴阳,则阴阳常调,而无谬戾之灾。道足以旁日月,则日月常明,而无昏蚀之变。以道运数,则有以若四时。以道运气,则有以均风雨。夫然,故未尝合六气之靖以育群生也,而字育常时,未尝取天地之精以佐五谷也,而年谷常丰。土无札伤,得以乐其生,人无夭恶,得以终其命。以物则遂性也,无疵疠之苦。以鬼则不神也,无灵响之出。是道也,非天下之至神,孰能与于此?

列子师老商氏,友伯高子,进二子之道,乘风而归。

《庄子》云:列子御风而行,泠然善,旬五日而后反。盖神人,御寇称之也。

卢曰:夫神之滞于有,则百骸俱碍;神之契乎真,则五根俱通也。有通则无远不鉴,无碍则乘风而行。被羽服以往来,托鳞毛以腾跃者,故为常理也。非谓其尚奇也,而此寓言者也。

政和:经曰:善行无辙迹。御风而行,虽无辙迹之可见,然犹有所待也。惟神也,不行而至。

尹生闻之,从列子居,数月不省舍。因间请蕲其术者,十反而十不告。尹生怼而请辞,列子又不命。尹生退。数月,意不已,又

往从之。列子曰：汝何去来之频？尹生曰：曩章戴有请于子，<small>章戴，尹生之名。</small>子不我告，固有憾于子。今复脱然，是以又来。列子曰：曩吾以汝为达，<small>曩者，昔也。</small>今汝之鄙至此乎？<small>姬，将告汝<small>姬，居也。</small></small>所学于夫子者矣。

政和：三问而不答，十反而不告，道固不可言也。卒于告之者，亦告其所学于夫子者而已。

范曰：道无问，问无应，故古之人有三问而三不知，四问而四不答者。尹生之于列子，十反不告，岂不欲其因心会道而默识之故耶？彼且有憾，至于怼而请辞，何其鄙之若是也。故列子不得已而告之以所学之道，如不云所云。

卢曰：昔汝去也，吾将谓汝达吾道，今汝之息憾而来，知汝之鄙陋矣。

自吾之事夫子友若人也。

夫子谓老商，若人谓伯高。

三年之后，心不敢念是非，口不敢言利害，始得夫子一眄而已。

实怀利害而不敢言，此匿怨藏情者也，故眄之而已。

卢曰：专一而不离恭敬，以至求顾吾之形，观吾之行者也。

五年之后，心庚念是非，口庚言利害，<small>庚，当作更。</small>**夫子始一解颜而笑。**

是非利害，世间之常理，任心之所念，任口之所言，而无矜吝于胸怀，内外如一，不犹逾于匿而不显哉？欣其一致，聊寄笑焉。

卢曰：三年之后，专于定也，顾眄而已。五年之后，越于专，其哂明矣。

七年之后，从心之所念，庚无是非，从口之所言，庚无利害，夫

子始一引吾并席而坐。

夫心者何？寂然而无意想也。口者何？默然而自吐纳也。若顺心之极，则无是非；任口之理，则无利害。道契师友，同位比肩，故其宜耳。

卢曰：审之而后言，欲是非利害，无所误也。

九年之后，横心之所念，横口之所言，亦不知我之是非利害欤，亦不知彼之是非利害欤，亦不知夫子之为我师，若人之为我友，内外进矣。

心既无念，口既无违，故能恣其所念，纵其所言，体道穷宗，为世津梁。终日念而非我念，终日言而非我言，若以无念为念，无言为言，未造于极也。所谓无为而无不为者如斯，则彼此之异，于何而求？师资之义，将何所施？故曰内外尽矣。

卢曰：都无心，故是非利害不择之，而后言纵横者也。纵心而言，皆合斯道。

范曰：是非之彰，道之所以亏矣；利害之生，情伪之所以感也。列子之学，三年之后，心不敢念是非，则心有所择而念；口不言利害，则口有所择而言。故始得夫子一眄而已，则道存于目击之间也。五年之后，心庚念是非，则心无所择矣，由未能泯是非也；口庚言利害，则口无择矣，由未能忘利害也。故夫子始一解颜而笑，则心冥于莫逆之际也。七年之后，纵心之所念，庚无是非，则是非泯矣，由未能至于无念；纵口之所言，庚无利害，则利害忘矣，由未能至于忘言。故夫子始引吾并席而坐，则意会于交臂之间也。横心之所念，则出念不念，而念出于不念矣；横口之所言，则出言不言，而言出于不言矣。孰是孰非，孰利孰害，彼我两忘，而俱化于道，又乌知夫子之为我师，若人之为我友？数始于一参，中于五，屈于七,究于九。古之学道者,或九日而后能外生,或九传而后得于疑始,或九年而大妙,盖以入道之序,至是而终,进于无数故也。

而后眼如耳,耳如鼻,鼻如口,无不同也。

卢曰:眼、耳、口、鼻,不用其所能,各任之而无心,故云无不同耳。

心凝形释,骨肉都融,不觉形之所倚,足之所履,随风东西,犹木叶干壳。竟不知风乘我邪,我乘风乎?

夫眼、耳、鼻、口,各有攸司。今神凝形废,无待于外,则视听不资眼目,臭味不赖鼻口,故六藏七孔,四肢百节,块然尸居,同为一物,则形奚所倚,足奚所履,我之乘风,风之乘我,孰能辩也。

卢曰:神凝者,不动也。形释者,无碍也。骨肉都融者,忘形骸也。形骸忘于所之,神念离于所著,则与风气同之上下也。

政和:三年而不惑,故始夫子一昒;五年而不蔽,故至于解颜而笑;七年而不累,故引之并席而坐;九年而是非利害简之而不得,则物我两忘,五官相彻,风之乘我,我之乘风,何容心焉?

今女居先生之门,曾未浃时,而怼憾者再三。汝之片体将气所不受,汝之一节将地所不载。

用其情,有其身,则肌骨不能相容,一体将无所寄,岂二仪之所能覆载?

履虚乘风,其可几乎?尹生甚怍,屏息良久,不敢复言。

卢曰:列子所以乘风者,为能忘其身也。《老子》曰:吾所以有大患者,为吾有身。及吾无身,吾有何患也。若其形骸之不忘,则一节之重,则地所不能载,何暇乘风而凌虚哉?

政和:致道者忘心,况于怼憾者乎?片体气所不受,一节地所不载,则汝身将非汝有也,何得有夫道?

范曰:六彻相因,则物物皆通;六凿相攘,则物物皆碍。进于道者,眼如耳,耳如鼻,鼻如口,不知其所以观听,不知其所纳尝,吻然如一,曾无所开心之疑也。有若死灰,形之释也;有若槁木,骨肉都融,又将于大通矣。故在形应倚而倚不知形,在足应履而履不知足,随风东西,由木叶干壳。然则动而天机行无辙迹,风之乘我,我之乘风,乌能知其辩?列子之道进此,可谓至矣。庄周以谓由有所待,岂非本其所由入而言之欤?

列子问关尹曰:至人潜行不窒,

不窒者,实有也。至人动止,不以实有为阂者也。郭象曰:其心虚,故能御群实也。

蹈火不热,行乎万物之上而不栗。

向秀曰:天下乐推而不厌,非吾之自高,故不栗者也。

请问何以至于此?关尹曰:是纯气之守也,非智巧果敢之列。

至纯至真,即我之性分,非求之于外。慎而不失,则物所不能害,岂智计勇敢而得冒涉难危哉?

卢曰:言至人潜行,积德非本,空虚者也。何如能蹈火不热,登高不栗乎?以明纯气出乎性,守神以合道,则能至于此,故曰至人也。岂智巧果敢所能得耶?

姬,鱼语汝。鱼,当作吾。**凡有貌像声色者,皆物也。**

上至圣人,下及昆虫,皆形声之物。以形声相观,则无殊绝者也。

物与物何以相远也?

向秀曰:唯无心者独远耳。

夫奚足以至乎先?是色而已。

向秀曰:同是形色之物耳,未足以相先也。以相先者,唯自然也。

卢曰:凡有形者,皆物也。物皆是,色亦何后何先耶?而自贵贱物者,情惑之甚也。会忘形守神,习静以生慧者,然后能通神明者。

则物之造乎不形,而止乎无所化。

有既无始,则所造者无形矣;形既无终,则所止者无化矣。造,音作。

夫得是而穷之者,焉得为正焉。

寻形声欲穷其终始者,焉得至极之所乎?

卢曰:忘形守神,造乎不形也。宝真合道者,止乎无所化也。若得此道,而穷理尽性者,何得不为正乎?

彼将处乎不深之度,

即形色而不求其终始者,不失自然之正矣。深当作淫。

而藏乎无端之纪,

至理岂有隐藏哉?任而不执,故冥然无迹,端崖不见。

游乎万物之所终始。

乘理而无心者,则常与万物并游,岂得无终始之迹者乎?

卢曰:至人者,言无失德也,故不淫其度矣。行无失迹也,故藏乎无端矣。常归其本也,故游万物之终始矣。

壹其性,养其气,含其德,以通乎物之所造。

气壹德纯者,岂但自通而已哉?物之所至,皆使无阂,然后通济群生焉。造,音操字。

卢曰:性不杂乱唯真,与天地合其德,而通于万物之性命。

夫若是者,其天守全,其神无郤,物奚自入焉?

自然之分不亏,则形神全一,忧患奚由而入者也。

卢曰:宝道则性全,去情则无郤,无朕无迹也。外物何从而入焉?

范曰:冲气之和,人所同受,交物忘反,或为之馁,唯纯气之守,专而无所于杂,和而无所于暴,致虚极矣,岂智巧果敢之列所能与耶?何则?貌像声色,无物不同,则物与物固无以相远。夫奚足以造乎?先以其钧,是色而已。则物之造乎不形,而非形于形,止乎无所化,而不化于化,得是而穷之物安得而止焉?彼将处乎不淫之度,无有过也。藏乎无端之纪,无有穷也。游乎万物之所终始,则与造物之所造而不为,若然者,涂郤守神退藏于密,物无自入焉。兹所以潜行不窒,而实之所不能碍,蹈火不热,而火之所不能焚,行乎万物之上而不栗,而高之所不能危也。

夫醉者之坠于车也,虽疾不死,骨节与人同,而犯害与人异,其神全也。乘亦弗知也,坠亦弗知也。

此借粗以明至理之必然也。

死生惊惧不入乎其胸,是故忤物而不慴。

向秀曰:遇而不恐也。

彼得全于酒而犹若是,

向秀曰:醉故失其所知耳,非自然无心也。

而况得于天乎?

向秀曰:得全于天者,自然无心,委顺至理者也。

圣人藏于天,故物莫之能伤也。

郭象曰:不窥性分之外,故曰藏也。

卢曰:夫醉人者,神非合于道也。但为酒所全者,忧惧不入于天府,死生不伤其形神,若得全于神者,故物不能伤也。

政和：至人神矣。纯也者，谓其不亏其神也。纯素之道，惟神是守。守而勿失，与神为一。故曰：至人潜行不窒，蹈火不热，行乎万物之上，而不栗。是纯气之守，非智巧果敢之列也。貌像声色，有名有实，名实既有，丽于留动，一受其成，形不亡以待尽，则何以相远而独造乎其先？道之为物，造乎不形，而不与物为偶，止乎无所化，则独立而不为物所运。形色名声果不足以索彼之情，则得是而穷之者，焉得为正焉？至人于此，处乎不淫之度，则当而不过；藏乎无端之纪，则运而不穷；游乎万物之所终始，则又与造物者游也。一其性而不二，养其气而不耗，含其德而不散，以通乎物之所谓造乎不形，止乎无所化者，其天守全，其神无郤，物无自入焉。此所以潜行不窒，蹈火不热，行乎万物之上而不栗也。醉者之乘车，以其全于酒，故能逆物而不憎。至人行乎万物之上，以其藏于天，故能胜物而莫之能伤，是皆纯气之守，不亏其神故也。

范曰：探形之始，天地与我并生；原数之先，万物与我为一。奚物而谓之车？奚物而谓之人？奚物而谓之坠？奚物而谓之伤？一旦开天而人与接为构，则执物以为有，所见者诚车矣。认我以为实，所知者诚坠矣。知见立，而乘坠分，讵能无伤乎？彼醉者之全于酒，知以之泯，见以之冥，乘不知有车，坠不知有地，死生惊惧不入乎其胸。是故忤物而不憎，而暂寄其全于酒者，犹且然尔。况性之全，未始离者乎？天下一车尔，托而乘其上者，内开智见之营营，外逐幻化之扰扰，一将倾覆于诸妄之地，匪直骨节之伤也。圣人藏于天，故莫之能伤，则向之所谓守全而无郤者是也。虽然，谓之天者，以其对人一性无性，况有天乎？谓其藏者，以其对开一天无天，况有藏乎？审造于是，固有言之所不能论者。

列御寇为伯昏无人射,引之盈贯,尽弦穷镞。**措杯水其肘上,**手停审固,杯水不倾。

发之,镝矢复沓,

郭象曰:矢去也,箭镝去复往沓。

方矢复寓。

郭象曰:箭方去,未至的。以复寄杯于肘,言敏捷之妙也。

当是时也,犹象人也。

卢曰:引满,而置水于其肘上,发一箭,复沓一箭,犹如泥木象人也。志审神定,形不动,以致于此也。

伯昏无人曰:是射之射,

虽尽射之理,而不能不以矜物也。

非不射之射也。

忘其能否,虽不射而同乎射也。

当与汝登高山,履危石,临百仞之渊,若能射乎?

内有所畏惧,则失其射矣。

卢曰:恃其能而安其形,审其当耳。非谓忘形遗物而以神运者也。

于是无人遂登高山,履危石,临百仞之渊,背逡巡,足二分垂在外,揖御寇而进之。御寇伏地,汗流至踵。

卢曰:登高履危而惧,若此者,忧其身,惜其生也。曾不知有其形者,适足以伤其生;忘其形者,适所以成其生。御寇但善于射者,非合于道者。若忘形全神,无累于天下者,乃不射之射也。

伯昏无人曰:夫至人者,上窥青天,下潜黄泉,挥斥八极,神气不变。

郭象曰:挥斥,犹纵放也。夫德充于内,则神满于外,无远近幽深,所在皆明,故审安危之机而泊然自得也。

今汝怵然有恂目之志,尔于中也殆矣夫!

郭象曰:不能明至分,故有惧而所丧者多矣,岂唯射乎?

卢曰:夫至道之人,自得于天地之间,神气独主,忧乐不能入也。今汝尚恐惧之若此,岂近乎道者耶?汝于是终始初习耳,未能得其妙也。

政和:引之盈贯,言其力;措杯水其肘上,言其审。发之,镝矢复沓,方矢发复寓,言其鞬犹象人也,则又言其用志之专。然是技未至通乎道者也,故曰是射之射,非不射之射也。至人者,上窥青天,岂特登山之高也?下潜黄泉,岂特临渊之深也?挥斥八极,神气不变,岂特背逡巡,足二分垂在外也?列子于此伏地汗流,而不能射,是于守纯而不亏,其神犹有未至也。故曰尔于中也殆矣夫。

范曰:引之盈贯,则持满之至也;措杯水其肘上,则平直之至也;发之,镝矢复沓,则前矢方发而复沓也;方矢复寓,则后矢复寓而在弦也。当是时,犹象人也,则其用志不分,由所谓望之似木鸡者也。射之射如此而已。若夫不射之射,非特止是登高山,履危石,临百仞之渊,其危亦已至矣,乃能不动其心,而发无不中,斯其所以为不射之射欤!推是以往,则夫至人者,上窥青天,则有以穷其高,下潜黄泉,则有以极其深。挥斥八极,神气不变,是则至大至刚,塞乎天地之间,有如此者,又孰怵然而有恂目之志耶?

冲虚至德真经四解卷之五

黄　帝

范氏有子曰子华,善养私名,游侠之徒也。**举国服之。有宠于**

晋君，不仕而居三卿之右。目所偏视，晋国爵之；口所偏肥，音鄙。晋国黜之。肥，薄也。游其庭者侔于朝。子华使其侠客以智鄙相攻，强弱相凌，虽伤破于前，不用介意。终日夜以此为戏乐，国殆成俗。

卢曰：偏视者，顾盼之深也。偏肥者，毁谤之厚也。士因其谈以为荣辱，故游其门者比于晋朝，而子华使令门客恣其言辩，无所回避，人相毁辱，殆成风俗。

禾生、子伯，范氏之上客，出行，经坰外，坰，郊野之外也。宿于田更商丘开之舍，更，当作叟。苦中夜，禾生、子伯二人相与言子华之名势，能使存者亡，亡者存，富者贫，贫者富。

卢曰：存者亡，毁之也。亡者存，誉之也。富者贫，夺之也。贫者富，施之也。而商丘开下里不达，将谓圣力所成之也。

商丘开先窭于饥寒，潜于牖北听之。因假粮荷畚之子华之门。子华之门徒皆世族也，缟衣乘轩，缓步阔视。顾见商丘开年老力弱，面目黎黑，衣冠不检，莫不眲之。眲，音奴隔。既而狎侮欺诒，挡拟挨抶，挡音晃，拟音抶闲。挨音乌待，抶音排感切。亡所不为。商丘开常无愠容，而诸客之技单，悆于戏笑。

卢曰：抚弄，轻忽之极者也。狎侮者，轻近之也。欺诒者，狂妄之也。挡者，触拨之也。拟者，拗捩之也。挨者，耻辱之也。抶者，违拒之也。

遂与商丘开俱乘高台，于众中漫言曰：有能自投下者赏百金。众皆竞应。

卢曰：以愚侮之众，故伪争应命耳。

商丘开以为信然，遂先投下，形若飞鸟，扬于地，肌骨无砒。范氏之党以为偶然，未讵怪也。因复指河曲之淫隈曰：彼中有宝珠，泳可得也。商丘开复从而泳之，水底潜行曰泳。既出，果得珠焉。众昉同疑。昉，始也。子华昉令豫肉食衣帛之次。俄而范氏之藏大火，子华曰：若能入火取锦者，从所得多少赏若。商丘开往无难色，入火往还，埃不漫，身不焦。范氏之党以为有道，乃共谢之曰：吾不知子之有道而诞子，诞，欺也。吾不知子之神人而辱子。子其愚我也，子其聋我也，子其盲我也，敢问其道。

卢曰：从台而下若飞焉，入水取珠若陆焉，入火往来无所伤焉，子华门人咸以为神而有道。此见欺怒而不愠者，必以我等聋盲之辈，敢问其道。

商丘开曰：吾亡道，虽吾之心，亦不知所以，虽然，有一于此，试与子言之。曩子二客之宿吾舍也，闻誉范氏之势，能使存者亡，亡者存，富者贫，贫者富。吾诚之无二心，故不远而来。及来，以子党之言皆实也，唯恐诚之不至，行之之不及，不知形体之所措，利害之所存也。心一而已，物亡迕者，如斯而已。今昉知子党之诞我，我内藏猜虑，外矜观听，追幸昔日之不焦溺也，怛然内热，惕然震悸矣。水火岂复可近哉？

卢曰：老子曰大智若愚者，似之而非也。但一志无他虑，能顿忘其形骸者，则死生忧惧不能入，况泯然与道合，宝神以会真，智周于宇宙，功备群有者，复何得一二论之耶？及是非生于心，则水火不可近之也。

自此之后，范氏门徒路遇乞儿马医，弗敢辱也，必下车而揖之。宰我闻之，以告仲尼。仲尼曰：汝弗知乎？夫至信之人，可以感物也。动天地，感鬼神，横六合，而无逆者，岂但履危险，入水火而已哉？商丘开信伪物犹不逆，况彼我皆诚哉？小子识之。

卢曰：乞儿马医，皆下人也，愚之亦敢轻。夫子言其至信之感，理尽矣。

政和：诚信生神，而神全者，圣人之道，抱神以游。世俗之间，茫乎淳备，功利机巧必忘。夫人之心，死生惊惧不入乎其胸中，是故忤物而不憎，行乎万物之上而不栗。彼以伪投之，此以诚应之，乌往而不可。故商丘开乘高台自投其下，骩骨无砭，泳河曲之隅而果得珠以出，入火往还而埃不漫身不焦者，诚故也。盖至诚之道，入而与神俱，不知形体之所措，利害之所存，故能胜物而不伤焉。是以醉者坠车而无犯害，黄帝遗玄珠而象罔得之。而蹈火不热者，关尹固以为纯气之守也。若夫机心存于胸中，则纯白不备。纯白不备，则神生不定，而道之所不载。故商丘开知其诞妄，追幸昔日之不焦溺，则惕然震悸，水火不可复近者，以机心生而有疑故也。夫诚而信伪物，与不诚而猜虑，其相去也如此。若乃至信之人，则又进乎此矣。可以动天地，感鬼神，横六合而无逆，岂但履危险，入水火而已哉？

范曰：挟名势以矜人者，无往而能服。体诚信以接物者，无入而不自得。商丘开可谓能体诚信矣，故闻范氏之誉则信以为实，受众人之侮则不以为愠，坠高台之上而无砭，泳河曲之珠而不溺，取火中之锦而弗焦。原其所以然，则诚存乎心，与物无迕而已。夫以我之诚信、彼之伪物由不能害，又况至信之人乎？动天地，感鬼神，横六合而无逆，无足怪者。

周宣王之牧正有役人梁鸯者，能养野禽兽，委食于园庭之内，虽虎狼雕鹗之类，无不柔驯者，雄雌在前，孳尾成群，异类杂居，不相搏噬也。王虑其术终于其身，令毛丘园传之。梁鸯曰：鸯，贱役也，何术以告尔？惧主之谓隐于尔也，且一言我养虎之法。凡顺之则喜，逆之则怒，此有血气者之性也。然喜怒岂妄发哉？皆逆之所犯也。夫食虎者,不敢以生物与之,为其杀之之怒也;恐因杀以致怒。不敢以全物与之,为其碎之之怒也。恐因其用力致怒。**时其饥饱,达其怒心。**

向秀曰:违其心之所以怒而顺之也。

虎之与人异类,而媚养己者,顺也。

殊性而爱媚我,顺之故也。

故其杀之,逆也。

所以害物,而逆其心故也。

然则吾岂敢逆之使怒哉?亦不顺之使喜也。夫喜之复也必怒,怒之复也常喜,皆不中也。

不处中和,势极则反,必然之数。

今吾心无逆顺者也,则鸟兽之视吾,犹其侪也。故游吾园者,不思高林旷泽;寝吾庭者,不愿深山幽谷,理使然也。

圣人所以陶运群生,使各得其性,亦犹役人之能将养禽兽,使不相残害也。

卢曰:夫形质各有殊,神气则不异也。故《庄子》云:视其异也,则肝胆楚越;视其同也,则万物一体矣。至人以神会之也。入鸟不乱行,入兽不乱群者,逆顺同志而不忤。故猛兽可养,海鸥可狎也。夫禽兽之入深山幽谷者,欲全其身远人害也。苟无其虞,则园庭之与山林,夫何异哉?

政和:天下之至柔驰骋天下之至坚,此圣人所以为大胜之道也。虎狼,兽之猛者,雕鹗,禽之攫者。异类杂居,不相搏噬,而自得于园庭之内,则所以调而驯之者,有其道故也。性命之情,顺之则安。喜怒或过,阴阳并毗。逆之使怒,岂顺其性命之情?故养虎者,时其饥饱,达其怒心,凡以顺其性命之情而已。吾岂敢逆之使怒,谓不违其性也;亦不顺之使喜,谓不淫其性也。夫喜之复也必怒,怒之复也常喜,皆道之过也。今吾心无逆顺,则既不违其性使之怒,又不淫其性使之喜,彼之安处而自适也,宜矣。圣人之养生,不使好恶内伤其身,达之至于育万物,和天下,岂有他哉? 以此而已。

范曰:有血气者,不能无喜怒。故禽兽异类,而喜怒之情常因于人之逆顺。善养虎者,不敢逆之使怒,亦不顺之使喜,故禽兽异类,视之犹侪也。然则袭诸人间,人道之患,固有甚于养虎者,惟圣人处物不伤物,故物亦莫之能伤。《庄子》寓言,于人间世亦有养虎之说,盖明乎此。

颜回问乎仲尼曰:吾尝济乎觞深之渊矣,津人操舟若神。吾问焉,曰:操舟可学邪? 曰:可。能游者可教也,善游者数能。

向秀曰:其数自能也,言其道数必能不惧舟也。

乃若夫没人,则未尝见舟而谡操之也。 谡,所六切。

谡,起也。向秀曰:能骛没之人也。骛,音木。

吾问焉,而不告。敢问何谓也?

卢曰:善操舟者,能学之也。善游浮者,串习之也。至乎没人,未尝见舟而得者,斯乃神会,彼不能违。

政和:操舟若神者,道济天下,不可窥测故也。能游者可教,谓其不溺于物。善游者数能,谓其久于其道。乃若夫没人,则未尝见舟而谡操之,则妙而不可知矣。问焉而不告,则道至于此不可以告人故也。

仲尼曰:醫,吾与若玩其文也久矣,而未达其实,而固且道与。 醫,音衣。

见操舟之可学,则是玩其文;未悟没者之自能,则是未至其实。

今且为汝说之也。

能游者可教也,轻水也;善游者之数能也,忘水也。

忘水者,则无矜畏之心也。

乃若夫没人之未尝见舟也而谡操之也,彼视渊若陵,视舟之覆犹其车却也。覆却万物方陈乎前,而不得入其舍。

神明所居者,故谓之舍也。

恶往而不暇? 所遇皆闲暇也。**以瓦抠者巧,以钩抠者惮,以黄金抠者惛。**

互有所投曰抠。郭象曰:所要愈重,则其心愈矜也。

卢曰:见操舟可学者,玩其文也。若会其真者,彼则视水如陵,覆溺不入其灵府矣。何往而不闲暇哉?以瓦投物者,但见其巧,中而不惮于失瓦也。若以钩投物,则不专于巧,中更恐失钩之拙也。若以黄金为投者,不敢祈中,惟惧失金之损矣。是知向时之妙,忘于外物,今时之惧,惜于外物也。代人知矜外之两失,而贪物以丧其生。

巧一也,而有所矜,则重外也。凡重外者拙内。

唯忘内外,遗轻重,则无巧拙矣。

政和:醫,与噫同。盖医者,意也。谓之醫,则或有救其失之义。能游者可教也,轻水也,则入水之溺,不累其形。善游者数能,忘水也,则蹈水之道无变于己。若夫没人之未尝见舟也而谡操之也,则物我如一,不疑其所行矣。死生惊惧不入乎胸中,而况利害之端乎?此所以视渊若陵,视舟之覆犹其车却覆却,万物方陈乎前而不得入其舍,无往而不暇也。彼内资于道不深则外变于物亦易矣。故以瓦抠者巧,以钩抠者惮,以黄金抠者惛也。先儒谓互有所投曰抠,盖探筹投钩之谓也。惟所要愈重,则用心愈矜。

故以瓦则巧，以钩则惮，以金则惽。惮则恐失而已，至于惽则若亡矣。故曰重外者拙内，拙内者心有所系，而不能休休焉之类也。

范曰：古之乘道德以浮游者，虚己而无累，剖心而无物。涂却守神，物无自入焉，乌往而不暇耶？一有所矜，谁能无内拙之患？

孔子观于吕梁，悬水三十仞，流沫三十里，鼋鼍鱼鳖之所不能游也。见一丈夫游之，以为有苦而欲死者也，使弟子并流而承之。数百步而出，被发行歌，而游于塘下。孔子从而问之曰：吕梁悬水三十仞，流沫三十里，鼋鼍鱼鳖所不能游，向吾见子蹈之，以为有苦而欲死者，使弟子并流将承子。子出而被发行歌，吾以子为鬼也；察子，则人也。请问蹈水有道乎？曰：亡。吾无道。吾始乎故，长乎性，成乎命，与赍俱入，与汩偕出，<small>赍汩者，水回入涌出之貌。</small>从水之道而不为私焉，此吾所以道之也。孔子曰：何谓始乎故，长乎性，成乎命也？曰：吾生于陵而安于陵，故也；

故犹素也，任其真素，则所遇而安也。

长于水而安于水，性也；

顺性之理，则物莫之逆也。

不知吾所以然而然，命也。

自然之理，不可以智知，知其不可知，谓之命也。

卢曰：夫生于陵而安于陵，生于水而安于水，习则为常，故曰始乎故也，长乎性也。习其故，安其性，忽然神会以成其命，得之不自知也。故《易》曰：穷理尽性，以至于命。命者，契乎神道也。

政和：鼋鼍鱼鳖之所不能游也而游之，则忘涉难之险者也。以子为鬼，察子，则人也，则亦疑于神矣。然求其为道，则从水之道不为私焉而已。与赍俱入者沈,以穷乎下,与汩俱出者浮,以擦乎上,任其自然而已。此所谓从水之道而不为私焉者也。生于陵而安于陵,不失其所因而已。长于水而安于水,不逆其所性而已。自然者,不累于外,不变于己,其所以然莫知为之者,故曰不知所以然而然,命也。

范曰:有所因而使然,故也。无所因而自然,性也。不知所以然而然,命也。吕梁大夫与赍俱入,与汩偕出,从水之道而不为私焉,乃能蹈乎鼋鼍鱼鳖之所不能游者。岂有所偏能而然耶?然则体道之人,固无往而不适矣。

仲尼适楚,出于林中,见痀偻者承蜩,犹掇之也。仲尼曰:子巧乎!有道耶?曰:我有道也。五六月,累垸二而不坠,则失道锱铢;

向秀曰:累二丸而不坠,是用手之停审也,故承蜩所失者,不过锱铢之间耳。

累三而不坠,则失者十一;累五而不坠,犹掇之也。

用手转审,则无所失者也,

吾处也,若橛株驹,

崔譔曰:橛株驹,断树也。

吾执臂若槁木之枝。天地之大,万物之多,而唯蜩翼之知。吾不反不侧,不以万物易蜩之翼,何为而不得?

郭象曰:遗彼故得此也。

卢曰:言初学累丸也,未尝得之。习经半载,而能累二不坠矣。习之不已,乃至累五而不坠者,何耶?我身如橛株,臂如枯木,心一志定,都无异思,虽万物之多,而知在蜩异,何为而有不得耶?

孔子顾谓弟子曰:用志不分,乃凝于神。

分犹散,意专则与神相似者也。

其痀偻丈人之谓乎!

卢曰:专心不杂,乃凝于神会也。夫子以其未忘于蜩翼,故凝于神,非谓神会者也。

丈人曰:汝逢衣徒也,亦何知问是乎？修汝所以,而后载言其上。

修,治也。言治汝所用仁义之术,反于自然之道,然后可载此言于其身上也。

卢曰:言夫子之徒皆缝掖之士,用仁义以教化于天下,使天下纷然尚名利,役智虑,而荡失其真,劳其神明者,何知问此道耶？汝垂文字于后代者,复欲以言智之辩将吾此道载之于文字然。

政和:志者,致一之谓精。精于道者,无自而不可。其处身若橛株驹,其执臂若槁木之枝,则寂然不动而忘吾有形,虽天地之大,万物之多,而唯蜩翼之知。不反不侧,不以万物易蜩之翼,则诚心不贰而外滑举消,其专弥久,其失弥少。故其始也,失者锱铢;及其久也,失者十一;又其久也,犹掇之也。此无他,志致一而已。志致一之谓精,惟天下之至精为能通天下之至神。故曰用志不分,乃凝于神。

范曰:承蜩,末技也。用志不分,乃造于凝神之妙。然则向之所谓纯气之守者,其用志不分,从可知矣。

海上之人有好沤鸟者,每旦之海上,从沤鸟游,沤鸟之至者百住而不止。

心和而形顺者,物所不恶。住当作数。

其父曰:吾闻沤鸟皆从汝游,汝取来吾玩之。明日之海上,沤鸟舞而不下也。

心动于内，形变于外，禽鸟犹觉，人理岂可诈哉？

故曰至言去言，至为无为，齐智之所知，则浅矣。

言为都忘，然后物无疑心。限于智之所知，则失之远矣。或有疑丈人假伪形以获蝉，海童任和心而鸥游，二情相背，而童不忤物。夫立言之本，各有攸趣，似若乖互，会归不异者，盖丈人明夫心虑专一，犹能外不骇物，况自然冥至，形同于木石者乎？至于海童，诚心充于内，坦荡形外，虽未能利害两忘，猜忌兼消，然轻群异类，亦无所多怪。此二喻者，盖假近以征远，借末以明本耳。

卢曰：夫神会，可以理通，非以情知。知生则骨肉所猜，理生则万类无间，然后知审精微也。同万物者，在于神会；同群有者，在于情灭。欲独矜其心智，则去道远矣。

政和：古之有道者，去智忘机，纯白内备，故入兽不乱群，入鸟不乱行，鸟兽不恶，而况人乎？盖内本无心，物自不疑故也。纯白不全，则机变之智多，于是有高飞以避矰弋之害。然则沤鸟之舞而不下，盖以向也去智而今任智故也。圣人不以智治国。其有言也，无言之之累；其有为也，无为之之迹。齐智之所知，则浅矣。

范曰：沤，海鸟也。出没若沤。夫机心存于胸中，则海上之沤徒舞而不下，况于人乎？涉世之圣人，至言去言，虽言而未尝言；至为无为，虽为而未尝为，猜虑不萌，纯白大备，入鸟不乱行，孰有舞而不下者？一将齐其智之所知，则言有当愆，为有成亏，曾未免夫累，乌能深造乎道？

赵襄子率徒十万，狩于中山，大畋曰狩。藉芿燔林，扇赫百里。有一人从石壁中出，随烟烬上下。众谓鬼物。火过，徐行而出，若无所经涉者。襄子怪而留之，徐而察之，形色七窍，人也，气息音

声，人也。问奚道而处石？奚道而入火？其人曰：奚物而谓石？奚物而谓火？

此则都不觉有石火，何物而能阂之。

襄子曰：而向之所出者，石也；而向之所涉者，火也。其人曰：不知也。

不知之极，故得如此。

魏文侯闻之，问子夏曰：彼何人哉？子夏曰：以商所闻夫子之言，和者大同于物，物无得伤阂者，游金石，蹈水火，皆可也。文侯曰：吾子奚不为之？子夏曰：刳心去智，商未之能。虽然，试语之有暇矣。

夫因心以刳心，借智以去智，心智之累诚尽，然所遣心智之迹犹存。明夫至理非用心之所体忘，言之则有余暇矣。

卢曰：前章言游水之不碍，此章明火石之不伤。言人之习水者多，蹈火者少，恐物情之偏执也，故复言火以辩之。其内忘己形，外忘于物，不知石之所以碍，火之所以伤。文侯不晓而兴问，子夏素知而善答，故文侯重质子既能知者，何不为之耶？子夏曰：我但知而说之，则有余也。若行而证之者，商则未知之能。

文侯曰：夫子奚不为之？子夏曰：夫子能之而能不为者也。文侯大说。

天下有能之而能不为者，有能之而不能不为者，有不能而强欲为之者，有不为而自能者。至于圣人，亦何所为，亦何所不为？亦何所能，亦何所不能？俛仰同俗，升降随物，奇功异迹，未尝暂显，体中之绝妙处，万不视一焉。此卷自始篇至此章，明顺性命之道，不系著五情，专志致柔，诚心无二者，则处水火而不焦溺，涉木石而不挂硋，触锋刃而无伤残，履危险而无颠坠。万物靡逆其心，入兽不乱群,神能独游,身能轻举,耳可洞听,目可彻照。斯言不经,实骇常心。故试论之:夫阴阳递化,五才遍育。金土以母子相生,水火以燥湿相乘,人性以静躁殊途,升降以所能异情。故有云飞之翰,渊潜之鳞,火游之鼠,木藏之虫。何者?刚柔炎凉,各有攸宜,安于一域,则困于余方。至于至人,心与元气玄合,体与阴阳冥谐,方圆不当于一象,温凉不值于一器,神定气和,所乘皆顺,则五物不能逆,寒暑不能伤。谓含德之厚,和之至也。故常无死地,岂用心去就而复全哉?蹈水火,乘云雾,履高危,入甲兵,未足怪也。

卢曰:言夫子能而不为者,方以仁义礼节、君臣之道以救衰俗耳,不独善其身以群鸟兽焉。

政和:心与道冥则一体,未始有分,形与物迁,则万化未始不异。物我相对,触类为二,和之以天倪,乌用而求有以异?物我同根,彼是一致,无虚实之相形,则出入石壁,奚物而能阂?无利害相摩,则上下烟烬,奚物而能伤?故曰和者,大同于物,物无得伤。阂者,游金石,蹈水火,皆可也。子夏知之而未能,夫子能之而不为,盖道非有心者所能得远,亦非无心者所能得近。故子夏于此则曰刳心去智,商未之能。圣人藏于天而不自炫鬻,则夫子能之而不为者,真是也。彼弊弊然游金石,蹈水火,以为有道,是以其道与世抗,使人得而相之者尔。故《列子》历叙诸子之道,至此则尊夫子为大全焉。

范曰:石则实而能硋,火则烈而善焚。触实不硋者,虽从石壁中出,不知其为石;蹈火不热者,虽随烟烬上下,不知其为火。坐进此道,唯和而同物,然后能之。盖大同离人,万物一视,以游金石,以蹈水火,无往不可。将以刳心,未能虚而无物;将以去智,未能同于大通,故虽语之有暇,而未之能为焉。夫子能之而能不为,是殆得之以心者然耶?

有神巫自齐来处于郑,命曰季咸,知人死生、存亡、祸福、寿夭,期以岁月旬日,如神。郑人见之,皆避而走。

向秀曰:不喜自闻死日也。

列子见之而心醉,

向秀曰:迷惑其道也。

而归以告壶丘子,曰:始吾以夫子之道为至矣,则又有至焉者矣。

郭象曰:谓季咸之至又过于夫子也。

壶子曰:吾与汝既其文,未既其实,而固得道与?众雌而无雄,而又奚卵焉?

向秀曰:夫实由文显,道以事彰,有道而无事,犹有雌无雄耳。今吾与汝虽深浅不同,然俱在实位,则无文相发矣。故未尽我道之实也。此言至人之唱,必有感而后和者也。

而以道与世抗,必信矣。夫故使人得而相汝。

向秀曰:无其一方以必信于世,故可得而相也。

卢曰:列子见郑巫而心醉,以其能知生死、祸福,将以道尽于此。壶丘子曰:吾与汝且亡其文迹,都未尽其实理也,汝岂得吾道欤?夫澄神寂虑如众雌也,动用成功若雄也,汝方息事以静心,安得无雄而求卵耶?乃欲以至道与俗巫相敌,则汝之深信故鬼物知汝也。

政和:解见《庄子》书。

范曰:神也者,妙万物而为言,巫则诬神之言以告人者。故死生、存亡、祸福、寿夭,虽可期于岁月旬日之间,似妙而非妙,如神而已。既已谓之神巫,而又曰季咸,以寓物之妙而有感者也。咸则有感，感则有心，方且以我之有心而感人之心，以我之有见而见人之见，故死生、存亡、祸福、寿夭。八者妄名，起名既已妄，又妄见之，见既愈妄，又妄言之，世之滞于相而不能冥妄者，又妄受之，直以是为真，故弃而走也。虽列子由见之而心醉，未能剋心也，以其道之至于壶丘子，未能绝学也。是直既其文，未既其实而已。夫道未始有物，而物无非道，故空虚无而莫之与匹，犹之众雌而无雄也。苟居然独而藏于胸中，是由无雄而卵也。而以道与世抗而必信焉，未能立乎不测而游乎无有，故使人得而相汝。

尝试与来，以予示之。明日，列子与之见壶子。出而谓列子曰：嘻，子之先生死矣，弗活矣，不可以旬数矣。吾见怪焉，见湿灰焉。列子入，涕泣沾衿，以告壶子。壶子曰：向吾示之以地文，

向秀曰：块然若土也。

罪乎不誫不止，罪字或作萌。

向秀曰：萌然不动，亦不自止，与枯木同其不华，死灰均其寂魄，此至人无感之时也。夫至人其动也天，其静也地，其行也水流，其湛也渊嘿。渊嘿之与水流，天行之与地止，其于不为而自然一也。今季咸见其尸居而坐忘，即谓之将死，见其神动而天随，便为之有生。苟无心而应感，则与变升降，以世为量，然后足为物主而顺时无极耳，岂相者之所觉哉？

是殆见吾杜德几也。

向秀曰：德几不发，故曰杜也。

卢曰：夫鬼神之灵，能知人之动用之心耳。有所系，鬼便知也。壶子色存乎湿灰，心著乎土壤，萌然无虑，故曰天文。振动则为生，止静则冥寂，故曰不动不止也。

政和：见怪则非常，湿灰则不复然，古之至人，运道枢于无穷，则彼是莫得其偶。杜德几而不发，则嗒焉似丧其耦，故示之以地文。而见吾杜德几，则谓弗活也。地与阴同德，而其事文则一以为静，一以为显，故曰不震不止。不震，言不震动也；不止，言不止著也。

范曰：凡形，皆土也。有形矣，乃有可怪。有心矣，乃以为怪。土合于空，心合于无，道通为一，孰可为怪？古之至人，心若死灰，其藏深矣，不可测究，彼将以妄见而见焉，故直以为见怪也。不震，以言其未尝动；不止，以言其未尝止。萌乎不震不止者，示之以地文，固如此也。是殆见其杜德几而不发者欤？

尝又与来。明日，又与之见壶子。出而谓列子曰：幸矣，子之先生遇我也，有瘳矣。灰然灰或作全。**有生矣，吾见杜权矣。**

有用而无利，故谓之杜权。

列子入告壶子。壶子曰：向吾示之以天壤，

向秀曰：天壤之中，覆载之功见矣。此地之文，不犹外乎？

名实不入，

向秀曰：任自然而覆载，则名利之饰皆为弃物。

而机发于踵， 郭象曰：常在极上起。**此为杜权。是殆见吾善者几也。**

向秀曰：有善于彼，彼乃见之，明季咸之所见者浅矣。

卢曰：有权而不用，为杜也。若天之覆而未见其功，自下而升，为名贵未入，故云有生矣。

政和：灰然有生者，或说以为不复然之中有生之意。向见其湿灰，则生之意已灭。灭则已矣，故以为弗活。今见其杜权，则动之用犹藏。然既以动矣，故以为有生。示之以天壤，壤者，土有息者也。所命于天者，于此有息焉，故曰天壤。名实不入，则真妄已冥。

机发于踵,则息之所起,此所以为杜权也。盖其道不可见,而继道者如此而已,故曰是殆见吾善者几也。

范曰:有名有实是物之居,无名无实是物之虚。名实不入,而机发于踵,则未尝有未尝无也。虽静而无为,气自是而起焉。所谓真人之息以踵是也。示之以天壤,固当如此。季咸初见其湿灰,不知其为杜也,遂以为死。及见其全然有生,然后知向之死灰为杜权而非正也。是殆见吾善者几欤?

尝又与来。明日,又与之见壶子。出而谓列子曰:子之先生坐不斋,或无坐字。

向秀曰:无往不平,混然一之。以筦窥天者,莫见其崖,故以不斋也。

吾无得而相焉。试斋,将且复相之。列子入告壶子。壶子曰:向吾示之以太冲莫眹,

向秀曰:居太冲之极,浩然泊心,玄同万方,莫见其迹。

是殆见吾衡气几也。衡,平也。**鲵旋之潘**音藩。**为渊,止水之潘为渊,流水之潘为渊,滥水之潘为渊,沃水之潘为渊,氿水之潘为渊,雍水之潘为渊,汧水之潘为渊,肥水之潘为渊,是为九渊矣。**

此九水名义见《尔雅》。夫水一也,而随高下夷险,有洄激流止之异,似至人之心,因外物难易有动寂进退之容。向秀曰:夫水流之与止,鲵旋之与龙跃,常渊然自若,未始失其静默也。郭象曰:夫至人用之则行,舍之则止。虽波流九变,治乱纷纭,若居其极者,常淡然自得,泊乎无为也。

卢曰:心运于太冲之气,漠然无迹,荡然有形,而转运不常,若水之变动殊名,未尝离乎渊澄也。故不得其状而辩之矣。

政和：地文则阴胜阳，天壤则阳胜阴，至于太冲，则有阴有阳而非阴非阳。故曰太冲莫朕。朕者，神之兆于物，阴阳不测，故莫得其朕也。且冲者，阴阳之交，太冲莫朕，则见其适平而已，故谓之衡气几。一阴一阳，冲而莫朕，证诸九渊，亦可知矣。潘者，反流之谓也。惟反流，然后能全一。此潘者，所以皆渊也。鲵旋之潘为渊，以言全一于至动；止水之潘为渊，以言全一于或止。流水以喻夫出，与物交滥，则出之过也。沃水以喻夫入，为物泽泛，则入之穷也。雍则河水既出还复入，又异夫入之穷矣。汧则既出而不流，又异夫还复入矣。肥则出异而归同，盖反流全一者，其义尽于此也。然《庄子》独举其三者，盖别而为九，合而为三，其致一尔。

范曰：地文则阴也，天壤则阳也。至其太冲，则一阴一阳，如衡适平，是以谓之衡气几也。万法平等，无有高下，彼见自不齐耳，故无得而相焉。《老子》曰心善渊。渊虚而静，不与物杂。波流之变，虽或不同，而渊湛之性，常自若也。所谓太冲者，盖亦若此。

尝又与来。明日，又与之见壶子。立未定，自失而走。壶子曰：追之。列子追之而不及，反以报壶子，曰：已灭矣，已失矣，吾不及也。壶子曰：向吾示之以未始出吾宗。

向秀曰：虽进退同群，而常深根宁极也。

吾与之虚而猗移，

向秀曰：无心以随变也。

不知其谁何，

向秀曰：泛然无所系者也。

因以为茅靡，因以为波流，故逃也。 茅靡当为颓靡。

向秀曰：变化颓靡，世事波流，无往不因，则为之非我。我虽不为，而与群俯仰。夫至人一也，然应世变而时动，故相者无所用其心,自失而走者也。

卢曰:绝思离念,入于无为,至虚而无形,不见其相貌,如草之靡,如波之流,淼然泛然,非神巫之所识也。

范曰:季咸则有心而感者,故每入而皆曰见壶子,则无心而应者,故每至而皆曰示以有心而相无心,则累于形数而未离见,见之处直以为死生在是而莫之逃也。故示之地文,则叹之以其死。示之以天壤,则幸之以其生。示之以太冲莫眹,则又名之以不斋,无得而相焉。曾不知至人之心,静而与阴同德,动而与阳同波。与阴同德彼亦不得而见焉,必示之以地文。文者,物之所自杂也。与阳同波,彼亦不得而见焉,必示之以天壤。壤者,物之所自生也。至于示之以太冲莫眹,则又阴阳适中,无所偏胜,有所谓天地之中者。三者皆谓之几意。而动之微而见之,是故得而见之也。若夫未始出吾宗,则虽示而秘,彼将莫得而窥矣。此所以自失而走,追之弗及欤?然壶子之告列子,且曰:殆见吾杜德几。又曰:殆见吾善者几。又曰:殆见吾衡气几。皆曰吾者,由是立我矣。至于吾与之虚而委蛇,不知其谁何。虽吾亦丧之,示之者其谁邪?相之者其谁邪?其止也如茅之靡而不知其所以靡,其动也如波之流而不知其所以流,求我于动止之间,皆不可得,所以故逃也。

然后列子自以为未始学而归,三年不出,

向秀曰:弃人事之近务也。

为其妻爨, 向秀曰:遗耻辱。**食豕如食人,** 向秀曰:忘贵贱也。**于事无亲,**

向秀曰:无适也,无莫也。

雕琢复朴,块然独以其形立,

向秀曰：雕琢之文，复其真朴，则外事去矣。

忿然而封戎，向秀曰：真不散也。戎或作哉字。**壹以是终。**向秀曰：遂得道也。

卢曰：忘是非，等贵贱，齐物我，息外缘，不封于我，守一而终，然后契真。

政和：未始出吾宗者，盖圣人以天为宗。藏于天，故未始出吾宗也。余见《庄子解》

范曰：学者，学其所不能学也。列子之于道，既其文，未既其实。故自以为未始学而归，将以学其所不能学也。三年不出，为其妻爨，食豕如食人，则忘我之至也。于事无为亲，则致虚之极也。雕琢复朴，则既雕既琢，复归于朴也。块然独以其形立，则似遗物离人而立于独也。忿然而封哉，一以是终，则万绪扰扰，虽撄而宁，而终莫之变也。

冲虚至德真经四解卷之六

黄　帝

子列子之齐，中道而反，

惊人之推敬于己，故不敢遂进。

遇伯昏瞀人。伯昏瞀人曰：奚方而反？曰：吾惊焉。恶乎惊？吾食于十浆，客舍卖浆之家，**而五浆先馈。**

人皆敬下之也。

伯昏瞀人曰：若是，则汝何为惊己？曰：夫内诚不解，

郭象曰：外自矜饰，内不释然也。

形谍成光，

郭象曰：举动便辟成光仪。

以外镇人心，

外以矜严服物，内实不足。

使人轻乎贵老，

使人轻而尊长之者，由其形谍成光故也。

而鳌其所患。

郭象曰：以美形动物，则所患乱至也。

夫浆人特为食羹之货，多余之赢，

所货者羹食，所利者盈余而已。

其为利也薄，其为权也轻，而犹若是。

郭象曰：权轻利薄，可无求于人，而皆敬己，是高下大小无所失者。

而况万乘之主，身劳于国，而智尽于事，

所以不敢之齐。

彼将任我以事，而效我以功，吾是以惊。

推此类也，则货轻者望利薄，任重者责功多。

政和：古之至人，明白入素，无为复朴，天机不张，默与道契，惛然若亡而存，油然不形而神，则知我希而我贵矣。内诚不解，则未能忘心；形谍成光，则未能遗形。以外镇人心，使人轻乎贵老而重己，身劳于国，智尽于士，则惨怛之疾，恬愉之安时集于体，怵迫之恐，欣欢之喜交溺于心。鳌其所患，有如此者，又乌能无惊乎哉？

范曰：圣人披褐怀玉而全其形，生之人藏其身也，不厌深渺而已。内诚不解，则非致道而忘心也。形谍成光，则非葆光而不耀也。食于十浆而五浆先馈，则是有以外镇人心，使人轻乎贵老而重己也。至人尸居环堵之室,而百姓猖狂不知所如往。今有以使人轻乎贵老而重己,则鳌其所患,而自贻也。其岂披褐怀玉而藏其身之道哉?

伯昏瞀人曰:善哉观乎!

汝知惊此者,是善观察者也。

汝处己,人将保汝矣。

汝若默然不自显耀,适齐之与处此,皆无所惧。苟违此义,所在见保矣。

卢曰:见威仪以示人,故人轻死以尊敬。将恐人主之劳于事也,必委以责功,食禄增忧,所以惊惧耳。伯昏曰:汝能退身以全真,含光以灭迹,人将保汝矣。何则?进善之心,人皆有之。多利之地,人皆竞之。中人之性,可上可下,知名利之不可强也,则进善以自修。诗书礼乐事不易习,若退迹守闲,灰心灭智也,无招招之利,得善人之名,故学道之门,善恶同趣者,君子以澄心,小人以诲身,虽不体悟,亦从善之益之也。故曰人将保汝矣。

无几何而往,则户外之屦满矣。归之果众。**伯昏瞀人北面而立,敦杖蹙之乎颐,**敦,坚也。**立有间,不言而出。宾者以告列子。列子提履徒跣而走,暨乎门,问曰:先生既来,曾不废药乎?**

废,置也,曾无善言以当药石也。

卢曰:废,当为发。先生既来,何不发药石之言,少垂训耳。

曰:已矣。吾固告汝曰人将保汝,果保汝矣。非汝能使人保,

顺乎理以接物,则物不保之。今背理而感物,求物不保,不可得。

而汝不能使人无汝保也。

郭象曰:任平而化,则无感无求。无感无求,乃不相保。

卢曰:汝之退身全行,绝学弃智,人所以保汝者,非汝能召之也。若能灭迹混真,愚智不显者,人亦不知保汝矣。由是言之,汝之行适足为人所保,而不能使人不保也。

而焉用之感也?

汝用何术乃感物如此乎?

应豫出异,

郭象曰:先物施惠,惠不因彼豫出而异也。

且必有感也,摇而本身,又无谓也。

必恒使物感己,则彼我之性动易之。

与汝游者,莫汝告也。

皆是摇本之徒,不能相启悟者也。

彼所小言,尽人毒也。

小言细巧,易以感人,故为人毒害也。

莫觉莫悟,何相孰也。 不能相成济也。

卢曰:汝用何道感之耶?必赞胜豫之词而出奇异之教,摇鼓汝舌,见能于众物,虽靡然顺汝,有何益耶?与汝同居者,不攻汝之短,但称汝之长,如此适足毒汝之行,骄汝之心,有何相成耶?

政和:善哉观乎者,善其能内省。汝处己者,告之使退藏。至人抱神以游世俗之间,使人无得而窥之,故必处己。而不处己,则人将保汝矣。人之保汝,非所谓无得而窥者也。故感而后应,不求有异,是乃所以使人无保汝之道也。感豫则感而后应,出异则求有以异。若是者,非特人果保汝而见有于人,且必有感,摇而本身,不能不累于物。夫与汝游者,莫汝告也,则无自而觉。彼以小言,尽人毒也,则适以为患。莫觉莫悟,安能反于其道乎?故曰:何相孰也。相孰者,谓相与薰蒸至于成也。

范曰:感而后应,体性抱神以游世俗之间者,乃所以使人无保汝之道。感豫则非感而后应也,出异则非游乎世之间也。用是则与人为徒,则邓墟之家从汝者万,齐国之众贺汝者三,尸而祝之,社而稷之。若畏垒之细民,又将窃窃然欲俎豆予于贤人之间,而脱屦户外者,殆将满矣。必且有感,摇而本身,乌能和豫通而不失于兑耶?故莫告而小言者,尽为人毒以害性,而莫觉莫悟者,又不能相与薰蒸以至于成也。然则食于十浆,而五浆先馈者,汝将固惊耶?

杨朱南之沛,老聃西游于秦,邀于郊。至梁而遇老子。

《庄子》云杨子居,子居或杨朱之字,又不与老子同时,此皆寓言也。

老子中道仰天而叹曰:始以汝为可教,今不可教也。

与至人游而未能去其矜夸,故曰不可教者也。

杨子不答。至舍,进涫漱巾栉,脱屦户外,膝行而前,曰:向者夫子仰天而叹曰:始以汝为可教,今不可教。弟子欲请夫子辞,行不间,是以不敢。今夫子间矣,请问其过。老子曰:而睢睢而盱盱,而谁与居?

汝云何自居处而夸张若此,使物故叹之乎?

大白若辱,盛德若不足。

不与物竞,则常处卑而守约也。

杨朱蹵然变容曰:敬闻命矣。其往也,舍迎将家,客舍家也。**公执席,妻执巾栉,舍者避席,炀者避灶。**厚自箴异,则物惮之也。**其反也,舍者与之争席矣。**

自同于物,物所不恶也。

卢曰:夫真隐之者,无矜夸之声,无可贵之容。故杨子之往也,人迎送之;及闻善而改,居者与之争席矣。前章言列子之使人保汝,而此章言杨朱能使人无汝保也。

政和:良贾深藏若虚,君子盛德,容貌若愚。知我者希,则我贵矣。彼饰智以惊愚,矫激以为异,自炫自鬻,何足以语夫道？夫列子无意于骇人,犹或非之。则杨朱更貌改容有意于异众,其曰不可教也,宜矣。大白若辱者,涤除玄览而不睹一疵,虽受天下之垢,然不修身以明污也;盛德若不足者,德无以加,而不自以为有余,所谓上德不德也。杨朱闻命而往,舍者争席,几是已。盖其往也,将迎执避,众异之如彼也;及其反也,舍者争席,言众轻之如此也,是以圣人披褐怀玉,故去彼取此。

范曰:贼莫大乎德。有心而心有眼,又况于睢睢盱盱者乎？睢则逆而不顺,盱则干而不直,盖内视已败而外若有营之意。大白若辱,虽涤玄览而常处众人之所恶;盛德若不足者,虽日新无斁而不自以为有余。审造乎是,则舍者与之争席矣。

杨朱过宋,东之于逆旅。逆旅人有妾二人,其一人美,其一人恶,恶者贵而美者贱。杨子问其故。逆旅小子对曰:其美者自美,吾不知其美也;其恶者自恶,吾不知其恶也。杨子曰:弟子记之。行贤而去自贤之行,安往而不爱哉？

夫骄盈矜伐,鬼神人道之所不与;虚己以修理,天下之所乐推。以此而往,孰能距之？

卢曰:此重结前两科之义也。夫能使人保于我者,其不保者,心嫉之哉？不敢令物之保己也,则天下皆忘其恶矣,况逆旅之妾乎？

政和:自道观之,物无美恶,知美之为美,则恶为之对。世之所美者为神奇，所恶者为臭腐。神奇复化为臭腐，臭腐复化为神奇，则美与恶奚辩？圣人不藏是非美恶，虚己以游世而已。不矜不伐，所谓行贤而去自贤之行，天下莫与之争能，亦莫与之争功，所谓安往而不爱也。

范曰：道无异相，孰美孰恶。天下皆知美之为美，斯恶已。道无殊品，何贵何贱？以物观之，自贵而相贱也。然则逆旅之妾，孰知其所以然哉？惟行贤而去自贤之行，则天下乐推而不厌矣。

天下有常胜之道，有不常胜之道。常胜之道曰柔，常不胜之道曰强。二者亦知，亦当作易。**而人未之知。故上古之言：强，先不己若者；**

所胜在己下者耳。

柔，先出于己者。

不与物竞，则物不能加也。

先不己若者，至于若己，则殆矣。

遇敌必危之也。

先出于己者，亡所殆矣。理常安也。**以此胜一身若徒，以此任天下若徒，谓不胜而自胜，不任而自任也。**

夫体柔虚之道，处不竞之地，虽一身之贵，天下之大，无心而御之，同于徒矣。徒，空黜之谓也。郭象曰：听耳之所闻，视目之所见，知止其所不知，能止其所不能，用其自用，为其自为，顺性而不竞于物者，此至柔之道也。故举其自举，持其自持，既无分铢之重，而我无力焉。

卢曰：强之与柔，二者易知也。人所以未知者何？即求胜之心多也，即遇不如己者未足为强，若遇敌于己者，则常危矣。以此心求胜一身一任天下也，常如徒役无时。自安若柔者，在己下者亦不欲胜之,况出乎己者耶？人谓不胜,而我乃自胜也；自任,故未尝有失也。老子曰:柔弱胜刚强。

范曰:济物而胜之,上也；以力而胜之,下也。故常胜之道曰柔,常不胜之道曰强。老子曰:天下莫柔弱于水,而攻坚强者,莫之能先。庄子于《外篇》论夔蛇之相怜,而曰指我则胜我,踏我亦胜我。折大木,蜚大屋,惟我能也。盖明乎此。然柔之胜刚,弱之胜强,天下莫不知,而莫之能行。故积众小不胜为大胜者,惟圣人能之。

粥子曰:欲刚必以柔守之,欲强必以弱保之。

守柔不以求刚而自刚,保弱不以求强而自强。故刚强者,非欲之所能致也。

积于柔必刚,积于弱必强。观其所积,以知祸福之乡。祸福生于所积也。**强胜不若己,至于若己者刚;**必有折也。**柔胜出于己者,其力不可量。**

范曰:柔者道之本,弱者道之用。故积于柔必刚,积于弱必强。观其所积,而祸福无不自己求之者。以强为用,而不知保之以弱,则所胜止于不己若者而已。以柔为用,则其终有以胜刚,故所胜有出于己者焉。古之人所以贵夫处不争之地者,以其不争,天下莫能与之争。

老聃曰:兵强则灭,

王弼曰:物之所恶,故必不得终焉。

木强则折。强极则毁。**柔弱者生之徒,坚强者死之徒。**

卢曰:君子曰:强梁者,不得其死；好胜者,必遇其敌。积德累仁,柔之道也。

政和:积众小不胜为大胜者,唯圣人能之。老子曰:天下莫柔弱于水，而攻坚强者莫之能先，以其无以易之也。盖有以易之，则徇人而失己，乌能胜物。唯无以易之，故万变而常一，物无得而胜之者。此之谓常胜之道。常胜之道曰柔，常不胜之道曰强，二者易知，而人未之知者，此《老子》所谓柔之胜刚，弱之胜强，天下莫不知，而莫之能行者是也。强，先不己若者；柔，先出于己者。先不己若者，至于若己，则殆矣。先出于己者，亡所殆矣者。盖道与世抗者，必遇其敌；懦弱谦下者，驰骋天下之至坚。正谓是也。以此胜一身若徒，以此任天下若徒者，谓由一身以达之天下，必若柔弱者之徒，乃能胜任也。为其不求胜物而自胜，不假任人而自任故也。抗兵相加，哀者胜矣，故曰兵强则灭。拱把之桐，梓人皆知养之，强则伐而拱之矣，故曰木强则折。万物负阴而抱阳，冲气以为和，阳以发生为德，阴以肃杀为事。方其肃杀，则冲和丧矣。故曰柔弱者生之徒，坚强者死之徒。

范曰：《传》曰，刚强居下，柔弱处上。盖柔而胜刚，弱而胜强，老氏之道术有在于是者。故《庄子》曰：以懦弱谦下为表。

状不必童童当作同。**而智童，智不必童而状童。圣人取童智而遗童状，众人近童状而疏童智。状与我童者，近而爱之；状与我异者，疏而畏之。有七尺之骸，手足之异，戴发含齿，倚而趣者，谓之人，而人未必无兽心。虽有兽心，以状而见亲矣。傅翼戴角，分牙布爪，仰飞伏走，谓之禽兽，而禽兽未必无人心。虽有人心，以状而见疏矣。庖牺氏、女娲氏、神农氏、夏后氏，蛇身人面，牛首虎鼻，此有非人之状，而有大圣之德。**

人形貌自有偶有与禽兽相似者，古诸圣人多有奇表。所谓蛇身人面，非被鳞臆行，无有四肢，牛首虎鼻，非戴角垂胡，曼颊解领，亦如相书龟背、鹄步、鸢肩、鹰喙耳。

夏桀、殷纣、鲁桓、楚穆，状貌七窍，皆同于人，而有禽兽之心。而众人守一状以求至智，未可几也。

卢曰：夫异物之所亲者，神也，神去则父子之亲亦隔矣。故居恐怖之夜，与生物同宇，则不惧者，神有同也。处平常之宅，与死尸同室，则恐矣，神有异也。则彼死我生，犹是向时之形。一安一惧者，同类去而形非亲也。而人不知含生之物，神同形殊以为忧畏，乃以状貌同异以为亲疏者，惑矣。故《庄子》曰：物所齐有者为神，故神为养生之主也。

范曰：孟子曰：人之所异于禽兽者，几而希。庶民去之，君子存之。夫索于形骸之外，则状有同者，智不必同也。索于形骸之内，则智有同者，状不必同也。是以古之人或有非人之状而有大圣之德，或状同于人而有禽兽之心，在夫存之去之之间而已。

黄帝与炎帝战于阪泉之野，帅熊、罴、狼、豹、䝙、虎为前驱，雕、鹖、鹰、鸢为旗帜，此以力使禽兽者也。尧使夔典乐，击石拊石，百兽率舞，箫韶九成，凤凰来仪，此以声致禽兽者也。然则禽兽之心，奚为异人？形音与人异，而不知接之之道焉。圣人无所不知，无所不通，故得引而使之焉。禽兽之智有自然与人童者，其齐欲摄生，亦不假智于人也。牝牡相偶，母子相亲；避平依险，违寒就温；居则有群，行则有列；小者居内，壮者居外；饮则相携，食则鸣群。太古之时，则与人同处，与人并行。

德纯者，禽兽不忌也。

帝王之时，始惊骇散乱矣。逮于末世，隐伏逃窜，以避患害。

人有害物之心，物亦知避之也。

范曰：可以力使，可以声致，则禽兽之心有自然与人同者。齐欲摄生，不假于人，则禽兽之智有自然与人同者。至德之世，纯朴不残,故禽兽可系羁而游,鸟鹊之巢可攀援而窥也。迨夫后世,好智以乱天下,弓弩毕弋机变之智多,则鸟乱于上矣。削格罗落置罘之智多,则兽乱于泽矣。故蝡蠕之虫,肖翘之物,莫不失其性。

今东方介氏之国,其国人数数解六畜之语者,盖偏知之所得。

夫龟龙,甲鳞之宗;麟凤,毛羽之长;爰逮蜎飞蠕动,皆鸣呼相闻,各有意趣,其相制御,岂异于人?但人不能解,因谓禽兽之声无有音章。是以穷理备智,则所通万途,因事偏达,偶识一条。《春秋左氏传》曰:介葛卢闻牛鸣曰,是生四子,尽为牺矣。

太古神圣之人,备知万物情态,悉解异类音声。会而聚之,训而受之,同于人民,故先会鬼神魑魅,

禹朝群神于会稽是也。

次达八方人民,末聚禽兽虫蛾。百兽率舞是也。**言血气之类,心智不殊远也。神圣知其如此,故其所教训者无所遗逸焉。**

卢曰:《春秋》介葛卢闻牛鸣,知生四牲牺,禹朝群神,舜百兽则其事也。

政和:先儒以童为同,当以为正也。至德之世,同乎无知,其德不离,同乎无欲,是谓素朴。故同与禽兽居,族与万物并。禽兽可系羁而游,鸟鹊之巢可攀援而窥也。黄帝阪泉之役,帝尧声乐之致,盖以此乎?介葛卢闻牛鸣,成周之时,设官使养鸟兽而教,扰之且掌与之言,则悉解异类音声,会聚而训受之,犹有见于后世者。《列子》叹淳朴之散,原道德之意,寓之于书,方且易机变之衰俗,而跻之淳厚之域,故其言有及于此。

范曰:《周官》鹖隶掌与兽言,则解六畜之语,固有遍知之所得者。然此喙鸣者,非工发隐亦不能与。是以伯翳综声于语鸟,葛卢辩音于鸣牛。

宋有狙公者，

好养猿猴者，因谓之狙公也。

爱狙，养之成群，能解狙之意。狙亦得公之心。损其家口，充狙之欲。俄而匮焉，将限其食。恐众狙之不驯于己也，驯，音昚。**先诳之曰：与若芧，**芧，栗也。**朝三而暮四，足乎？众狙皆起而怒。俄而曰：与若芧，朝四暮三，足乎？众狙皆伏而喜。物之以能鄙相笼，皆犹此也。圣人以智笼群愚，亦犹狙公之以智笼众狙也。名实不亏，使其喜怒哉？**

卢曰：含识之物虽同有其神，而圆首方足人最为灵智耳。智之尤者为圣人为贤，才之大者为君王。圣人随才而任，各得其宜，无小无大，各当其分，既无弃人，亦无弃物，笼之以智，岂独众狙也？

政和：古之善为道者，非以明民，将以愚之。盖民可使由之，不可使知之。故善为道者，使由之而已。反其常，然道可载而与之俱，无所施其智巧焉。

范曰：古之人言诈者，必曰狙诈，以狙之为物，善伺而好诈也。故伐其巧，恃其便，貌非其情，可且而忌智，诈智只为智笼。故名实未亏，而喜怒为用。然则群狙见畜于狙公，反覆乎三四之间，曾不自悟者，岂非因其所好而笼之故欤？

纪渻子为周宣王养斗鸡，十日而问：鸡可斗已乎？曰：未也，方虚骄而恃气。无实而自矜者。**十日又问。曰：未也，犹应影响。**接悟之速。**十日又问。曰：未也，犹疾视而盛气。**

常求敌而必己之胜。

十日又问。曰：几矣。鸡虽有鸣者，己无变矣，

彼命敌而我不应，忘胜负矣。

望之似木鸡矣，其德全矣。

至全者，更不似血气之类。

异鸡无敢应者，反走耳。

德全者，非但己无心，乃使外物不生心。郭象曰：养之以至于全者，犹无敌于外，况自全乎？

卢曰：恃气以自矜，非必胜之道也。应物疾速如影响者，为物所转未必自得也。疾视盛气者，机心未忘也。唯忘形神全，死生不知变者，斯乃无敌于外物也。

政和：善胜敌者不争，夫惟不争，故天下莫能与之争。盖欲静则平气，欲神则顺心，是谓不争之德也。若是者，其天守全，其神无郤，物奚自入焉？虽怍物而不憎，物亦莫之能伤；纯气之守，非智巧果敢之列也。是谓全德之人哉！

范曰：鸡人所畜而繇于大者，则所养不能无待矣。故虚骄而恃气于己，未能无所矜也，犹应响影于物，未能无所应也。疾视而盛气，则犹不能无欲胜之心焉。若夫鸡，虽有鸣者，己无变矣，望之似木鸡矣，则所养之全有物，无敢敌者。夫形全犹足以为尔，而况全德之人乎？

惠盎惠盎，惠施之孙。**见宋康王。康王蹀足謦欬，疾言曰：寡人之所说者，勇有力也，不说为仁义者也。客将何以教寡人？惠盎对曰：臣有道于此，使人虽勇，刺之不入；虽有力，击之弗中。大王独无意邪？宋王曰：善。此寡人之所欲闻也。惠盎曰：夫刺之不入，击之不中，此犹辱也。臣有道于此，使人虽有勇，弗敢刺；虽有力，弗敢击。夫弗敢，非无其志也。臣有道于此，使人本无其志也。夫无其志也，未有爱利之心者。臣有道于此，使天下丈夫女子，莫不欢然皆欲爱利之。此其贤于勇有力也，四累之上也。大王独无意耶？**

处卿大夫士民之上,故言四累也。

宋王曰:此寡人之所欲得也。

卢曰:刺不入,击不中,一也。不敢刺,不敢击,二也。本无击之心,三也。使男女欢然爱利之,四也。如此,四重取其二者,何如耶?故宋王倾意欲闻之。

惠盎对曰:孔墨是已。

卢曰:此明智以齐物,崇教以化人,皆道之余事,陟乎德者。

孔丘、墨翟无地而为君,无官而为长,天下丈夫女子,莫不延颈举踵而愿安利之。今大王,万乘之主也。诚有其志,则四境之内皆得其利矣,其贤于孔墨也远矣。宋王无以应,惠盎趋而出。宋王谓左右曰:辩矣,客之以说服寡人也。

卢曰:此崇道以明德,垂迹以利人。众徒见孔墨之教传,岂知隐道以彰德?所以问津,不群于鸟兽,此其大旨也。

政和:圣人之于天下,神武不杀,而以慈为宝。故仁眇天下而无不怀,义眇天下而无不服。是谓常胜之道,贤于勇有力者远矣。此天下所以爱利之也。言孔子而遂与墨翟俱者,《庄子》论古之道术,百家众技各有所长。墨子于道,虽不该不遍,亦才士之有所长者也。

范曰:夫有爱利之心者,由未能使人忘我,而惠盎之言止此,特以对宋康而已。是篇必终于此言者,岂非常胜之道亦在是故欤?

冲虚至德真经四解卷之七

周穆王

夫禀生受有谓之形,俛仰变异谓之化。神之所交谓之梦,形之所接谓之觉。原其极也，同归虚伪。何者？生质根滞，百年乃终；化情枝浅，视瞬而灭。神道恍惚，若存若亡，形理显著，若诚若实。故洞监知生灭之理均，觉梦之涂一，虽万变交陈，未关神虑。愚惑者以显昧为成验迟速而致疑，故窃然而自私，以形骸为真宅。孰识生化之本归之于无物哉？

卢曰：天地成器，无所不包，人生其中，但保其有。曾不知神为形主，无制于有。圣人所以养其本，愚者但知养其形，约以为生，贪生而不识生之主，形谢以为死，不知神识之长存。迷者为凡人，悟者通圣智，惑者多矣。故先说悟者以辩之。

政和：道无真妄，物有彼是。犹之梦觉，自生纷错，唯大圣知之通为一。范曰：滞于有者，一毫成隔；悟于无者，万法同宗。体道之人，浮游乎万物之祖，造形而上，与化人同游悟理之微，与造物默契一死生之理，齐梦觉之途。虽存亡得失，哀乐好恶，一无所知。虽天地四方，水火寒暑，一无所别。太虚无物，还性宅之自然，又孰弊弊以物为事？

周穆王时，西极之国有化人来，化幻人也。**入水火，贯金石，反山川，移城邑，乘虚不坠，触实不硋。千变万化，不可穷极。既已变物之形，又且易人之虑。**

能使人暂忘其宿所知识。

政和：知变化之道者，其知神之所为乎？水火之所不能害，金石之所不能礙，高下一体，虚实两忘，千变万化，不可穷极，则亦神矣。然神者，妙万物而不可测也。变物之形，易人之虑，是特穷数达变，因形移易者尔。谓之化人以此。

穆王敬之若神，事之若君。

卢曰：凡人之虑，不过嗜欲、忧憎、名利、仁义矣。化人今反其真,故云易也。化人者,应物之身也,穷圣极智,应用无方,千变万化,未始有极者也。

推露寝以居之,引三牲以进之,选女乐以娱之。化人以为王之宫室卑陋而不可处,王之厨馔腥蝼而不可飨,蝼蛄臭也。**王之嫔御膻恶而不可亲。**

卢曰:陋王之宫室,腥王之厨膳,膻王嫔御者,明化人不贵声色滋味及居处也。

穆王乃为之改筑,土木之功,赭垩之色,无遗巧焉。五府为虚,而台始成。其高千仞,临终南之上,号曰中天之台。简郑卫之处子娥媌靡曼者,

娥媌,妖好也。靡曼,柔弱也。

施芳泽,正蛾眉,设笄珥,笄,首饰。珥,瑱也。**衣阿锡**,阿,细縠。锡,细布。**曳齐纨**,齐,名纨所出也。**粉白黛黑,佩玉环。杂芷若**芷若,香草。**以满之**,充满台馆。**奏《承云》《六莹》《九韶》《晨露》以乐之。**

《承云》,黄帝乐;《六莹》,帝喾乐;《九韶》,舜乐;《晨露》,汤乐。

月月献玉衣,旦旦荐玉食。言其珍异。**化人犹不舍然,不得已而临之。**

卢曰:王不达其意,更崇饰之。化人犹不释然,明心不在此之也。

政和:世之所美者为神奇,所恶者为臭腐。神奇臭腐,迭相为化,则美恶奚辩?化人以王之宫室、厨馔、嫔御为不可,而必改筑简择,然后临之,是未能忘美恶之情者也。故穆王钦之,特若神而已。

范曰：孔子曰：不与化为人，安能化人。所谓化人者，殆亦化为人者耶？故水火、金石，可入而贯，山川城邑，可反而移，以无有入无间，不坠于虚，以无厚入有间，不硋于实。千变万化，不可穷极，无体也。有以变物之形，无思也。有以易人之虑，谓之化人，固宜如此。穆王乃尽钦事之道，推露寝以居之，曾不知其卑陋而不可处也；引三牲以进之，曾不知腥蝼而不可飨也；选女乐以娱之，曾不知膻恶而不可亲也。于是筑中天之台，简郑卫之态，奏云韶之乐，献以玉衣，荐以玉食，曾不知其犹不舍然也。不得已而临，是直随其遇而安一宅，而寓于不得已焉耳。

居亡几何，谒王同游。王执化人之祛，祛，衣袖也。**腾而上者，中天乃止。暨及化人之宫，化人之宫构以金银，络以珠玉，出云雨之上，而不知下之据，望之若屯云焉。耳目所观听，鼻口所纳尝，皆非人间之有。王实以为清都紫微，钧天广乐，帝之所居。**

清都紫微，天帝之所居也。传纪云：秦穆公疾不知人，既寤，曰：我之帝所，甚乐，与百神游钧天，广乐九奏万舞，不类三代之乐，其声动心。一说云赵简子亦然也。

王俯而视之，其宫榭若累块积苏焉。王自以居数十年不思其国也。

所谓易人之虑也。

卢曰：中天，至灵之心也。以穆王未能顿忘其嗜欲，故化以宫室之盛，夺其所重之心焉。

化人复谒王同游，所及之处，仰不见日月，俯不见河海。光影所照，王目眩不能得视；音响所来，王耳乱不能得听。百骸六藏，悸而不凝，意迷精丧，请化人求还。

太虚恍惚之域，固非俗人之所涉。心目乱惑，自然之数也。

政和：言王实以为清都、紫微、钧天、广乐，帝之所居，则明其非也。构以金银，络以珠玉，观听尝纳，皆非人间之所有，而王至于不思其国，其可乐如此。其所及之处，仰不见日月，俯不见河海，目不能视，耳不能听，而王意迷精丧，请化人求还，其不乐如此。此之谓变物之形而易人之虑。

化人移之，移，犹推也。**王若殒虚焉。**殒，坠也。

卢曰：至极之理，即化人所及之处也。万象都尽也，何日月、江海之可存？众昏皆除也，何光景之能有此？俗形所不能止，常心所未曾知，常恋未忘，故请归也。

既寤，所坐犹向者之处，侍御犹向者之人。视其前，则酒未清，肴未晞。扶贵反。**王问所从来，左右曰：王默存耳。由此穆王自失者三月而复。更问化人，**

问其形不移之意。

卢曰：亡攀缘之虑，入寂照之方，一念之间，万代所不及。至人之域，岂更别有方乎？故酒未清，肴未晞。左右见王之默坐，而都无所往来，王因坐忘三月，不敢问矣。

化人曰：吾与王神游也，形奚动哉？

所谓神者，不疾而速，不行而至。以近事喻之，假寐一昔，所梦或百年之事，所见或绝域之物。其在觉也，俛仰之须臾，再抚六合之外，邪想淫念，犹得如此，况神心独运，不假形器，圆通玄照，寂然凝虚者乎？

且曩之所居，奚异王之宫？曩之所游，奚异王之圃？王间恒，疑暂亡。

彼之与此，俱非真物。习其常存，疑其暂亡者，心之惑也。

变化之极，徐疾之间，可尽模哉？

变化不可穷极,徐疾理亦无间,欲以智寻象模,未可测。

卢曰:夫神之异形,此益明矣。王但闲习常见,故有疑于暂亡。若夫至道之人,常亡其形者,复何疑哉?神之变化徐疾,不可尽言。

政和:神心恍惚,经纬万方,则神游者其疾。俯仰之间,再抚四海之外,形不必动而心与之俱矣。世之人以常有者为真,以常无者为妄,故闲习于常存,而置疑于暂亡。著有弃空,蔽于一曲,不知彼之与此俱非真也。明乎此,则囊之所居,奚异王之宫?囊之所游,奚异王之圃?

范曰:化人之宫,构以金银,络以珠玉,出云雨之上,而不知下之据,望之若屯云焉。其视夫中天之台为如何哉?耳目所视听,鼻口所纳尝,皆非人间之有,其视夫郑卫之态、云韶之乐、献玉衣而荐玉食者为何如哉?王实以为清都紫微,钧天广乐,帝之所居,曾不知变物之形、易人之虑有若是也。故俯而视之,其宫榭若累块积苏焉,则变物之形可知。王自以居十数年不思其国也,则易人之虑可知。虽然止是耳矣,由非其至。故化人复谒王同游,所及之处,仰不见日月,则非所谓上见光者,俯不见河海,则非所谓下为土者。光影所照,王目眩不能得视,以其未能见晓故。耳者音响所来,王耳乱不能得听,以其未能闻和故耳。百骸六藏,悸而不凝,意迷精丧,请化人求还,怖其径庭,惕然震悸,殆将自涯而反矣。已而既寤,则所坐犹向者之处,侍御犹向者之人,视其前,则酒未清,肴未晞。王问其所从来,曾不知其默存于此,而形未尝动也。故以是为神游焉。惟神也,不疾而速,不行而至,立乎不测,游乎无有,俯仰而再抚四海,恍惚而经纬万方,又岂形之所能累耶?审造乎是,则变化之极,徐疾之间,在我而已。化人之宫,夫何远之有？

王大悦，不恤国事，不乐臣妾，

感至言，故遗世事之治乱，忘君臣之尊卑也。

肆意远游。

卢曰：《庄子》之论夫贵道之人，遗天下而不顾，是犹尘垢糠粃，将犹陶铸尧舜也。孰肯以物为事乎？且声色嗜欲之溺也，岂有道之所耽玩乎？故王大悦其道，不恤国事，不乐臣妾也。远游者，忘于近习者也。

命驾八骏之乘，右服䮘古华字。**骊而左绿耳，右骖赤骥而左白**㵳，古义字。**主车则造父为御，离䯁**上齐下合，此古字，未审。**为右，次车之乘，右服渠黄而左逾轮，左骖盗骊而右山子，柏夭主车，参百为御，奔戎为右，驰驱千里，至于巨蒐氏之国。巨蒐氏乃献白鹄之血以饮王，具牛马之湩以洗王之足，**

湩，乳也。以己所珍贵献之至尊。

及二乘之人。已饮而行，遂宿于昆仑之阿，赤水之阳。

《山海经》云：昆仑山有五色水也。

别日升于昆仑之丘，又观黄帝之宫，而封之以诒后世。遂宾于西王母，觞于瑶池之上。

西王母，人类也。虎齿，蓬发戴胜，善啸也。出《山海经》。

西王母为王谣，徒歌曰谣。诗名《白云》。**王和之，**和，荅也。诗名《东归》。**其辞哀焉。乃观日之所入。**《穆天子传》云：西登弇山。**一日行万里。王乃叹曰：於乎！予一人不盈于德而谐于乐，**谐辩。**后世其追数吾过乎！**

自此已上，至命驾八骏之乘，事见《穆天子传》。

穆王几神人哉！言非神也。

政和:神不疾而速,不行而至。穆王不知,所以出入六合在此,而命驾骖乘,日行万里。故虽至巨蒐之国,升昆仑之丘,观黄帝之宫,宾王母于瑶池之上,非乘云气,御飞龙,游乎四海之外者也。故曰几神人哉,言近于神而非神也。

能穷当身之乐,犹百年乃徂,

知世事无常,故肆其心也。

世以为登假焉。

假字当作遐,世以为登假,明其实死也。

卢曰:择翘骏,拣贤才,应用随方,不限华夷之国,唯道所趣不远。轩辕之宫,穷天地之所有,极神知之所说,不崇德以矜用,方乐道以通神,千载骸化而上升,世俗之人以为登遐焉矣。

范曰:穆王悟化人之言,乃不恤国事、臣妾,驾八骏之乘,至巨蒐之国,宿昆仑之阿,封黄帝之宫,觞瑶池之上。肆意远游,一日万里,亦可谓神矣。然语之以乘云气,御飞龙,而游乎四海之外,则未也。故以为几神而已。

老成子学幻于尹文先生,三年不告。老成子请其过而求退,尹文先生揖而进之于室。屏左右而与之言曰:昔老聃之徂西也,顾而告予曰:有生之气,有形之状,尽幻也。造化之所始,阴阳之所变者,谓之生,谓之死。穷数达变,因形移易者,谓之化,谓之幻。

穷二仪之数,握阴阳之纪者,陶运万形,不觉其难也。

造物者其巧妙,其功深,固难穷难终。

造物者岂有心者?自然似妙耳。夫气质愦薄,结而成形,随化而往,故未即消灭也。

因形者其巧显,其功浅,故随起随灭。

假物而为变革者，与成形而推移，故暂生暂没。功显事著，故物皆骇。

知幻化之不异生死也，始可与学幻矣。

注见篇目，已详其义。

吾与汝亦幻也，奚须学哉？

身则是幻，而复欲学幻，则是幻幻相学也。

卢曰：夫形气之所变化，新新不住，何殊于幻哉？故神气所变者，长远而难知，法术之所造，从近而易见，乃不知乎？难知者为大幻，易见者为小幻耳。若知幻化之不异生死，更何须学耳？

老成子归，用尹文先生之言，深思三月，遂能存亡自在，幡校四时，冬起雷，夏造冰，飞者走，走者飞。

深思一时，犹得其道，况不思而自得者乎？夫生必由理，形必由生，未有有生而无理，有形而无生。生之与形，形之与理，虽精粗不同，而迭为宾主，往复流迁，未始暂停。是以变动不居，或聚或散。抚之有伦，则功潜而事著；修之失度，则迹显而变彰。今四时之令不乖，则三辰错序，雷冰反用，器物蒸烁，则飞炼云沙以成水濆。得之于常，众所不疑。推此类也，尽阴阳之妙数，极万物之情者，则陶铸群有，与造化同功矣。若夫偏达数术，以气质相引，俛仰则一出一没，顾盼则飞走易形，盖术之末者也。

终身不著其术，固世莫传焉。

日用而百姓不知，圣人之道也。显奇以骇一世，常人之事耳。

卢曰：精乎神气之本，审乎生死之源，则能变化无方，此必然之理也。会须心悟体证，故不可以言语文字传者也。

政和：可与往者，与之至于妙道。揖而进之于室者，以此不可与往者，慎勿与之。屏左右而与之言者，以此阴阳之运，四时之行，万物之理，俄造而有，倏化而无，故曰有生之气，有形之状，尽幻也。物以生为始，以死为终，以生为常，以死为变，而皆冥于造化阴阳之所运者也。故曰造化之所始，阴阳之所变者，谓之生，谓之死。既穷造化阴阳之数，又达有气有形之变，则谓之化。付之系于数变者，复因其形而移易之，则谓之幻。造物者，天也。天则神矣，故巧妙而不可测，功深而不可究，此所以难终难穷。因形者，人也。人则明矣，故巧显而遽成，巧浅而俄坏，此所以随起随灭。夫生死固然也，幻化或使也，自道观之，皆非真常。则知幻化之不异于生死也，奚往而非幻哉？今且吾与汝皆幻也，而学幻焉，是犹所谓梦之中又占其梦者。与自在存亡者言物或存或亡，而吾固自存也。幡校四时，则役阴阳而不役于阴阳；冬起雷，夏造冰，则制四时，而不制于四时；飞者走，走者飞，则驰万物而不驰于万物。巧妙功深，且与造物者游矣。终身不著其术，世莫传焉，则为其难终难穷，难测难识故也。故善学幻者，建之以常无有，然后足以尽此。

范曰：以我幻物，倒而本正，非所以通物也。然自道观之，所以通物犹是也。故气兆芒忽，形分混沌，无物不然。范于炉锤者，为造化之所始，设于机缄者，为阴之所变，生死得以命之，故谓之生，谓之死。穷数达变者，未能超出于无数之先。因形移易者，未能顿革于无形之表。幻化得以命之，故谓之化，谓之幻。是二者，或本于造物，而得之自然，故巧妙功深，而难终难穷；或本于因形，而未能无待，故巧显功浅，则随起随灭。若夫概之以道，则幻化之与死生，亦未尝异。兹偃师之倡者，所以能与造物同功欤？苟明是理，则汝身非汝有也。孰有之哉？是亦幻而已矣。以幻学幻，与夫梦之中又占其梦者，奚异？老成子归，用尹文先生之言，深思三月，则由未能不思而得也。然遂能存亡自在，而不累于物，幡校四时，而不拘数，雷冰反用，飞走异形，终身不著其术，又况夫体道者乎？操至权以独运，斡万化于不测，固有所谓密用而独化者，世岂能识之者哉？

子列子曰：善为化者，其道密庸，其功同人。

取济世安物而已，故其功潜著而人莫知焉。

五帝之德，三王之功，未必尽智勇之力，或由化而成，孰测之哉？

帝王之功德，世为之名，非所以为帝王也。揖让干戈，果是所假之涂，亦奚为而不假幻化哉？但骇世之迹，圣人密用而不显焉。

政和：五帝之德，三王之功，其道密庸者，言其道之藏诸用。其功同人者，言其功之显诸仁。五帝曰德，三王曰功，其述之所履者尔。其心未尝不一也，然既已为智勇之力，而未敢必又以为由化而成，而或者疑之，其善为化莫测如此。是谓与天地同流者欤？

范曰：其道密庸，藏诸用也。其功同人，显诸仁也。是道也，非体神为化未易致此。然道者，其本也。功者，特其余事耳。故藏诸用者，虽曰退藏于密，而可用可见者本焉。显诸仁者，虽曰为徒于人，亦未尝不倅于无也。为化若是，则尘垢粃糠犹足以陶铸帝王。彼智勇之任是时，应世之踪迹耳，岂其所以迹哉？古之人所以藏其利器，不以示人，酬酢万变，淡然无事者，诚以此道也。然则，虽鬼神之幽，将不能窥，而况于世俗之昏，亦何以测其妙乎？

觉有八征，梦有六候。

征，验也。候，占也。六梦之占，义见《周官》。

奚谓八征？一曰故，故事。**二曰为**，作为。**三曰得，四曰丧，五曰哀，六曰乐，七曰生，八曰死。此者八征，形所接也。奚谓六候？一曰正梦**，平居自梦。**二曰蘁梦，**

《周官》注云：蘁当为惊愕之愕，谓惊愕而梦。

三曰思梦，因思念而梦。**四曰寤梦，**觉时道之而梦。**五曰喜梦**，因喜悦而梦。**六曰惧梦，**因恐怖而梦。**此六者，神所交也。**

此一章大旨，亦明觉梦不异者也。

范曰：周穆王之神之游，似至非至；老成之子学幻，似真非真。审造其极，则等视世间万殊，有同觉梦，故于此复继以觉梦之说也。庄周《齐物》之篇，其言觉梦与此同意。故与为则涉于事，得与丧则异乎物，哀乐则萌于心，生死则系于数。此八者，形所接也，其事为可验，故谓之八征。平安而梦，是为正梦；惊愕而梦，是为蘁梦；思梦则思而有所感，若孔子之梦周公是也；寤梦则寤而有所见，若狐突之梦太子是也；喜梦则有所喜而梦；惧梦则有所惧而梦。此六者，神所交也。其兆为可占，故谓之六候。

不识感变之所起者，事至则惑其所由然；识感变之所起者，事至则知其所由然。知其所由然，则无所怛。

夫变化云为皆有因而然，事以未来而不寻其本者，莫不致惑。诚识所由，虽谲怪万端，而心无所骇也。

卢曰：夫虚心寂虑，反照存神，则能通感无碍，化被含灵矣。人徒见其用，化之迹不识。夫通，化之本也，何者？以其道密用而难知，其功成不异于人事，故五帝、三王，人但知其智勇之力，不能识其感化而成之者也。然觉有八征，梦有六候者，生人之迹不过此矣。故、为、得、丧、哀、乐、生、死，形所接也；正、愕、思、寤、喜、惧，神所交也。形所接者，咸以为觉；神所交者，感以为梦。而觉梦出殊,其于化也,未始有别。知八征,六候之常化也,是则识其所由矣。夫知守神不乱,而化之有由,则所遇征候,何所惊怛也。

政和:其觉也涉事,故验之以八证。其梦也藏理,故占之以六候。所遭谓之故,所作谓之为,得言所益,丧言所失,哀乐累其心,死生变于己。之八者,形开而可验者也,故曰:此八证者,形所接也。正、愕、思、寤、喜、惧,之六者,魂交而可占者也,故曰此六候者,神所交也。其梦也,魂交。其觉也,形开。昼夜之变也,不识感变之所起者,事至则惑其所由然,盖不知其梦而自以为觉也。识感变之所起者,事至则知其所由然,所谓大觉而知此其大梦者也。通乎昼夜之道而知者,万物一齐,孰觉孰梦,何怛化之有?

范曰:觉有八征,虽形所接,因其八征而验之,未尝不形于梦。梦有六候,虽神所交,因其六候而占之,未尝不始于觉。然则感变之所起,殆亦有因而然者耶?不识其所起,则事之至也,惑其所由然。识其所起,则事之至也,知其所由然。知其所由然,则死生亦大矣,不得与之变,而况利害之端,夫孰足以患?心已怛,如怛化之怛。心有所爱,则忘所忧而暖,心有所怛则虑所患而明。识感变之所起,则无患矣,何怛之有?

一体之盈虚消息,皆通于天地,应于物类。

人与阴阳通气,身与天地并形,吉凶往复,不得不相关通也。

故阴气壮,则梦涉大水而恐惧;

失其中和,则濡溺恐惧也。

阳气壮,则梦涉大火而燔焫; 火性猛烈,遇则燔焫也。**阴阳俱壮,则梦生杀。**

阴阳以和为用者也,抗则自相利害,或生或杀也。

甚饱则梦与,甚饥则梦取。

有余故欲施,不足故欲取。此亦与觉相类也。

是以以浮虚为疾者,则梦扬,以沈实为疾者,则梦溺。藉带而寝,则梦蛇,飞鸟衔发,则梦飞。

此以物类而致感也。

将阴梦火,将疾梦食。饮酒者忧,歌怜者哭。

此皆明梦,或因事致感,或造极相反,即《周礼》六梦六义,理无妄然。

卢曰:神气执有则化随,阴阳所感则梦变。或曾极而为应,或像似而见迹,或从因而表实,或反理而未表情,若凝理会真,冥神应道者,明寂然通变,忧乐不能入矣。

范曰:形有盈虚,气有消息。虽天地之大,此实与之通;虽物类之夥,此实与之应。梦觉相符,岂苟然哉?故梦之所见,或以阴阳为之寇,或以物变为之感。或与觉相反,或与事相类,殆有所因而然也。古之人以日月星辰占六梦之吉凶,其以此欤!

子列子曰:神遇为梦,形接为事。

《庄子》:曰:其寐也,神交。其觉也,形开。

故昼想夜梦,神形所遇。

此想为觉时有情虑之事,非如此间常语。昼日想有此事,而后随而梦也。

故神凝者,想梦自消。

昼无情念,夜无梦寐。

信觉不语,信梦不达,物化之往来者也。

梦为鸟而戾于天,梦为鱼而潜于渊,此情化往复也。

古之真人，其觉自忘，其寝不梦，几虚语哉？

真人无往不忘，乃当不眠，何梦之有？此亦寓言以明理也。

卢曰：夫六情俱用，人以为实意。识独行人以为虚者，同呼为幻梦。行人以为梦为实者，同呼为真。是曾不知觉亦神之运，梦亦神之行，信一不信一，是不达者也。若自忘，则不梦，岂有别理者乎？

政和：通天下一气耳。此所以盈虚消息皆通于天地，应于物类。阴气壮则梦大水而恐惧，阳气壮则梦大火而燔炳，阴阳俱壮而和，则或梦生，阴阳俱壮而乖，则或梦杀。以浮虚为疾者，则梦扬，以沈实为疾者，则梦溺，盈虚之理也。甚饱梦与，甚饥梦取，将阴梦火，将疾梦食，消息之理也。借带而寝，则梦蛇，飞鸟衔发，则梦飞，因其类也。饮酒者忧，歌儛者哭，反其类也。盖形之所接存于昼，故神之所遇生于夜。是则神形所遭，皆盈虚消息之自尔。若夫冥以一真，每与道俱，则觉梦一致，实妄两忘，是之谓真人。

范曰：其寐也，魂交，故遇而为梦。其觉也，形开，故接而为事。昼想夜梦，是直形神之所遇耳，必有神凝者焉。通昼夜而知，融梦觉而一成。然寐遽然觉，物之化往来，未尝容心于其间，故梦为鸟而戾于天，梦为鱼而没于渊，不知周之梦为蝴蝶欤？不知蝴蝶之梦为周欤？万形自化，化无欣戚，非大觉者，孰能为此？虽然，梦若反一，犹有妄见，道至于真人者，静而与阴同德，动而与阳同波，以真冥妄，真妄一真。觉之与梦，一无所别。兹所以其觉自妄，其寝不梦也。然黄帝之华胥，不为未至者，是特寓是以明理而已矣。

冲虚至德真经四解卷之八

周穆王

西极之南隅有国焉，不知境界之所接，名古莽之国。阴阳之气

所不交,故寒暑亡辩;日月之光所不照,故昼夜亡辩。其民不食不衣而多眠,五旬一觉,以梦中所为者实,觉之所见者妄。四海之齐,谓中央之国,即今四海之内。跨河南北,越岱东西,万有余里。其阴阳之审度,故一寒一暑;昏明之分察,故一昼一夜。其民有智有愚,万物滋殖,才艺多方,有君臣相临,礼法相持,其所云为,不可称计。一觉一寐,以为觉之所为者实,梦之所见者妄。东极之北隅,有国曰阜落之国。其土气常燠,日月余光之照,其土不生嘉苗。其民食草根木实,不知火食,性刚悍,强弱相藉,贵胜而不尚义,多驰步,少休息,常觉而不眠。

　　方俗之异,犹学梦反用,动寝殊性,各适一方,未足相非者也。

　　卢曰:故举此二国之异,而神之可会者未尝殊也。故知神理之契运,不明梦觉衣食。苟嗜欲之不忘,则情系于俗矣。

　　政和:阳为动为明,阴为静为晦。西极之南,偏于阴,故其民一于向晦,静而多眠。东极之北,偏于阳,故其民一于向明,动而多觉。中央之国乎天地之所合也,四时之所交也,风雨之所会也,阴阳之所和也,何明而动?何晦而息?动静不失其时,一觉一梦,实妄以解,非体真常而善为化者,孰能与于此乎?

　　范曰:鸡昼明而夜昏,枭昼昏而夜明,彼物然耳,惟人亦如之。故西极之南隅,东极之北隅,与夫中央之国,方俗异宜,梦觉殊致,恶识其所以然?

　　周之尹氏大治产,其下趣役者,侵晨昏而弗息。有老役夫筋力竭矣,而使之弥勤。昼则呻呼而即事,夜则昏惫而熟寐。精神荒散,昔昔梦为国君,居人民之上,总一国之事,游宴宫观,恣意所欲,其乐无比。觉则复役。人有慰喻其勤者,役夫曰:人生百年,昼夜各分。分,半也。吾昼为仆虏,苦则苦矣,夜为人君,其乐无比。何所怨哉？尹氏心营世事，虑钟家业，心形俱疲，夜亦昏惫而寐。昔昔梦为人仆，趋走作役，无不为也。数骂杖挞，无不至也。眠中啽呓呻呼，啽，吾南反。呓音艺。彻旦息焉。尹氏病之，以访其友。友曰：若位足荣身，资财有余，胜人远矣。夜梦为仆，苦逸之复，数之常也。

夫盛衰相袭，乐极哀生，故觉之所美，梦或恶焉。

若欲觉梦兼之，岂可得耶？ 尹氏闻其友言，宽其役夫之程，减己思虑之事，疾并少间。

此章亦明觉梦不异，苦乐各适一方，则役夫勤于昼而逸于夜，尹氏荣于昼而辱于夜，理苟不兼，未足相跨也。

卢曰：夫劳形而逸其神者，则觉疲而梦安。劳神而役形者，则觉乐而梦苦。神者，生之主也，而人不知养神以安形。形者，神之器也，而人不知资形以逸神也。故形神俱劳，两过其分，若劳佚适中者，疾并少间矣。

政和：一阴一阳，冲和适平，此天与之形也。形失其平，于是偏而为疾。或昼苦而夜乐，或昼逸而夜劳，终始反复，必至之理也。宽其役夫之程，减己思虑之事，则各适其平，是以疾病少间。虽然，万物一齐，孰觉孰梦，方其梦也，不知其梦也，觉而后知其梦，亦愚者自以为觉耳。必有大觉，而后知此。其大梦也，君乎，牧乎，固哉？

范曰：尹氏，则尹人者也，可谓逸矣，乃昔昔梦为人仆。役夫，则趋役者也，可谓苦矣，乃昔昔梦为国君。然则苦役逸之复，殆有数存焉于其间者耶？世之所贵，未必贵也。世之所贱，未必贱也。自道观之，物无贵贱，是直以隶相尊而已。其臣妾不足以相治乎？其递相为君臣乎？而愚者从役于昼，夜乃或自以为觉，切切然知之。君乎，牧乎，固哉？

郑人有薪于野者，遇骇鹿，御而击之，御，迎。毙之。恐人见之也，遽而藏诸隍中，覆之以蕉，不胜其喜。俄而遗其所藏之处，遂以为梦焉。顺涂而咏其事，傍人有闻者，用其言而取之。既归，告其室人曰：向薪者梦得鹿而不知其处，吾今得之，彼直真梦矣。室人曰：若将是梦见薪者之得鹿邪？讵有薪者邪？今真得鹿，是若之梦真邪？夫曰：吾据得鹿，何用知彼梦我梦耶？薪者之归，不厌失鹿，其夜真梦藏之之处，又梦得之之主，爽旦，案所梦而寻，得之。遂讼而争之，归之士师。士师曰：若初真得鹿，妄谓之梦；真梦得鹿，妄谓之实。彼真取若鹿，而与若争鹿。室人又谓梦仞人鹿，无人得鹿。今据有此鹿，请二分之。以闻郑君。郑君曰：嘻！士师将复梦分人鹿乎？访之国相。国相曰：梦与不梦，臣所不能辩也。欲辩觉梦，唯黄帝、孔丘。

圣人之辩觉梦何耶？直知其不异耳。

今亡黄帝、孔丘，孰辩之哉？且恂士师之言可也。

恂者，信也，音荀。因喜怒而迷惑，犹不复辩觉梦之虚实，况本无觉梦也。

卢曰：夫以为梦者，但妄识耳。神识之不审，则为妄梦焉。傍闻而取鹿者，亦不审也，此复为梦矣。得鹿者又梦而求鹿，以经狱官焉，其皆不审也，妄情同焉，故二分之。能了其妄者，其唯圣人乎？若时无圣人，事无的当，故士师之以不了断不了，更为妄焉。

政和：自道观之，孰觉孰梦，是非一气，果且有辩乎？刑名而降，真伪起矣。故真得鹿也，妄谓之梦。真梦鹿也，妄谓之实。是非之涂，繁然殽乱，恶能知其辩？黄帝、孔子，以真冥妄，果且无彼是乎哉？士师之言，以真辩妄，果且无彼是乎哉？故求证于黄帝、孔子而莫得，则且恂士师之言可也。

范曰：体道之人，见独趋寂，得失无足以累其心者。鹿之为物好群，则非见独矣。善走则非趋寂矣。故薪于野而得之者已而俄失，遂以为梦。闻其言而取之者已而俄得，亦以彼为真梦也。迨归而告其室人，又复以为梦仞人鹿焉，然则鹿之得失，梦之虚实，孰知其所以然哉？彼是相攻，妄生分别，争竞之端起矣。彼梦之中又占其梦者，乃复梦分人鹿焉，庸讵而能知此其大梦也耶？必有真人而后有真知，故辩觉梦者，唯黄帝、孔子而已。士师则有为而治事者，国相则无为而论道者。

宋阳里华子中年病忘，朝取而夕忘，夕与而朝忘，在涂则忘行，在室则忘坐，今不识先，后不识今。阖室毒之。谒史而卜之，弗占；谒巫而祷之，弗禁；谒医而攻之，弗已。鲁有儒生自媒能治之，华子之妻子以居产之半请其方。儒生曰：此固非卦兆之所占，

夫机理萌于彼，蓍龟感于此，故吉凶可因卦兆而推，情匿可假象数而寻。今忘者之心，泊尔钧于死灰，廓焉同乎府宅，圣人将无所容其鉴，岂卦兆之所占？

非祈请之所祷，

夫信顺之可以祈福庆，正诚之可以消邪伪，自然之势也。故负愧于神明，致怨于人理者，莫不因兹以自极。至于情无专惑，行无狂蹲，则非祈请之所祷也。

非药石之所攻。

疾病结于府藏，疾病散于肌体者，必攻脉诊以察其盈虚，投药石以攻其所苦。若心非嗜欲所乱，病非寒暑所伤，则医师之用宜其废也。

吾试化其心，变其虑，庶几其瘳乎！

夫忘都无心虑,将何所化？此义自云易令有心,反令有虑,盖辞有左右耳。

于是试露之,而求衣;饥之,而求食;幽之,而求明。

先夺其攻己之物以试之。

儒生欣然告其子曰:疾可已也。然吾之方密,传世不以告人。试屏左右,独与居室七日。从之。莫知其所施为也,

儒者之多方,固非一涂所验也。

而积年之疾,一朝都除。

上句云使巫医术之所绝思,而儒生独能以其所病者,先引华子之忘同于自然,以明无心之极,非数术而得复推,儒生之功,有过乎史巫者,明理不冥足,则可以多方相诱。又欲令忘者之悟知曩之忘怀,实几乎至理也。

卢曰:老子曰:为学日益,为道日损。损之又损,以至于无为。华子学道而忘其有,儒生学有以益其知。益其知者,是非必辩于目前。忘其有者,得丧不入于天府。岂占卜、医药所能痊之哉？于是儒生以多方诱其心,是非惑其虑,华子于是失道而后德,失德而后是非交驰于胸中,故坐忘之道失矣。

华子既悟,乃大怒,黜妻罚子,操戈逐儒生。宋人执而问其以。华子曰:曩吾忘也,荡荡然不觉天地之有无。今顿识既往,数十年来,存亡得失,哀乐好恶,扰扰万绪起矣。吾恐将来之存亡得失、哀乐好恶之乱吾心如此也,须臾之忘,可复得乎？

疾病与至理相似者犹能若是,况体极乎？

卢曰:华子思反真而无从也,故怒其妻子;以逐儒生也。

子贡闻而怪之,以告孔子。孔子曰:此非汝所及乎！顾谓颜回记之。

此理亦当是赐之所逮，所以折之者，欲寄妙赏于大贤耳。

卢曰：子贡辩学之士，进取强学者也，故曰此非汝所及也。颜回好学亚圣，不违于仁者也，故令颜回记之者，用明道于大贤耳。

政和：知忘，是非心之适也。堕肢体而离形，黜聪明而去智，天机不张，默与道契，惛然若亡而存世，岂得而窥之？俗人昭昭，我独若昏。素逝而耻通于事立之本原，而知通于神，此圣人之所以不病也。而世俗以不知为病，故谓华子为病忘。方且化其心，变其虑，使存亡得失、哀乐好恶，扰扰万绪随之而起，以累其形。因其乱心，则儒生所谓除其疾者。其开人而贼生者，与孔子不以语子贡者，以其多而而杂，顾颜回记之，则为其能坐忘故也。

范曰：宋者，火所次而明，阳者，性常浮而动，里则处而非奥，华则敷而离根，子则又其婴孩之时也，中年则涉人伪之已深，病忘则还性。天之暂复，而谓之病，见世欲之病，非迷而不复者也。古之语致道者，必贵乎忘心。宋子之病，其几乎忘心，而得道之真者耶？真则致一矣。朝取而夕忘，忘于朝也；夕与而朝忘，忘于夕也；在途则忘行，忘于途也；在室则忘坐，忘于室也；今不识先，忘于今也；后不识今，忘于后也；始则忘取与，是忘物也；中则忘行坐，是忘所也；终则忘后先，是忘时也。且独奈何而以此为病耶？既已谓之病，必有受之者，其曰忘，则受之者又其谁也。不知其未尝病，乃阖室毒之，毒之不已，乃谒史而卜之，卜之弗已，又谒巫而祷之，祷之弗已，又谒医而攻之。三者无所用其术，鲁之儒又蹑其后而自媒能治焉。鲁者，文物之地。儒者，仁义之术。大全自此析矣。然彼自无疑，则非吉凶之所能知，卦兆奚占？彼自无愆，则非鬼神之所能测，祈请奚祷？彼自无疾，则非阴阳之所能寇，药石奚攻？欲愈其忘，试化其心，试变其虑，庶几其有瘳乎？于是露之，使知寒；饥之，使知饥;幽之,使知明。心非一而为物偶矣。其寒而知求衣,饥而知求食,幽而知求明,见非独而心有对矣。凿之七日,混沌之七窍遂开,除之一朝,世间之万态俱起。大怒而黜其妻子,以其有亲于我,而责之深也。操戈而逐儒生,以其有求于我,而憾之切也。存亡得失、哀乐好恶,向也各各不知,今也营营不已。须臾之忘,安可得哉?子贡问于孔子而怪之,以其溺于博学之辩而已。孔子顾谓颜回而记之,以其造于坐忘之妙而已。然则华子之忘,犹非诚忘者耶?其病则冥然而忘,及其悟则怫然而怒,未能两忘而化于道故耳。

秦人逢氏有子,少而惠,及壮有迷罔之疾。

惠非迷也,用惠之弊,必之于迷焉。

闻歌以为哭,视白以为黑,飨香以为朽。《月令》曰:其臭朽。**尝甘以为苦,行非以为是。意之所之,天地四方,水火寒暑,无不倒错者焉。**

卢曰:夫矜于小智者,人以为慧。体道保和者,人以为愚。夫齐声色,妄水火者,非俗人之所辩。故以道为迷罔焉。

杨氏告其父曰:鲁之君子多术艺,将能已乎?汝奚不访焉?其父之鲁,过陈,遇老聃,因告其子之证。老聃曰:汝庸知汝子之迷乎?今天下之人皆惑于是非,昏于利害,同疾者多,固莫有觉者。且一身之迷不足倾一家,一家之迷不足倾一乡,一乡之迷不足倾一国,一国之迷不足以倾天下。天下尽迷,孰倾之哉?向使天下之人,其心尽如汝子,汝则反迷矣。哀乐、声色、臭味、是非,孰能正之?且吾之此言未必非迷,而况鲁之君子,迷之邮者,

鲁之君子,盛称仁义,明言是非,故曰迷之邮者也。

焉能解人之迷哉?荣汝之粮,不若遄归也。

荣者,弃也。此章明是非之理未可全定,皆众寡相倾以成辩争也。

卢曰:荣,弃也。天下俗士甚多,悟道者少,众迷以嗤独智,翻以为迷。故《老子》云:下士闻道大笑之,不笑不足以为道也。今欲使赵竞之士正其是非者,失道弥远矣。鲁之儒生于忘形保神之道,乃迷之甚者也。何能晓人之迷尔?不如弃汝路粮速归矣。

政和:是非之彰也,道之所以亏也。彼亦一是非,此亦一是非,则歌哭之声、黑白之色、香朽之臭、甘苦之味,以至于四方之内,人各是其所是,而非其所非。将谁使正之?民之迷,其日久矣。窃窃然知之,谓彼为迷。吾乌能知其辩?此老子所以谓其父曰,汝庸知子之迷乎?又曰,哀乐、声色、臭味、是非,孰能正之也?玄珠之遗,象罔得之,则迷罔之疾,亦岂世之所识哉?

范曰:仁,人心也。由心而行,是所谓惠。少而惠,则开天而已。及壮而有迷罔之疾,则无所用知将造乎道之无矣。方之北时之冬谓之罔。罔者,有之舍也。迷而至于罔,其几于至无而为群有之所宗者耶?其谓之疾,则世俗以是为疾故也。闻歌以为哭,则未能无声,特于声有所不分。视白以为黑,则未无色,特于色有所不辩。飨香以为朽,则将至于无臭矣。尝甘以为苦,则将至于无味矣。行非以为是,则又造乎道之有封而未始有是非者矣。其本也,意之所之,天地、四方、水火、寒暑,无不倒错,是又其物物混融,了无分别者耶?杨氏告其父以鲁之君子多艺术为能已者,盖其躬服仁义,明言是非,而析道之浑全故也。其父之鲁,过陈,遇老聃,因告其子之论者,盖其以深为根,以约为纪,而体道之博大故也。是时天下之人惑于是非,昏于利害,同疾者多,莫有觉者,孰为迷耶?孰为不迷耶?且自身而达之家,自家而达之乡,自乡而达之国,自国而达之天下，莫不尽迷，孰倾之哉？向使天下之人，其心尽如汝子，汝则反迷矣。又况哀乐也，声色也，臭味也，是非也，众寡相倾，特未可定。吾谁使正之，使同乎我与若者正之，既同乎我与若矣，乌能正之使异乎我与若者？正之既异乎我与若矣，乌能正之一将以迷之邮者？薪欲解人之迷，其惑以滋甚，将反汝情性，而无由入矣。故弃汝之粮，不若遄归也。老子于此必曰，吾之言未必非迷者，盖欲遣其为言之累故耳。

燕人生于燕，长于楚，及老而还本国。过晋国，同行者诳之，指城曰：此燕国之城。其人愀然变容。指社曰：此若里之社。乃喟然而叹。指舍曰：此若先人之庐。乃涓然而泣。指垄曰：此若先人之冢。其人哭不自禁。同行者哑然大笑，曰：予昔绐若，此晋国耳。其人大惭。及至燕，真见燕国之城社，真见先人之庐冢，悲心更微。

此章因情有一至，哀乐既过，则向之所感，皆无欣戚者也。

卢曰：夫人，性相近，习相远者，各随其情，习所安也。生于燕者，未离其本也。长于楚者，安于所习也。所归于本而不之识，故伪薄者是人得之焉，将所似而诱之信者，于是生惑也，反知不实，忘情以生惭，纵得见真，仍以为薄者，是非皆不相了，因人以惑其情焉。况今之君子咸妄执晋国之城社也，宁知养神反本之至道哉？

范曰：一性之所，亘古不迁。逐物忘返，则摇荡恣睢于转徙之途者，多矣。厥有缮性，俗学以求复其初者，又且大惑易性，认物为己，殆亦不知真宅之所归而然耶？燕人生于燕，长于楚，则逐物而失其性之所况也。及老而还本国，则缮性而求复其初之所况也。过晋国，同行者诳之，指城曰燕国之城，则愀然而形于色。指社曰燕国之社,则喟然发于声。指舍曰此若先人之庐,则涓然而泣矣。指垅曰此若先人之冢,则哭不自禁矣。既而告之曰此晋国耳,乃复大惭,则大惑易性,不知归其真宅之况也。及至燕,真见燕国之城社,真见先人之庐冢,悲心更微。其得失,所谓入而后悦之者欤!之人也,虽曰迷而后复,固与夫薾然疲役而不知所归者异矣。《徐无鬼》有越人之说,庄周有旧都之喻,义与此合。

冲虚至德真经四解卷之九

仲 尼

智者不知而自知者也。忘智故无所知,用智则无所能,知体神而独运,忘情而任理,则寂然玄照者也。

卢曰:此篇言证无为之道者,方可无所不为。世人但见圣人之迹,而不知所证之本也。学者徒知绝情之始,而不知皆济之用,皆失其中也。

政和:或使则实,莫为则虚。微妙并观,有无不蔽。无不忘也,无不有也。淡然无极,是谓契理。

范曰:惟忘乎智,乃能不用其智,惟造乎神,乃能不名其圣,若然者,入而内观,是非利害,不入于胸次,故眼如耳,耳如鼻,鼻如口,口无不同。在我者,盖如此也。出而外观,则毁誉,忧喜不汨于心术,故视生如死,视富如贫,视人如豕,视吾如人。在物者,盖如此也。力虽服海内不自用,辩虽雕万物而不自悦,真知真能得之在我,所谓无为而无不为者,其在是乎?

仲尼闲居,子贡入侍,而有忧名。

政和:圣人退藏于密,故心不爱乐。吉凶与民同患,故有忧。

子贡不敢问，

子贡虽不及性与天道，至于夫子文章，究闻之矣。圣人之无忧，常流所不及，况于赐哉？所以不敢问者，将发明至理，惟起余于大贤，然后微言乃宣耳。

出告颜回。颜回援琴而歌。孔子闻之，果召回入，问曰：若奚独乐？回曰：夫子奚独忧？

回不言欲旨问，故弦歌以激发夫子之言也。

孔子曰：先言尔志。曰：吾昔闻之夫子曰：乐天知命故不忧，回所以乐也。

天者，自然之分。命者，穷达之数也。

政和：乐天，则不尤人；知命，则不尚力。任其自然，不累乎心，何忧之有？

孔子愀然有间，曰：有是言哉？

将明此言之不至，故示有疑问之色。

汝之意失矣。此吾昔日之言尔，请以今言为正也。

昔日之言，因事而兴，今之所明，尽其极也。

政和：道恶乎往而不存？言恶乎存而不可？随时之宜之谓是，体道之常之谓正，故昔日之言可以为是，而自今观之，不可以为正也。然以昔日之言为是，以今日之言为正，其所言者，特未定也。知时无止证向今故，则束于教者，岂足以语此？

汝徒知乐天知命之无忧，未知乐天知命有忧之大也。

无所不知，无所不乐，无所不忧，故曰大也。

政和：真乐无乐，亦无所不乐；真知无知，亦无所不知。修之身，故无忧；修之天下，故有忧之大。

范曰：退朝曰燕居。燕曰间。故有所谓燕居，有所谓间居。

子贡之学，得其言未得其所以言。夫子之文章，可得而闻矣；夫子之言性与天道，不可得而闻也。故于圣人之忧，则有所不敢问。颜回之学，具体而微，造形而悟，非真愚也。终日不违，非助我也，无所不说。故闻圣人之忧，则援琴而歌，盖将有所激焉。此孔子闻之所以果召，回入而有独乐之问也。体道者常乐，涉事者常忧。天者，莫之为而为也，吾则乐之而不辞。命者，性之所自出也，故则知之而无蔽。乐天知命，则鼓万物而不与圣人同忧。俯视世间，万事举，无足以累吾心者，此回之所以乐也。虽然，止是耳矣，犹非其至。故孔子以是为昔日之言。夫言无常是，应时为正。昔之所是，今或非之。昔之所可，今或否之。汝徒知乐天知命之无忧，未知其有忧之大，是未能以今言为正者也。即此以观，《列子》可谓深于《易》矣。王通曰：天下皆忧，吾独得不忧。岂知圣人之意哉？

今告若其实：修一身，任穷达，知去来之非我，亡变乱于心虑，尔之所谓乐天知命之无忧也。

此直能定内外之分，辩荣辱之境，如斯而已，岂能无可无不可哉？

卢曰：夫乐乎天，知乎命，而不忧感者，是时济之道，非应用救物之事焉。仲尼曰：吾昔有此言，今则异于昔。

政和：古之知道者，以行止非人所能而在天，以废兴非力所致而在命，不荣通，不丑穷，适来时也，适去顺也。安时而处顺，哀乐不能入也，何忧之有？然是特修一身者尔。

曩吾修《诗》《书》，正礼乐，将以治天下，遗来世，

《诗》《书》礼乐，治世之具，圣人因而用之，以救一时之弊，用失其道，则无益于理也。

非但修一身，治鲁国而已。

夫圣人知周万物，道济天下。若安一身，救一国，非所以为圣也。

而鲁之君臣日失其序，仁义益衰，情性益薄。此道不行一国与当年，其如天下与来世矣。

治世之术实须仁义，世既治矣，则所用之术宜废。若会尽事终，执而不舍，则情之者寡而利之者众。衰薄之始，诚由于此。以一国而观天下，当今而观来世，致弊岂异？唯圆通无阂者，能唯变所适，不滞一方。

吾始知《诗》《书》礼乐无救于治乱，而未知所以革之之方，此乐天知命者之所忧。

唯弃礼乐之失，不弃礼乐之用，礼乐故不可弃，故曰未知所以革之之方。而引此以为忧者，将为下义张本，故先有此言耳。

卢曰：非诗书礼乐不足以为治天下之法，而世之理论，不由诗书礼乐所能救焉。若去其法，又无以为礼之本也。此唯有道者之所深忧。

政和：《诗》《书》者，载治之言。礼乐者，载治之具。孔子体道之真以治身，超然自得乎形色、名声之表矣，而悯天下之弊，故言仁义，明礼乐，吁俞曲折以慰天下之心。然世之人灭质溺心，无以返其性情而复其初，则仁义益衰，而性情益薄，其道不行于当年矣，为天下后世虑，所以忧也。

虽然，吾得之矣，未乐而知者，非古人之谓所乐知也。

《庄子》曰：乐穷通物非圣人。故古人不以无乐为乐，亦不以无知为知，任其所乐，则理自无乐，任其所知，则理自无知。

无乐无知，是真乐真知。

都无所乐,都无所知,则能乐天下之乐,知天下之知,而我无心者也。

故无所不乐,无所不知,无所不忧,无所不为。

居宗体备,故能无为而无不为也。

《诗》《书》礼乐,何弃之有?革之何为?

若欲损《诗》《书》易治术者,岂救弊之道?即而不去,为而不恃,物自全矣。

卢曰:知天命之所无可奈何,而安其分以不忧者,君子之常心也。古之开物成务,济人利俗,则不然也。不安其乐,不任其知,先天而不违,后天而奉天时,是真乐真知也。若然者,故无不乐,无不知,故能所不为矣,岂复委任之哉?是以诗书礼乐诚可以助化之本也。革之者何为乎?

颜回北面拜手曰:回亦得之矣。

所谓不违如愚者也。

出告子贡。子贡茫然自失,

未能尽符至言,故遂至自失也。

归家淫思七日,不寝不食,以至骨立。

发愤思道,忘眠食也。

颜回重往喻之,乃反丘门,弦歌诵书,终身不辍。

既悟至理则忘余事。

卢曰:颜生亚圣之道不违,闻而得之矣。子贡因诗书以为智,故为言而失其所宗。回重喻之,乃悟为学之益,不知日损之道也。

政和:道德不废,安取仁义?性情不离,安用礼乐?乐天者,有所乐,非古人之所谓乐也。知命者,有所知,非古人之所谓知也。

乐天者,必期于无所乐,是谓真乐。知命者,必期于无所知,是谓真知。若是,则无所不乐,无所不知,无所不忧,无所不为,与化为人焉。往而不能化,人治诗书礼乐可也。退仁义,摈礼乐,亦可也。故其始也,以诗书礼乐无救于治乱。及其得也,则曰诗书礼乐何弃之有?革之何为?子贡向也不敢问,至其闻之,茫然自失,思无所得,则诵书不辍而已。所谓得其言而未得其所以言者欤!

范曰:道之真以治身,所以修一身也。不荣通,不丑穷,所以任穷达也。适来则安之,适去则顺之,则知去来之非我矣。不为轩冕,肆志不为,穷约趋俗,则亡变乱于心虑矣。所谓乐天知命之无忧者,固有在是。一将不得而骇世,则绪余以为国家,土苴以治天下,以百姓心为心者,讵能恝然无忧耶?故诗书礼乐,先王之陈迹也,此为治之具,而非治之道。修诗书,将以为治乎?而仁义日益衰,正礼乐,将以为治乎?而情性日益薄。道不行于一国,其如天下何?道不行于当年,其如来世何?吾知诗书礼乐无救于治乱,而未知所以革之之方。此乐天知命者所以若是其多忧也。虽然,吾得之矣。乐天者,非古人之所谓乐也,真乐无乐,任其所乐,故无所不乐。知命者,非古人之所谓知也,真知无知,任其所知,故无所不知。若然者,虽曰有忧,是岂蒿自以忧世之患者哉?故能无为而无所不为也。向之所谓诗书礼乐者,用之而不必弃,因之而不必革。顺物自然,无容私焉。孰能弊弊然以天下来世为事?颜回造于坐忘之妙者也,故闻圣人之言而有得焉。子贡溺于博学之辩者也,故茫然自失而已。

陈大夫聘鲁,私见叔孙氏。叔孙氏曰:吾国有圣人。曰:非孔丘耶?曰:是也。何以知其圣乎?

至哉此问!夫圣人之道绝于群智之表,万物所不窥拟,见其会通之迹,因谓之圣耳。岂识所以圣也?

叔孙氏曰:吾常闻之颜回。

至哉此答!自非体二备形者,何能言其仿佛,瞻其先后乎?以颜子之量,犹不能为其称谓,况下斯者乎?

曰:孔丘能废心而用形。

此颜回之辞。夫圣人既无所废,亦无所用,废用之称,亦因事而生耳。故俯仰万机,对接世务,皆形迹之事耳。冥绝而灰寂者,固泊然而不动矣。

卢曰:圣人应物而生,济时用,道群有,以示迹不显,真以化凡焉。

陈大夫曰:吾国亦有圣人,子弗知乎?曰:圣人孰谓?曰:老聃之弟子有亢古郎反,又音庚。**仓子者,得聃之道,**

老聃犹不言自得其道,亢仓于何得之?盖寄得名以明至理之不绝于物理者尔。

能以耳视而目听。

夫形质者,心智之室宇;耳目者,视听之户牖。神苟彻焉,则视听不因户牖,照察不阂墙壁耳。

政和:仲尼应物而忘心,故见其圣者,以为能废心而用形。亢仓子适己而忘形,故见其圣者,以为能耳视而目听。废心用形,犹桔槔俯仰。人之所引,亦引人也。耳视目听,与列子心凝形释、骨肉都融同义。然何废何用?无视无听,圣人之道,乌可致诘?此特人者见之耳。

范曰:心者形之所主,形者心之所舍。必有以剖心,乃能废心,故不为心所累。必有以使形,乃能用形,故不为形所役。圣人之所以圣,既无所废,亦无所用。叔孙氏之闻者如此,故以是称仲尼也。

耳主听,目主视。精全而不亏,则其耳彻矣,乃或能视。神用而不竭,则其目彻矣,乃或能听。圣人之所以圣,视不以目,听不以耳,陈大夫之所见者如此,故以是而称亢仓子也。

鲁侯闻之大惊,

不怪仲尼之用形,而怪耳目之易任,迹同于物,故物无骇心。

使上卿厚礼而致之。亢仓子应聘而至。

泛然无心者,无东西之非己。

鲁侯卑辞请问之。亢仓子曰:传之者妄。我能视听不用耳目,不能易耳目之用。

夫易耳目之用者,未是都无所用。都无所用者,则所假之器废也。

卢曰:夫耳目者,视听之器也,唯神能用之。若神不在焉,则死人之耳目,不能视听矣。亢仓子知人之所能,故不用耳目为视听之主矣。是命耳见而目闻耶?此乃传者不晓,因妄为说耳也。

鲁侯曰:此增异矣,其道奈何?寡人终愿闻之。

卢曰:鲁侯仍未了此意,更以为增加奇异焉,固请其道矣。

亢仓子曰:我体合于心,

此形智不相违者也。

心合于气,

此又远其形智之用,任其泊然之气也。

气合于神,

此寂然不动,都忘其智。智而都忘,则神理独运,感无不通矣。

神合于无。

同无则神矣,同神则无矣。二者岂有形乎?直有其智者不得不亲无以自通,忘其心者则与无而为一。

卢曰：夫体既有质而成碍，心则有系而成执，体合于心者，不在于形碍，而在于封执也。故气之于心，虽动而无所执。故心合于气者，不在封执而在于动用也。故气合于神者，不在于动，而在于了识也。神之于无，则妙绝有形，故不在于了识，而在于冥真矣。

其有介然之有，唯然之音，虽远在八荒之外，近在眉睫之内，来干我者，我必知之。

唯豁然之无，不干圣虑耳。涉于有分，神明所照，不以远近为差也。

乃不知是我七孔四支之所觉，心腹六藏之所知，其自知而已矣。

所适都忘，岂复觉知之至邪？

卢曰：是故有形有音，无远无近，来干我者，皆能知之。都不用四支七窍，如明镜高悬，朗然自照，岂运其耳哉也？

鲁侯大悦。他日以告仲尼，仲尼笑而不答。

亢仓言之尽矣，仲尼将何所云？今以不答为答，故寄之一笑也。

卢曰：寄之一笑者，得忘言之旨也。

政和：耳视目听，犹不能外乎形。视听不用，耳目则离形矣。盖耳目视听，未离乎形，犹有所不及。至于不用耳目，则形充空虚。视乎冥冥，听乎无声，与神为一，世岂足以识之？体合于心，则以外而进内，心合于气，则以实而致虚。气合于神，则立乎不测。神合于无，则动于无方。无听之以耳，而听之以气。吾以神遇，而不以目视，此所谓以无有入无间者。与介然之有，有形之小，唯然之音，有声之微，远在八荒之外，华九方也，近在眉睫之间，非无所也，囿于有形，感于有声，吾虽黜聪明而同乎大通，来干我者，我必知之，亦恶知其所以然哉？故曰其自知而已矣。仲尼笑而不答者，解颜一笑，不知答也。

范曰：耳目，形也。视听，用也。精神洞彻，了无所阂者，能以耳视而目听，然特能易耳目之用而已，未至于都无所用。若乃无形之上，独以神视无声之表，独以炁听，则耳目不用，而聪明长存矣。故鲁侯以是为增异也。原其所以致此，亦必有道。体合于心，则其体隳矣，乃无谬心之鞿。心合于气，则其心凝矣，乃无使气之强。气无不运也，其化常本于神，气合于神则融而无间矣，神无不在也。其用常托于无，神合于无，则混而为一矣。彼辩物而小，则为介然之有。感物而应，则为唯然之音。其在八荒之外，可以为远乎？道亦在是，无间于远。其在眉睫之内，可在为近乎？道亦在是，无间于近。大智并观，物莫能间，无有远近，遂知来物。外观于身，身本无身，故七孔四支之所觉，吾不知也。内观于心，心本无心，故心腹六藏之所知，吾不知也。真知无知，无所不知，是其神之所为乎？道之至此，则至矣尽矣，不可以有加矣，故鲁侯以告仲尼，仲尼所以笑而不答也。

商太宰见孔子曰：丘圣者欤？孔子曰：圣则丘何敢？

世之所谓圣者，据其迹耳，岂知所以圣所以不圣者哉？

然则丘博学多识者也。

示现博学多识耳，实无所学，实无所识也。

政和：夫子既圣矣，而曰圣则何敢，盖不居其圣也。虽博学而无所成名，虽多识而一以贯之，此孔子所以为集大成。

范曰：达巷党人知足以知圣人者也，故曰博学而无所成名，汉阴丈人知不足以知圣人者也，故曰博学以拟圣。然则圣人无名，孰得而称之？博学多识，特以对商太宰而已。然其告子贡则曰：汝以予为多学而识之者欤？予一以贯之。何也？博学多识者，道中庸所以同乎人；一以贯之者，极高明，所以同乎天。

商太宰曰：三王圣者欤？孔子曰：三王善任智勇者，圣则丘不知。曰：五帝圣者欤？孔子曰：五帝善任仁义者，圣则丘弗知。曰：三皇圣者欤？孔子曰：三皇善任因时者，圣则丘弗知。

孔子之博学，汤武之干戈，尧舜之揖让，羲黄之简朴，此皆圣人因世应务之粗迹，非所以为圣者。所以为圣者，固非言迹之所逮者也。

卢曰：将明大道之非迹也，代人所诠者，徒知其迹耳。故夫子因众人之所常见，欲明至真之圣人也。

政和：皇言道，帝言德，王言业。善任因时所以行道，善任仁义所以成德，善任智勇所以修业。然有为之累，非无为之事，故曰圣则丘弗知也。虽然，皇也，帝也，王也，应时而造所任者，迹也。其所以迹，非其所以圣。

范曰：王言业，故善任智勇；帝言德，故善任仁义；皇言道，故善任因时。是皆应世之粗迹耳，岂其所以圣哉？故夫子皆曰弗知。又因以见其不居圣也。

商太宰大骇，

世之所谓圣者，孔子皆云非圣，商太宰所以大骇也。

曰：然则孰者为圣？孔子动容有间，曰：西方之人，

圣岂有定所哉？趣举绝远而言之也。

有圣者焉。不治而不乱，

不以治治之，故不可乱。

不言而自信，言者不信。**不化而自行，**

为者则不能化，此能尽无为之极也。

荡荡乎民无能名焉。

何晏《无名论》曰：为民所誉，则有名者也。无誉，无名者也。若夫圣人，名无名，誉无誉，谓无名为道，无誉为大。则夫无名者，可以言有名矣；无誉者，可以言有誉矣。然与夫可誉可名者岂同用哉？此比于无所有，故皆有所有矣。而于有所有之中，当与无所有相从，而与夫有所有者不同。同类无远而相应，异类无近而不相连。譬如阴中之阳，阳中之阴，各以物类，自相求从。夏日为阳，而夕夜远与冬日共为阴；冬日为阴，而朝昼远与夏日同为阳，皆异于近而同于远也。详此异同，而后无名之论可知矣。凡所以至于此者何哉？夫道者，惟无所有者也。自天地以来，皆有所有矣。然犹谓之道者，以其能复用无所有也。故虽处有名之域，而没其无名之象，由以在阳之远体，而忘其自有阴之远类也。夏侯玄曰：天地以自然运，圣人以自然用。自然者，道也。道本无名，故老氏曰强为之名。仲尼称尧荡荡无能名焉，下云巍巍成功，则强为之名，取世所知而称耳。岂有名而更当云无能名焉者耶？夫唯无名，故可得遍以天下之名名之，然岂其名也哉？推此足喻而终莫悟，是观泰山崇崛，而谓元气不浩芒者也。

丘疑其为圣，弗知真为圣欤？真不圣欤？

圣理冥绝，故不可拟言，唯疑之者也。

商太宰嘿然心计曰：孔丘欺我哉！

此非常识所及，故以为欺罔也。

卢曰：夫立迹以崇教，明行以兴化者，皆救俗之贤圣耳。若夫体大道者，覆载如天地，化行若四时，不见有可治而不可乱者，不假立言而为信者，沛然而泽利万物，哀然而含识皆生，荡荡难明。此为圣者寄之于方所，立言以辩之，犹恐未为至也，故以疑似而遣言。

斯乃太宰所不知，以为夫子诳之耳。

政和：庄子论燧人、伏羲、神农、黄帝、唐虞以来，其为天下，皆以为德之下衰。孔子以三皇、五帝、三王之治为不知其圣，乃曰西方之人有圣者焉，盖道岁也。圣人时也，五帝、三王之治，阅众甫于亨嘉之会，犹时之有春夏也，见其外王之业而已，故曰：不知其圣。西方之人，去华而复质，犹时之有秋冬也，静而圣而已，故曰：有圣者焉。夫有不治也，然后治之；无事于治，何乱之有？故不治而不乱。待言而信者，信不足也。默然而喻，故不言而自信。道化之行，犹有行之之迹，化而无迹，孰推行是？故不化而自行，此之谓莫之为而常自然也。道不可名，无所畛域，故曰：荡荡乎民无能名焉。虽然，圣不可知，谓是为圣，岂真是哉？故疑其为圣而已。商太宰以其言不近人情，故始也惊怖而大骇，且求之度数而弗得，故其终默然心计，而以孔子为欺我也。

范曰：夫有土者有大物也，有大物者不可以物。物而不物，故能物物，是古之人门在宥天下，不闻治天下也。自三代以下者，释示恬淡无为而悦夫噂噂之意，屈折礼乐以正天下之形。吁！俞仁义慰天下之心，名曰治之，乱孰甚焉？然则圣人之治也，治外乎正而后行，确乎能其事者而已，故从容无为。而万物烦累，吾又何暇治天下哉？于以设教，则无言之之累，尔其自信；于以运化，则无化之之迹，尔其自行。道常无名，自人观之，虽见夫荡荡其大而无名之朴，终无得而称之也。百姓谓我自然，帝力于我何有？庄子所谓圣人无名者，其是欤？然圣与不圣，方其致疑而未之或知也，殆将进乎圣而不可知之神矣。商太宰不足以语此，故以孔子之言为欺我哉！

子夏问孔子曰：颜回之为人奚若？子曰：回之仁贤于丘也。

曰:子贡之为人奚若?子曰:赐之辩贤于丘也。曰:子路之为人奚若?子曰:由之勇贤于丘也。曰:子张之为人奚若?子曰:师之庄贤于丘也。犹矜庄也。子夏避席而问曰:然则四子者何为事夫子?曰:居,吾语汝。夫回能仁而不能反,

反,变也。夫守一而不变,无权智以应物,则所适必阂矣。

卢曰:可与适道,未可与权。

赐能辩而不能讷,

卢曰:有进取之能,未阶乎道也。

由能勇而不能怯,

卢曰:但知其雄,不能守其雌也。

师能庄而不能同。

辩而不能讷,必亏忠信之实;勇而不能怯,必伤仁恕之道;庄而不能同,有违和光之义,此皆滞于一方也。

卢曰:自守矜严,不能同物,失于和也。

兼四子之有以易吾,吾弗许也。

四子各是一行之极,设使兼而有之,求变易吾之道,非所许。

此其所以事吾而不贰也。

会同要当寄之于圣人,故欲罢而不能也。

卢曰:兼有仁辩、严勇,吾且不与之易,况不能兼之。夫子能兼四子之不能也,故事我而不贰心矣。此论道之大者,更在其行藏之卷耳。

政和:圣人之道,极高明而道中庸,或过,或不及,皆非道也。贤者过之,圣人无取焉。回能仁而不能反,非大仁也;赐能辩而不能讷,非大辩也;由能勇而不能怯,非大勇也;师能庄而不能同,非和光也。虽不该不遍,在道一曲,然各有所长,时有

所用,乃若夫子之大全,则备道而兼有之。彼数子者,仰圣人而自知其小,则孔子虽各以其所能为贤于己,而彼其所事我者,亦安能贰己哉?

范曰:颜渊得其行而未得其所以行,故虽或不违于三月之久,未能克己于一日之间,岂非能仁而不能反者耶?子贡得其言而未得其所以言,故孔子列之言语之科,孟子称其说辞之善,岂非能辩而不能讷者耶?乘桴之游,或讥其好勇过我,三军之问,或讥其临事而惧,则由能勇而不能怯可知。饰堂堂之容难与为仁,持嘐嘐之志不掩其行,则师能庄而不能同可知。之四子者,皆非全才,故兼其有以易吾,圣人弗许也。然则夫子之道,其犹海乎?或小或大,或多或寡,各随所取而有得焉耳。

冲虚至德真经四解卷之十

仲 尼

子列子既师壶丘子林,日损之师。**友伯昏瞀人,乃居南郭。从之处者,日数而不及。**

来者相寻,虽复日日料简,犹不及尽也。

虽然,子列子亦微焉,

列子亦自不知其数也。

朝朝相与辩,无不闻。

师徒相与讲肄,闻于远近。

卢曰:来者既多,列子亦不知其数,日日谈讲,圣人之迹无不闻也。

而与南郭子连墙二十年,不相谒请,

其道玄合，故至老不相往来者也。

相遇于道，目若不相见者，道存则视废也。**门之徒役以为子列子与南郭子有敌不疑。**敌，雠。

卢曰：众疑有雠怨，见不相往来也。

有自楚来者，问子列子曰：先生与南郭子奚敌？子列子曰：南郭子貌充心虚，耳无闻，目无见，口无言，心无知，形无惕。往将奚为？

充，犹全也。心虚则形全矣，故耳不惑声，目不滞色，口不择言，心不用知，内外冥一，则形无震动也。

卢曰：貌全而心至，终不耳目心口之为辩也，故心无所用，知形无所忧惕。

虽然，试与汝偕往。阅弟子四十人同行，

此行也，岂复简优劣，计长短，数有四十，故宜而记之也。

见南郭子，果若欺魄焉，而不可与接。

欺魄，土人也。一说云：欺头。神凝形丧，外物不能得窥之矣。

顾视子列子，形神不相偶，而不可与群。

神役形者也。心无思虑，则貌无动用，故似不相摄御，岂物所得群也。

卢曰：阅简弟子往见之，果若欺魄为像人，若令之欺头者，形神不可与接也。

南郭子俄而指子列子之弟子末行与言，

偶在末行，非有贵贱之位。遇感而应，非有心于物也。

衒衒然若专直而在雄者。

夫理至者无言，及其有言，则彼我之辩生矣。圣人对接俯仰，自同于物,故观其形者,似求是而尚胜也。

卢曰:末行者,情未忘于是非耳,衒衒然求胜之气耳。

子列子之徒骇之。

见其尸居,则自同于土木,见其接物,则若有是非,所以惊。

反舍,咸有疑色。

卢曰:疑其未忘胜负之心。

范曰:南,明也,居南郭则自幽而即明之意。从之处者,日数而不及,以言保汝之众也。朝朝相辩,无不闻,以言肄业之勤也。而与南郭子连墙二十年,不相谒请,则又其道之兼忘而不相往来者,相遇于道,目若不相见,则又其道之默契而无所用见者。门之徒役遂以为有敌不疑,曾不知夫体道之人彼我混冥,未尝立敌也。有自楚来而问者,子列子告之以南郭子其貌充矣,则全而不亏;其心虚矣,则剂而无物。耳之闻也,反听而已;目之见也,内视而已。默而识之,以口则无言;觉而冥之,以知则无知。若然则践形而上,又孰有惕然震悸者?彼且离人而常寂焉。往而为妄,行而伪,故曰:往将奚为。虽然,道无往而不存,亦无往而不可。阅弟子四十人同行者,言其与有足者偕至于丘也。见南郭子,果若欺魄焉,而不可与接,则憗然似非人矣。顾视子列子,形神不相偶,而不可与群,则答然似丧祸矣。南郭子俄而指子列子之弟子末行者与言,则又采而出,感而应,而不得已而有言焉。是其言也,犹时女也,曷尝有心于为言哉?故自外观矣,殆见其衒衒然以道自乐。其静也专,其动也直,虽若有尚物求胜之心,而所谓不雄成者常自若也。彼偕来之众方且疑,其以道与世亢,又乌能无惊乎哉?

子列子曰:得无意者无言,进知者亦无言。

穷理体极,故言意兼忘。

用无言为言亦言,无知为知亦知。

方欲以无言废言,无知遣知,希言傍宗之徒固未免于言知也。

无言与不言,无知与不知,亦言亦知。

比方亦复欲全自然,处无言无知之域,此即复是遣无所遣,知无所知。遣无所遣者,未能离遣;知无所知者,曷尝忘知?固非自然而忘言知也。

亦无所不言,亦无所不知;亦无所言,亦无所知。

夫无言者,有言之宗也;无知者,有知之主也。至人之心豁然洞虚,应物而言,而非我言,即物而知,而非我知。故终日不言,而无玄默之称,终日用知,而无役虑之名。故得无所不言,无所不知也。

如斯而已。汝奚妄骇哉?

不悟至妙之所会者更粗,至高之所适者反下,而便怪其应寂之异容,动止之殊貌,非妄惊如何?

卢曰:至知之与意,两俱忘言也。若优劣不等,则须用言以导之。用无言之言,无知之知,亦何异乎?言之与知,虽然有道,自当辩之,则未尝言,未尝不言;未尝知,未尝不知。理正合如此而已,汝何妄怪哉?

政和:日数而不及者,言偕来者众,而夫子之不可及也。列子亦微焉者,言列子之道亦不可得而见也。朝朝相与辩,而不闻者,道不可闻,闻而非也。不得已而有辩,则其所闻也亦浅矣。连墙二十年,不相请谒,则与老子所谓不相往来同意。相遇于道,目若不相见,则不必目击而道固存矣。百骸九窍赅而存焉,所谓貌充也。窅然空然,视之不见,所谓心虚也。有人之形,故耳、目、口、形、貌无不充，无人之情，故无闻、无见、无言、无知、无惕，其室虚矣。欹魄若存，形而非真，犹所谓象人也。形神不相偶，谓神不守形。衎衎然若专直而在雄者，谓不能知雄而守雌。以列子之道，南郭且视之如此，此其徒所以骇之而咸有疑色也。言者，所以传道也。言所以在意，得意而忘言，故曰得意者无言。可以言论者，物之粗也，而不知内矣。故曰进知者亦无言。用无言为言亦言者，至言也。无知为知亦知者，至知也。以我之无言合道之不言，以我之无知合道之不知，由得意与进知者观之，亦所以为言，亦所以为知也。其道不外乎此，何妄骇之有？

范曰：意之所随者，不可以言传也，故得意者无言。知之所不能知者，辩不能举也，故进知者亦无言。无言者，道也。用无言为言者，亦未能忘言。无知者，道也，用无知为知者，亦未能忘知。虽未尝忘言，有所谓未之尝言者，亦在可言之域；虽或未忘知，有所谓未之或知者，亦在可知之域。曰言曰知，本无所遣，亦无所累。应物而言，亦无所不言也，而实无所言；即物而知，亦无所不知也，而实无所知。向之所谓道者，如斯而已。汝将何惊耶？

子列子学也，上章云，列子学乘风之道。**三年之后，心不敢念是非，口不敢言利害，始得老商一眄而已。五年之后，心更念是非，口更言利害，老商始一解颜而笑。七年之后，从心之所念，更无是非，从口之所言，更无利害，夫子始一引吾并席而坐。**

眄笑并坐，似若有褒贬升降之情。夫圣人之心，应事而感，以外物少多为度，岂定于一方哉？

九年之后，横心之所念，横口之所言，亦不知我之是非利害欤，亦不知彼之是非利害欤，外内进矣。而后眼如耳，耳如鼻，鼻如口，

口无不同。心凝形释,骨肉都融,不觉形之所倚,足之所履,心之所念,言之所藏。如斯而已,则理无所隐矣。

《黄帝篇》已有此章,释之详矣。所以重出者,先明得性之极,则乘变化而无穷;后明顺心之理,明无幽而不照。二章双出,各有攸趣,可不察哉?

卢曰:老子曰:大智若愚,大辩若讷。人徒知言之为异,不知夫不言不知之为同,故《黄帝篇》中明用无言之言以济人,此篇复重论言,明用言之不殊于无矣。

政和:始得一眄,言道存于目击之间。解颜而笑,言心得于形释之外。引之并席而坐,则进而与之俱。内外进矣,则妙而不可测也。形充空虚,故心凝形释,骨肉都融,造形上极,故理无所隐也。

范曰:御风而行,犹有所待。故上篇论乘风之道,此不复言,以明列子之学匪直止是而已。

初,子列子好游。壶丘子曰:御寇好游,游何所好?列子曰:游之乐,所玩无故。

言所适常新也。

人之游也,观其所见;我之游也,观其所变。

人谓凡人、小人也。惟睹荣悴殊观以为休戚,未觉与化俱往,势不暂停。

游乎游乎!未有能辩其游者。

人与列子游则同,所以游则异,故曰游乎游乎。明二观之不同也。未有辩之者,言知之者鲜矣。

卢曰:玩物之变,迁谢无恒,人但乐其见,吾观其化,此所以异于人。

壶丘子曰:御寇之游固与人同欤,而曰固与人异欤?凡所见,亦恒见其变。

苟无暂停之处,则今之所见常非向之所见,则观所以见,观所以变,无以为异者也。

玩彼物之无故,不知我亦无故。

彼之与我,与化俱往。

务外游,不知务内观。外游者,求备于物;内观者,取足于身。取足于身,游之至也;求备于物,游之不至也。

人虽七尺之形,而天地之理备矣。故首圆足方,取象于二仪,鼻隆口窊,比象山谷,肌肉连于土壤,血脉属于川渎,温蒸同乎炎火,气息不异风云。内观诸色,靡有一物不备。岂须仰观俯察,履涉朝野,然后备所见?

卢曰:汝自以异于人。人之所视,未尝异汝也,何者?汝知物,知物之变迁,不知汝之无故。但外游而不内观,虽感物而亡身,斯为至矣,亦何必求备于外游乎?

于是列子终身不出,自以为不知游。

既闻至言,则废其游观。不出者,非自匿于门庭者也。

政和:所玩无故,则常新也。人之游也,观其所见于貌像声色而已。我之游也,观其所变则在消息盈虚。未有能辩其游者,言两者之异,未之或知也。然以性见者,于其所见,亦常见其变也。故曰:凡所见,亦常见其变。以我徇彼,则徒见彼之无故。反外照内,则在我者未尝不常新也。故曰:玩彼物之无故,不知我亦无故。务外游者与物俱徂,见物不见性;内观者反身而诚,见性不见物。穷响以声,此求备于物之类也。处阴休影,此取足于身之类也。故游之至与不至,唯内外之为辩。列子终身不出,则反求诸己之谓也。

壶丘子曰：游其至乎！

向者难列子之言游也，未论游之以至，故重叙也。

至游者，不知所适；至观者，不知所眂。

内足于己，故不知所适，反观于身，故不知所眂。

物物皆游矣，物物皆观矣，

忘游故能遇物而游，忘观故能遇物而观。

是我之所谓游，是我之所谓观也。

我之所是，盖是无所是耳。所适常通而无所凝滞，则我之所谓游观。

故曰：游其至矣乎，游其所矣乎！

卢曰：夫形无所适，目无注视，则物无不视而物无不游矣。若此游观者，真至游矣乎！

政和：至游者，因性而动者也。至观者，即性而见者也。有所适则有尽，性岂有尽者哉？故至游者不知所适。有所眂则有硋，性岂有硋者哉？故至观者不知所眂，无所不游而实无所游，无所不观而实无所观，上与造物者游，如斯而已。故曰：游其至矣乎。

范曰：物化无穷，在彼为故，在此为新。有阴有阳，而新故相除者，天也。有处有辩，而新故相除者，人也。游之乐，所玩无故，则所适常新矣。然人之游也，观其所见，则以物之荣观为可乐而已；我之游也，观其所变，则又与造物者游，而观复于芸芸之间也。游乎游乎，孰知其所然哉？子列子之好游，盖明夫此。虽然，物我异观，犹非其至，故以人之游为观其所见，不知亦恒见其变也。以游之乐为所玩无故，不知我亦无故也。是直务外游而不务内观者耳，又乌能逍遥无为而游于物之所不得逐而皆存者耶？《庄子》曰：人有能游,且得不游乎?人而不能游,且得游乎?唯体道者乃能游于世而不僻。故务内观者,则由胜之内,行乎无名者也;务外游者,求备于物,则由胜之外,志乎期费者也。取足于身,所观在道,游之至也;求备于物,所游在物,游之不至也。游之为乐,若是其异。故列子自以为不知游,而壶丘子复告之以游观之说焉。夫軵掌以观无妄者,是谓至游不知所适则自适而已。大观而物无不可者,是谓至观,不知所眂,则内眂而已。夫若然者,道不违物,物无非道,则物物皆游,物物皆观,是我之所谓游,是我之所谓观也。万物皆备于我,反身而诚,乐莫大焉,又何必以外游为务哉?道其至此则至矣,尽矣,不可以有加矣。古之人人知之亦嚣嚣,人不知亦嚣嚣者,庶几乎此也。

龙叔谓文挚曰:子之术微矣。吾有疾,子能已乎?文挚曰:唯命所听。然先言子所病之证。

卢曰:文挚所医,止于藏府骨肉之疾耳。龙叔所说,忘形出俗之心耳。不与俗类,自以为疾焉。

龙叔曰:吾乡誉不以为荣,国毁不以为辱。得而不喜,失而弗忧。视生如死,视富如贫,视人如豕,

无往不齐,则视万物皆无好恶贵贱。

视吾如人。忘彼我也。**处吾之家,如逆旅之舍;**不有其家。**观吾之乡,如戎蛮之国。**天下为一。**凡此众疾,爵赏不能劝,刑罚不能威,盛衰利害不能易,哀乐不能移。固不可事国君,交亲友,御妻子,制仆隶。**

夫人所以受制于物者,以心有美恶,体有利害。苟能以万殊为一贯,其视万物,岂觉有无之异?故天子所不能得臣,诸候所不能得友,妻子所不能得亲,仆隶所不能得狎也。

此奚疾哉？奚方能已之乎？

卢曰：《庄子》曰：誉之不加劝，毁之不加沮，定乎内外之分，辩乎荣辱之境也。夫契其神而忘其形者，则贫富、死生、人畜、彼此皆过客耳，夫何异哉？今用心之若此也，则君臣朋友之道废，爱憎喜怒之心绝矣，何方能愈之耶？

文挚乃命龙叔背明而立。文挚自后向明而望之。既而曰：嘻！吾见子之心矣，方寸之地虚矣，几圣人也。子心六孔流通，一孔不达。

旧说圣人心有七孔也。

今以圣智为疾者，或由此乎？非吾浅术所能已也。

卢曰：背明而立者，反归于凡俗之虑也。向明而望者，仰侧至道之心也。方寸虚者，缘执书也。一孔不达者，未尽善也。夫七窍俱通者，宁复以圣智之道为病耶？此病非文挚所能止。

政和：子之术微矣，言其微妙之谓也。龙叔所告以为疾，文挚所命谓之病，则欲知其受疾之始而已。毁誉不能荣辱，得失不能忧喜，死生不能变其心，贫富不能累其形。视人如豕，则忘人之贵于物；视我如人，则忘我之异于人。处吾之家如逆旅之舍，则无留居也；观吾之乡如戎蛮之国，则不择地也。凡此众疾，爵赏不能劝，刑罚不能威，则既不受制于人。盛衰利害不能易，哀乐不能移，则又不见役于物。仰固不可以事国君，交亲友，俯固不可以御妻子，制仆隶也。昔之以天下辞者，皆曰适有幽忧之病，则命龙叔背明而立，向明而望之，疑其有幽忧之疾故也。圣人之道，莫贵乎虚。今日吾见子之心，方寸之地虚矣，则几圣人者也。耳、目、鼻、口皆关于心，六孔流通，则眼如耳，耳如鼻，鼻如口之谓也。一孔不达，则心凝矣。视彼外物，何足以为之累？然且谓之疾者，岂病忘之类欤?

范曰:古之体道者,万物一视而无彼此之择,众态一齐而无亲疏之间。虽以天下誉之,得其所谓謦然不顾;虽以天下非之,失其所谓傥然不受。得自是也,吾无所喜;失自是也,吾无所忧。不以生为可乐,死为可哀,自生自死而已。不以富为可欲,贫为可恶,自贫自富而已。视人如豕,忘贵贱也;视吾如人,忘彼我也。处吾之家如逆旅之舍,则以家观家而无不同矣;观吾之乡如戎蛮之国,则以乡观乡而无不同矣。夫若然者,虽有轩冕之赏弗能劝,虽有斧钺之威弗能禁,盛衰利害不能易也,哀乐之变不能移也。天子所不得臣,诸侯不得友,近而妻子不得而亲,贱而仆隶不得而狎,其道之大同若此。彼且以之为疾而冀其发药焉,殊不知此非药石之所攻也。文挚乃命龙叔背明而立,则以体道为心者,欲其趋至幽之域故尔;文挚自后向明而望之,则以治人为事者,欲其离至幽之方故尔。既而曰:嘻!吾见子之心矣。方寸之地虚矣,则圆明之府莹无纤埃,而造乎刳心之妙矣。圣人之道,其殆庶几乎,故曰:子心六孔流通,一孔不达。盖所谓未达一间者,夫如是,又岂浅术所能已也?

无所由而常生者,道也。

忘怀任遇,通亦通,穷亦通,其无死地,此圣人之道者也。

卢曰:至道常存,不由外物。

由生而生,故虽终而不亡,常也。

《老子》曰:死而不亡者寿。通摄生之理,不失元吉之会,虽至于死,所以为生之道常存。此贤人之分,非能忘怀,暗得自然而全者也。

卢曰:真常顺理,随形死生而自不亡者,道之常也。

由生而亡,不幸也。

役智求全，贵身贱物，违害就利，务内役外，虽之于死，盖由于不幸也。

卢曰：贪有生而亡道者，不幸也。

有所由而常死者，亦道也。

行必死之理，而之必死之地，此事实相应，亦自然之道也。

卢曰：俗闻礼教之道，必分而至死者。

由死而死，故虽未终而自亡者，亦常。

常之于死，虽未至于终，而生理亦尽，亦是理之常也。

卢曰：爱生死之身，行生死之教，而不存道俗以为常。

由死而生，幸也。

犯理违顺，应死而未及于死，此误生者也。

卢曰：居迁谢之业而节于嗜欲者，亦为知生之幸也。

故无用而生谓之道，用道得终谓之常；

用圣人之道，存亡而得理也。

有所用而死者亦谓之道，用道而得死者亦谓之常。

乘凶危之理，以害其身，亦道之常也。

卢曰：不役智以全者，道也。用此道而终者，常也。俗士役其智以至死，以为济物之道也。用此道而至死，亦谓之常。众所乐者，众为道。众所安者，众为常。然则出离之道与世间之道名同而实异也。

政和：所贵乎道者，谓其可以死生也。道独存而常今，亦无往而不存。独存而常今，故曰：无所由而常生。无往而不存，故曰：有所由而常死。由其道而生，则虽死而不亡，是理之常也。故曰：由生而生，故虽终而不亡，常也。乃若由生而亡，非正命也，故曰：不幸也。由其道而死，则未终而亡，不以为变，故曰：虽未终而自亡者,亦常。乃若由死而生,则罔之生也,幸而免尔,故曰:由死前生,幸也。造化之所始,阴阳之所变,既化而生,又化而化,由于道,听于命,方生方死,乃常然耳。

范曰:道二,死与生而已。生者造化之所始,死者阴阳之所变。体道之人通乎物之所造,故死生亦大矣,不得与之变也。一将入于昼夜之道,堕乎出入之机,则出生入死,莫觉莫悟,或悦生而累形,或忘生而徇利,乌知其所以然哉?故列子于此推而明之。无所由而常生者,可以生而生也,可以生而生,而虽考终厥命而有不亡之理,此其所以为常也。若夫由生而亡,是直不幸而已,颜子之夭是也。有所由而常死者,可以死而死也,可以死而死,则虽未终其天年而有自亡之道,此其所以为常也。若夫由死而生,是直幸而免而已,盗跖之寿是也。夫无所用而生者,任自然之道,乃能用道而得终。有所用而死者,行必死之道,乃能用道而得死。皆谓之常,可也。若幸不幸,则言其变而已。

季梁之死,杨朱望其门而歌。

尽生顺之道,以至于亡,故无所哀也。

随梧之死,杨朱抚其尸而哭。

生不幸而死,故可哀也。

隶人之生,隶人之死,众人且歌,众人且哭。

隶者,犹群辈也。亦不知所以生,亦不知所以死,故哀乐失其中,或歌或哭也。

卢曰:得全生之理而归尽者,圣贤所以不哀也。失真以丧理与至于死者,贤智所以伤也。凡众人之生死歌哭,皆物之常,何知其所至哉?

政和:死而不亡,则其死可乐,所以望其门而歌;不幸而死,则其死可哀,所以抚其尸而哭。乃若隶人之生死,则或相和而歌,或相环而哭,又乌知死生之所在?

范曰:《传》曰:子于是日哭,则不歌。夫歌哭异道,礼之吉凶,所以不相干也。唯体道之人则不然,故季梁以道为任,其死也,杨朱望其门而歌,岂非以顺受其正则于死为不足哀故欤?古之人有临尸而歌者,如此而已。随梧不能忘我,其死也,杨朱抚其尸而哭,岂非以不幸而死,则于其死为不敢乐故欤?古之人有人哭亦哭者,如此而已。虽然,悲乐者,德之耶?至人岂有心于为是哉?虽望门而歌,曾不知今之歌者其谁乎?虽抚尸而哭,殆非嗷嗷然随而哭之也。与夫隶人之生死,而众人且歌,众人且哭者异矣。

目将眇者,先睹秋豪;

卢曰:老人之视也,远则见,近则昏,是失明之渐也。

耳将聋者,先闻蚋飞;

卢曰:秦呼蚊为蚋。患耳者,闻耳中虫飞之声,是失聪之渐也。

口将爽者,先辩淄渑;

爽者,差也。淄渑水异味,既合则难辩别也。

卢曰:余陵反。二水名,在齐地。

鼻将窒者,先觉焦朽;

焦朽者有节之气,亦微而难别也。

体将僵者,先亟犇佚;

僵者,仆也。如颜渊知东野之御马将奔也,与人之理亦然。

心将迷者,先识是非。

目耳口鼻身心,此六者常得中和之道,则不可渝变。居亢极之势,莫不顿尽,故物之弊必先始于盈满,然后之于亏损矣。穷上反下,极盛必衰,自然之数。是以圣人居中履和,视目之所见,听耳之所闻,任体之所能,顺心之所识,故智周万物,终身全具者也。

卢曰:口失正味,则别有所辩;鼻失所闻,则别有所觉;体将僵仆,必先奔驰。心迷至道,在于是非。是非所以彰,道之所以亡。

故物不至者则不反。

要造极而后还,故聪明强识,皆为暗昧衰迷之所资。

卢曰:反其常执,则阶于至道矣。故曰:视秋豪之末者,不见太山;听蚊蚋之音者,不闻雷霆。故《庄子》曰:胶离朱之目,故天下皆明矣;戾工输之指,故天下皆巧矣。合儒墨之学,矜是非之名以为富,记糟粕之迹以为能,欲反于真,何方可致也?故《易》曰:无思也,无为也,寂然不动,感而遂通。此圣人所以殷勤于至道也。

政和:物极心反,是事之变。一受其成,形不亡以待尽,故未免乎累。圣人不位乎其形,冥冥之中,独见晓焉;无声之中,独闻和焉。岂以形累神哉?

范曰:睹秋豪者将以为明,曾不知五色令人目盲也;闻蚋飞者将以为聪,曾不知五音令人耳聋;口之于味,固有能辩淄渑者矣,而五味浊口,或至于使口厉爽;鼻之于臭,固有能觉焦朽者矣,而五臭薰鼻,或至于困惾中颡。体将僵者,先巫奔佚,此东野之马所以至于必败也;心将迷者,先识是非,此是非之彰,道之所以亏也。物极则反,自然之理,圣人觉此而冥焉。消息盈虚,与时俱行。进退存亡,不失其正。耳目之视听,一无所役;鼻口之纳尝,一未尝纵。体合于心,心合于气,死生亦大矣,而无变于己,况得丧祸福之所介乎?

冲虚至德真经四解卷之十一

仲　尼

郑之圃泽多贤,

有道德而隐默者也。

东里多才。

有治能而参国政者。

卢曰:修崇道德者贤,习文审刑者才。

圃泽之役有伯丰子者,役犹弟子。**行过东里,遇邓析。**

邓析,郑国辩智之士,执两可之说,而时无抗者。作《竹书》,子产用之也。

邓析顾其徒而笑曰:为若舞,彼来者奚若?

世或谓相嘲调为舞弄也。

其徒曰:所愿知也。知犹闻也。

卢曰:邓析自矜于其同侣,为而欲欺弄于伯丰,析之门人咸愿如此也。

邓析谓伯丰子曰:汝知养养上去声,下上声。**之义乎?**

卢曰:张湛云:上音扬字,下音痒字。

爱人养而不能自养者,犬豕之类也;养物而物为我用者,人之力也。使汝之徒食而饱,衣而息,执政之功也。

喻彼为犬豕,自以为执政者也。

长幼群聚而为牢藉庖厨之物,奚异犬豕之类乎?伯丰子不应。

非不能应,讥而不应。

卢曰:嫌其不知本,不足与言也。

伯丰子之从者越次而进曰:大夫不闻齐、鲁之多机乎?

机者,巧也。多巧能之人。

有善治土木者,有善治金革者,有善治声乐者,有善治书数者,有善治军旅者,有善治宗庙者,群才备也。而无相位者,无能相

使者。

事立则有所不周,艺成则有所不兼。巧偏而智敌者,则不能相君御者也。

而位之者无知,使之者无能,而知之与能为之使焉。

不能知众人之所知,不能为众人之所能,群才并为之用者,不居知能之地,而无恶无好,无彼无此,则以无为心者也。故明者为视,听者为聪,智者为谋,勇者为战,而我无事焉。荀粲谓傅嘏、夏侯玄曰:子等在世,荣问功名胜我,识灭我耳。嘏玄曰:夫能成功名者识也,天下孰有本不足而有余于末者耶?答曰:成功名者志也,局之所弊也。然则志局自一物也,固非识之独济。我以能使子等为贵,而未必能济子之所为也。

执政者乃吾之所使,子奚矜焉?邓析无以应,目其徒而退。

卢曰:夫任群才以为理,因众物以为用,使鸡犬牛马咸得其宜,士农工商各安其位者,唯有道者能之耳,岂汝曹自致耶?汝徒见其末而不识其本,欲以螳蜋之臂而拒车辙者,是不知量也。邓析理析而耻见其徒,故目之而去也。

政和:百家众技不能相通,譬如耳目鼻口也。各有所长,时有所用,然有真君存焉。其使形者也,治土木金革以为器,治声乐书数以为用,治军旅以御外,治宗庙以善内,群才可谓备矣。然皆有之以为利者,必无之以为用,乃能总而一之。盖有为则有所不能为,无为则无所不为,故曰:位之者无知,使之者无能,而知之与能为之使焉。邓析不通乎此,以执政自矜,宜其见笑于大方之家。伯丰子不应,则不言之辩也。

范曰:贤以德言,才以能言,伯丰子即上篇所谓弟子伯丰是也。邓析操两可之说,设无穷之辞,盖辩者之囿,故以养养之义难伯丰子也。《传》曰：巧者劳而智者忧，无能者无所求，饱食而遨游。夫体道之人，去其智巧而复于无能，则食而饱，衣而息，固未尝有为也。彼且以是为犬豕之类，宜乎伯丰子之能以不应欤！若夫齐鲁之多机，有土木金革之工，有声乐书数之艺，有治军旅以即戎者，有治宗庙以奉祀者，群才必备，莫能相兼，故无相位，无相使者，殆亦巧者劳而智者忧之类欤！然则天下之治能者多矣。百家众技皆有所长，时有所用，譬如耳目鼻口不能相通。见天地之纯全，明古人之大体者，唯圣人而已。故不务知众人之所知，而有知者为之用；不强能众人之所能，而有能者为之役。又孰弊弊然以胥易技系劳形怵心为事耶？老氏所谓用人之力者，如此而已。

公仪伯以力闻诸候，堂谿公言之于周宣王，王备礼以聘之。公仪伯至，观形，懦夫也。

懦者，弱也。

宣王心惑而疑曰：女之力何如？公仪伯曰：臣之力能折春螽之股，堪秋蝉之翼。堪，犹胜也。王作色曰：吾之力能裂犀兕之革，曳九牛之尾，犹憾其弱。憾，恨。女折春螽之股，堪秋蝉之翼，而力闻天下，何也？公仪伯长息退席，曰：善哉王之问也！臣敢以实对。臣之师有商丘子者，力无敌于天下，而六亲不知，以未尝用其力故也。

以至柔之道御物，物无与对，故其功不显。

臣以死事之。乃告臣曰：人欲见其所不见，视人所不窥；欲得其所不得，修人所不为。

人每攻其所难，我独为其所易。

卢曰：众人之所为，众人之所视者，皆利名之道、动用之迹耳。

众人所窥不为者,斯乃有道者之所游。故能无敌天下者,力无对也。

故学昧者先见舆薪,学听者先闻撞钟。夫有易于内者无难于外。

古人有言曰:善力举秋毫,善听闻雷霆。亦此之谓也。

于外无难,故名不出其一道。

道至功玄,故其名不彰也。

卢曰:舆薪,近物也。撞钟,巨声也。夫易闻易见,自近而及远也。夫善为生者先养其神,神全则无为之功著,则外物无不通。故曰:有易于内者无难于外也。是以得之于一心,成之于一家,故外人不知也。

今臣之名闻于诸侯,是臣违师之教,显臣之能者也。

未能令名迹不显者也。

然则臣之名不以负其力者也,

愈免于矜,故能致此也。

以能用其力者也,

善用其力者,不用其力也。

不犹愈于负其力者乎? 矜能显用。

卢曰:我虽不及师之隐晦其迹也,岂不犹负其能而自显乎?夫合大道而化万物者为有力也,故庄子曰:藏山于泽,藏舟于壑。有力者夜半负之而趋,昧者犹不知也,而宣王误为筋力耳。

政和:积众小不胜为大胜者,唯圣人能之,岂尚力之谓哉?此不用力所以为真有力者欤!学者学其所不能学也。故曰:人欲见其所不见,视人所不窥,欲得其所不得,修人所不为,自有所见,弃而忘之,以至于无见,则视乎冥冥,无以异于见舆薪也。自有所闻,弃而忘之，以至于无闻，则听乎无声，无以异于闻撞钟也。德之不形，名安所出哉？然则显其名者，是违其教矣。唯犹愈于尚力以求名，此所以见取于时也。

范曰：折春螽之股，堪秋蝉之翼，可谓弱矣，而弱者道之用也。裂犀兕之革，曳九牛之尾，可谓刚矣，而刚者死之徒也。故天下有常胜之道曰柔，常不胜之道曰刚。公仪伯之师，力无敌于天下，而六亲不知者，殆亦操常胜之道而未尝用其力者欤！夫天下之理，能视人所不窥者，乃能见人之所不见，能修人所不为者，乃能得人之所不得。见舆薪者不为明目，而学视者必先见舆薪；闻撞钟者不为聪耳，学听者必先闻撞钟。何则？先行其易者，后其难者，则终无难矣。唯其无难，故名无得而称之也。公仪伯之以力闻诸侯，疑若违师之教而显臣之能者，然以能用其力，此于力无所以负也。若夫以力较力者，合众力而攻之，彼有时而屈，又乌能驰骋天之下至坚哉？《庄子》曰：用之者假不用者也，以长得其用，而况乎无不用者乎？此公仪伯之能用其力，所以不若商丘子之未尝闻也。

中山公子牟者，魏国之贤公子也。

公子牟者，文侯之子，作书四篇，号曰道家。魏伐得中山，以邑子牟，因曰中山公子牟也。

卢曰：公子牟，文侯之子也，封于中山，故曰中山公子。

好与贤人游，不恤国事，而悦赵人公孙龙。

公子牟、公孙龙似在列子后，而今称之，恐后人所增益以广书义。苟于统例无所乖错，而足有所明，亦奚伤乎？诸如此，皆存而不除。

乐正子舆之徒笑之。公子牟曰：子何笑牟之悦公孙龙也？子

舆曰：公孙龙之为人也，行无师，学无友，

不祖宗圣贤也。

佞给而不中，

虽才辩而不合理也。

漫衍而无家，

儒墨刑名乱行而无一定之家。

好怪而妄言。

爱奇异而虚诞其辞。

欲惑人之心，屈人之口，与韩檀等肄之。

韩檀，人姓名，共习其业。《庄子》云：桓国公孙龙能胜人之口，不能服人之心，辩者之固。

卢曰：行不因师，独学无友，辩而不中于理，漫衍而无所宗，其道能屈人之口，不能服人之心也。韩檀，《庄子》云：桓团，俱为人名，声相近者也。

公子牟变容曰：何子状公孙龙之过欤？请闻其实。

不平其言，故形于色。罪状龙太过，故责其实验也。

子舆曰：吾笑龙之诒孔穿，

孔穿，孔子之孙也。《世记》云：为龙弟子。诒，欺也。

言善射者能令后镞中前括，发发相及，矢矢相属，前矢造准而无绝落，后矢之括犹衔弦，视之若一焉。

箭相连属，无绝落处，前箭著堋，后箭复中前箭，而后所凑者犹衔弦，视之如一物之相连也。

孔穿骇之。龙曰：此未其妙者。逢蒙之弟子曰鸿超，怒其妻而怖之。引乌号之弓，綦卫之箭，

乌号者，黄帝弓也。綦者，地名也，出美箭。卫者，羽也。

射其目。矢来注眸子而眶不睫,矢坠地而尘不扬。

箭行势极,虽著而不觉,所谓强弩之末不能穿鲁缟也。

是岂智者之言欤?公子牟曰:智者之言固非愚者之所晓。以此言戏子舆。**后镞中前括,钩后于前。**

同后发于前发,则无不中也。近世有人掷五木,百掷百卢者,人以为有道,以告王夷甫。夷甫曰:此无奇,直后掷如前掷耳。庚子嵩闻之,曰:王公之言暗得理。皆此类也。

矢注眸子而眶不睫,尽矢之势也。

夫能量弓矢之势,远近之分,则入物之与不入,在心手之所诠,不患者蹉跌。今设令至拙者暗射,箭之所至,要当其极。当其极也,则豪分不复进。暗其极,则随远近而制其深浅矣。刘道真语张叔奇云:尝与乐彦辅论此,云不必是中贤之所能,孔、颜射者,则必知此。湛以为形用之事,理之粗者,偏得其道,则能尽之。若庖丁之投刃,匠石之运斤,是偏达于一事,不待圣贤而后能为之者也。

子何疑焉?

卢曰:均后于前者,百发如一焉,故视之若一耳。眶不睫者,矢势至睫而尽矣,故尘不扬于地,非是中睫而落也。子舆之闻,视之若一也,则谓自弦及珊,箭相连接,不绝如一焉。闻注眸而坠,则谓射目不入,是解之不了于至理,非公孙龙之诡妄焉。

乐正子舆曰:子,龙之徒,焉得不饰其阙?吾又言其尤者。尤,甚。**龙诳魏王曰:有意不心。**

夫心寂然无想者也,若横生意虑,则失心之本矣。

卢曰:心之动者为意,世人皆识其意而不识其心。

有指不至。

夫以指求至者,则必因我以正物。因我以正物,则未造其极。唯忘其所因,则彼此互得矣。惠子曰:指不至也。

卢曰:凡有所指,皆未至也。至则无指矣。

有物不尽。

在于粗有之域,则常有有;在于物尽之际,则其一常在。其一常在而不可分,虽欲损之,理不可尽。唯因而不损,即而不违,则泰山之崇崛,元气之浩茫,泯然为一矣。惠子曰:一尺之棰,日取其半,万世不竭也。

卢曰:若尽,则非有也。一尺之棰,日取其半,万世不竭者,折之虽多,但微细而理不应尽也。

有影不移。

夫影因光而生,光苟不移,则影更生也。夫万物潜变,莫不如此。而惑者未悟,故借喻于影。惠子曰:飞鸟之影,未尝动也。

卢曰:移则影变矣。新新相及,故不见其移焉。

发引千钧。

夫物之所以断绝者,必有不均之处。处处皆均,则不可断。故发虽细,而得秤重物者,势至均故也。

卢曰:细而众钧,可以举重,亦犹毛之折轴,积而不轻也。

白马非马。

此论见存,多有辩之者。辩之者皆不弘通,故阙而不论也。

卢曰:白以命色,马以命形,白马非马,辩形色也。

孤犊未尝有母。不许此义。

卢曰:谓之孤犊,安得有母也?

其负类反伦,不可胜言也。

负者,犹背也。类者,同也。言如此之比,皆不可备载也。

公子牟曰：子不谕至言而以为尤也，尤其在子矣。尤失反在子舆。夫无意则心同，同于无也。无指则皆至。志指，故无所不至也。尽物者常有。

常有尽物之心，物既不尽，而心更带有也。

影不移者，说在改也。

影改而更生，非向之影。《墨子》曰：影不移，说在改为也。

发引千钧，势至等也。

以其至等之故，故不绝。绝则由于不等。故墨子亦有此说也。

白马非马，形名离也。

离者，犹分也。《白马论》曰：马者，所以命形也。白者，所以命色也。命色者非命形也。寻此等语，如何可解，而犹不历然。

孤犊未尝有母，非孤犊也。

此语近于鄙，不可解也。

乐正子舆曰：子以公孙龙于鸣皆条也。

谓龙之言，无异于马，而皆谓有条贯也。

设令发于余窍，子亦将承之。

既疾龙之辩，又忿牟之辞，故遂吐鄙之慢言也。

公子牟默然良久，告退，曰：请待余日，更谒子论。

既忿气方盛，而不可理谕，故逊辞告退也。

卢曰：失理而忿者，不可与言，故告退也。

政和：行毁乎随，故欲其有师；学陋于独，故欲其有友。多言数穷，不如守中，故佞给者为不中。百家众技，时有所用，故漫衍者为无家。有射之射，有不射之射，后镞中前括，不过钧后于前。矢注眸子而目不瞬，故不过尽矢之势而已。是射之射，又何疑焉？意生于心,有意而心异矣。故有意不心,而无意则心同。指以指物,所不指则不至,故莫若无指则皆至,物不可穷也。必有其物而欲尽,则常滞于有,故有物不尽,而尽物者常有。影不移者,谓或柱或直,其影则一,故其说在改也。发引千钧,谓积小不胜为大胜,故曰势至等也。虽然,公孙龙能胜人之口,不能服人之心,辩者之囿也。《列子》载此,盖所以祛邪说之蔽。

范曰:传称桓团、公孙龙辩者之徒,饰人之心,易人之虑,能胜人之口,不服人之心。而龙之自称,亦以合同异,离坚白,然不然,可不可困百家之知,穷众口之辩为至达,则诡辞数万固无足法者。中山公子牟,庄子以为有意于道而未至,故以公孙龙为至言而悦之,荀卿并与十二子而非之者,盖以此也。夫龙之为人,行无师,学无友,佞给而不中,漫衍而无家,好怪而妄言,徒欲惑人之心、屈人之口而已。兹乐正子舆所以非之欤!观其诒孔穿,有曰:善射者能令后镞中前括,斯谓之钧后于前可矣。鸿超之射其妻,矢注眸子而眶不睫,斯谓之尽矢之势可矣。若夫有意不心,有指不至,有物不尽,有影不移,发引千钧,白马非马,孤犊未尝有母,是又负类反伦,有不可胜言者。乐正子舆曰:子以公孙龙鸣皆条也。岂非其言之无谓,犹风之鸣众窍故欤?虽然,公子牟常悦龙之为人矣。而庄子复有公孙龙问魏牟之说,卒况之以坎井之蛙者,盖始悦而终非之故也。

尧治天下

天下欲治,故尧治之。

五十年,不知天下治欤,不治欤?不知亿兆之愿戴己欤?不愿戴己欤?

夫道治于物者,则治名灭矣。治名既灭,则尧不觉在物上,物不觉在尧下。

顾问左右，左右不知；问外朝，外朝不知；问在野，在野不知。

若有知者，则治道未至也。

尧乃微服游于康衢，闻儿童谣曰：立我蒸民，莫匪尔极。不识不知，顺帝之则。

蒸者，众也。夫能使万物咸得其极者，不犯其自然之性也。若以识知制物之性，岂顺天之道哉？

尧喜问曰：谁教尔为此言？童儿曰：我闻之大夫。大夫曰：古诗也。

当今而言古诗者，则今同于古也。

尧还宫，召舜，因禅以天下。 功成身退。**舜不辞而受之。** 会至而应。

卢曰：夫贵其身以居众人之上也，则常惧不尊于人；爱其身以居众人之上也，则常恐不益于物。若兼亡于天下者，则顺之而不宰，理之于未萌，取之不以为尊，去之不以为失。如天之运，四时成焉，如地之载，万物生焉。功成事遂而身退者也，故无私焉。夫能无私也，禅大位而不悋，受大位而不辞也。

政和：尧非有人，非见有于人。非有人，故天下治与不治，所不知也。非见有于人，故亿兆之愿戴己与不戴己，所不知也。问之左右，问之在朝，问之在野，皆所不知，则荡荡乎民无能名焉，故也。立我蒸民，莫匪尔极，则衣食足而咸受命之中。不识不知，则衣食足而循天之理。百姓谓我自然，此之谓太上之治。

范曰：有心为治者，天下未必治；惟无以天下为者，乃能治之。不能为异者，人未必戴；必有异焉，人乃戴之。然闻在宥天下，不闻治天下，则治与不治，吾无容心也。君子不得已而临莅，则治之者必本于无为。神人恶众至，众至则不比，则戴与不戴，吾无容心也。天下乐推而不厌，则戴之者有所不能释。故尧在位五十年，而天下之治与不治，亿兆之愿戴己与不愿戴己，皆所不知也。百姓谓我自然，帝力于我何有？问之左右，问之外朝，问之在野，殆有不知其所以然而然者。若夫游于康衢，闻儿童之谣，然后知其立我蒸民者，莫匪尔极，顺帝则者，不识不知。岂非治极于无象而然耶？夫立我蒸民，莫匪尔极，《思文》尝以是而称后稷矣。不识不知，顺帝之则，皇矣尝以是而称文王矣。故《列子》举此以誉尧，直曰古诗而已。尧还宫召舜，因禅以天下者，功成而不居故也。舜不辞而受之者，会至而能应故也。且以尧之为帝也，以黄屋为非心；舜之为帝也，有天下而不与。则其相授受固自有道矣。而史之所记，谓尧之受舜，则有历试之事；谓舜之受尧，则有升闻之德。呜呼！岂其所以为尧舜哉？

关尹喜曰：在己无居，

况然无系，岂有执守之所？

形物其著。

形物者，犹事理也。事理自明，非我之功也。

其动若水，

顺物而动者，故若水也。

其静若镜，

应而不藏者，故若镜也。

其应若响，

应而不唱者，故若响也。

卢曰：天至极者，神也，微妙玄通，深不可极。视之不见，听之不闻。常在于己而莫知其居，形万物而不可著见。其动若水，润下而济上，其静若镜，照用而不疲，其应若响，不遗于物，此养神之至理也。

故其道若物者也。物自违道，道不违物。

同于道者，道亦得之。

卢曰：此至道者，非有形之物，而善应而不遗，故物自违，道不违于物也。

善若道者，亦不用耳，亦不用目，亦不用力，亦不用心。

唯忘所用，乃合道耳。

欲若道而用视听形智以求之，弗当矣。

卢曰：欲得善为此道者，隳支体，黜聪明，虚其心而养其神，则自然而自证也。

瞻之在前，忽然在后，用之弥满六虚，废之莫知其所。

道岂有前后多少哉？随所求而应之。

卢曰：唯此养神之道难知难见，非有非无。瞻之者居万物之先，轻忽之者不与物竞。用之则六虚皆备，废之则莫知所存。独立而不改，周行而不殆，其至矣哉！

亦非有心者所能得远，亦非无心者所能得近。

以有心无心而求道，则远近其于非当，若两忘有无先后，其于天二心矣。

卢曰：有心而求之者，自远于道，非道远之也；无心而合道，自近之于道，其道近之也。有心无心，人自异耳，道无远也。

唯默而得之而性成之者得之。

自然无假者，则无所失矣。

知而亡情，能而不为，真知真能也。

知极则同于无情，能尽则归于不为。

卢曰：唯默然而内昭，因性而成者，乃得之矣。知因性者必亡其情,能亡其情而无为者,此乃真知真能也。

发无知,何能情？发不能,何能为？

卢曰:夫发者,起人所不能知,更何能为情哉？发起人所不能为,复何能自为情哉？惑者变性以为情,智者变情以为性。故《易》曰:不性其情,何能久行其正也？

聚块也,积尘也,此则府宅。**虽无为而非理也。**

卢曰:夫无为者而无不为也。若兀然如聚块积尘者,虽则去情无为,非至理者也。

政和:道行于万物之上,圣人体道,运而无积,而物不能离焉,故曰在己无居,形物其著。所谓其动若水者,言与物委蛇而同其波,顺理而动也。其静若镜者,不将不迎,应而不藏,静而不变也。其应若响者,未尝唱也,常和人而已。道也者,应物而不造故也。道若物也,物兹远于道,所谓物自违道。道大同于物,所谓道不违。物无始曰道不可闻,闻而非也;道不可见,见而非也。所以善若道者,亦不用耳,亦不用目。黄帝曰:无处无服始安道,无思无虑始知道。所以善若道者,亦不用力,亦不用心。形色名声果不足以得彼之情,故曰:欲若道而用视听形智以求之,弗当矣。瞻之在前,忽焉在后者,言不可度也。用之弥满六虚,废之莫知其所者,言不可执也。致道者忘心,心无所知是谓得之。有心者,无心者皆未能忘心也,故不足以有得。默而得之,性而成之,无所用其心者也,故有以得之。知而忘情,则无知之累,是谓真知。能而不为,则无能之巧,是谓真能。若发乎无知,又何以能情？若发乎不能,又何能为也？道常无为而不无为。聚块也,积尘也,虽曰无为,岂道也哉？故曰:虽无为而非理也。

范曰:有积也故不足,无藏也故有余。至人无积,亦虚而已,故体道在己，未尝居而有之也。然善贷且成，岂常有心于泛应哉？形物之著，咸其自受尔。故顺而不逆，其动若水；应而不藏，其静若鉴；和而不唱，其应若响。顺物自然，无容私焉，是其道之所以若物者欤！夫道不远人，人自远道，故曰：物自违道。同于道者，道亦得之，故曰：道不违物。善若道者，耳目有所不用，即耳目以求道，则视听虽详，只为聋盲。心力有所不用，即心力以求道，则形智虽劳，只为桎梏。又乌能当于道哉？惟道之运，无乎不在。瞻之在前，随之不可；忽焉在后，迎之不可。用之弥满六虚，则塞乎天地之间，而不睹其端倪也；废之莫知其所，则入于窈冥之间，而莫窥其朕兆也。远玄者，玄亦远之，亦非有心者所能得远；近玄者，玄亦近之，亦非无心者所能得近。惟即默而识者乃能得之，惟率性而行者乃能成之。道之在我，其无所失矣。故古之人知而忘言，是为真知，乃无所不知；能而不为，是为真能，乃无所不能。若夫聚块也，积尘也，蔽于莫为，岂所谓道者哉？

冲虚至德真经四解卷之十二

汤　问

张曰：夫智之所限知，莫若其所不知，而世齐所见以限物，是以大圣发问，穷理者对也。

卢曰：夫万物之情，各贵其生，不知养其所注。生而爱身以丧其生，故此篇去形，全以生通其情，情通性达，以契其道也。

政和：形而上者神不可测，形而下者物不可穷。世之人以耳目之所及而期视听之所不至，则浅矣。

范曰：六合之外，圣人存而不论；六合之内，圣人论而不议，则汤之所问，革之所答，固未易为。浅见寡闻者，道也。一曲之士，怖其径庭，乃以是篇所议为迂诞恢诡，昧君子之言，岂俗学之弊欤，与拘虚坎井者奚异哉？

殷汤问于夏革革字，《庄子》音棘。**曰：古初有物乎？**疑宜混茫而已。**夏革曰：古初无物，今恶得物？**

今之所以有物，由古之有物故也。

后之人将谓今之无物，可乎？

后世必复以今世为古世，则古今如循环矣。设令后人谓今亦无物，则不可矣。

政和：《易》有太极，是生两仪。天地之间，古犹今也。

殷汤曰：然则物无光后乎？夏革曰：物之终始，初无极已。始或为终，终或为始，恶知其纪？

今之所谓终者，或为物始，所谓始者，或是物终，终始相循，竟不可分也。

然自物之外，自事之先，朕所不知也。

谓物外事先，廓然都无，故无所措言也。

卢曰：后世必以今日为古，何殊今日问古耶？安得无物也？由汤以上古为先，然则物始事先，更相前后，此不可知也。

政和：无端之纪，莫知其极。始终之不可，故又乌知先后之所在？然在物之内，虽时无止，始终先后，犹有数焉，故曰：乌知其纪而已。自物之外，自事之先，以智之所知而穷其智之所不知，则亦惑矣。故曰：朕所不知也。

范曰：冉求问于仲尼曰：未有天地，可知乎？仲尼告之曰：古犹今也，盖时徒不留，物逝无舍。昔日以为今者，今日视之则为古矣；今日以为今者，后日视之则为古矣。然则后何以异于今，而今何以异于昔耶？爰自气母一判参差，万类充牣两间。有始者必有终，有终者必有始，始终相反，如环无端。自非大明终始者，焉知其所始？焉知其所终？虽然，终始无故，惟其时物犹可得而致知也。若夫自物之外有不物者存，自事之先有无事者存，无古无今，无始无终，虽圣人于此，殆亦未之或知也。

殷汤曰：然则上下八方有极尽乎？

汤、革虽相答，然于视听犹未历然，故重发此问，今尽然都了。

革曰：不知也。

非不知也，不可以智知也。

汤固问，革曰：无则无极，有则有尽，朕何以知之？

欲穷无而限有，不知而推类也。

然无极之外复无无极，无尽之中复无无尽。

既谓之无，何得有外？既谓之尽，何得有中？所谓无无极，无无尽，乃真极真尽矣。

无极复无无极，无尽复无无尽。

或者将谓无极之外，更有无极；无尽之中，复有无尽。故重明无极复无无极，无尽复无无尽也。

朕以是知其无极无尽也，而不知其有极有尽也。

知其无，则无所不知；不知其有，则乃是真知也。

政和：若域之内，则上下八方为有；若方之外，则上下八方为无。自有观徼，则有极尽；自无观妙，则无极尽。故汤之问革而革多以不知为言也。

范曰：夫物量无穷，乌至而倪小大？以其至小求穷其至大之域，则迷乱而不能自得矣。上下八方，岂易得而致知耶？故无则无极，上下八方则非超于无者也。有则有尽，上下八方则已堕于有者也。自人观之，但见其无极而已，而无极之外，岂更有无极者哉？但见其无尽而已，无尽之中，岂更有无尽者哉？朕以是知其无极无尽也，而不知其有极有尽也，是乃穷理之言也。

汤又问曰：四海之外奚有？革曰：犹齐州也。齐，中也。

卢曰：言无安得有极尽耶？是以道无不遍，无之谓也，体用俱大，非虚实无有也。

汤曰：汝奚以实之？革曰：朕东行至营，人民犹是也。如是问也。**问营之东，复犹营也。西行至豳，人民犹是也。问豳之西，复犹豳也。朕以是知四海、四荒、四极之不异是也。**

四海、四荒、四极，义见《尔雅》。知其不异是间，则是是矣。

卢曰：四方穷之不可尽，皆有生死、爱恶、父母、妻子，故知四荒、四极之外不异营、豳之内，则是是也。

政和：天地覆载，道为之公。四方无穷，无所畛域。观于远近，何殊之有？

范曰：中天地者为中国，外于中国者为四夷。五方之性虽曰不同，五土之宜虽曰各异，姑即其所有者而言之，则四海之外亦奚异于齐州乎？故距齐以东，其行至营，人民犹是。问营之东，复犹营也。则东至日所出从可知矣。距齐以西，其行至豳，人民犹是。问豳之西，复犹豳也。则西至日所入从可知矣。用是以观，故知四海、八荒、四极之不异是也。传曰：东至于泰远，西至于豳国，南至于濮铅，北至于祝栗，谓之四极。觚竹北户，西王母目下，谓之八荒。九夷、八狄、七戎、六蛮，谓之四海。

故大小相含，无穷极也。含万物者，亦如含天地。

夫含万物者天地，容天地者太虚也。

含万物也，故不穷；

乾坤含化,阴阳受气,庶物流形,代谢相因,不止于一生,不尽于一形,故不穷也。

含天地也,故无极。

天地笼罩三光,包罗四海,大则大矣,然形器之物,会有限极。穷其限极,非虚如何？计天地在太虚之中,则如有如无耳。故凡在有方之域,皆巨细相形,多少相悬。推之至无之极,岂穷于一天,极于一地？则天地之与万物,互相包裹,迭为国邑,岂能知其盈虚,测其头数者哉？

朕亦焉知天地之表不有大天地者乎？

夫太虚也无穷,天地也有限,以无穷而容有限,则天未必形之大者。然则邹子之所言,盖其掌握耳。

亦吾所不知也。

夫万事可以理推,不可以器征。故信其心智所知反,而不知所知之有极者,肤识也。诚其耳目所闻见,而不知视听之有限者,俗士也。至于达人,融心智之所滞,玄悟智外之妙理,豁视听之所阂,远得物外之形。若夫封情虑于有方之境,循局步于六合之间者,将谓写载尽于三坟五典,归藏穷于四海九州。焉知太虚之寥廓,巨细之无限,天地为一宅,万物为游尘？皆拘短见于当年,昧然而俱终。故列子阐无内之至言,以坦心智之所滞；恢无外之宏唱,以开视听之所阂。使希风者不觉矜伐之自释,束教者不知桎梏之自解。故刳斫儒墨,指斥大方,岂直好奇尚异而徒为夸大哉？悲夫！聃、周既获讥于世论,吾子亦独以何免之乎？

卢曰：夫神道之含万物也,故不穷阴阳,之含天地也,故无极。天地万物之外,我所不知以辩之,非谓都不知也。

政和：无名天地之始,有名万物之母。为万物之母者天地,故含万物而不穷；为天地之始者道，故含天地无极。天地空中之一细物，而道包之，则天地之表固有大于天地者矣。

范曰：小者不同而别，大者覆入而同之。惟天地为能覆载万形，惟太虚为能包裹六极。大小相含，孰知其所以然哉？以其含万物也，故莫知所穷，此所以盈天地之间者惟万物。以其含天地也，故未始有极，此所以天地虽大未离其内。然则天地者，是直空中之细物，有形之最巨者耳，安知无形之表而有大于天地者哉？此可以意了，虽以言论，故每执之以不知也。

然则天地亦物也。物有不足，故昔者女娲氏练五色石以补其阙，

阴阳失度，三辰盈缩，是使天地之阙，不必形体亏残也。女娲神人，故能练五常之精以调和阴阳，使晷度顺序，不必以器质相补也。

卢曰：张湛此注当矣。

断鳌之足鳌，巨龟也。**以立四极。其后共工氏与颛顼争为帝，怒而触不周之山，**

共工氏兴霸于伏羲、神农之间，其后苗裔恃其强，与颛顼争为帝。颛顼，是黄帝之孙。不周山，在西北之极。

折天柱，绝地维，故天倾西北，日月星辰就焉，地不满东南，故百川水潦归焉。

卢曰：乱常败德，则为折天柱、绝地维也。是以圣人知天道损有余补不足，故三光百川得其大要也。

政和：练石补阙，断鳌立极，盖圣人财成辅相之道，日月星辰就于天之西北，百川水潦归于地之东南，则其势然也。

范曰：《易》以乾为阳物、坤为阴物，则天地犹未离乎物也。故古之人或练石补阙，断鳌立极，或折天之柱，绝地之维，天地虽大犹不能全,则弥纶范围岂无所待耶?日月星辰,其行也左旋,则以天不足西北故也;百川水潦,其流也东注,则以地不满东南故也。《黄帝书》曰:天不足西北,故北阴也,而人右耳目不如左明也;地不满东南,故东南阳也,而人左手足不如右强也。近取诸身,而天地之大可见矣。

汤又问:物有巨细乎?有修短乎?有同异乎?革曰:渤海之东不知几亿万里,有大壑焉,实惟无底之谷,

事见《大荒经》。《诗含神雾》曰:东注无底之谷,

其下无底,

称其无底者,盖举深之极耳。上句云无,无极限,有不可尽。实使无底,亦无所骇。

名曰归墟。《庄子》云:尾闾。八纮九野之水,天汉之流,莫不注之,而无增无减焉。

八纮,八极也。九野,天之八方中央也。世传天河与海通。

卢曰:大壑无底者,言大道之无能穷尽者也。至微至细,入于无间者,不过水也。注之无增减者,万有无不含容者也。

其中有五山焉:一曰岱舆,二曰员峤,三曰方壶,四曰瀛洲,五曰蓬莱。其山高下周旋三万里,其顶平处九千里。山之中间相去七万里,以为邻居焉。其上台观皆金玉,其上禽兽皆纯缟。珠玕之树皆丛生,华实皆有滋味,食之皆不老不死。所居之人皆仙圣之种,一日一夕飞相往来者,不可数焉。

两山间相去七万里,五山之间凡二十八万里,而日夜往来往来者不可得数,风云之挥霍不足逾其速。

卢曰:有形之物,生于大道之中而增饰,玩好而不知老、不知死,动用不住,倏往忽来,无限数也。

而五山之根无所连著，

若此之山，犹浮海上，以此推之，则凡有形之域，皆寄于太虚之中，故无所根蒂。

常随潮波上下往还，不得暂峙焉。

卢曰：眼、耳、鼻、舌、身为五根，随波流不得暂止也。此举世皆随声色香味染著而不得休息，乃至忘生轻死以殉名利，不知止虑还源，养神归道者也。

仙圣毒之，诉之于帝。帝恐流于四极，失群仙圣之居，乃命禺强，

《大荒经》曰：北极之神名禺强，灵龟为之使也。

使巨鳌十五举首而戴之。

《离骚》曰：巨鳌戴山，其何以安也？

迭为三番，六万岁一交焉。五山始峙而不动。

卢曰：夫形质者神明居也，若五根流浪而失所守，则仙圣无所居矣。《庄子》云：一受其成形，不亡以待尽。若五根漂荡，则随妄而至死矣。一生虚过，岂不哀哉？故大圣作法设教以止之，五根于是有安矣，五尘以对之，五识以因之，故云十五也。因心以辩之，故云三番，六万岁一交耳。自此知制五根之道也。

而龙伯之国有大人，举足不盈数步而暨五山之所，一钓而连六鳌，合负而趣归其国，灼其骨以数焉。

以高下周围一万里山，而一鳌头之所戴，而此六鳌复为一钓之所引，龙伯之人能并而负之，又钻其骨以卜计，此人之形当百余万里。鲲鹏方之，犹蚊蚋蚤虱耳。则太虚之所受，亦奚所不容哉？

卢曰：伯者，长也，龙有力之大者也。以喻俗中之嗜欲矜夸，爱贪纵情，求以染溺而为钩，负六情以自适，岂徒失其所守，乃更毁而用之也。

于是岱舆员峤二山流于北极，沈于大海，仙圣之播迁者巨亿计。

卢曰：俗心所溺，唯声色为重。君子小人，困于名利也。故曰二山流焉。爱溺深重，喻之大海。神识流浪，不可胜言。

帝凭怒，凭，大也。**侵减龙伯之国使厄，侵小龙伯之民使短。至伏羲、神农时，其国人犹数十丈。**

《山海经》云：东海之外，大荒之中，有大人之国。《河图玉板》云：从昆仑以北九万里，得龙伯之国，人长四十丈，生万八千岁始死。

卢曰：大圣恶夫嗜欲之为害也，乃立法以制之。因圣智之教行，故其国渐小。然神农虽治，犹数十丈焉者，盖人不能灭之，但减削而已。

范曰：传称东海之外有大壑，即此所谓大壑也。其下无底，则传所谓东注无底之谷是已。名曰归墟，则所谓尾闾泄之是已。八纮九野之水，天汉之流，莫不注之，而无增无减，则又注焉而不满，酌焉而不竭，不以顷久推移，不以多少进退，有如此者。尝考太史公言：三神山在渤海中，诸仙人及不死之药皆在焉。未至，望之如云。及到，即引而去。岂此所谓五山者耶？故非仙圣之种莫能居此。然五山之根无所连著，帝恐流于西极，乃命禺疆之神戴以巨鳌之首，而五山始峙不动。龙伯之国有大人焉，数步而暨五山之所，一钓而负六鳌以归，员峤之山遂沈于大海，仙圣之种乃为之播迁。帝大怒，于是侵减其国，侵小其民，至伏羲神农时，其国人犹数十丈。然则传所谓东海之外，大荒之中，有大人之国，得非此所谓大人者欤？

从中州以东四十万里得僬侥国，人长一尺五寸。事见《诗含神雾》。

东北极有人名曰诤人，长九寸。

见《山海经》。《诗含神雾》云：东北极有此人。既言其大，因明其小耳。

范曰：五山戴于巨鳌，一钓连于龙伯，以明物之巨者如此。僬侥国之短，人一尺五寸；东北极之诤人，九寸而已，以明物之细者如此。大智观于远近，故小而不寡，大而不多，又何以知毫末足以定至细之倪？又何以知天地足以穷至大之域？

荆之南有冥灵者，以五百岁为春，五百岁为秋。上古有大椿者，以八千岁为春，八千岁为秋。朽壤之上有菌芝者，生于朝，死于晦。春夏之月有蠓蚋者，因雨而生，见阳而死。

卢曰：苟有嗜欲，失其真焉。则形巨者与形小，长寿者与促龄，亦何异也？故知上极神仙，下及蝼蚁，迷真失道，情欲奔驰，其丧一也。

范曰：冥灵、大椿，庄子所谓大年也。菌芝、蠓蚋，庄子所谓小年也。时有久近，数有多寡，觉此而冥焉者，遥而不闷，掇而不跂，则众人安用知彭祖之为久而匹之乎？

终发北之北《庄子》云：穷发。**有溟海者，天池也，有鱼焉，其广数千里，其长称焉，其名为鲲。有鸟焉，其名为鹏，翼若垂天之云，其体称焉。**

《庄子》云：鲲化为鹏。

世岂知有此物哉？

玩其所常见，习其所常闻，虽语之，犹将不信焉。

大禹行而见之,伯益知而名之,夷圣闻而志之。

夫奇见异闻,众之所疑。禹、益、坚岂直空言谲怪以骇一世?盖明必有此物,以遗执守者之固陋,除视听者之盲聋耳。夷坚未闻,亦古博物者也。

范曰:鳞炎舛乎下,能潜而不能飞。鲲者,游也,丽乎阴者也。羽炎亢乎上,能飞而不能潜。鹏者,飞也,丽乎阳者也。鲲鹏虽大,尚未免乎阴阳之类。世之俗儒,拘耳目之近,遂以为无是物也,又乌知所谓无极无尽者哉?故列子必托言于大禹、伯益、夷坚之徒者,以其说古固有之,非直肆空言以骇一世故也。

江浦之间生麽虫, 麽细也。**其名曰焦螟,群飞而集于蚊睫,弗相触也。栖宿去来,蚊弗觉也。离朱、子羽方昼拭眦,扬眉而望之,弗见其形;**

离朱,黄帝时明目人,能百步望秋毫之末。子羽未闻。

鸱俞、师旷方夜擿耳俛首而听之,弗闻其声。

鸱俞,未闻也。师旷,晋平公时人,夏革无缘得而称之,此后著书记事者润益其辞耳。夫用心智赖耳目以视听者,未能见至微之物也。

唯黄帝与容成子居空桐之上,同斋三月,心死形废。

所谓心同死灰,形若枯木。

徐以神视,

神者,寂然玄照而已,不假于目。

块然见之,若嵩山之阿;

以有形涉于神明之境,嵩山未足喻其巨。

徐以气听,

气者,任其自然而不资外用也。

砰然闻之,若雷霆之声。

以有声涉于空寂之域,雷霆之音未足以喻其大也。

卢曰:苟有形声之碍也,则积壤成山,聚蚊成雷,块然见之,砰然闻之,不足多怪。

范曰:离朱、子羽,古之明目者,然视止于有形,而无形之上有所弗见。䚅俞、师旷,古之聪耳者,然听止于有声,而无声之表有所弗闻。唯黄帝、容成,居空桐,斋三月,心若死灰,其神凝矣,形若槁木,其容寂矣,视以神而不以目,听以气而不以耳,故江浦之间焦螟群集。向也离朱、子羽,方昼拭眦扬眉,而望之弗见其形,今则块然见之若嵩山。向也䚅俞、师旷,方夜摘耳俛首,而听之弗闻其声,今则砰然闻之若雷霆。细大之倪,孰知其所以然哉?且由众人观之,则鲲鹏也,麼虫也,其相去之远,岂可胜言哉!由无极尽之际观之,则二者均为物耳,何足以相过与?

吴、楚之国有大木焉,其名为櫾,音柚。**碧树而冬生,实丹而味酸。食其皮汁,已愤厥之疾。齐州珍之,渡淮而北而化为枳焉。鸲鹆不逾济,貉逾汶则死矣,地气使然也。**此事义见《周官》。**虽然,形气异也,性钧已,无相易已,生皆全已,分皆足已。吾何以识其巨细?何以识其修短?何以识其同异哉?**

万品万形,万性万情,各安所识,任而不执,则钧于全足,不愿相易也。岂智所能辩哉?

卢曰:阴阳所生,土地所宜,神气所接,习染所变,皆若是也,复何足以辩之哉?

政和:巨细,形也。修短,数也。有形与数,同异之名立矣。四方之外,六合之里,有万不同,孰知其极?大禹、伯益见而名之,则犹接于耳目心知之间。黄帝、容成神视气听,则已造乎微妙玄通之表。睹道之人,不随其所废,不原其所起,有性皆钧,有生皆全,有分皆足,知此而已,又何必识其巨细、修短、同异之所止哉?

范曰:《考工记》曰:橘逾淮而北为枳,鹠鹆不逾济,貉逾汶则死,地气然也。其言盖本乎此。夫物生天地间,盈虚异形,消息异气,而性之所禀,有自然而不可易者。生皆全,已一无或亏;分皆足,已一无或歉。巨细也,修短也,同异也,觉而冥之,曾无夸跂,奚必致知于其间耶?《庄子》之《逍遥游》义与此合。

大形、王屋二山,

形,当作行。太行在河内野王县,王屋在河东东垣县。

方七百里,高万仞,本在冀州之南,河阳之北。北山愚公者,

俗谓之愚者,未必非智也。

年且九十,面山而居。惩

卢曰:形,尸刚反。惩,戒也,创也,草政也。

山北之塞,出入之迂也。聚室而谋,曰:吾与汝毕力平险,指通豫南,达于汉阴,可乎?杂然相许。 杂犹佥也。**其妻献疑**

献疑,犹致难也。

曰:以君之力,曾不能损魁父之丘,如大形王屋何?

魁父,小山也,在陈留界。

且焉置土石?杂曰:投诸渤海之尾,隐土之北。

《淮南》云:东北得州曰隐土。

遂率子孙荷担者三夫,叩石恳壤,箕畚运于渤海之尾。邻人京城氏之孀妻 孀,寡也。**有遗男,始龀,跳往助之。寒暑易节,始一反焉。河曲智叟笑而止之,**

俗谓之智者,未必非愚也。

曰:甚矣汝之不惠!以残年余力,曾不能毁山之一毛,其如土

石何？北山愚公长息曰：汝心之固，固不可彻，曾不若孀妻弱子。虽我之死，有子存焉。子又生孙，孙又生子，子又有子，子又有孙，子子孙孙，无穷匮也，而山不加增，何苦而不平？河曲智叟亡以应。

屈其理而服其志也。

操蛇之神闻之，

《大荒经》云：山海神皆执蛇。

惧其不已也，

必其不已，则山会平矣。世咸知积小可以高大，而不悟损多可以至少。夫九层起于累土，高岸遂为幽谷。苟功无废舍，不期朝夕，则无微而不积，无大而不亏矣。今砥砺之与刀剑相磨不已，则知其将尽。二物如此，则丘壑消盈无所致疑。若以小大迟速为惑者，未能推类也。

告之于帝。帝感其诚，

感愚公之至心也。

命夸蛾氏二子

夸蛾氏，传记所未闻，盖有神力者也。

负二山，一厝朔东，一厝雍南。自此，冀之南、汉之阴无陇断焉。

夫期功于旦夕者，闻岁暮而致叹；取美于当年者，在身后而长悲。此故俗士之近心，一世之常情也。至于大人，以天地为一朝，亿代为瞬息，忘怀以造事，无心而为功。在我之与在彼，在身之与在人，弗觉其殊别，莫知其先后。故北山之愚与嫠妻之孤，足以哂河曲之智，嗤一世之惑。悠悠之徒，可不察与？

卢曰：此一章，兴也。俗安所习而随于众，众所共者则为是焉。

虽嗜欲所缠，从生至死，生既流荡无已，死又不知所之。愚者营营于衣食以至终，君子营营于名色以至死，咸以为乐天知命，自古而然。若夫至学之人，必至于求道忘生以契真。闻斯行诸，不计老少，穷生不闻，神或感而自通。故《易》曰：寂然不动，感而遂通。然后形碍之可忘，至平之理畅矣。

政和：平险而达之者，去其有形之弊。帝感其诚者，造乎不形之妙。河曲之叟累乎形之有尽，而不知夫道之无穷，以智笑愚，曾不知纯纯之愚为大智也。

范曰：悬岩之溜穿石，单极之绠断干。水非石之钻，绳非木之锯，靡使然也。体道之人审烛厥理，以古今为一息，以生死为一条，笃强行之志，无期效于俄顷之间，持不息之诚，无要功于岁时之近。等视世间万事，岂尝所谓难者耶？故太行、王屋二山，峙冀州之南，跨河阳之北，方七百里，其崇万仞，可谓高且大矣。然未离形数，可得而平焉。北山愚公者，年且九十，面山而居。惩山北之塞，出入之迂也。于是聚族合谋，毕力平险。荷箕畚，运土石，投诸隐土之北，置诸渤海之尾，所以去之，可谓远矣。许之者有杂然之众，助之者有始龀之男。献其疑者有所弗听，笑止者有所弗顾。以无穷匮之子孙，平不加增之土石，所以持之，可谓久矣。彼其不已，若是其卒也。惧操蛇之神，感夸蛾之子，力负二山之险，俾无陇断之登。呜呼！愚而复智之极也，是其所以为愚公者与？

冲虚至德真经四解卷之十三

汤　问

夸父不量力，欲追日影，逐之于隅谷之际。

隅谷者,虞渊也,日所入。

渴欲得饮,赴饮河、渭。河、渭不足,将走北饮大泽。未至,道渴而死。弃其杖,尸膏肉所浸,生邓林。邓林弥广数千里焉。

《山海经》云:夸父死,弃其杖,而为邓林。

卢曰:夫人一至以祈道,则去有以契真。若将恃能以求胜,则步影而不及。及其契真也,则形尽平焉;及其追末也,则丧生以见迹。迹之著也,邓林所以生;真之契也,丘陇所以平也。

政和:变化推迁,莫知其极。郑人之为秋柏,夸父之生邓林,其有机缄而不得已者耶?

范曰:传称夸父死,弃其杖而为邓林,此所谓夸父是也。逐日于隅谷之际,赴饮于河渭之间,卒焉北走大泽,未至而死。岂非以太自累而不量其力者耶?

大禹曰:六合之间,四海之内,照之以日月,经之以星辰,纪之以四时,要之大岁。神灵所生,其物异形,或夭或寿,唯圣人能通其道。

圣人顺天地之道,因万物之性,任其所适,通其逆顺,使群异各得其方,寿夭咸得尽其分也。

政和:日月有明故曰照,星辰成列故曰经,四时有序故曰纪,太岁总焉故曰要。神灵所生,言天地之所生,盖天神而地灵也。其物异形,或夭或寿,圣人游乎万物之所终始,而通物之所造,故曰:唯圣人能通其道。

夏革曰:然则亦有不待神灵而生,不待阴阳而形,不待日月而明,

夫生者自生,形者自形,明者自明,忽然自尔,固无所因假也。

不待杀戮而夭,不待将迎而寿,

自夭者不由祸害，自寿者不由接养。

不待五谷而食，不待缯纩而衣，不待舟车而行，其道自然，
自然者，都无所假也。

非圣人之所通也。

圣人不违自然，而万物自运，岂乐通物哉？自此章以上，皆夏革所告殷汤也。

卢曰：夫形动之物，各有所宜，圣人能顺其生以通其道也。然则神识至灵，更无所待，非群有之所资育，盖独运之自然，岂圣人所能通哉？

政和：六合之外，圣人存而不论，岂物物而通之哉？其无待而然者耶？乌识所以然，任其自然付之自尔。盖乐通物，非圣人也。

范曰：大禹所言则止于有极尽之间，夏革所言则造乎无极尽之外。故或曰：唯圣人能通其道。或曰：非圣人所通。概而论之，若物之外，若物之内，乌睹其所以异哉？

禹之治水土也，迷而失涂，谬之一国。

游绝垠之外者，非用心之所逮，故寄言迷谬耳。

滨北海之北，不知距齐州几千万里。距，至也。**其国名曰终北，**
卢曰：终北者，言其极幽极微，玄默之地。

不知际畔之所齐限。无风雨霜露，不生鸟兽、虫鱼、草木之类。四方悉平，周以乔陟。山之重垒也。

卢曰：玄默之境，无有际畔，风雨鸟兽，华动所不至也，其中坦然至平而已矣。乔陟者，形器之碍。

当国之中有山，山名壶领，状若甔音担。**甄。**音槌。**顶有口，状若员环，名曰滋穴。有水涌出，名曰神瀵，**山顶之泉曰瀵。**臭过兰椒，**

味过醪醴。

卢曰:山中喻心,水为慧用,盖神所瀵出者。

一源分为四埒,注于山下。<small>山上水流曰埒。</small>**经营一国,无不悉遍。**

卢曰:通乎四支,遍乎百体,以周形器。

土气和,亡札厉。人性婉而从物,不竞不争;柔心而弱骨,不骄不忌;长幼侪居,不君不臣;男女杂游,不媒不聘;缘水而居,不耕不稼;土气温适,不织不衣;百年而死,不夭不病。其民孳阜亡数,有喜乐,亡衰老哀苦。

卢曰:百骸九窍,应事而用。不争不竞,不相矜夸;含阴含阳,随运而用;其道至柔,不衣不食。衰老所不逐,夭寿所不拘。上士勤之,则至其国矣。

其俗好声,相携而迭谣,终日不辍音,饥倦则饮神瀵,力志和平。过则醉,经旬乃醒。沐浴神瀵,肤色脂泽,香气经旬乃歇。

卢曰:人以气为生,故曰好声也。出入之息,故云不辍。饮食真慧无杂思,故云醉也。觉虑起,又沐其中,故云泽香。

政和:谬之一国,以明非圣人之所通也。不知际畔之所齐限,则六合之内有不可穷者也。《易》曰:阴阳不测之谓神。在天之时无风雨霜露,在地之气无鸟兽草木。其民饮神瀵而沐浴焉,则能已饥倦而泽肤色,可以养生,可以尽年,谓之神瀵,是其所以为不可测也。

周穆王北游过其国,三年忘归。既反周室,慕其国,惨然自失。不进酒肉,不召嫔御者,数月乃复。

卢曰:周穆王亦曾至其国矣。不能常止其地,故云乃复焉。

范曰:姒氏治水土,其迹之所及者远,而殊陬异域有非足迹之所可至者。故寄言迷谬也。滨北海之北,不知距齐州几千万里,其去人也,远矣。其国名曰终北,则造乎归根复命之地,不知际畔之所齐限,则游乎广漠无极之野,无风雨霜露,则阴阳之气有所不交,不生鸟兽虫鱼草木,则散殊之类有所不育,四方悉平则夷而未尝陂也,周以乔陟则高而不可逾也。国之中有山,山之顶有口,有水涌出,名曰神瀵,则传所谓大出尾下者是已。一源分为四埒,注于山下,则传所谓山下有水者是已。经营一国,无不悉遍,则言其周流泛应而善利万物也。夫然故土无札伤,物无疵疠。婉而从者无竞争之心,柔而静者无骄忌之行,不君不臣无长幼之序,不媒不娉无男女之别。缘水而居,不待五谷而食;土气温适,不待缯纩而衣。跻仁寿之域,无夭伤之苦。饮神瀵而力志和平,则疏瀹心智,盖若饮之以和。浴神瀵而肤色脂泽,则涤除尘垢,盖若洗之以善。周穆王北游过其国,三年忘归。既反周室,慕其国,憮然自失,数月乃复。是又造道未至者如此。

管仲勉齐桓公因游辽口,俱之其国,几克举。

卢曰:管仲能说其处也,故云:游辽口。欲往而不能得至,故曰:几克举也。

隰朋谏曰:君舍齐国之广,人民之众,山川之观,殖物之阜,礼义之盛,章服之美,妖靡盈庭,忠良满朝,肆咜则徒卒百万,肆,疑作叱。**视抈则诸侯从命**,视,疑作指。**亦奚羡于彼而弃齐国之社稷,从戎夷之国乎?此仲父之耄,奈何从之?**

卢曰:夫俗之君子心所言者,正在于人民、礼义、章服、声色,是尊贵称情也。

桓公乃止,以隰朋之言告管仲,仲曰:此固非朋之所及也。

朋之知极于齐国,岂知彼国之巨伟,故管仲骇之也。

臣恐彼国之不可知之也。齐国之富奚恋？隰朋之言奚顾？

此国自不可得往耳，岂以朋之言故止也。

卢曰：隰朋之所及者，不达于此耳。夷吾云：以我之所闻，但恐不得如所传耳。故云：恐不可知之也。所审如所传说，往而能到者，则世俗声色富贵何足恋？礼义忠良何足顾哉？

政和：道恶乎往而不存？故在无者亦道也，在有者亦道也。解心释形则蔽无废有，劳形休心则徇有弃无。圣人之于道，一有一无，微妙并观，乃无不可。然则恋国之富者固不足以知道，而舍夫种种之民，慕夫不可测之国者，亦岂足以得道哉？穆王之意，管仲、隰朋之言，皆未为得也。

范曰：隰朋之为人也，上忘而下不畔，愧不若黄帝，而哀不己若者。其于国有不闻，其于家有不见，仲父固尝以是为可以属国哉？然其智适可以治齐而已，故终北之游，遂以为非而谏之。是篇所论，若大禹则深造乎道者，若穆王则涯而反者，若桓公是直望道而未之见者耳。

南国之人被发而裸，力果。**北国之人鞨巾而裘，中国之人冠冕而裳。九土所资，或农或商，或田或渔，如冬裘夏葛，水舟陆车，默而得之，性而成之。**

夫方土所资，自然而能，故吴越之用舟，燕朔之乘马，得之于水陆之宜，不假学于贤智。慎到曰：治水者茨防决塞，虽在夷貊，相似如一。学之于水，不学之于禹也。

政和：南方之气热，故被发而裸，与《书》岛夷卉服之义同也。北方之气寒，故鞨巾而裘，与《书》岛夷皮服之事同也。中国谓之夏，则文明盛大，故冠冕而裳，治辩而礼，具九土所资，农商田渔，冬裘夏葛，一人之身，百工之所为备。然皆默而得之，性而成之，特异宜而已。

范曰：南国之被发，北国之鞨巾，中国之冠冕，习俗之不同也。九土所资，或农或商，或田或渔，智能之不同也。冬裘夏葛，服各异宜。水舟陆车，器各异用。盖有自然而不可易者，孰知其所以然哉？默而得之，性而成之而已。

越之东有辄沐又休**。之国，其长子生，则鲜而食之，谓之宜弟。其大父死，负其大母而弃之，曰：鬼妻不可与同居处。楚之南有炎人之国，其亲戚死，朽其肉而弃之，然后埋其骨，乃成为孝子。秦之西有仪渠**又康**。之国者，其亲戚死，聚柴积而焚之。熏则烟上，谓之登遐，然后成为孝子。此上以为政，下以为俗，而未足为异也。**

此事亦见《墨子》。

卢曰：夫聚是则为当，聚习则为常，故至当至常，人所不辩。彼习俗者聚矣，宁知其至理哉？

政和：越之东，楚之南，秦之西，上无礼，下无学，然且行以为政，习以为俗。此乱伦者也，不足为教。

范曰：越之东，楚之南，秦之西，皆遐陬异域，不能相通。故上之为政，下之为俗，有不可比而同者。

孔子东游，见两小儿辩斗，问其故。一儿曰：我以日始出时去人近，而日中时远也。一儿以日初出远，而日中时近也。一儿曰：日初出大如车盖，及日中，则如盘盂，此不为远者小而近者大乎？一儿曰：日初出沧沧凉凉，及其日中如探汤，此不为近者热而远者凉乎？孔子不能决也。两小儿笑曰：孰谓汝多知乎？

所谓六合之外，圣人存而不论。二童子致笑，未必不达此旨，或互相起予也。

卢曰:圣人之生,所贵明道。达则兼济天下,穷则独善其身。独善者,养道以全真;兼济者,设教以利物。若进非全道,退非利生,一曲之辩,圣人所以未尝说也。夫不决者,非不知也。世人但以问无不知为多,圣人以辩之无益而不辩。若有理无理一皆辩之,则圣人无益之劳实亦多矣。然则二童之争也,事亦可明,何者?日之初升,光未远,人居光外,见其大焉。日之既中,光备万物,人居光内,见其质焉。亦如远望烛光,更见其大;近窥则焰,乃更以小焉。物理则然,辩之何益?

范曰:日出于东方而入于西极,以体圆则未离乎形,以圆一则未离乎数。一堕于形数之域,则或远或近,固得而测度。然则孔子不能决者,岂真弗能决哉?是直存而不论耳。

均,天下之至理也,

物物事事皆平皆均,则理无不至也。

连于形物亦然。

连,属也。属于器物者,亦须平焉。

均发均县,轻重而发绝,发不均也。

发甚微脆,而至不绝者,至均故也。今所以绝者,犹轻重相倾,有不均处也。

均也,其绝也,

若其均也,宁有绝理。

莫绝。言不绝也。**人以为不然,** 凡人不达理也。**自有知其然者也。**

会自有知此理为然者。《墨子》亦有此说。

卢曰:夫理之至者,天下无不均,不待均之然后均也。有形之物亦然,当理则自均矣。犹如以发悬重,虽微不绝。绝者不均,均则不绝。世人以为不是,不知理之必然也。

政和:一阴一阳之谓道,仁者见之谓之仁,智者见之谓之智。赫赫乎日月之光,群目所见,各有不同。故以形见之,则以为远者小而近者大;以气见之,则以为近者热而远者凉。而所以为日,固不可以远近期也。

范曰:发引千钧,势至等也。义与此合。

詹何,

詹何,楚人,以善钓闻于国。

以独茧丝为纶,芒针为钩,荆篠为竿,剖粒为饵,引盈车之鱼。

《家语》曰:鲲鱼其大盈车。

于百仞之渊,汩流之中,纶不绝,钩不伸,竿不挠。

夫饰芳饵,挂微钩,下沈青泥,上乘惊波,因水势而施舍,颉颃委纵,与之沈浮。及其施绝,故生而获也。

楚王闻而异之,召问其故。詹何曰:臣闻先大夫之言,蒲且子之弋也,

蒲且子,古善弋射者。

弱弓纤缴,乘风振之,连双鸧于青云之际。用心专,动乎均也。臣因其事,放而学钓,五年始尽其道。当臣之临河持竿,心无杂虑,唯鱼之念。投纶沈钩,手无轻重,物莫能乱。鱼见臣之钩饵,犹沈埃聚沫,吞之不疑。所以能以弱制强,以轻致重也。大王治国诚能若此,则天下可运于一握,将亦奚事哉?楚王曰:善。

善其此谕者,以讽其用治国矣。

卢曰:夫圣人之理俗也,必审万物之情而设教化以运之,则百姓日用而不知,靡然无不应。亦犹弱弓纤缴,乘风而振之,轻钩微饵,因波而运之,则不得不为我所制也。道者之养生全真含生,靡然以向化，则理天下者亦由兹道焉。

政和：刑名而降，大则制小，强则制弱。道以懦弱为表，以小而妙之为玄，此物所以不得遁而皆存也。百仞之渊，其深可测，青云之际，其高可及，而道则覆载之者也。与道同体，则守小朴而万物自宾。以细纶而引盈车之鱼，以弱弓而连双鹞于青云之际，其喻在此，圣人之治天下，如斯而已。

范曰：楚王闻詹何之钓而知所以治国，黄帝问童子之牧而知所以为天下，其理一也。

鲁公扈、赵齐婴二人有疾，同请扁鹊求治。扁鹊治之。既同愈。谓公扈、齐婴曰：汝曩之所疾，自外而干府藏者，固药石之所已。今有偕生之疾，与体偕长。今为汝攻之，何如？二人曰：愿先闻其验。扁鹊谓公扈曰：汝志强而气弱，故足于谋而寡于断。

志谓心智，气谓质性。智多故多虑，性弱故少决也。

齐婴志弱而气强，故少于虑而伤于专。

智少而任性，则果敢而自用。

若换汝之心，则均于善矣。扁鹊遂饮二人毒酒，迷死三日，剖胸探心，易而置之。投以神药，既悟如初。二人辞归。于是公扈反齐婴之室，而有其妻子，妻子弗识。齐婴亦反公扈之室，而有其妻子，妻子亦弗识。

二子易心，乘其本识，故各反其家，各非故形，故妻子不识也。

二室因相与讼，求辩于扁鹊。扁鹊辩其所由，讼乃已。

此言恢诞，乃书记少有。然魏世华佗能刳肠易胸，湔洗五藏，天下理自有不可思议者，信亦不可以臆断，故宜存而不论也。

卢曰：夫形体者，无知之物也。神识者，有知之主也。守乎本则真全而合道，滞乎质则失性而徇情。俗人徒见形之有憎爱，不知神之为主宰也。今言易其心而各有妻子者,明心为情主,形实无知耳。所以道者贵乎养神也。

政和:形失其平为疾,性失其平亦为疾。治形之疾,药石攻之,治性之疾,则有道术存焉。志气之帅也,气体之充也,志主谋虑,气主果断,一失其平,强弱相反。故志强而气弱者足于谋而寡于断,志弱而气强者少于虑而伤于专。心者,五官之主也。易其心,使强弱适乎是,以无疾妙物之谓神,投以药,妙物深矣。圣人以神道妙天下,举平与陂通而为一,何以异于是?

范曰:孟子曰:志至焉,气次焉。又曰:持其志,无暴其气。志者,心之所之也。气者,志之所役也。一有或偏,则性失其平而为疾矣。故志譬则帅也,气譬则众也,志强而气弱,虽有帅而莫为之用。其失也,疑而不决。志弱而气强,则虽有众而莫为之至。其失也,果而自用。傥不为之发药,又乌足以化其心,易其虑,而庶几其有瘳乎?尝观魏世华佗有刳肠易胃、濯洗五藏之术,则是篇所言,亦无足怪。

瓠巴鼓琴而鸟舞鱼跃,

瓠巴,古之善鼓琴人也。

郑师文闻之,

师文,郑国乐师。

弃家从师襄游。

师襄,亦古之善琴人也,从其游学。

柱指钧弦,三年不成章。

安指调弦,三年不能成曲。

师襄曰:子可以归矣。嫌其难教。**师文舍其琴,叹曰:文非弦之不能钧,非章之不能成。文所存者不在弦,所志者不在声。**

遗弦声,然后能尽弦声之用也。

内不得于心,外不应于器,故不敢发手而动弦。

心、手、器三者,互应不相违失,而后和音发矣。

卢曰:人知以形习声,不知辩声运形者神也。若心不应器,虽成而不精。若极声之能,尽形之妙,理须神契而心自得也。

且小假之,以观其后。无几何,复见师襄。师襄曰:子之琴何如?师文曰:得之矣。请尝试之。

卢曰:得于心,应乎器,然后习其声以通乎神矣。

于是当春而叩商弦以召南吕,

商,金音,属秋。南吕,八月律。

凉风忽至,草木成实。

得秋气,故成熟。

及秋而叩角弦以激夹钟,

角,木音,属春。夹钟,二月律。

温风徐回,草木发荣。

得春气,故荣华。

当夏而叩羽弦以召黄钟,

羽,水音,属冬。黄钟,十一月律。

霜雪交下,川池暴冱。

得冬气,故凝阴水冻。

及冬而叩徵弦以激蕤宾,

徵,火音,属夏。蕤宾,五月律。

阳光炽烈,坚冰立散。

得夏气,故消释。此一时弹琴,无缘顿变四节。盖举一时之验,则三时可知,且欲并言其所感之妙耳。

将终，命宫而总四弦，则景风翔，庆云浮，甘露降，醴泉涌。至和所致。**师襄乃抚心高蹈曰：微矣，子之弹也。虽师旷之清角，**

师旷为晋平公奏清角，一奏之，时有白云从西北起，再奏之，大风至而雨随之，三奏之，裂帷幕，破俎豆，飞廊瓦，左右皆奔走，平公恐伏，晋国大旱，赤地三年。平公得声者，或吉或凶也。

邹衍之吹律，

北方有地，美而寒，不生五谷。邹子吹律燠之，意而禾黍滋也。

亡以加之。彼将挟琴执管而从子之后耳。

卢曰：成性所行，动然而应阴阳之数、四时之序，水火且不能焚溺，况风雨寒燠之气哉？故《易》曰：先天而天弗违，况于人乎？况于鬼神乎？此之谓也。谓之声律而变者不因四时也。

政和：夫至乐者，调理四时，大和万物，而四时迭起，万物循生。至其妙也，二类相合，两者交通，或谓之死，或谓之生，或谓之实，或谓之荣，行留散徙，不主常声。故以声感气，随感而应，亦理之必至者耳。春叩商弦以召南吕，而秋气应之；秋叩角弦以激夹钟，而春气应之；夏叩羽弦以召黄钟，而冬气应之；冬叩徵弦以激蕤宾，而夏气应之。则乐之感有至于易四时之序而夺造化之机者，其妙若此。至于总而调之，则交通而成和，是以景风翔，庆云浮，甘露降，醴泉涌。盖通天下一气耳。声合于气，其应也自然而已。鸟舞鱼跃，乃其余事。

范曰：琴者，君子常御之乐。其制详而义深，其声妙而功大。始乎防心以自禁，终乃出器以入觉。故声作于跬步之间，而感应乎大清之上。昔者黄帝鼓清角之琴以大合鬼神，而凤凰蔽日，尧鼓琴而天神格，舜歌南风而天下化，又岂直瓠巴之鸟舞鱼跃而已哉？然琴之制，丝托于木，其音乃发。盖火得木而有声，神因形而应世，殆有不测之妙存乎其间。苟拘拘然溺于形器之近，蔽于声音之末，乌能乐得其道哉？师文之学，始也柱指而钧弦，终也舍琴而兴叹，所存者不在弦，所志者不在声，可谓得乎此矣。夫然故叩弦召律，四气变移。及命宫而总四弦，景风翔，庆云浮，甘露降，醴泉涌，其声和而致祥若是。彼师旷之清角，奏之而风雨应；邹衍之律，燧之而禾黍滋，讵能进此哉？是宜师襄子为之抚心而高蹈也。

薛谭学讴于秦青，二人薛、秦，国之善歌者。未穷青之技，自谓尽之，遂辞归。秦青弗止，饯于郊衢，抚节悲歌，声振林木，响遏行云。薛谭乃谢求反，终身不敢言归。秦青顾谓其友曰：昔韩娥韩国善讴者也。东之齐，匮粮，过雍门，鬻歌假食。既去而余音绕梁欐，三日不绝，左右以其人弗去。过逆旅，逆旅人辱之。韩娥因曼声哀哭，曼声犹长引也。一里老幼悲愁，垂涕相对，三日不食。遽而追之。娥还，复为曼声长歌。一里长幼喜跃抃舞，弗能自禁，忘向之悲也。乃厚赂发之。发，犹遣也。故雍门之人至今善歌哭，效娥之遗声。

六国时有雍门子，名周，善琴，又善哭，以哭干孟尝君。

卢曰：夫六根所用，皆能获通，通则妙应无方，非独心识而已。故鲁公扈章直言心用，瓠巴以下乃从声通焉。

政和：声振林木，响遏行云，则其出音之劲，余韵之远而已。曼声歌哭，一里老幼，或喜或悲，则动荡人之精神，变易人之思虑，此其讴歌之造乎妙者也。

范曰：秦青之抚节，振林木而遏行云；韩娥之曼声，变一里之老幼。诚动于中而感应于外，不得不然，又况夫诚已而发有耶？

伯牙善鼓琴,钟子期善听。伯牙鼓琴,志在登高山。钟子期曰:善哉!峨峨兮若泰山。志在流水。钟子期曰:善哉!洋洋兮若江河。伯牙所念,钟子期必得之。伯牙游于泰山之阴,卒逢暴雨,止于岩下,心悲,乃援琴而鼓之。初为霖雨之操,更造崩山之音。曲每奏,钟子期辄穷其趣。伯牙乃舍琴而叹曰:善哉,善哉,子之听夫!志想象犹吾心也。

言心暗合,与己无异。

吾于可逃声哉?

发音,钟子期已得其心,则无处藏其声也。

卢曰:夫声之所成,因而感之;心之所起,声则随之。所以五根皆通,尽为识心所传。善于听者,謦咳犹知之,况复声成于文,安可不辩耶?

政和:在心为志。凡音之起,由人心生也。感于物而后动,则心之所之可得而审矣。然听止于耳,则知声而不知音;听合于心,则审音以知其意。此子期听所以造乎微也。

范曰:道不可闻,闻而非也。则无声之表,固有听之弗及者。伯牙之所鼓,子期之所听,未离乎形声之间。高山流水,每奏而辄穷其趣,复何声之可逃哉?

冲虚至德真经四解卷之十四

汤　问

周穆王西巡狩,越昆仑,不至弇山。反还,未及中国,道有献工人名偃师。

中道有国,献此工巧之人也。

穆王荐之,荐,当作进。**问曰:若有何能?偃师曰:臣唯命所试。然臣已有所造,愿王先观之。穆王曰:日以俱来,**日谓别日。**吾与若俱观之。**

卢曰:神用之妙,岂唯声哉?色香滋味,咸及其理矣。故此章言刻象之尽微。

越日,偃师谒见王。王荐之,曰:若与偕来者何人邪?对曰:臣之所造能倡者。倡,俳优也。**穆王惊视之,趣步俯仰,信人也。巧夫颔其颐,则歌合律;捧其手,则舞应节。千变万化,惟意所适。王以为实人也,与盛姬内御并观之。**

《穆天子传》云:盛姬,穆王之美人。

技将终,倡者瞬其目而招王之左右侍妾。王大怒,立欲诛偃师。偃师大慑,立剖散倡者以示王,皆傅会革木、胶漆、白黑、丹青之所为。王谛料之,内则肝胆、心肺、脾肾、肠胃,外则筋骨、支节、皮毛、齿发,皆假物也,而无不毕具者。合会复如初见。

如向者之始见王也。

王试废其心,则口不能言;废其肝,则目不能视;废其肾,则足不能步。

此皆以机关相使,去其机关之主,则不能相制御。亦如人之五藏有病,皆外应七孔与四支也。

卢曰:夫内肝胆心肺,所以能外为视听行步神识,运之乃为生物耳。苟无神则不能用其五根矣。今造化之生物,亦何异于偃师之所造耶?若使无神,自同于草木;神苟在也,动用何足奇耶?木人用偃师之神,故宜类彼生物也。神工造极,化何远哉?

穆王始悦而叹曰:人之巧乃可与造化者同功乎?诏贰车载之以归。

近世人有言人灵因机关而生者,何者？造化之功至妙,故万品咸育,运动无方。人艺粗拙,但写载成形,块然而已。至于巧极则几乎造化,似或依此言而生此说,而此书既自不尔。所以明此义者,宜以巧极思之无方,不可以常理限,故每举物极以祛近惑,岂谓物无神主耶？斯失之远矣。

夫班输之云梯,墨翟之飞鸢,自谓能之极也。

班输作云梯,可以凌虚仰攻。墨子作木鸢,飞三日不集。

弟子东门贾、禽滑厘闻偃师之巧以告二子,二子终身不敢语艺,而时执规矩。

时执规矩,言其不敢数之也。

卢曰:夫偃师之精微,神合造物。班输之辈,但巧尽机关,以明至妙之功,不可独循规矩也。

政和:假于异物,托于同体,寓百骸,象耳目,视听言貌,趣步俯仰,若性之自为而不知为之者,则其巧妙,其功深,独成其天,有人之形,岂特几乎以其真哉？偃师之造,信乎与造化同功者矣。虽然,生者,假借也。道与之貌,天与之形,亦奚以异于此？

范曰:昆仑者,安静之丘。弇山者,日入之所。越昆仑而不至弇山,则虽欲戾动而之静,未能去明而即幽,故反还而已。偃师之倡,功同造化。领其颐,则歌合律,若天籁之自鸣;棒其手,则舞应节,若天机之自动。千变万化,惟意所适。穆王惊而视之,信以为实人也。曾不知其傅会革木胶漆白黑丹青之所为而已。彼进乎技者然耳,又况体道之人通乎物之所造者,宜如何哉？

甘蝇,古之善射者,彀弓而兽伏鸟下。

箭无虚发,而鸟兽不敢逸。《战国策》云:更嬴虚发而鸟下也。

弟子名飞卫,学射于甘蝇,而巧遇其师。纪昌者,又学射于飞卫。飞卫曰:尔先学不瞬,而后可言射矣。纪昌归,偃卧妻之机下,以目承牵挺。牵挺,机蹑。二年之后,虽锥末倒眦,而不瞬也。以告飞卫,飞卫曰:未也,

卢曰:夫虚弓下鸟者,艺之妙也。巧过其师者,通于神也。妙在所习,神在精微也。先学不瞬,精之至也。以目承蹑而不动者,神定之矣。定而未能用,故曰犹未也。

必学视而后可。

卢曰:此用不瞬以为视也。

视小如大,视微如著,而后告我。

卢曰:视审也,则见小如大矣。

昌以氂悬虱于牖,南面而望之。旬日之间,浸大也。三年之后,如车轮焉。以睹余物,皆丘山也。

视虱如轮,则余物称此而大焉。

乃以燕角之弧、朔蓬之簳射之,贯虱之心,而悬不绝,

以强弓劲矢贯虱之心,言其用手之妙也。

以告飞卫。飞卫高蹈拊膺曰:汝得之矣。

卢曰:视小如大,贯之不足为难。

纪昌既尽卫之术,计天下之敌己者,一人而已,乃谋杀飞卫。

卢曰:欲摧其能拟,过其师法耳。欲灭飞卫之名,非谓断其命也矣。

相遇于野,二人交射,中路矢锋相触,而坠于地,而尘不扬。飞卫之矢先穷。穷,尽者也。**纪昌遗一矢,既发,飞卫以棘刺之端扞之,而无差焉。**

卢曰:二矢同道,相及而势尽,故坠地而尘不飞者,微之甚也。

以棘刺抃之不差,审之至也。

于是二子泣而投弓,相拜于涂,请为父子,克臂以誓,不得告术于人。

秘其道也。此一章义例已详于仲尼篇也。

卢曰:此所谓神交而意得也,非矢之艺,故投弓而誓焉,神契方传矣,故不得以术告之也。

政和:内有所定,然后在外者能有所应。微有所审,然后于其著者能无所遗。伯昏瞀人谓列子曰:汝怵然有恂目之志于中也,殆矣夫。盖谓其内不能有所定也。纪昌先学不瞬,而以目承牵挺者,以此。《庄子》曰:自大视细者不明。盖谓其微不能有所审也。昌以氂毛垂虱,而望之浸大者,以此。盖不通乎此而善射者,寡矣。

范曰:夫射于百步之外,其至尔之力也,其中非尔力也。故教人射者必志于彀,而学之者亦必志于彀。岂非力分之内可学,而能力分之外不可勉而至故耶?飞卫学射于甘蝇,而术过其师,固有得于自然之天性者。夫人之身居于内则心为之主,接于物则目为之先,故神舍于心而其机常寓于目。纪昌学射于飞卫,必告之先学不瞬者,盖欲其神全于内,然后忤物而不悟故也。然不瞬而已,犹非其至。古之养勇,亦有所谓不目逃者。若夫视小如大,视微如著,栖睫之虫,见若嵩山,则又庶夫徐以神视者矣。故能彀燕狐贯悬虱,而不射之射得之在我焉。迨其久,既尽穿杨之巧,乃弯射羿之弓,抑何虚矫忮气而以争术尚胜为心耶?故始而相遇于野,则交射而矢锋相触,已而相拜于涂,则投弓而克臂以誓。夫学射之贱,犹且不得告术于人,又况夫体道在己而进于不传之妙者耶?

造父之师曰泰豆氏。

泰豆氏,见诸杂书记。

造父之始从习御也,执礼甚卑,泰豆三年不告。造父执礼愈谨,乃告之曰:古诗言:良弓之子,必先为箕;良冶之子,必先为裘。

箕裘者,皆须柔屈补接,而后成器。为弓冶者,调筋角,和金铁亦然。故学者必先攻其所易,然后能成其所难,所以为谕也。

虑曰:箕者,所以造弓之具也。裘者,所以扇冶之具也。老子以为橐籥,今之鞴袋也。彼以约弓之床,此以扇火之鞴,非弓冶,而弓冶必资之也。

汝先观吾趣。 趣,行也。**趣如吾,然后六辔可持,六马可御。造父曰:唯命所从。泰豆乃立木为涂,仅可容足,** 既得安脚。**计步而置,** 疏概如其步数。

履之而行。趣走往还,无跌失也。造父学之,三日尽其巧。泰豆叹曰:子何其敏也?得之捷乎!

敏,疾也。捷速也。

凡所御者,亦如此也。

卢曰:立木如足,布之如步。《庄子》云:侧足之外皆去其土,则不能履之者,必不定也。若御马者亦如使其足,则妙矣。

曩汝之行,得之于足,应之于心。推于御也,齐辑乎辔衔之际,急缓乎唇吻之和,正度乎胸臆之中,而执节乎掌握之间。内得于中心,而外合于马志,是故能进退履绳而旋曲中规矩,取道致远而气力有余,诚得其术也。得之于衔,应之于辔;得之于辔,应之于手;得之于手,应之于心。则不以目视,不以策驱,心闲体正,六辔不乱,而二十四蹄所投无差,回旋进退,莫不中节。

与和鸾之声相应也。

然后舆轮之外可使无余辙,马蹄之外可使无余地,未尝觉山谷

之险，原隰之夷，视之一也。吾术穷矣，汝其识之。

夫行己之所践，容足而已。足外无余，而人不敢践者，此心不夷，体不闲故也。心夷体闲，即进止有常数，迟疾有常度。苟尽其妙，非但施之于身，乃可行之于物。虽六辔之烦，马足之众，调之有道，不患其乱。故轮外不恃无用之辙，蹄外不赖无用之地，可不谓然也。

卢曰：庄生解牛云：其骨也有间，其刀刃也无厚，无厚入有间，恢恢然有余地也。言其理则多暇也。不视足外之地则其志专，志专则运足如其心矣。若移之于辔衔，易之于驵骏，当辙应足，何所倾危？世人皆求其末而不知其本，识真之士必求其本然后用之。故射御之末艺，犹须合道焉。

政和：中无主而不止，外无正而不行，此性习相成之道也。故致道者必始之以习，及其得道也，乃能成之于性。良弓之子必学为箕，良冶之子必先为裘，所以喻习也。立木为涂，仅可容足，计步而置，履之而行，所以使之习也。盖立木为涂，仅可容足，推之于御，故舆轮之外可使无余辙，马蹄之外可使无余地。计步而置，履之而行，推之于御，故山谷之险，原隰之夷，可使视之如一，齐辑乎辔衔之际，而急缓乎唇吻之和，所谓外合于马志者也。正度乎胸臆之中，而执节乎掌握之间，所谓内得于中心者也。进退履绳而旋曲中规矩，言其服御如此。取道致远而气力有余，言其顺适如此。辔系衔者也，故得之于手，应之于辔；手执辔者也，故得之于辔，应之于手；心运手者也，故得之于手，应之于心。至于不以目视，不以策驱，而回旋进退莫不中节，则若性之自然而不知为之者，此之谓善御。

范曰：纪昌学射于飞卫，飞卫不教之以射而教之以先学不瞬；

造父学御于泰豆氏，泰豆氏不教之以御而教之以先观吾趣。盖引而不发，开而弗达，使之深造乎自得之妙而已。射御末技，犹且然尔，矧夫道可传而不可受？则示于此者正容而悟，观于彼者目击而存，所谓自得，其得宜如何哉？观泰豆之御，方其始也，齐辑乎辔衔之际，急缓乎唇吻之和，正度乎胸臆之中，而执节乎掌握之间，内得于中心，外合于马志，故能进退履绳而旋曲中规矩，取道致远而气力有余。则由于法度之中，未尝敢越，有如此者。迨其久也，得之于衔，应之于辔；得之于辔，应之于手；得之于手，应之于心。不以目视，不以策驱，心闲体正，六辔不乱，二十四蹄所投无差，回旋进退莫不中节，则超乎法度之外，不勉而中，有如此者。若夫要其终而言之，则舆轮之外无余辙，马蹄之外无余地，未尝觉山谷之崄，原隰之夷，视之一也。则又无适而非行，无行而非道，举平与陂，道通为一，奚往而不暇哉？道乎进其至此，进乎技矣。

魏黑卵以暱嫌杀丘邴章。暱嫌，私恨。

卢曰：夫以私嫌而杀伤，嗜欲而夭物者，皆世俗之常情，非有道之士也。

丘邴章之子来丹谋报父之雠。丹气甚猛，形甚露，计粒而食，顺风而趋。虽怒，不能称兵以报之。

有胆气体羸虚，不能举兵器也。

耻假力于人，誓手剑以屠黑卵。黑卵悍志绝众，力抗百夫。筋骨皮肉，非人类也。延颈承刃，披胸受矢，铓锷摧屈，而体无痕挞。负其材力，视来丹犹雏鷇也。来丹之友申他曰：子怨黑卵至矣，黑卵之易子过矣，将奚谋焉？来丹垂涕曰：愿子为我谋。申他曰：吾闻卫孔周其祖得殷帝之宝剑，一童子服之，却三军之众，奚不请焉？

卢曰：天地至精之物，但以威制于三军。若以断割为功，非至精者也。

来丹遂适卫，见孔周，执仆御之礼，请先纳妻子，后言所欲。孔周曰：吾有三剑，唯子所择，皆不能杀人，且先言其状。一曰含光，视之不可见，运之不知有。其所触也，泯然无际，经物而物不觉。二曰承影，将旦昧爽之交，日夕昏明之际，此面而察之，淡淡焉若有物存，莫识其状。其所触也，窃窃然有声，经物而物不疾也。三曰宵练，方昼则见影而不见光，

与日月同色也。

方夜见光而不见形。言其照夜。其触物也，骞然而过，骞，伏堕切。随过随合，觉疾而不血刃焉。此三宝者，传之十三世矣，而无施于事，不能害物。匣而藏之，未尝启封。来丹曰：虽然，吾必请其下者。孔周乃归其妻子，与斋七日。晏阴之间，晏晚暮也。跪而授其下剑，来丹再拜受之以归。

以其可执可见，故授其下者。

卢曰：器珍者，则害物深。至道至精，无所伤物。

来丹遂执剑从黑卵。时黑卵之醉偃于牖下，自颈腰三斩之。黑卵不觉，来丹以黑卵之死，趣而退。遇黑卵之子于门，击之三下，如投虚。黑卵之子方笑曰：汝何蚩而三招予？来丹知剑之不能杀人也，叹而归。黑卵既醒，怒其妻曰：醉而露我，使我嗌疾而腰急。其子曰：畴昔来丹之来，遇我于门，三招我，使我体疾而支强。彼其厌我哉！

卢曰：夫道至之人，无伤于万物，万物之害亦所不能伤焉。故毒虫不螫，猛兽不攫，故物之至精者亦无伤。《老子》曰：其神不伤，人是以圣。人贵夫知者，何以其不伤于万物者也？

政和：含光者袭明而不耀，承影者处阴而不移。宵练晦之时，练有形之质，含光则无有也。故视之不见，运之不有，经物而不觉，承影则若有若无。故虽莫识其状而且或闻其声，宵练则既有矣。为其有形之质也，故昼见影焉。为其处晦之时也，故夜见光焉。道以无为上，若有若无次之，而囿于有者为下，故三剑含光为上，承影次之，宵练为下。来丹之所受者，其宵练与？然是三者不以斩决为胜，亦皆剑之神者矣。天下有常胜之道，直之无前，运之无旁，而天下服，岂在于击斗为哉？故庄子以斩领决肺为庶人之剑也。惜乎来丹不通乎此。知剑之不能杀人而后叹，何以为常胜之道乎？

范曰：黑卵则道之复乎至幽者，邢章则道之显于至明者，来丹则又至阳之色也。故以父之雠而谋报黑卵，请剑于卫孔周焉。夫有干越之剑者，匣而藏之，不敢用也，宝之至也。道之利用若是，故直之无前，举之无上，按之无下，运之无旁，决浮云，绝地纪，恢恢然其于游刃有余地矣。来丹受剑于孔周，徒用之以复雠而已，故因黑卵之醉，自颈至腰三斩之，则与夫上斩颈领，下决肝肺者无以异矣，岂知所以用之道哉？

周穆王大征西戎，西戎献锟铻之剑，火浣之布。其剑长尺有咫，练纲亦刃，用之切玉如切泥焉。火浣之布，浣之必投于火，布则火色，垢则布色，出火而振之，皓然疑乎雪。此《周书》所云。**皇子以为无此物，传之者妄。萧叔曰：皇子果于自信，果于诬理哉！**

此一章断后，而说切玉剑火浣布者，明上之所载，皆事实之言，因此二物无虚妄者。

卢曰：夫金之不能切玉者，非器之利也；布之不能瀚于火火不烧者，物之异也。天地之内，万物之多，有可以理求者，亦有非理所及者。然则玉虽坚有可刻之理,剑虽铁有必断之锋也。以必断之锋当可刻之物,不入者自非至利耳,非无可切之理焉,况已有之,何所疑也。又动植之类,其性不同,有因水火而生者,有因水火而杀者,故火山之鼠得火而生,风生之兽得风而活。人约空立,鱼约水存。然则火浣之缊,非纥非麻,布名与中国等,火与鼠毛同,此复何足为怪也?果于自信,不达矣夫!

政和:世之人以耳目所接者为有,而以其所不及者为无。然八荒之外,不可穷诘,安可以耳目所不及者遂以为无哉?

范曰:切玉之刀,火浣之布,理固有之,而拘耳目之用者必以为无是物焉,又乌能知极尽之际哉?是篇必终之以此,以明前之所载皆即当至理,非徒侈空言以骇世故也。

冲虚至德真经四解卷之十五

力 命

张曰:命者,必然之期,素定之分也。虽此事未验,而此理已然。若以寿夭存于御养,穷达系于知力,此感于天理也。

卢曰:命者,必定之分,非力不成。力者,进取之力,非命不就。有其命者,必资其力,有其力者,或副其命。亦有力之不能致者,无命也;恃命而不力求者,候时也。信命不信力者,失之远矣;信力不信命者,亦非当也。

政和:力有智愚,命有穷达,得丧之差,莫相为对。不贰其心,所以立命。

范曰:古人有常言曰:莫知致而至者,命也。又曰:不知吾所以然而然者,命也。夫命之在天,未形有分,且然无间,固岂力之所能制哉？唯知其无可奈何而安之，非有德者不能与此。

力谓命曰：若之功奚若我哉？命曰：汝奚功于物而欲比朕？力曰：寿夭、穷达、贵贱、贫富，我力之所能也。命曰：彭祖之智，不出尧舜之上，而寿八百；颜渊之才，不出众人之下，而寿四八；仲尼之德，不出诸侯之下，而困于陈、蔡；殷纣之行，不出三仁之上，而居君位。季札无爵于吴，田恒专有齐国；夷、齐饿于首阳，季氏富于展禽。若是汝力之所能，奈何寿彼而夭此，穷圣而达逆，贱贤而贵愚，贫善而富恶邪？力曰：若如若言，我固无功于物，而物若此邪，此则若之所制邪？命曰：既谓之命，奈何有制之者邪？朕直而推之，曲而任之。自寿自夭，自穷自达，自贵自贱，自富自贫，

不知所以然而然者，命也，岂可以制也？

朕岂能识之哉？朕岂能识之哉！

此篇明万物皆有命，则智力无施。《杨朱篇》言人皆肆情，则制不由命。义例不一，似相违反。然治乱推移，爱恶相攻，情伪万端，故要时竞，其弊孰知所以？是以圣人两存而不辩。将以大扶名教，而致弊之由不可都塞。或有恃诈力以干时命者，则楚子问鼎于周，无知乱适于齐。或有矫天真以殉名者，则夷齐守饿西山，仲由被醢于卫。故列子叩其二端，使万物自求其中。苟得其中，则智动者不以权力乱其素分，秾名者不以矫抑亏其形生。发言之旨，其在于斯。鸣呼，览者可不察哉！

卢曰：命者，天也。力者，人也。命能成之，力能运之，故曰运命也。《庄子》曰：知不可奈何，安之若命。是力不能运也。孔子曰：五十而知天命。不知命无以为君子也。然历国应聘而思执鞭之士，是不忘力也。

政和：命在天，力在人，力若可致也。然在天者有非人所能胜，

则君子不谓力,命在所听也。然在人者有非天所能违,则君子不谓命。寿夭、穷达、贵贱、贫富,万物之所受,盖有制之者矣。为其不敢迕也,故直而推之。为其不可遏也,故曲而任之。既非力之所能使,亦非命之所能违,自然而已。孰弊弊然以多识为事?故曰:朕岂能识之哉?

范曰:时无止也,故年有大小,彭祖、颜渊,寿夭之所不同也。分无常也,故势有得失。仲尼、殷纣,穷达之所以不同也。季札无爵于吴,田恒专有齐国,其贵贱固异矣。自道观之,有所谓等贵贱者。夷、齐饿于首阳,季氏富于展禽,其贫富固异矣。自道观之,有所谓同贫富者。自然之分,殆不可得而致知,故直而推之,俾其各正而无私;曲而任之,俾其委顺而无迕。寿夭、穷达、贵贱、贫富咸其自取,使之者其谁耶?惟达命之情者不务,知之所无奈何,故死生亦大矣。不得与之变,而况得丧祸福之所介,夫孰足以患心已?

北宫子谓西门子曰:朕与子并世也,而人子达;并族也,而人子敬;并貌也,而人子爱;并言也,而人子庸;并行也,而人子诚;并仕也,而人子贵;并农也,而人子富;并商也,而人子利。朕衣则裋褐,食则粢粝,居则蓬室,出则徒行。子衣则文锦,食则粱肉,居则连欐,出则结驷。在家熙然有弃朕之心,在朝谭然有傲朕之色。请谒不相及,遨游不同行,固有年矣。子自以德过朕邪?西门子曰:予无以知其实。汝造事而穷,予造事而达,此厚薄之验欤?

谓德有厚薄也。

卢曰:吾所造皆达,汝所造皆穷,德之厚薄可见矣。

而皆谓与予并,汝之颜厚矣。北宫子无以应,自失而归。中涂遇东郭先生。先生曰:汝奚往而反,偊偊而步,有深愧之色邪?北

宫子言其状。东郭先生曰：吾将舍汝之愧，与汝更之西门氏而问之。曰：汝奚辱北宫子之深乎？固且言之。西门子曰：北宫子言世族、年貌、言行与予并，而贱贵、贫富与予异。子语之曰：予无以知其实。汝造事而穷，予造事而达，此将厚薄之验欤？而皆谓与予并，汝之颜厚矣。东郭先生曰：汝之言厚薄，不过言才德之差，吾之言厚薄，异于是矣。夫北宫子厚于德，薄于命；汝厚于命，薄于德。汝之达，非智得也；北宫子之穷，非愚失也。皆天也，非人也。

此自然而然，非由人事巧拙也。

而汝以命厚自矜，北宫子以德厚自愧，皆不识夫固然之理。西门子曰：先生止矣。予不敢复言。闻理而服。

卢曰：西门子求之而遂，命也。北宫子求之不遂，亦命也。不知命则有自矜之色，自知命则无忧愧之心。得与不得，非智愚，非才德也。西门子不敢复言者，知命之遂，不敢恃德也。

北宫子既归，衣其袒褐，有狐貉之温；进其茙菽，有稻粱之味；庇其蓬室，若广厦之荫；乘其荜辂，若文轩之饰。终身逌然，不知荣辱之在彼也，在我也。

一连于理，则外物多少不足以概意也。

卢曰：知命则不忧不愧，亦不知德之厚薄也。

东郭先生闻之曰：北宫子之寐久矣，一言而能寤，易怛也哉！

卢曰：寐者，言未觉也。及其寤也，乃怛之常耳。

政和：世族、言行、年貌相若，而贵贱、贫富、穷达相异，北宫子非愚失也，西门子非智得也。失者以德厚自愧，得者以命厚自矜，皆在物一曲，不通乎道，非东郭其孰觉之？予不敢复言，特知其非是而已。悟则其意也，消于道也，其庶几乎？

范曰：命在天，德在己。古之君子修其在己者，俟其在天者，虽造事而达,吾不以命厚而有所矜;虽造事而穷,吾不以德厚而有所愧。安时处顺,哀乐不能入也。北宫子衣则裋褐,食则粢粝,居则蓬室,出则徒行,可谓穷矣,彼不知其厚于德也,乃以是而自愧。西门子衣则文锦,食则粱肉,居则连欐,出则结驷,可谓达矣,彼不知其薄于德也,乃以是而自矜。谁识夫固然之理哉?东郭先生辞而辟之,然后闻言而悟者无深愧之色,闻理而服者去躬矜之行。施于身者不愿人之文绣也,衣其裋褐有狐貉之温,岂固以恶衣为耻哉?饱于内者不愿人之膏粱也,进其茇菽有稻粱之味,岂固以恶食为耻哉?堂高数仞,我得志弗为也,虽庇其蓬室若广厦之荫矣,从车千乘,我得志弗为也,虽乘其犖辂若文轩之饰矣。终身逌然不知荣辱之在彼也,在我也。则又游券之内,行乎无名。其视物之俶来适去,犹观雀蚊蚋虻之相过乎前耳。讵足以易吾之素履邪?非知命不能进此。

管夷吾、鲍叔牙二人相友甚戚,同处于齐。管夷吾事公子纠,鲍叔牙事公子小白。齐公族多宠,嫡庶并行。

齐僖公母弟夷仲年生公孙无知,僖公爱之,令礼秩同于太子也。

国人惧乱。管仲与召忽奉公子纠奔鲁,

纠,襄公之次弟子。

鲍叔奉公子小白奔莒。

小白,纠之次弟。

既而公孙无知作乱,

襄公立,绌无知秩服,遂杀襄公而自立。国人寻杀之。

齐无君,二公子争入。管夷吾与小白战于莒,道射中小白带钩。小白既立,

小白即桓公也。

胁鲁杀子纠,召忽死之,管夷吾被囚。

齐告鲁曰:子纠兄弟,弗忍加诛,请杀之。召忽、管仲雠也,请得而甘心醢之。不然,将灭鲁。鲁患之,遂杀子纠。召忽自杀,管仲请囚也。

鲍叔牙谓桓公曰:管夷吾能,可以治国。桓公曰:我雠也,愿杀之。鲍叔牙曰:吾闻贤君无私怨,且人能为其主,亦必能为人君。如欲霸王,非夷吾其弗可。君必舍之。遂召管仲。鲁归之齐,鲍叔牙郊迎,释其囚。桓公礼之,

鲍叔亲迎管仲于堂阜,而脱其桎梏,于齐郊而见桓公也。

而位于高、国之上,鲍叔牙以身下之,

高、国,齐之世族。

任以国政,号曰仲父。桓公遂霸。管仲尝叹曰:吾少穷困时,尝与鲍叔贾,分财多自与,鲍叔不以我为贪,知我贫也。吾尝为鲍叔谋事而大穷困,鲍叔不以我为愚,知时有利不利也。吾尝三仕,三见逐于君,鲍叔不以我为不肖,知我不遭时也。吾尝三战三北,鲍叔不以我为怯,知我有老母也。公子纠败,召忽死之,吾幽囚受辱,鲍叔不以我为无耻,知我不羞小节而耻名不显于天下也。生我者父母,知我者鲍叔也。此世称管鲍善交者,小白善用能者。然实无善交,实无用能也。实无善交实无用能者,非更有善交,更有善用能也。

此明理无善交用能,非但管鲍桓公而已。

卢曰:言其命之所应用,则因交而获申,非是更别有善交用能也。然则恃才获用者,命也。因交而达者,力也。非唯天时,抑有人谋。人力而遂者,皆归于命。命之来也,鲍叔不得不尽力,桓公不得不用之,皆命矣夫!

召忽非能死,不得不死;鲍叔非能举贤,不得不举;小白非能用雠,不得不用。

此皆冥中自相驱使,非人力所制也。

卢曰:皆命成于力,力成于命,非有私焉。

范曰:管仲之于齐,其视鲍叔则友也,其视桓公则君也。分财自与而不以为贪,谋事穷困不以为愚,仕而三遂不以之为不肖,战而三北不以之为怯,幽囚受辱不以为无耻,则鲍叔之于夷吾,固得夫善交之道矣。始有莒道之战,而射中带钩;终有堂阜之迎,而释其桎梏。位居高、国之上,号称仲父之尊;九合诸侯,一匡天下,则桓公之于夷吾,固得夫用能之道矣。管鲍善交而实无善交者,桓公善用能而实无善用能者,舍是而求,岂更有善交,更有善用能者哉?是则莫之为而常自然,殆有不可得而致知者。

及管夷吾有病,小白问之,曰:仲父之病病矣,可不讳云。

言病之甚,不可复讳而不言也。

卢曰:将死,不可讳言。

至于大病,则寡人恶乎属国而可?夷吾曰:公谁欲欤?小白曰:鲍叔牙可。曰:不可。其为人也,洁廉善士也,清己而已。**其于不己若者不比之人,**

欲以己善齐物也。

一闻人之过,终身不忘。不能弃瑕录善。**使之理国,上且钩乎君,下且逆乎民。**

必引君令,其道不弘。道苟不弘,则逆民而不能纳矣。

其得罪于君也,将弗久矣。小白曰:然则孰可?对曰:勿已,则隰朋可。非君然而可也。**其为人也,上忘而下不叛,**

居高而自忘,则不忧下之离散。

愧其不若黄帝，而哀不己若者。

惭其道之不及圣，矜其民之不逮己，故能无弃人也。

卢曰：自忘其高，自愧无德，则进善之志深矣。不如己者，哀而怜之，则下人不离叛矣。

以德分人谓之圣人，

化之使合道，而不宰割也。

以财分人谓之贤人。

既以与人，己愈有也。

以贤临人，未有得人者也；

求备于人，则物所不与也。

以贤下人者，未有不得人者也。

与物升降者，物必归。

其于国有不闻也，其于家有不见也。

道行则不烦闻见，故曰：不瞽不聋，不能成功。

勿已，则隰朋可。

郭象曰：若有闻见，则事钟于己，而群下无所措其手足，故遗之可也。未能尽其道，故仅之可也。

卢曰：不责物之常情，是不闻于国也；不求人之小过，是不见于家也。

然则管夷吾非薄鲍叔也，不得不薄；非厚隰朋也，不得不厚。厚之于始，或薄之于终；薄之于终，或厚之于始。厚薄之去来，弗由我也。

皆天理也。

卢曰：夷吾之情，非有厚薄，此公荐也。荐之则为厚，不荐则为薄，此皆力也。桓公既不用鲍叔，鲍叔之命也；用隰朋，隰朋之命也。使鲍叔无命，而夷吾不施力焉；而隰朋无命，夷吾虽施力亦无益也。

政和：谓之有者以别于所无，而谓之无者盖以名其莫之有也。世称管鲍善交而曰实无善交，盖言其善与人交不可跂及。其为交也，莫之或有矣。故曰：实无善交者。而又继之曰：非更有善交也。称小白善用能者而曰实无善用能，盖言其善用能不可跂及。其善用能也，莫之或有矣。故曰：实无善用能。而又继之曰：非更有善用能也。天下之事，时势适然者，不得不然。召忽之死，子纠之势不得不死也；小白之用，夷吾时不得不用也。鲍叔举夷吾于小白，至夷吾属齐国之事，则违鲍叔而荐隰朋，是皆视时与势，非私我与彼者。当其时，顺其势，厚薄终始，吾何容心焉耳？鲍叔之与人，则和而同，故于交友之际则能全之；鲍叔之行己，则清而失之隘，故于理国之事则不足以有任。管仲厚之于始而薄之于终，亦何有于我哉？曰贤君无私怨者，明人君以天下为公；曰不羞小节而耻不显于天下者，明人臣当自重。以天下之任以德分人者，善贷且成，故谓之圣人，然圣人之实不尽于此。以财分人者，利下之事，故谓之贤人，然贤人之实不尽于此。

范曰：老氏曰：容乃公，公乃王。公也，王也，名生于实。惟公则可以为公，惟王则可以为王。若鲍叔之为人，不己若者有所不比，一闻人之过，终身不忘，岂所谓能容者哉？若隰朋之为人，上忘而下不叛，愧不若黄帝，而哀不己若者。其于国有不闻，其于家有不见，则得夫容，乃公之道矣。管仲之对桓公，以鲍叔为不可以属国，非固薄之也，不得不薄；以隰朋为可以属国，非固厚之也，不得不厚。薄厚之去来，讵可容心于其间哉？一本乎自然而已。

邓析操两可之说，设无穷之辞，当子产执政，作《竹刑》。竹刑，简法。**郑国用之，数难子产之治。子产屈之。子产执而戮之，俄而诛之。**

此传云子产诛邓析，《左传》云驷颛杀邓析，而用其《竹刑》。子产卒后二十年，而邓析死也。

然则子产非能用《竹刑》，不得不用；邓析非能屈子产，不得不屈；子产非能诛邓析，不得不诛也。

此章义例与上章同也。

卢曰：作法者，力也；受戮者，命也。用其法者，亦力也。诛其身者，亦命也。力其事者，才也。才不遇者，亦命也。

政和：不得不用《竹刑》者，时也。不得不诛邓析者，势也。

范曰：谨按《左氏春秋》：昭公二十年，子产卒。定公九年，驷颛杀邓析而用其《竹刑》。此则言子产杀邓析者，是直寓言以明理而已。

可以生而生，

或积德履仁，或遇时而通，得当年之欢，骋于一己之志，似由报应，若出智力也。

天福也；

自然生耳，自然泰耳，未必由仁德与智力。然交复信顺之行，得骋一己之志，终年而无忧虞，非天福如之何也？

可以死而死，

或积恶行暴，或饥寒穷困，故不顾刑戮，不赖生存，而威之以死，似由身招，若应事而至者也。

天福也。

自然死耳，自然穷耳，未必由凶虐与愚弱。然肆凶虐之心，居不赖生之地,而威之以死,是之死得死者,故亦曰天福者也。

卢曰:居可生之时而得其生者为天福也,居可死之时而得其死者亦天福也。如夷吾求生于齐桓之时,而得遂其生者,信为天福也;如锄麑之触槐以取丧,不辱君命不伤贤才,得遂其死,垂名不朽,亦天福也。

可以生而不生,

居荣泰之地,愿获长年而早终。

天罚也;

愿生而不得生者,故曰天罚。

可以死而不死,

居困辱之地,而不愿久生而更不死也。

天罚也。

轻死而不死,复是天罚。

卢曰:居荣泰之地,处崇高之位,是可以生而不得生,如董贤之类是也;居困辱之地,处屯苦之中,是可以死而不得死,如人彘之类是也。求之不遂,皆为天罚也。

可以生,可以死,得生得死,有矣;

此之生而得生,此之死而得死。

不可以生,不可以死,或死或生,有矣。

此义之生而更死,之死而更生者也。此二者可上义已该之而重出,疑书误。

然而生生死死,非物非我,皆命也,智之所无奈何。

生死之理,既不可测,则死不由物,生不在我,岂智之所如?

卢曰:不由于物,亦不由我,知不能运,力不能成,然后可以任命矣。

政和：以顺而至者谓之福，以逆而降者谓之罚。可以生而生，可以死而死，皆顺其常然，故谓之天福。言天之所福，应顺而至也。可以生而不生，可以死而不死，皆逆其固然，故谓之天罚。言天之所罚，缘类而降也。然或可以生而死，或可以死而生，若是者，命之行也，孰知其故哉？故虽智者大迷，而唯达者知通焉。

范曰：生也死之徒，死也生之始，孰知其纪？惟原始反终而知死生之说者达命之情，不务智之所无奈何。

故曰：窈然无际，天道自会；漠然无分，天道自运。

无际无分者，是自然之极，自会自运者，岂有役之哉？

天地不能犯，

天地虽大，不能违自然也。

圣智不能干，

圣神虽妙，不能逆时运也。

鬼魅不能欺。

鬼魅虽妖，不能诈真正也。

自然者默之成之，

默，无也。

平之宁之，

平宁无所施为。

将之迎之。

功无遗丧，似若将迎。

卢曰：若合道成命，天地不能违，圣智不能干，运用合理，应变如神，鬼魅所不能欺，何况于人事乎？

政和：窈者，言深而难见。漠者，言荡而难名。妙体无体，故窈然无际，而其道以自然而会；妙用无用，故漠然无分，而其道以自然而运。若是则生死之变，孰知其故哉？天地不能犯者，言天地虽大，而自然之理所不能违也。圣智不能干者，言圣智虽妙，而自然之理所不能逆也。鬼魅不能欺者，言鬼魅虽幽，而自然之理所不能罔也。盖自然者默而成之，有乎不言。其无为也，寂然不动，故平之宁之，则处静息迹而不累于有；其有为也，感而遂通天下之故，故将之迎之，则应物不藏而不蔽于无。

范曰：窈者，幽之极，漠者，定之至，言天道窈然至幽，而物莫能窥，故曰自会而已。无有际限，天道漠然至定，而物莫能挠，故曰自运而已。无有分别，天地虽大，有所不能犯；圣智虽妙，有所不能干；鬼魅虽妖，有所不能欺。生生死死，咸有自然。默之者不假乎辩说也，成之者无事于赘亏也。平之而已，则无欠无余；宁之而已，则勿撄勿扰。有以将之，斯能处适去之顺；有以迎之，斯能安适来之时。知其不可奈何，而安之若是。非至命者畴克尔。

冲虚至德真经四解卷之十六

力　命

杨朱之友曰季梁，季梁得疾，七日大渐。渐，剧也。**其子环而泣之，请医。季梁谓杨朱曰：吾子不肖，如此之甚，汝奚不为我歌以晓之？杨朱歌曰：天其弗识，人胡能觉？匪佑自天，弗孽由人。我乎汝乎，其弗知乎？医乎巫乎，其知之乎？**

言唯我与汝识死生有命耳，非医巫所知也。

其子弗晓，终谒三医，

不解杨朱歌旨，谓与己同也。

卢曰：其子谒医，夫天命不能识乎？人亦何能觉之耶？天不别加福,人亦不为过。而遇病者,此其命也。夫我与汝尚不能知,医与巫何能知乎?又将歌意,我与尔能此疾,我不能疾,巫能之也。

一曰矫氏,二曰俞氏,三曰卢氏,诊其所疾。矫氏谓季梁曰:汝寒温不接,虚实失度,病由饥饱色欲,精虑烦散,非天非鬼。虽渐,可攻也。季梁曰:众医也。亟屏之。俞氏曰:汝始则胎气不足,乳湩有余。病非一朝一夕之故,其所由来渐矣,弗可已也。季梁曰:良医也。且食之。

卢曰:矫氏所说之病,皆人事之失,关乎力者也。俞氏所说之病,与形俱生,受气不足,不可差也。

卢氏曰:汝疾不由天,亦不由人,亦不由鬼,禀生受形,既有制之者矣,亦有知之者矣。

夫死生之分,修短之期,咸定于无为,天理之所制矣。但愚昧者之所惑,玄达者之所悟也。

药石其如汝何?季梁曰:神医也。重贶遣之。俄而季梁之疾自瘳。

卢曰:卢氏所说之病,乃由乎神。神之所造,有功有过。神者,报神之器也,神以制之矣。未受于形,神以知之矣。神既不足,形乃随之。长短美丑,质形已定矣,药石岂能愈之?季梁以为神医,修神养德而病自愈。

范曰:动与过,疾所生也。医能已此有疾而待治者,不如吾闻而药之可也。然无妄之疾勿药,有喜虽病者能言其病,庶几其有瘳,然则非药石之所能攻者。季梁得疾,七日大渐。其子环而泣之,则常人之所昏迷而顾惜之也。季梁谓杨朱曰:吾子不肖,如此之甚,汝奚不为我歌以晓之?则欲其推死生之理以警悟之也。奈何朴鄙之心终焉而弗去,故于是为之谒三医焉。矫氏则逆性命之理而有所攻,故曰众医;俞氏则顺性命之情而无所治,故曰良医。若夫卢氏则原始反终,知其默有制之者,而汤剂砭石无所复加,非进乎技而与乎神,孰能至此?故季梁以是为神医也。古之人有疾入灵府,病在膏肓者,而神医皆以为不可治而信之,殆亦卢氏之类欤!

生非贵之所能存,身非爱之所能厚;生亦非贱之所能夭,身亦非轻之所能薄。故贵之或不生,贱之或不死;爱之或不厚,轻之或不薄。此似反也,非反也,此自生自死,自厚自薄。或贵之而生,或贱之而死;或爱之而厚,或轻之而薄。比似顺也,非顺也,此亦自生自死,自厚自薄。

范曰:生非汝有,是天地之委和也。身非汝有,是天地之委形也。或生或死,或厚或薄,岂人之所能违哉?咸其自然耳。

鬻熊语文王曰:

鬻熊,文王师也。

自长非所增,自短非所损。算之所亡若何?

算犹智也。

卢曰:若知形报,为则无以其私情。私情者,有贵有爱有贱有薄者也。形骸不由情之所厚薄,则得之以顺,违之似反,其实非反非顺也,亦犹长短好丑,岂由情爱所迁耶?智算所无可奈何也。

范曰:鹤胫虽长,断之则忧,非固增之也;凫胫虽短,续之则悲,非固损之也。长短相形,有数存焉于其间,虽巧历不能计,而况其凡乎?是以大椿、朝菌久近不齐,彭祖、殇子寿夭不等。冥冥之中,咸有定分,讵可以差数睹哉?

老聃语关尹曰:天之所恶,孰知其故?

王弼曰:孰,谁也。言谁能知天之意耶?其唯圣人也。

言迎天意,揣利害,不如其已。

夫顺天理而无心者,则鬼神不能犯,人事不能干。若迎天意,料倚伏,处顺以去逆,就利而违害,此方与逆害为巨对,用智之精巧者耳,未能使吉凶不生,祸福兼尽也。

卢曰:夫不知道者,宁知天之所爱恶乎?若预迎天意,揣度利害以徇私情,不知顺理而任命也。此章言力不能违命,命不可预知。任之则后时,力之则违命。所以愧夫知道之修神养真造业之始,创力转命以我乎天者也。

政和:命有所制,则天且不能知也,而也于人乎?匪佑自天,弗孽由人,则祸福唯所召,而灾祥以类应,非天之所私,而亦非人之所能为也。巫医,技之贱者尔,命之所制,虽智所不能知。病而求医,谓彼乃能知此耶?三医,曰矫氏,曰俞氏,曰卢氏。矫言拂而治之,俞言顺而理之,卢言总一其理而冥之也。盖曰寒温不节,虚实失度,则知其疾之在人而已,不通乎命,是拂而治之者也;曰胎气不足,乳湩有余,则知疾之所受于天而已,安之若命,是顺而理之者也。若夫疾不由天,则非俞氏之所治;疾不在人,则非矫氏之所攻。莫知所以然而然,是命之行也,虽有药石,将焉用之?此之谓总一其理而冥之者,谓之神医,不亦宜乎?贵生者养形以存生,爱身者不以养伤身,然非所以完身养生也。盖徇物既不免于危身,生而忧戚不得者,又不免于愁身伤生。惟无以生为者是贤于贵生也,盖生非贵之所能存,而亦非贱之所能夭故也。唯忘身者乃能无患,盖身非爱之所能厚而亦非轻之所能薄故也。故贵之或不生,贱之或不死,爱之或不厚,轻之或不薄,由理之常观之,此似反也,而安之命则非反也。或贵之而生,或贱之而死,或爱之而厚,或轻之而薄,由理之变观之,此似顺也,而制于命则非顺也。凡此皆其自然,故皆曰自生自死，自厚自薄。鹥熊之言曰：自长非所增，自短非所损。言自然者不可得而增损。经曰：天之所恶，孰知其故？言自然者不可得而窥测。此古之真人所以不以故灭命。

范曰：畴于人者，侔于天。人之所利，天之所恶，人孰从而知之耶？迎天意，揣利害，则智有时而困矣，乃前识者所以为道之华愚之始也。上天之载，无声无臭，岂可俄而度哉？故曰：不如其已。

杨布杨朱弟也。**问曰：有人于此，年兄弟也，言兄弟也，才兄弟也，貌兄弟也，而寿夭父子也，贵贱父子也，名誉父子也，憎爱父子也。吾惑之。**

卢曰：年、言、才、貌相似也，故云兄弟也。寿夭贵贱，隔悬也，故云父子也。此命之难知也，故疑惑也。

杨子曰：古之人有言，吾尝识之，将以告若。不知所以然而然，命也。

自然之理，故不可以智知。

今昏昏昧昧，纷纷若若，随所为，随所不为。日去日来，孰知其故，皆命也夫。

卢曰：众人所不知以为自然，昏昏昧昧，日去日来，运行无穷者，人以是为命也乎？

信命者，亡寿夭；

有寿夭，则非命。

信理者，亡是非；

有是非，则非理。

信心者，亡逆顺；

有逆顺，则非心。

信性者，亡安危。

有安危，则非注。

则谓之都亡所信，亡所不信。

理亦无信与不信也。

真矣悫矣，奚去奚就？奚哀奚乐？奚为奚不为？

理苟无心，则无所不为，亦无所为也。

卢曰：寿夭者命也，是非者理也，逆顺者心也，安危者性也。使夫信命者亡寿夭，信理者亡是非，信心者亡逆顺，信性者亡安危，则谓之都亡所信，亡所不信，然后至于真道也。亦何去何就，何哀何乐，何所为，何所不为哉？此之谓至道也。

范曰：兄弟，天伦也，所以言其同；父子，天属也，所以言其异。有人于此，年均也，而寿夭则异；言均也，而贵贱则异；才均也，而名誉则异；貌均也，而憎爱则异。孰使之然哉？自然而已矣。自然之理，不可致知，故昏昏昧昧，则冥而已，无所用见；纷纷若若，则顺而已，无所于逆。随所为，随所不为，吾无容心也。知去来之非我，无变乱于心虑，又孰知其故哉？莫知致而至者，宜在于此，故归之于命也。夫信命者亡寿夭，则彭殇定分等之为一条，信理者亡是非，则尧桀自然同之为一贯。信心者亡逆顺，未尝背逆而向顺也。信性者亡安危，未尝去危而即安也。道其至此，信与不信亦将泯矣。故真则止一而不妄，悫则完实而不毁，去就哀乐无所复分。何为乎？何不为乎？固将自化。

《黄帝》之书云：至人居若死，动若械。

此举无心之极。

亦不知所以居，亦不知所以不居；亦不知所以动，亦不知所以不动；亦不以众人之观易其情貌，亦不谓众人之不观不易其情貌。

不为外物视听改其度也。

独往独来,独出独入,孰能碍之?

物往亦往,物来亦来,任物出入,故莫有碍。

卢曰:居若死,无心也。动若械,用机关也。如木人之运动,有何知哉?不在乎情,不在乎貌也,神游而已矣。谁能碍之耶?

政和:兄弟,以言先后之伦;父子,以言上下之等。才貌言年在己者也,寿夭贵贱名誉爱憎在外者也。年同而寿夭异,言同而名誉异,才同而贵贱异,貌同而爱憎异。凡以在己者出于固然,而在外者盖有不可得而必者也。理有自然,有使然,所谓莫知所以然而然。命也者,既莫知其为自然,又莫知其为使然也。昏昏昧昧,言不可明。纷纷若若,言莫之能定。随所为,随所不为,言其应而不藏。日去日来,言其运而无积。夫如是,孰能知之?故曰:孰知其故?皆命也。夭寿不贰,修身以俟之,所以立命,故信命者亡寿夭;是是非非之谓智,而智所以穷理,故信理者亡是非;人心顺之则喜,逆之则怒,故信心者亡逆顺;人之性得之则安,失之则危,故信性者亡安危。信者任其自然之谓也。虽然一于信,犹有所系也,惟亡所信,亡所不信,然后为至真矣,则无妄恶矣,则著诚若是者,无入而不自得也。故曰:奚去奚就?奚哀奚乐?奚为奚不为?至人居若死者,寂然不动之谓;动若械者,若机械之运。亦不知所以居,亦不知所以不居,谓其虽静而居,亦未尝滞于静而所以为静者,有不知也。亦不知所以动,亦不知所以不动,谓其虽动而出,亦未尝流于动而所以为动者,有不知也。亦不以众人之观易其情貌,亦不以众人之不观不易其情貌,则万态不能变于己。独往独来,独出独入,其运无乎不在者也。夫孰能碍之?

范曰:古之得道者,冥然而止,若立槁木;成然而行,若曳槁枝。居而无所系,动而无所逐,固未尝以外物之变迁而芥蒂于胸中也。出入六合,游乎九州,独往独来,独出独入,无得而偶之者,是遗物而立独也,是朝彻而见独也,又孰有与道大蹇而触途生患者哉?

墨音眉。**尿**、敕夷。

卢曰:默诈佯愚之状。

单音战。**至**、音咥。

卢曰:轻动之状也。

啴齿然。**咺**、许爰。

卢曰:迂缓之状也。

憋妨灭。**憋**音敝。

此皆默诈轻发、迂缓急速之貌。

四人相与游于世,胥如志也。穷年不相知情,自以智之深也。

卢曰:同游于世,终年不相知名,自以为善也。

巧佞、

卢曰:辩谲之状也。

愚直、

卢曰:质朴之状也。

婨鱼略。**斫**、齿略。

婨斫,不解悟之貌。

卢曰:憨骇之状也。

便辟

卢曰:折旋之状。

四人相与游于世,胥如志也。穷年而不相语术,自以巧之微也。

卢曰:同游于世,终年不相访,各自以为巧妙也。

膠苦交。**吤**、苦牙。

卢曰:顽戾强愊之状也。

情露、

卢曰:不隐之状也。

謷音謇。**极**、

卢曰:讷涩之状也。

凌谇音碎。

此皆多谇讷涩辩给之貌。

卢曰:寻间语责之状也。

四人相与游于世,胥如志也。穷年而不相晓悟,自以为才之得也。

卢曰:各自以为才能。

眠莫典。**娗**、徒茧。

卢曰:无精采之状也。

谣止累。**诿**、如伪。

卢曰:并烦重之貌。

勇敢、

卢曰:雄健之状也。

怯疑

眠娗,不开通之貌。谣诿、烦重之貌。

卢曰:懦弱不决之状。

四人相与游于世,胥如志也。穷年不相谪发,自以行无戾也。

卢曰:各自以为适宜得中之道也。

多偶、

卢曰:和同之状也。

自专、

卢曰:独任之状也。

乘权、

卢曰:用势之状也。

只立

卢曰:孤介之状也。

四人相与游于世,胥如志也。穷年不相顾眄,自以时之适也。此众态也,貌不一,而咸之于道,命所归也。

卢曰:变诈巧辩,愚拙佞直,众态不同,而皆以为命者,理不然矣。今说者言受气有厚薄,故如此不同,一皆委之于天,更无可奈何者,此不知者也。故知道之士,养其神,舍其真,易其虑,变其身,彼形骸自我而造也。力其行,移其命,此皆生生者之功美矣。然则因形以辩命,则力不如命;因力以征形,则命不如力也。

政和:墨尿言其质无所通,单至言其行有所达,啴咺以言性之缓,憋憿以言其心之急,自以为智之深者,盖各以其所知者如此也。巧佞者诈,愚直者诚,婵研者刚立之称,便辟者柔从之貌,自以为巧之微者,盖各以其所能者如此也。缪忦者心有所藏,情露者事无所隐,谜极者吃讷之至,凌谇者辩说之给,自以为才之得者,盖各以其所得者如此也。眠娗者若不力于行,諈諉者若不敏于言,勇敢则争先,怯疑则就后,自以为行无戾,盖各以其所行者如此也。多偶者同乎众,自专者异于众,乘权者则依势而行,只立则独居而处,自以为时之适,盖以其所遇者如此也。是众能态者,各生于心之所能,故心既不同,则貌亦不一,此所以自徇殊面而名声异号也。虽然,有所行者必由于道,由于道者必听于命。是众态者,或有所止,或有所差,而均由于道、听于命。故曰:咸之于道,命所归也。

范曰:众志异虑,有所止者,有所差;群趣殊方,有所拂者,有所宜。然自以智之深者,穷年不相知情;自以巧之微者,穷年不相语术;自以才之得者,穷年不相晓悟;自以行舞戾者,穷年不相谪发;自以时之适者,穷年不相顾昫。纷纷之众态,貌各不同,然皆相与游于世,胥如志也,殆亦任其真性而然耳。

佹佹姑危。**成者,俏成也,**俏,音肖,俏,似也。

卢曰:魏魏者,几欲之状也。俏者,似也。

初非成也,佹佹败者,俏败者也,初非败也。

世有几得几失之言,而理实无几也。

卢曰:己欲成而不成者,似于成而非成也;垂欲败而不败者,似于败而非败也。

故迷生于俏,

惑其以成败而不能辩迷之所由也。

俏之际昧然。于俏而不昧然,

际犹会也,言冥昧而难分耳。

卢曰:人之所迷,生于似者也,不了也。不了,则昧然矣。若相似而不昧然,斯谓明也。

则不骇外祸,不喜内福。

祸福岂有内外,皆理之玄定者也。见其卒起,因谓外至,见其渐著,因谓内成也。

随时动,随时止,智不能知也。

动止非我,则非谓所识也。

卢曰:所谓明者,了于性,通于神。力之所以生,命之所以成。故无外祸可骇惧,无内福可忻喜。动止随时,不须智度也。

政和：佹者，几欲之貌。俏者，肖似之称。佹佹成者，几欲成而非成也。故曰俏成也，初非成也，言似成而非也。佹佹败者，几欲败而非败也，故曰俏败也，初非败也，言似败而非也。自迹观之，成败之几，间不容发，自理观之，毫厘之差，速以千里。此昧者所以生迷于疑似之际，而终莫能悟也。故曰迷生于俏，俏之际昧然。若夫达人之观，则朝彻见独，所以于俏而不昧然。成败之端，无变于己，所以不骇外祸，不喜内福，动止不违其时，而未尝留情焉，所以随时动，随时止，若是则非智所能识也，故曰：智不能知也。

信命者于彼我无二心，

无喜惧情也。

于彼我而有二心者，不若掩目塞耳，背坂面隍亦不坠仆也。

此明用智计之不若任自然也。

卢曰：若能彼我无二心，则吉凶悔吝不生矣。苟不能知命任理，则全身远害且免倾坠颠仆也。是以世人不忘于力求，而不能委于命也。

范曰：天下万物，迭废迭兴，倏起倏灭，成败之机，相寻于无穷。故几于成者，初非成也，俏成而已；几于败者，初非败也，俏败而已。俏似之际，疑而弗决，迷之所由生也。圣人睹变化之无穷，识盈虚之有数，超然自得，不累于物，祸亦不至，福亦不来，动止随时，一无所连，岂容私智于其间哉？信于命，而彼我无二心，莫之为，而常自然而已。

故曰：死生自命也，

若其非命，则仁智者必寿，凶愚者必夭，而未必然也。

贫穷自时也。

若其非时，则勤俭者必富，而奢惰者必贫，亦未必然也。

卢曰:子夏曰,死生有命,富贵在天。天者,时也。阳和布气,华物皆生,圣人利见,含灵俱畅。自我而定谓之命,因化所及谓之时也。

怨夭折者,不知命者也;怨贫穷者,不知时者也。

此皆不识自然之理。

当死不惧,在穷不戚,知命安时也。

卢曰:知命安时,德之大也。时来不可俱,命至不可却。故曰:安时而处顺,忧乐不能入。戚生于肖似,迷生于不知时焉。

政和:直然无间之谓命。故信命者,于彼我无二心,于彼我而有二心,则为有间矣。有心者不能致夫道,而致道者忘心。故有二心者不若挢目塞耳,背坂面隍,而不坠仆。盖挢目塞耳者,黜其聪明;背坂面隍者,无所顾望。若是者,惊惧不入于胸次,所以亦不坠仆也。此虽未通乎命,然犹愈于彼。死生自命者,言制之于彼。贫穷自时者,言所遇不在我。命在彼,而夭寿不贰,君子俟命而已,则怨夭折者岂知命者哉?时在彼,而贫达不同,君子待时而已,则怨贫穷者岂知时者哉?惟当死不惧,则以死生为昼夜,此知命者也。在穷不戚,则以穷通为寒暑之序,此安时者也。

其使多智之人量利害,料虚实,度人情,得亦中,亡亦中。 中,半也。**其少智之人不量利害,不料虚实,不度人情,得亦中,亡亦中。量与不量,料与不料,度与不度,奚以异?**

卢曰:凡料天下之事十得五中者,必为善料也。而少智不料,亦得半矣。有何异也?

唯亡所量,

不役智也。

亡所不量,

任智之所知也。

则全而亡丧。亦非知全，亦非知丧。自全也，自亡也，自丧也。

自全者，非用心之所能；自败者，非行失之所致也。

卢曰：假使勤心苦志料得其半，则不如无料而全其生。劳思虑者不知命，无所料者不知力，不知力者乃近于道矣，故去彼取此而已。

政和：事有利害，理有虚实，人之情有诚伪，非多智所能度，非少智所不能度，兹所以失得各半也。必以多智为必得，是无天也；必以少智为必亡，是无人也。故曰：量与不量，料与不料，度与不度，奚以异？唯冥而一之，付之自尔，则几乎以其真。

范曰：命可听而不可逆，时可因而不可违。怨夭折者，非知命也；怨贫穷者，非知时也。唯君子为能知命安时，故视死生为昼夜之常，当死不惧，未尝恶死。视穷通为寒暑之序，在穷不戚，未尝丑穷。岂尝弊精神，妄亿度，以凿为智哉？

齐景公游于牛山，北临其国城而流涕曰：美哉国乎！郁郁芊芊，若何滴滴去此国而死乎？使古无死者，寡人将去斯而之何？史孔、梁丘据皆从而泣曰：臣赖君之赐，䟽食恶肉可得而食，驽马棱车可得而乘也，且犹不欲死，而况吾君乎？晏子独笑于旁。公雪涕而顾晏子曰：寡人今日之游悲，孔与据皆从寡人而泣，子之独笑，何也？晏子对曰：使贤者常守之，大公、桓公将常守之矣；使有勇者而常守之，则庄公、灵公将常守之矣。数君者将守之，吾君方将被蓑笠而立乎畎亩之中，唯事之恤，行假念死乎？ 行假当作何暇。

卢曰：死而复生者，人咸归于释论道书，与儒教仿佛而不明言之。今比云吾君方将被蓑笠而立乎畎亩之中者，则死生之理灼然可详矣。是知力以成命，成命而后生，则生生之功可见矣。

则吾君又安得此位而立焉？以其迭处之迭去之，至于君也，而独为之流涕，是不仁也。见不仁之君，见谄谀之臣，臣见此二者，臣之所为独窃笑也。景公惭焉，举觞自罚。罚二臣者各二觞焉。

政和：晏子曰：善哉！古之有死也，仁者息焉。故以流涕为不仁。

范曰：天与地无穷，人死者有时。操有时之具，托无穷之间，忽然无异麒骥之驰隙也。然则有国之君虽欲长守，得乎哉？景公泣于牛山，盖不知此，宜乎晏子之窃笑也。

魏人有东门吴者，其子死而不忧。其相室曰：公之爱子，天下无有。今子死不忧，何也？东门吴曰：吾常无子，无子之时不忧。今子死，乃与向无子同，臣奚忧焉？

政和：子孙非汝有，是天地之委蜕也。其来不能却，其去不能止，则有子非所喜，而亡子非所患。非达性命之情，何以与此？

农赴时，商趣利，工追术，仕逐势，势使然也。然农有水旱，商有得失，工有成败，仕有遇否，命使然也。

自然冥运也

卢曰：夫士农工商，各趣利而逐势者，力所为也；水旱成败否泰者，力所不能成，则委命以自安之，是收其操榆是不损护也。世人皆以无可奈何，乃推之于命耳。不能力求者，迷于似得者也。东门吴善安于命者也，非谓善于知命者也。若生者有生，生者是得夫所以造吾命者，复安肯委命于生者？是得夫所以迭处迭去也。若知命者，当委命而任力焉。

政和：势在人，命在天。在人者可以力为，在天者不可以力致。士农工商，举天下之民不过此四者，赴时趣利，追术逐势，我所能也。水旱得失，成败遇否，我所不可能也。所可能者在人，所不可能者在天。人之不胜天也，久矣。故列子论力命之说，以此终篇。

范曰：赴者，趣之缓也。追者，逐之缓也。辟土殖谷曰农，故所赴者时；通财鬻货曰商，故所趣者利；工相与议技巧于官府，则追术而已；士相与言仁义于宴间，则逐时而已。朝夕从事，不见异物而迁焉，势使之然也。若夫农有水旱，商有得失，工有成败，士有遇否，则非势之有也，盖亦有命存焉。

冲虚至德真经四解卷之十七

杨　朱

张曰：夫生者，一炁之暂聚，一物之暂灵。暂聚者终散，暂灵者归虚。而好逸恶劳，物之常性。故当生之所乐者，厚味、美服、好色、音声而已耳。而复不能肆性情之所安，耳目之所娱，以仁义为关键，用礼乐为衿带，自枯槁于当年，求余名于后世者，是不达乎生生之趣也。

卢曰：夫君子殉名，小人殉利，唯名与利，皆情之所溺，俗人所争焉。故体道之人也，为善不近名，不趋俗人之所竞，为恶不近刑，不行俗人之所非。违道以求名，溺情以从欲，俱失其中也，故有道者不居焉。此言似反，学者多疑，然则《杨朱》之篇，亦何殊于盗跖也？

政和：圣王不作，处士横议，察焉以自好。列御寇知邪说之蔽于一曲，而世之学者不幸，不见天地之大，全道术为天下裂，故辞而辟之。

范曰：恃智诈以干时者，或以权力乱其素分；拂天真以殉伪者，或以矫抑亏其形生。惟兹二者,皆非中道,故《力命》之篇一推命分,《杨朱》之篇惟贵放逸。或以为二义乖背,不似一家之书,岂知至人立言之旨,两存而不废也?

杨朱游于鲁,舍于孟氏。孟氏问曰:人而已矣,奚以名为? 曰:以名者为富。既富矣,奚不已焉? 曰:为贵。既贵矣,奚不已焉? 曰:为死。既死矣,奚为焉? 曰:为子孙。

夫事为无已者,故情无厌足。

名奚益于子孙? 曰:名乃苦其身,燋其心。

夫名者,因伪以求真,假虚以招实,矫性而行之,有为而为之者,岂得无勤忧之弊邪?

乘其名者,泽及宗族,利兼乡党,况子孙乎?

范曰:名公器也,不可多取。故残生损性,以身为殉者,至人之所以深悲也。然有名则尊荣,亡名则卑辱。没世不称,君子疾之。故求生前之富贵,贻身后之子孙,则名有不可已者。

凡为名者必廉,廉斯贫;为名者必让,让斯贱。

此难家之辞也。今有廉让之名,而不免贫贱者,此为善而不求利也。

卢曰:夫人之生世也,唯名与利。圣人以名利钧之,则小人死于利,君子死于名,无有不至者也。善恶虽殊,俱有求也。然而求名而遂者,岂唯取富贵,乃荣及子孙,利兼乡党矣。虽苦身燋心、勤于廉让者,志有所望而情有所忘,俱失中也。

曰:管仲之相齐也,君淫亦淫,君奢亦奢。

言不专美恶于己。

志合言从,道行国霸。死之后,管氏而已。

卢曰:实名之利薄也。

田氏之相齐也,君盈则己降,君敛则己施。

此推恶于君也。

民皆归之,因有齐国,子孙享之,至今不绝。

卢曰:伪名之利深也。

若实名贫,伪名富。

为善不以为名,而自生者,实名也。为名以招利,而世莫知者,伪名。伪名则得利者也。

曰:实无名,名无实。名者,伪而已矣。

不伪不足以招利。

卢曰:行实者无其名,求名者无其实,故不伪则利不彰也。

昔者尧、舜伪以天下让许由、善卷,而不失天下,享祚百年。

伪实之迹,因事而生。致伪者由尧舜之迹,而圣人无伪也。

伯夷、叔齐实以孤竹君让,而终亡其国,饿死于首阳之山。实伪之辩,如此其省也。省,犹察也。

卢曰:伪者取名而无实,真者实行而忘名。尧舜之与夷齐炳然如此,真伪之迹耳,不易察哉?世人若不殉名利而失真,则溺情欲而忘道矣。天下善人少,不善人多,则殉名者稀,从欲者众。虽有智者,亦无可奈何,盖俱失中也。

政和:圣人无名,而人与之名,故所谓名者皆宾其实。贤士殉名,而名或过于实,故所谓名者多取以伪。虽然,古之圣人无为名尸,惟恐名之累己也。名亦既有,则实伪奚辩?故有以实而得名者,有以伪而得名者,有以实而为伪者,有以伪而为实者。而管仲、田氏方且与尧、舜、夷、齐争名实伪之间,此《庄子》之论养生所以欲为善无近名也。

范曰:廉而无求则不免于贫,逊而无争则不免于贱,若是则名何益哉？然名一也，有实伪之不同。实名贫，管仲是也；伪名富，田成是也。推而上之，若尧舜之逊天下，若夷齐之逊国，或不失天下而享禄百年，或终亡其国而至于饥死，殆亦实与伪之间欤！

杨朱曰：百年，寿之大齐。得百年者，千无一焉。设有一者，孩抱以逮昏老，几居其半矣。夜眠之所弭，昼觉之所遗，又几居其半矣。痛疾哀苦，亡失忧惧，又几居其半矣。量十数年之中，逌然而自得，亡介焉之虑者，亦亡一时之中尔。则人之生也奚为哉？奚乐哉？为美厚尔，为声色尔。而美厚复不可常厌足，声色不可常玩闻。乃复为刑赏之所禁劝，名法之所进退，遑遑尔竞一时之虚誉，规死后之余荣，偊偊尔顺耳目之观听，惜身意之是非，徒失当年之至乐，不能自肆于一时。重囚累梏，何以异哉？

异，異也，古字。

卢曰：举俗之人咸以百年为一生之期，而复昼夜哀苦之所灭矣。泰然称情者无多时焉，称情之事不过称声色美味，而复以刑赏名教之所束缚，不得肆其情，亦何以异乎囚系桎梏者？此皆滞情之言也。

政和：《庄子》曰：至乐治身，唯无为几存。人之生也，与忧俱生，所乐身安、厚味、美服、好色、音声也。身不得安逸，口不得厚味，形不得美服，目不得好色，耳不得音声，则大忧以惧，终身役役，以求至乐，其为乐也，亦疏矣，故唯无以乐为者是为至乐。今且劝禁于刑赏，进退于名法，顺耳目之观听，惜身意之是非，以求吾乐，乃与重囚累梏者无以异，恶足活身哉？

太古之人知生之暂来，知死之暂往，

生实暂来，死实长往，则世俗常谈。而云死复暂往，卒然览之，有似字误。然此书大旨，自以存亡往复，形气转续，生死变化，未始绝灭也。注《天瑞篇》中已具详其义矣。

故从心而动,不违自然所好,当身之娱,非所去也,故不为名所观。

为善者不近名者。

从性而游,不逆万物所好,死后之名非所取也,故不为刑所及。

为恶者不近刑者。

名誉先后,年命多少,非所量也。

卢曰:举太古之人者,适其中也。夫有生有死者,形也。出生入死者,神也。知死生之暂来暂往也,则不急急以求名;知神明之不死不生也,则不遑遑以为道。故从心而动,不违自然所好也,娱身而已矣。何用于名焉?故从性而游,不逆万物所嗜也,适意而已矣,何惧于刑焉?是以名誉年命,非所料量也。娱身适意者,动与道合,非溺于情也。

政和:死于此,未必不生于彼,则死生特往来之暂耳。心有起灭,性无加损,故从心而动者不去当身之娱,从性而游者不取死后之名。从心而动,不违自然所好,言在己者因其固然;从性而动,不违万物所好,言在外者顺其自尔。不为名所观,此《庄子》所谓无近名也;不为刑所及,此庄子所谓无近刑也。若是者,身后之名固非所观,而当身之娱亦曾不足累,则名誉先后,年命多少,岂遑恤之哉?

范曰:人生天地间,譬犹一沤之在水也。生化而死,成已俄坏;死化而生,坏已俄成。惟原始反终,故知死生之说。从心而动,从性而游,当身之娱非所去也。为善无近名而已,故不为名所劝,死后之名,非所取也。为恶无近刑而已,故不为刑所及,名誉先后,年命多少,未尝容心于其间,又曷尝拘迫遑遽,措一身于重囚累梏之间为哉?

杨朱曰:万物所异者生也,所同者死也。生则有贤愚、贵贱,是所异也;死则有臭腐、消灭,是所同也。虽然,贤愚、贵贱非所能也,臭腐、消灭亦非所能也。故生非所生,死非所死,贤非所贤,愚非所愚,贵非所贵,贱非所贱。

皆自然尔,非能之所为也。

然而万物齐生齐死,齐贤齐愚,齐贵齐贱。

皆同归于自然。

十年亦死,百年亦死。仁圣亦死,凶愚亦死。生则尧舜,死则腐骨;生则桀纣,死则腐骨。腐骨一矣,孰知其异?且趣当生,奚遑死后?

此讥计后者之惑也。夫不谋其前,不虑其后,无恋当今者,德之至也。

卢曰:生者,一身之报也。死者,一报之尽也。贤愚贵贱,生物之殊也,故为异焉;臭腐消灭,死物之常也,故为同焉。世人皆指形以为死,生不知形外之有神。神之去也,一无知耳。故贤愚贵贱、臭腐消灭,皆形所不自能也。不自能则含生之质未尝不齐,人皆知其所齐,不知其所以异,且竞当生,不暇养所生,故有道者不同于兹矣。

政和:达生之情者,知生暂来,况于为死而不已者乎?知有生必有死,有始必有终,齐死生,同贤愚,等贵贱,则百虑一致尔。为死后之计,是惑也。

范曰:役于阴阳之机械,范于造化之炉冶,以身为大患,以生为有涯,不能悦其志意,养其寿命,皆非通道者也,何者?贵贱贤愚以生则异,臭腐消灭以死则同。十年亦死,百年亦死,彭祖、殇子无久近之分也。仁圣亦死，凶愚亦死，仲尼、盗跖无善恶之间也。又孰以身为殉，而规死后之余荣哉？

杨朱曰：伯夷非亡欲，矜清之卸，音尢。**以放饿死。**守饿至死。**展季非亡情，矜贞之卸，以放寡宗。清贞之误，善之若此。**

此诬贤负实之言，然欲有所抑扬，不得不寄责于高胜者耳。

卢曰：殉名之过实以至于此，非所以体真全道、忘名证实者也。

政和：人不能无欲，既谓之人，恶得无情？则欲与人情之有也，伯夷矜清非无欲，展季矜贞非无情，以放于饿死，以放于寡宗，非所谓不以好恶内伤其身，常因自然而不益生者也。范曰：伯夷之饿死，展季之寡宗，皆未免于有所矜者，是直论其制行之迹以矫好名之弊而已。读是书者，必得意忘言然后可。

杨朱曰：原宪窭于鲁，子贡殖于卫。

窭，贫也。殖，货殖。

原宪之窭损生，子贡之殖累身。然则窭亦不可，殖亦不可，其可焉在？曰：可在乐生，可在逸身。故善乐生者不窭，

足己之所资，不至乏匮也。

善逸身者不殖。

不劳心以营货财也。

卢曰：固穷而不力求，损于生者也；货殖而为命，累于身者也。唯有道者不货殖以逸其身，不守穷以苦其生。乐道全真，应物无滞也。

政和：能尊生者，虽富贵不以养伤身，虽贫贱不以利累形。原宪之窭损生，为其以利累形也；子贡之殖累身，为其以养伤身也。愁身伤生以忧戚不得，非所谓乐生者，故善乐生者不窭。苦身疾作，多积财而不尽用，非所谓逸身，故善逸身者不殖。

范曰：原思块坐于环堵之室，其窭可知；子贡鬻财于齐鲁之间，其殖可知。斯二者，一则损生，一则累身，吾未知其可也。

杨朱曰：古语有之：生相怜，死相捐。此语至矣。相怜之道，非唯情也，勤能使逸，饥能使饱，寒能使温，穷能使达也。相捐之道，非不相哀也，不含珠玉，不服文锦，不陈牺牲，不设明器也。

卢曰：知相怜相捐之道为至矣，皆人不能至焉，何则？相怜在于赡济乎生，相捐在于无累乎形，此为至当矣。若生不能赡之令安，死则徒埋珠宝以眩名，招寇盗以重伤，是失其宜矣。

政和：天下之事，唯实与诚。勤能使逸，饥能使饱，寒能使温，穷能使达，此相怜之实也。不含珠玉，不服文彩，不陈牺牲，不设明器，此相捐之诚也。

范曰：生相怜者疑若悦生，死相捐者疑若恶死。死生异道，固未能以是为一体也。杨子于此，殆亦有为而言耶？

晏平仲问养生于管夷吾，管夷吾曰：肆之而已，勿壅勿阏。晏平仲曰：其目奈何？夷吾曰：恣耳之所欲听，恣目之所欲视，恣鼻之所欲向，恣口之所欲言，恣体之所欲安，恣意之所欲行。

管仲功名人耳，相齐致霸，动因威谋，任运之道既非所宜，且于事势不容此言。又上篇复能劝桓公适终北之国，恐此皆寓言也。

夫耳之所欲闻者音声，而不得听，谓之阏聪；阏塞。**目之所欲见者美色，而不得视，谓之阏明；鼻之所欲向者椒兰，而不得嗅，谓之阏颤；**

鼻通曰颤。颤，音舒延切。

口之所欲道者是非，而不得言，谓之阏智；体之所欲安者美厚，而不得从，谓之阏适；意之所欲为者放逸，而不得行，谓之阏性。凡

此诸阏,**废虐之主**。废,大也。**去废虐之主,熙熙然以俟死,一日、一月、一年、十年,吾所谓养。**

任情极性,穷欢尽娱,虽近期促年,且得尽当生之乐也。

拘此废虐之主,录而不舍,戚戚然以至久生,百年、千年、万年,非吾所谓养。

惜名拘礼,内怀于矜惧忧苦,以至死者,长年遐期,非所谓贵也。

卢曰:夷吾之才足以相霸主,振颓纲,而布奢淫之情足以忤将来,败风俗。故夫子赏其才也,则曰:微管仲,吾其被发左衽矣。忽其失理也,则曰:管仲之器小哉,管氏而知礼,孰不知礼?列子因才高之人以极其嗜欲之志,令有道者知其失焉。然纵耳目之情,穷声色之欲者,俗人之常心也。故极而肆之,以彰其恶耳,非所以垂训来世,法则后人者也。

管夷吾曰:吾既告子养生矣,送死奈何?晏平仲曰:送死略矣,将何以告焉?管夷吾曰:吾固欲闻之。平仲曰:既死,岂在我哉?焚之亦可,沈之亦可,瘗之亦可,露之亦可,衣薪而弃诸沟壑亦可,衮文绣裳而纳诸石椁亦可,唯所遇焉。

晏婴,墨者也,自以俭省治身,动遵法度,非达死生之分。所以举此二贤以明治身者,唯取其奢俭之异乎!

卢曰:俗人殉欲之志深,送死之情薄。薄则易为节,深则难为情,故厚其生则聚心之所喜,薄其死则群情所易从。列子乃因侈者以肆情,因俭者以节礼。故王孙之辈,良吏谴之,失其中道也。

管夷吾顾谓鲍叔、黄子曰:生死之道,吾二人进之矣。

当其有知,则制不由物;及其无知,则非我所闻也。

卢曰：既不由我矣，则任物以处之，此世人谓死为无知者也。若由我者，肆情以乐之，此世人谓顺情为贵者也。若然者，尧、舜、周、孔不足为俗人重，桀、纣、盗跖可为后代师矣。岂有道者所处也？至人忘情，圣人制礼。情忘也，则嗜欲不存矣，何声色之可耽耶？礼制也，则生死迹著矣，何焚露之可薄耶？纵情之言，皆失道也。

政和：贵生者不足以养生，唯乐生者乃能养生；哀死者不足以送死，唯捐死者乃能送死。肆之而无所拘，而视听言行勿违吾之心，此养生而肆之之道也。任之而无所系，而沈瘗焚露勿异吾之情，此送死而捐之之道也。达死生之分如此，是之谓尽其道。

范曰：管仲以其君伯，晏子以其君显，是直尊主强国之人，其于生死之道未必能达。列子记此，盖寓言救弊故耳。

子产相郑，专国之政。三年，善者服其化，恶者畏其禁，郑国以治，诸侯惮之。而有兄曰公孙朝，有弟曰公孙穆。朝好酒，穆好色。朝之室也，聚酒千钟，积麴成封，望门百步，糟浆之气逆于人鼻。方其荒于酒也，不知世道之安危，人理之悔吝，室内之有亡，九族之亲疏，存亡之哀乐也，虽水火兵刃交于前，弗知也。穆之后庭，比房数十，皆择稚齿婑媠者 婑，乌果切。媠，奴坐切。**以盈之。方其耽于色也，屏亲昵，绝交游，逃于后庭，以昼足夜，三月一出，意犹未惬。乡有处子之娥姣者，必贿而招之，媒而挑之，弗获而后已。子产日夜以为戚，密造邓析而谋之，曰：侨闻治身以及家，治家以及国，此言自于近至于远也。侨为国则治矣，而家则乱矣。其道逆邪？将奚方以救二子？子其诏之。邓析曰：吾怪之久矣，未敢先言。子奚不时其治也，喻以性命之重，诱以礼义之尊乎？**

卢曰：喻以性命，诱以礼义者，欲止其贪逸之情，啖其轩冕之位，此皆世俗名利之要归也。

子产用邓析之言，因间以谒其兄弟，而告之曰：人之所以贵于禽兽者，智虑。智虑之所将者，礼义。礼义成，则名位至矣。若触情而动，耽于嗜欲，则性命危矣。子纳乔之言，则朝自悔而夕食禄矣。朝、穆曰：吾知之久矣，择之亦久矣，

觉事行多端，选所好而为之耳。

岂待若言而后识之哉？凡生之难遇而死之易及，以难遇之生，俟易及之死，可孰念哉？而欲尊礼义以夸人，矫情性以招名，吾以此为弗若死矣。

达哉此言！若夫刻意从俗，违性顺物，失当身之暂乐，怀长愁于一世，虽支体具存，而实邻于死者。

为欲尽一生之欢，穷当年之乐，唯患腹溢而不得恣口之饮，力惫而不得肆情于色，不遑忧名声之丑，性命之危也。且若以治国之能夸物，欲以说辞乱我之心，荣禄喜我之意，不亦鄙而可怜哉？我又欲与若别之。别之犹辩也。夫善治外者，物未必治，而身交苦；善治内者，物未必乱，而性交逸。以若之治外，其法可暂行于一国，未合于人心；以我之治内，可推之于天下，君臣之道息矣。吾常欲以此术而喻之，若反以彼术而教我哉？子产忙然无以应之。

卢曰：殉情耽欲之人，诡辞邪辩，足以塞圣贤之口，乱天下法。故桀纣之智，足以饰非；少卯之辞，足以惑众。虽不屈于一时，亦鼓倡于当代。故夫子屈盗跖之说，子产困于朝、穆之言，不足多悔也。而惑者以为列子叙之以畅其情，张湛注之以为达其理，斯乃鄙俗之常好，岂道流之雅术乎？

他日以告邓析,邓析曰:子与真人居而不知也,孰谓子智者乎?郑国之治偶耳,非子之功也。

不知真人则不能治国,治国者偶耳。此一篇辞义,太径挺抑抗,不似君子之音气。然其旨欲去自拘束者之累,故有过逸之言者耳。

卢曰:夫当才而赏之,择德而任之,则贤者日进,而不肖者退矣。任必以才,善人之道亨通矣;退必不肖,小人之道不怨矣。使贤不肖各安其分,适其志,则郑国之治当矣。彼二子酣酒而爱色,礼义所不修,不因父兄之势以干时,纵心嗜欲而不悔,此诚真人也。而乃欲矫其迹,为其心,取禄位以私之,是国偶然有以理,非子之至公也,岂得为智乎?此言真人者,非真圣之人,乃真不才之人。

政和:劳形怵心者役于或使,解心释形者近于自然。或使者疑于妄,自然者全其真。朝、穆荒湛于酒色,而动不顾名声之丑、性命之危,盖解心释形而无所累也。子产矜礼义法度之治,矫情性荣禄之美,唯恐其身之不治,盖劳形怵心而有所拘者也。无所累者足以善其死,有所拘者不足以乐其生,则苦身劳生者为妄,而任情纵心者为真矣。故朝穆自以为所治者内,而以子产之治为外,曰:善治外者,物未必治而身交苦;善治内者,物未必乱而性交逸。非真人,孰能达此哉?

范曰:以智治国国之贼,不以智治国国之福。子产犹众人之母也,能食而不能教。乘舆之济,圣人非之。则于治国,犹有未至,故与真人居而不知也。古之真人不知悦生,不知恶死,慘然而往,修然而来。惨怛之疾,恬愉之安,不监于体;怵惕之恐,欣欢之喜,不监于心。又曷尝苦心劳形而以危其真为事?

冲虚至德真经四解卷之十八

杨　朱

卫端木叔者，子贡之世也。借其先赀，家累万金。不治世故，放意所好。其生民之所欲为，人意之所欲玩者，无不为也，无不玩也。墙屋台榭，园囿池沼，饮食车服，声乐嫔御，拟齐、楚之君焉。至其情所欲好，耳所欲听，目所欲视，口所欲尝，虽殊方偏国，偏，边。非齐土之所产育者，无不必致之，犹藩墙之物也。及其游也，虽山川阻险，涂径修远，无不必之，犹人之行咫步也。宾客在庭者日百住，庖厨之下不绝烟火，堂庑之上不绝声乐。奉养之余，先散之宗族；宗族之余，次散之邑里；邑里之余，乃散之一国。行年六十，气干将衰，弃其家事，都散其库藏、珍宝、车服、妾媵。一年之中尽焉，不为子孙留财。及其病也，无药石之储；及其死也，无瘗埋之资。

达于理者，知万物之无常，财货之暂聚。聚之非我之功也，具尽奉养之宜。散之非我之施也，且明物不常聚。若斯人者，岂名誉所劝，礼法所拘哉？

一国之人受其施者，相与赋而藏之，反其子孙之财焉。禽骨又屈。厘闻之，曰：端木叔，狂人也，辱其祖矣。段干生闻之，曰：木叔，达人也，德过其祖矣。其所行也，其所为也，众意所惊，而诚理所取。卫之君子多以礼教自持，固未足以得此人之心也。

政和：达生之情者，纵而勿阏；知分之定者，积而能散。人之所欲为，无不为也；意之所欲玩者，无不玩也。纵心之所欲而勿阏焉，非达生之情者，何以与此？散之邑里，弃其藏积，积而能散，非知分之定者,何以与此?穷当年之乐,不顾身后之忧,唯达者能通之。故无瘗埋之资可也。国人相与赋而藏之亦可也。禽骨厘以常德责其行,故以为辱祖;段干木以达德得其心,故以为过祖。索之于外,此众意所以惊;索之于内,此诚理所以取。卫之君子以礼教自持,则拘于形骸之内,是恶知此意,故未足以得此人之心也。

范曰:体道之人睹物,寄之傥来,知货财之暂聚,认而有之,皆惑也。故不拘一世之利以为己私分,若端木叔,可谓知此矣。

孟孙阳问杨子曰:有人于此,贵生爱身,以蕲不死,可乎?曰:理无不死。以蕲久生,可乎?曰:理无久生。生非贵之所能存,身非爱之所能厚。且久生奚焉?

设令久生,亦非所愿。

五情好恶,古犹今也;四体安危,古犹今也;世事苦乐,古犹今也;变易治乱,古犹今也。既闻之矣,既见之矣,既更之矣,百年犹厌其多,况久生之苦也乎?

夫一生之经历如此而已,或好或恶,或安或危,如循环之无穷。若以为乐耶,则重来之物无所复欣;若以为苦耶,则切己之患不可再经,故生弥久而忧弥积也。

孟孙阳曰:若然,速亡愈于久生,则践锋刃,入汤火,得所志矣。杨子曰:不然。既生,则废而任之,究其所欲,以俟于死。

但当肆其情以待终耳

将死,则废而任之,究其所之,以放于尽。

制不在我,则无所顾恋也。

无不废,无不任,何遽迟速于其间乎?

政和:有生者必有死,有始者必有终,自然之理也。贵身爱生,以蕲不死,是岂达于理者哉?夫有生则复于不生,故生非贵之所能存；有形则复于无形，故身非爱之所能厚。若是而蕲久生，是益惑也。夫情之好恶，有以忕于内；体之安危，有以迫于外。世事苦乐，有以累吾心；变易治乱，有以动吾行。自古及今，闻见而更之者，可以前料而逆知，则百年之生有终身之忧，而无一朝之乐也。故方且厌其多而苦其久，尚可蕲久生之为乎？此孟孙阳所以闻杨子之言而遂欲速亡也。然蕲久生者固非达于理，而欲速亡者亦未为通于道，是二者胥失也。唯既生，则废而任之，究其所欲，以俟于死，则无伤生之患。将死，则废而任之，究其所之，以放于尽，则无恶死之患。可以生而生，可以死而死，生死无变于己，此之谓达。

范曰：贵其生者不自贱，以役于物，疑若能存矣，而生非贵之所能存。爱其身者不自贱，以困于物，疑若能厚矣，而身非爱之所能厚。虽欲久生而不死，得乎哉？又况五情之好恶，四体之安危，世事苦乐，变易治乱，又复终始如环无端。所历既久矣，所阅既众矣，百年犹厌其多，寿者惛惛，久忧不死，何之是苦也？其为形也亦远矣。所谓不羡久生，盖有在是。昧乎此者，乃以速亡为愈于久生，则践锋刃，入汤火，得所志矣。殊不知既生，则废而任之，肆其情而无所撄拂，非以生为悦也；将死，则废而任之，顺其适而无所觊觎，非以死为恶也。无不废，无不任，安时处顺，尽其所受于天者，岂遽迟速于其间哉？

杨朱曰：伯成子高不以一毫利物，舍国而隐耕；大禹不以一身自利，一体偏枯。古之人损一毫利天下不与也，悉天下奉一身不取也。人人不损一毫，人人不利天下，天下治矣。

政和：不以一毫利物，为己者也；不以一身自利，为人者也。为人者不可以失己，为己者不可以失人。若夫损一毫而利天下，有所不与；悉天下以奉一身，有所不为。人我之分各足而止，则其为人太少，其自为太多，固不足以治天下。而杨朱之道术独有在于是，此一曲之士也。

范曰：伯成舍国而隐耕，为己者也；大禹过门而不入，为人者也。虽制行之迹不同，而救世之心则一。古之人非其义也，非其道也，一介不以与人，况损一毫乎哉？非其义也，非其道也，一介不以取诸人，况悉天下乎哉？杨朱之行，失之为我，不拔一毛而利天下，孟子固尝禽兽之矣。子列子有取焉者，当是时，天下之俗谲诈大作，质朴并散，虽世之学士大夫未有知贵己贱物之道者，于是弃绝乎礼义之绪，夺攘乎利害之际，趋利不以为辱，殒身不以为怨，渐清陷溺以至于不可救已。故是篇所载，有取于杨朱者，殆亦有意矫天下之弊而然耶？

禽子问杨朱曰：去子体之一毛以济一世，汝为之乎？

疑杨子贵身太过，故发此问也。

杨子曰：世固非一毛之所济。

嫌其不达己意，故亦相答对也。

禽子曰：假济，为之乎？杨子弗应。禽子出语孟孙阳，孟孙阳曰：子不达夫子之心，吾请言之。有侵若肌肤获万金者，若为之乎？曰：为之。孟孙阳曰：有断若一节得一国，子为之乎？禽子默然有间。孟孙阳曰：一毛微于肌肤，肌肤微于一节，省矣。省察。**然则积一毛以成肌肤，积肌肤以成一节。一毛固一体万分中之一物，奈何轻之乎？禽子曰：吾不能所以答子。然则以子之言问老聃、关尹，则子言当矣；**

聃、尹之教，贵身而贱物也。

以吾言问大禹、墨翟，则吾言当矣。

禹、翟之教，忘己而济物也。

孟孙阳因顾与其徒说他事。

政和：老子、关尹之道术，贵身而贱物；大禹、墨翟之道术，忘己而济物。然为己者固不失人，而为人者固不失己。杨朱学老子、关尹之道而不能至者也，故拔一毛而利天下不为；墨翟学大禹之道而不能至也，故摩顶放踵利天下而为之。然皆非道之全也。孟孙阳有见于杨朱之道，禽骨厘有见于墨翟之道，故各是其所是而有所不该。

范曰：子华子语昭僖侯曰：今使天下书铭于君之前，以谓左手攫之则右手废，右手攫之则左手废，然而攫之者必有天下，子能攫之乎？昭僖侯曰：寡人不攫也。盖以两臂重于天下故耳。然则侵肌肤而获万金，断一节而得一国，岂遽为之耶？杨朱之行过于为己。载是说者，将以救弊于一时而已，若概之以圣人之道，未免为有蔽。故禽子对孟孙阳曰：以子之言问老聃、关尹，则子言当矣，以聃、尹之教贱物而贵己故也。以吾之言问大禹、墨翟，则吾言当矣，以禹翟之教忘己而济物故也。

杨朱曰：天下之美归之舜、禹、周、孔，天下之恶归之桀、纣。然而舜耕于河阳，陶于雷泽，四体不得暂安，口腹不得美厚，父母之所不爱，弟妹之所不亲。行年三十，不告而娶。及受尧之禅，年已长，智已衰。商钧不才，禅位于禹，戚戚然以至于死。此天人之穷毒者也。鲧治水土，绩用不就，殛诸羽山。禹纂业事雠，惟荒土功，子产不字，过门不入，身体偏枯，手足胼胝。及受舜禅，卑宫室，美绂冕，戚戚然以至于死。此天人之忧苦者也。武王既终，成王幼弱，周公摄天子之政。邵公不悦，四国流言。居东三年，诛兄放弟，仅免其身，戚戚然以至于死。此天人之危惧者也。孔子明帝王之道，应时君之聘,伐树于宋,削迹于卫,穷于商周,围于陈蔡,受屈于季氏,见辱于阳虎,戚戚然以至于死。此天民之遑遽者也。凡彼四圣者,生无一日之欢,死有万世之名。名者,固非实之所取也。虽称之弗知,虽赏之不知,与株块无以异矣。

观形既事,忧危之迹著矣。求诸方寸,未有不攫拂其心者。将明至理之言,必举美恶之极,以相对偶者也。

桀藉累世之资,居南面之尊,智足以距群下,威足以震海内,恣耳目之所娱,穷意虑之所为,熙熙然以至于死。此天民之逸荡者也。纣亦借累世之资,居南面之尊,威无不行,志无不从,肆情于倾宫,纵欲于长夜,不以礼义自苦,熙熙然以至于诛。此天民之放纵者也。彼二凶也,生有从欲之欢,死被愚暴之名。实者,固非名之所与也,虽毁之不知,虽称之弗知,此与株块奚以异矣。

尽骄奢之极,恣无厌之性,虽养以四海,未始惬其心。此乃忧苦穷年也。

彼四圣虽美之所归,苦以至终,同归于死矣;彼二凶虽恶之所归,乐以至终,亦同归于死矣。

政和:万物所异者生,所同者死,唯人亦然。故圣智凶愚,所禀固异,及归于尽,未始不同。然则名实奚辩?忧乐奚择?此游方之外者所以齐死生而两忘其道。

范曰:万物所异者生也,所同者死也。舜之穷毒,禹之忧苦,周公之危惧,孔子之遑遽,彼四圣也,天下之美归之,而戚戚然以至于死,其死则同矣。夏桀之逸荡,商纣之放纵,彼二凶也,天下之恶归之,而熙熙然以至于死,其死则同矣。故仁圣亦死,凶愚亦死,乌睹其所以异?

杨朱见梁王,言治天下如运诸掌。梁王曰:先生有一妻一妾而不能治,三亩之园而不能芸,而言治天下如运诸掌,何也? 对曰:君见其牧羊者乎? 百羊而群,使五尺童子荷棰而随之,欲东而东,欲西而西。使尧牵一羊,舜荷棰而随之,则不能前矣。且臣闻之:吞舟之鱼,不游枝流;鸿鹄高飞,不集污池。何则? 其极远也。黄钟大吕不可从烦奏之舞。何则? 其音疏也。将治大者不治细,成大功者不成小,此之谓矣。

政和:治家以及国,此言先后之渐。施于国者不可施于家,此言小大之宜。故牧羊者童子之任,而牧天下唯尧舜之道。将治大者不治细,成大功者不成小。此治之要,所以在知道。

范曰:千钧之弩,不为鼷鼠发机;万石之钟,不为筳撞起音。鲲非溟海,无以运其躯;凤非修梧,无以睽其翼。将治大者不治细,成大功者不成小,自然之理也。

杨朱曰:太古之事灭矣,孰志之哉? 三皇之事,若存若亡;五帝之事,若觉若梦。三王之事,或隐或显,亿不识一。当身之事,或闻或见,万不识一。目前之事,或存或废,千不识一。太古至于今日,年数固不可胜纪。但伏羲以来,三十余万岁,贤愚、好丑、成败、是非,无不消灭,但迟速之间耳。

以迟速而致惑,奔竞而不已,岂不鄙哉!

矜一时之毁誉,以焦苦其神形,要死后数百年中余名,岂足润枯骨? 何生之乐哉?

政和:时运不留,迹随以泯。后之视今,犹今之视昔。则务一时之毁誉,而以生为可乐者,是不足以达于理也。太古远矣,其事无传,故若灭若没,莫能志之。三皇以降,比太古为近,故其事疑于存亡;五帝以降,比三皇为又近,故其事疑于有,而若觉若梦。然曰若存若亡,则疑于在而实无在也;曰若觉若梦,则疑于有而实无有也。至三王以还，则为尤近，故曰或隐或显。盖其所过者方向于无，而其所存者可证其有，故其隐显特未定也。若夫当身之事，虽既往而未远，然所过者闻，所存者见既已趣寂。目前之事方适，今而尚在，然目所注者存，目所过者废，亦既不停。是以论其时则久近之殊，言其事则多寡之异。年运而往，其于不可识则一也。若是则贤愚之异性，好丑之异形，成败是非异理，迟速之间，同于泯绝而已。方且终身役役与物，相刃相靡，竞一时之虚誉，规身后之余荣，尊生者也。

范曰：事之在天下，俄成俄坏，迭盛迭衰，代废代兴，倏起倏灭，是亦一无穷，非亦一无穷。爰自古初以来至于今，不知其几千余万岁矣，贤愚好丑，是非成败，有万不同，同归于尽。而昧者不知，乃始胥易技系，劳形怵心，内盈柴栅，外重缠缴，终身役役，曾不得须臾宁神者，不自许也，尚何生之可乐哉？

杨朱曰：人肖天地之类，怀五常之性，

肖，似也。类同阴阳，性禀五行也。

有生之最灵者也。人者，爪牙不足以供守卫，肌肤不足以自捍御，趋走不足以逃利害，无毛羽以御寒暑，必将资物以为养性，任智而不恃力。故智之所贵，存我为贵；力之所贱，侵物为贱。然身非我有也，既生，不得不全之；物非我有也，既有，不得不去之。身固生之主，物亦养之主。虽全生，身不可有其身；虽不去物，不可有其物。有其物，有其身，是横私天下之身，横私天下之物。其唯圣人乎！

知身不可私，物不可有者，唯圣人可也。

公天下之身，公天下之物，其唯至人矣。此之谓至至者也。

天下之身，同之我身，天下之物，同之我物，非至人如何？既觉私之为非，又知公之为是，故曰至至也。

政和：肖天地之类，谓方圆动静之形；怀五常之性，谓仁义礼智信之德。万物所同者生，而惟人万物之灵，故曰：有生之最灵者也。以其最灵，故于智为有余；以其爪牙不利，无毛羽之蔽，故于力为不足。智有余而力不足，故必资物以为养，盖以我之智可以制彼之力，使为我用故也。虽然，任智矣，而又恃其力，则莫知物我之贵贱。故智之所贵，存我为贵，以我贵于物也；力之所贱，侵物为贱，以物能役我也。夫身非我有，圣人岂以物殉身哉？为其为神明所托也，故既生，不得不全之。物非我有，圣人岂以身逐物哉？知其为耳目之役也，故既有，不得不去之。有生所贵者，故曰：身固生之主。养形必先之以物，故曰：物亦养之主。虽然，有生之所患者身，则虽全生，身不可有其身也；志之所以丧者物，则虽不去，物不可有其物也。外有其物，内有其身，蔽于一偏，暗于大理，窃窃然横私天下之身与其物，岂知道之所以为公哉？圣人知身者天下之委形，故能公天下之身，知物与物何以相远，故能公天下之物。唯天下之至圣为能与于此，故曰：此之谓至至者也。

范曰：汝身非汝有也，以不可有而有之，是横私天下之身；外物不可必也，以不可必而必之，是横私天下之物。《老子》曰：知当容，容乃公。惟公则能兼容。《庄子》曰：大人合并以为公。惟公则能合并。公天下之身者，内若于身，而身本无身也；公天下之物者，外若于物，而物本无物也。进是道者，讵有介然之知存乎胸中，而以自营为事哉？惟至人无己，然后能之。若圣人则未离乎人道，彼其于此，犹有未至也。此之谓至至者，岂非庄周所谓未始有物者，不可以加者耶？

杨朱曰：生民之不得休息，为四事故：一为寿，
不敢恣其嗜欲。

二为名，

不敢恣其所行。

三为位，

曲意求通。

四为货。

专利惜费。

有此四者，畏鬼，畏人，畏威，畏刑，此谓之遁人也。

违其自然者也。

可杀可活，制命在外。

全则不系于己。

不逆命，何羡寿？不矜贵，何羡名？不要势，何羡位？不贪富，何羡货？此之谓顺民也。 得其生理。**天下无对，制命在内。**

外物所不能制。

政和：务生者为寿，干誉者为名，尊爵者为位，逐利者为货。内有違遽之心，则外有怵惕之恐，此所以幽则畏鬼责，明则畏人非。威之所加，刑之所及，且罔不惟畏也。终身役役，不须臾宁，是其所以不得休息者欤？知其分定，无然歆羡，则处静以休息。乌往而不暇？谓之遁人，言违其常理；谓之顺民，言因其固然。违其常理者，听于命而不知，故可杀可活，而制命在外；因其固然者，命万物而无所听，故天下无对，而制命在内。

范曰：寿者惽惽，久忧不死，何之苦也？其为形也亦远矣，故以生为累，有至于畏鬼责者；夜以继日，思虑善否，其为形也亦疏矣，故以显为是，有至于畏人。权势不大，而夸者以之悲，则为位而已。讵能无畏威乎？钱财不积，而贪者以之忧，则为货而已，谁能无畏刑乎？若然遁天倍情，忘其所受，生杀之称，制之非我，乌能自适其适哉？惟体道人安自然之定分，循不易之真理，适来则安之，适去则顺之，曾未尝外慕动而有歆羡之心，故畸人而侔于天，遗物而立于独，斡旋万化，惟我所为。古之人所谓命万物而无所听者，盖在乎此。

故语有之曰：人不婚宦，情欲失半；人不衣食，君臣道息。周谚曰：田父可坐杀。晨出夜入，自以性之恒；啜菽茹藿，自以味之极；肌肉粗厚，筋节䁂音区位切。急，一朝处以柔毛绨幕，荐以梁肉兰橘，心痛疴烦，内热生病矣。商鲁之君与田父侔地，则亦不盈一时而惫矣。

言有所安习者，皆不可卒改易，况自然乎？

故野人之所安，野人之所美，谓天下无过者。昔者宋国有田夫，常衣缊黂，乱麻。仅以过冬。暨春东作，自曝于日，不知天下之有广夏隩室，绵纩狐貉。顾谓其妻曰：负日之暄，人莫知者，以献吾君，将有重赏。里之富室告之曰：昔人有美戎菽，甘枲茎芹萍子者，对乡豪称之。

乡豪，里中之贵者。

乡豪取而尝之，蜇于口，惨于腹，众哂而怨之，其人大惭。子，此类也。

政和：天下各安其性命之情，则之四者存可也，亡可也；天下不安其性命之情，则于是愚智相讥，而歆羡起矣。夫义之于君臣也，礼之于夫妇也，命也，有性焉，君子不谓命。口之于味也，四肢之于安佚也，性也，有命焉，君子不谓性。杨子举婚宦君臣之言，引田父乡豪之说，凡以明使天下不安其性命之情者，以此而已。

杨朱曰：丰屋、美服、厚味、姣色，有此四者，何求于外？有此而求外者，无厌之性。无厌之性，阴阳之蠹也。

非但累其身,乃侵损正气。

政和:动与过,刑之所取。宵人之离内刑者,阴阳食之。然则无厌之性为阴阳之蠹者,岂其内刑之过欤?

范曰:南溟之鹏不能展翼于蓬蒿,而鹖之逍遥则有余地;东海之鳖不能容足于坎井,而蛙之跳梁则有余水。自然定分,有不可易。故无夸跂之心,傥或游券之外而至乎期费,则盈嗜欲,长好恶,而性命之情病矣。阴阳之寇,奚自而可逃耶?是篇所言,大抵过于放逸,盖以救弊故也。苟不明夫救弊之旨而以是为常,则世俗之君子危身弃生以殉物者多矣,又乌能安于定分哉?故复继之以田父之说。

忠不足以安君,适足以危身;义不足以利物,适足以害生。安上不由于忠,而忠名灭焉;利物不由于义,而义名绝焉。君臣皆安,物我兼利,古之道也。

政和:忠所以安君也,忠而轻用吾身,则不足以安君而适所以危身;义所以利物也,义而反愁我己,则不足以利物而适足以害生。故忠以安君者,欲君臣皆安;义以利物者,欲物我兼利。此古之道也。

鹖子曰:去名者无忧。老子曰:名者实之宾。而悠悠者趋名不已。名固不可去,名固不可宾邪?今有名则尊荣,亡名则卑辱。尊荣则逸乐,卑辱则忧苦。忧苦,犯性者也;逸乐,顺性者也。斯实之所系矣。名胡可去?名胡可宾?但恶夫守名而累实。守名而累实,将恤危亡之不杀,岂徒逸乐忧苦之间哉?

政和:自内言之,去名无忧;自外言之,有名尊荣。虽然,圣人任其自尔,何容心焉?去功与名,还与众人,非所以蕲无忧也。苟有其实,人与之名不受,非所以图尊荣也。两无所系,此之谓顺性命之道也。

范曰:名不可比周,争也;不可夸诞,有也;不可势重,胁也。故古人谓是为公器而不可多取。彼烈士之殉名,廉士之重名,奸人之盗名,又乌知至人以是为己桎梏而有所谓无为名尸者哉？是篇始有为名之说,必终以此,所以遣其言之累耳。

冲虚至德真经四解卷之十九

说　符

张曰:夫事故无方,倚伏相推,言而验之者,摄乎变通之会。

卢曰:此篇去末明本,约形辩神,立事以显真,因名以求实,然后知徇情之失道,从欲以丧真。故知道者不失其自时,任能者不必远害。

政和:善言天者必有验于人。《天瑞》自然之验,《说符》言人事以合之。此书名篇始终之义。

范曰:事物之变,有万不同。成败之相因,倚伏之相禅,百而验之,岂苟然哉？契乎自然之符而已。孔子曰:予欲无言。则无言者,圣人之本心,卒不得已而有言者,期于明道故也。使天下之人皆造乎道,尚何事于有言哉？故《老子》之书终于信言不美,所以总叙其作经之意;《列子》之书终于《说符》,所以自祛其著书之迹。

子列子学于壶丘子林。壶丘子林曰:子知持后,则可言持身矣。

《老子》曰:后其身而身先。

列子曰:愿闻持后。曰:顾若影,则知之。列子顾而观影,形枉

则影曲,形直则影正。然则枉直随形而不在影,屈伸任物而不在我。此之谓持后而处先。

物莫能与争,故常处先。此语似壶子答而不条显,列子一得持后之义,因而自释之。壶子即以为解,故不复答列子也。

卢曰:夫影由形立,曲直在于形;生形由神存,真伪在于神用。若见影而形辩,知形而神彰,不责影以正身,不执身以明道,观其末而知其本,因其著而识其微,然后能常处先矣。

政和:道以柔弱谦下为表,故随感而应,未尝先人也。如彼桔槔,俯仰随人。不与物争,而天下莫能与之争,则后其身而身先,有在于此。故曰:屈伸任物而不在我,此之谓持后而处先。

范曰:影之为物,火与日,吾屯也,阴与夜,吾代也。疑若有待矣,而实无所待。彼往则我与之往,彼来则我与之来,彼强阳则我与之强阳,或枉或直,随形而已。故列子观之而得持后之说也。人皆取先,己独取后。曰受天下之垢,是之谓持后,则不与物争,而天下莫能与之争,故常处先。《老子》曰:圣人后其身而身先。又曰:欲先人,以其身后之。义与此协。

关尹谓子列子曰:言美则响美,言恶则响恶;身长则影长,身短则影短。名也者,响也;身也者,影也。

夫美恶报应,譬之影响,理无差焉。

故曰:慎尔言,将有知之;慎尔行,将有随之。

所谓出其言善,千里应之。行乎迩,见乎远。

是故圣人见出以知入,观往以知来,此其所以先知之理也。

见言出则响入,形往则影来,明报应之理,不异于此也。而物所未悟,故曰先知之耳。

卢曰:响之因声,声善则响美;名之因实,实善则名真。故名者声之响，身者神之影也。声出而响和，行习而神随，故圣人闻响以知声，见行而知道也。

政和：言发而响应，形动而影从，美恶长短在此而不在彼。故君子将有言也，将有行也，必慎其独。《易》曰：先知其几于神乎？见出以知入，观往以知来，为之于未有，非几于神者与？

范曰：言行之接物，若声之于响，形之于影。声有美恶，响则应之；形有长短，影则从之。故言出乎身，加乎民；行发乎迩，见乎远。言行，君子之所以动天地也，可不慎乎？惟研几之。圣人朝彻于见独之先，作炳于眇绵之上，见出知入，观往知来。言行之大，始于拟议，而终有成变化。故言无瑕谪之可累，行无辙迹之可寻。

度在身，稽在人。人爱我，我必爱之；人恶我，我必恶之。

礼度在身，考验由人。爱恶从之，物不负己。

汤武爱天下，故王；桀纣恶天下，故亡。此则成验。**此所稽也。**

卢曰：礼度在于身，稽考在于人，若影之应乎形，响之应乎声。汤武、桀纣，其迹可稽也，其度可明也，爱恶之心，不可不慎也。

稽度皆明而不道也，譬之出不由门，行不从径也。

稽度之理既明，而复道不行者，则出可不由户，行不从径也。

以是求利，不亦难乎？

违理而得利，未之有。

卢曰：稽度之事可明而不为道者，譬行不由门户与街衢耳。欲以求利身于天下者，不亦难乎？

尝观之神农、有炎之德，稽之虞、夏、商、周之书，度诸法士贤人之言，所以存亡废兴而非由此道者，未之有也。

自古迄今，无不符验。

卢曰：考其行，稽其迹，自古帝王贤圣之言，犹人存亡废兴，粲然可明。若不由此道而为理者，未之有也。

政和：度言其可度，稽言其所考，欲知己之可度，当念彼之所稽，斯得矣。是故人之爱恶于我，自我之爱恶尔。帝之所兴，王之所起，缙绅先生多能明之。验其废兴之道，未有不由此者。

范曰：以身为度者，其本在此；以稽为决者，其效在彼。有以爱人，人斯爱我矣；有以恶人，人斯恶我矣。爱恶之情，未尝不本诸己。汤武积德有海内，爱之可知，故其兴也勃然；桀纣不仁失天下，恶之可知，故其亡也忽焉。岂非稽在人之验与？是道也，自古及今，未有不由此者。

严恢曰：所为问道者为富。问犹学也。**今得珠，亦富矣，安用道？**

道，富之本也。珠，富之末也。有本故末存，存末则失本也。

子列子曰：桀、纣唯重利而轻道，是以亡。

非不富，失本则亡身。

幸哉余未汝语也。人而无义，唯食而已，

义者，宜也。得理之宜者，物不能夺也。

是鸡狗也。强食靡角，胜者为制，是禽兽也。

以力求胜，非人道也。

为鸡狗禽兽矣，而欲人之尊己，不可得也。

岂欲人之尊己，道在则自尊耳。

人不尊己，则危辱及之矣。

乐推而不厌，尊己之谓。苟违斯义，亡将至。

卢曰：无乏少者谓之富，非谓求利之富也。若重利轻道，桀纣所以亡也。鸡犬禽兽不知仁义，争食恃力，不知其他。行此则危辱及身,欲人之尊己,岂可得矣?此谓因名求实。

政和:《经》曰:虽有拱璧,以先驷马,不如坐进此道。苟轻道而徇物,则人不尊己,而危辱及之。

范曰:平为福,有余为祸,物莫不然,而财其甚者也。夫富者苦身疾作,多积财而不得尽用,其为形也亦外矣,又乌知体道之人有所谓知足者哉?游券之内,行乎无名,有万不同,随取皆备,又国财在所并焉。故莫之爵而常自然,天下乐推而不厌。固未尝重利轻道,而以富为是也。

列子学射中矣,

率尔自中,非能期中者也。

请于关尹子。尹子曰:子知子之所以中者乎?对曰:弗知也。关尹子曰:未可。

虽中而未知所以中,故曰未可也。

退而习之。三年,又以报关尹子。尹子曰:子知子之所以中乎?列子曰:知之矣。关尹子曰:可矣,守而勿失也。

心平体正,内求诸己,得所以中之道,则前期命矣,发无遗矣。

非独射也,为国与身亦皆如之。故圣人不察存亡,而察其所以然。

射虽中,而不知所以中,则非中之道。身虽存,不知所以存,则非存之理。故夫射者,能拙俱中,而知所以中者异;贤愚俱存,而知所以存者殊也。

卢曰:不知所以中者,非善之善者也。得之于手,应之于心,命中而中者,斯得矣。得而守之,是谓之道也。能知其道,非独射焉,为国为身亦皆如是也。善知射者,不贵其中,贵其所以必中也。善知理国理身者,亦不贵其存,贵其所以必存。故贤愚理乱可知者有道也。

政和:射者非前期而中谓之善射,可乎?盖前期而中,则所制在此,使无二适,唯我所为。推此以修身,推此以治国,是或一道也。圣人不察其存而察其所以存,不察其亡而察其所以亡。存亡末也,所以存亡者其本也。察其所以存则知免于亡,察其所以亡则知保其存。

范曰:古之射者,内志正,外体直,奠而后发,不失正鹄,盖有所谓前期而中者。苟反求诸己而不知所以中之之道,讵能矢矢相属而发发相及哉?虽然,非独射也,为国与身亦皆如之。惟圣人深达神机,明乎无朕,不察存亡而察其所以然者,故养生则裕于屈伸,处己则适乎消长,莅事则知成败之策,御敌则达擒纵之权。酬酢万变,无往不暇,与所谓前期而中者何异矣。

列子曰:色盛者骄,力盛者奋,未可以语道也。

色力是常人所务也。

故不斑白语道,失,而况行之乎?

色力既衰,方欲言道,悟之已晚。言之犹未能得,而况行之乎?

故自奋,则人莫之告。人莫之告,则孤而无辅矣。

骄奋者,虽告而不受,则有忌物之心,耳目自塞,谁其相之?

贤者任人,故年老而不衰,智尽而不乱。

不专己智,则物愿为己用矣。

故治国之难,在于知贤,而不在自贤。

自贤者,即上所谓孤而无辅。知贤则智者为之谋,能者为之使,物无弃才,则国易治也。

卢曰:俗之所恃者色与力也,恃色则骄怠之心厚,恃力则奋击之志多，不可以语其道也。色力衰者为斑白，白首闻道犹不能行，况能行之乎？故守单弱者道必亲之，自强奋者人不肯告。人不肯告，宁有辅佐者乎？贤者任于人，故穷年而神不衰，尽智而心不乱。以此理国者，知贤而任之则贤才为之用，自贤而无辅则失人矣。

政和：道以素朴为质，以懦弱谦下为表。故以色骄人而不锄其色，以力尚人而不能不负其力，皆未足以语大道之方也。传曰：行贤而去自贤之行，乌往而不爱哉？故不自奋则人乐告以善道矣。于是闻道则有年虽长而色若孺子者，此之谓年老而不衰。于是知道则有达理而不以物害己者，此之谓智尽而不乱。此治国之道所以在于其身下人，而惟骄矜之是去。

范曰：汝惟不伐，乃能无以色骄人；汝惟不矜，乃能无以力胜人。以体道者不能进此。又况天下之理，自用则小，好问则裕。善为国者，以贤下人，未尝以贤临人，故聪明者竭其视听，智力者尽其谋。能行贤而去自贤之行，岂容有不治者哉？

宋人有为其君以玉为楮叶者，三年而成。锋杀茎柯，毫芒繁泽，乱之楮叶中而不可别也。此人遂以巧食宋国。子列子闻之，曰：使天地之生物，三年而成一叶，则物之有叶者寡矣。故圣人恃道化，而不恃智巧。

此明用功能不足以赡物，因道而化，则无不周。

卢曰：夫斯雕为朴，还淳之道也。故曰：善约者不用胶漆，善闭者不用关钥，是以大辩若讷，大巧若拙耳。若三年成一叶，与真叶不殊，岂理国全道之巧乎？是以圣人恃其道化，如和气布而万物生，不恃智巧也。若违天理而伪巧出，此之为未明本末也。

政和：道，雕刻众形而不为巧。窃窃然恃智力而为之，安得物物而给诸？故匪雕匪琢,运量万物而不匮,此圣人所以任道化而不任智巧。

范曰:大制不割。刻雕众形,彼盈于天地之间者,干而实,条而蔓。匪规匪矩而有形者,刺裁自我;匪丹匪青而有色者,藻饰自我。有万不同,一无不备,岂固以人助天而有刻楮之劳哉？圣人者,天地而已矣,故以道为化,无为而天下助,孰弊弊然以智巧为事乎？

子列子穷,容貌有饥色。客有言之郑子阳者,曰:列御寇盖有道之士也,居君之国而穷,君无乃为不好士乎？郑子阳即令官遗之粟。子列子出见使者,再拜而辞。使者去。子列子入,其妻望之而拊心曰:妾闻为有道者之妻子,皆得佚乐。今有饥色,君遇而遗先生食。先生不受,岂不命也哉？子列子笑谓之曰:君非自知我也。以人之言而遗我粟,至其罪我也,又且以人之言,此吾所以不受也。其卒,民果作难而杀子阳。

卢曰:夫食人之禄,忧人之事。君不知我,因人之言,而赐之。若罪我也,亦因人之言而责我也。吾所贵夫知我者,真悟道之士也。及子阳难作而不见害,此真所谓不为外物之所伤累者也。

政和:尊生者不以养伤身。列子于是盖有先知之理焉。

范曰:古之善为士者,三族之位不足易其介,万钟之禄不足迁其守。苟可以无与而与焉,固未尝受而喜之也。其曰民果作难而杀子阳,又以明圣人之知几如此。

鲁施氏有二子,其一好学,其一好兵。好学者以术干齐侯,齐侯纳之,以为诸公子之傅。好兵者之楚,以法干楚王,王悦之,以为军正。禄富其家,爵荣其亲。施氏之邻人孟氏,同有二子,所业亦同,而窘于贫。羡施氏之有,_{有犹富也。}因从谓进趣之方。二子以实告孟氏。孟氏之一子之泰，以术干秦王。秦王曰：当今诸侯力争，所务兵食而已。若用仁义治吾国，是灭亡之道。遂宫而放之。其一子之卫，以法干卫侯。卫侯曰：吾弱国也，而摄乎大国之间。大国吾事之，小国吾抚之，是求安之道。若赖兵权，灭亡可待矣。若全而归之，适于他国，为吾之患不轻矣。遂刖之，而还诸鲁。既反，孟氏之父子叩胸而让施氏。施氏曰：凡得时者昌，失时者亡。子道与吾同，而功与吾异，失时者也，非行之谬也。且天下理无常是，事无常非。

应机则是，失会则非。

先日所用，今或弃之，今之所弃，后或用之。此用与不用，无定是非也。投隙抵时，应事无方，属乎智。

虽有仁义礼法之术，而智不适时，则动而失会者矣。

智苟不足，使若博如孔丘，术如吕尚，焉往而不穷哉？

二子之所以穷，不以其博与术，以其不得随时之宜。

孟氏父子舍然无愠容，曰：吾知之矣，子勿重言。

卢曰：学仁义之道，善韬略之能，文武虽殊，同归于才行之用，必因智之适时。智者道之用，任智则非道矣。夫投必中隙，抵必适时，应变无方皆为智也。故适时者无窘才，明道者无乏智。智若不足也，虽文若孔丘，武若吕尚，不免乎穷困也。孟氏既悟，故曰勿重言耳。

政和：理无常是，当时者为是；事无常非，不适时者为非。当时命而大通乎天下，则所弃者或用；不当时命而大穷乎天下，则所用者或弃。君子知穷之有命，知通之有时，则安时顺命而已，岂以其遇不遇而恃区区之智以投隙抵事为哉？

范曰：物无常宜，宜在随时。一是一非，特未定也。孟氏之二子，其道与施氏同而功与施氏异，岂行之谬哉？此所谓非遭时也。

晋文公出会，欲伐卫，公子锄仰天而笑。公问何笑，曰：臣笑邻之人有送其妻适私家者，道见桑妇，悦而与言。然顾视其妻，亦有招之者矣。臣窃笑此也。公寤其言，乃止。引师而还，未至，而有伐其北鄙者矣。

夫我之所行，人亦行之。而欲骋己之志，谓物不生心，惑于彼此之情也。

卢曰：夫贪于得而不知得有所守者，俗人之常情也，故嗜欲无穷而真道日丧矣。所以贵夫知道者，内守其道而不失外，用于物而不遗。世人则不然矣，外贪欲色，他妇是悦也，内失于道者而已，妻见招矣。

政和：察乎盈虚，知分之无常，则于去就安能独以其身尚人哉？此圣人所以睹蝉鹊之相累，而不以物害己。

范曰：侔物者物亦侔之，害人者人亦复之。物固相累，二类相召也。此栗林虞人以吾为戮，古之真人所以三月不庭与？传称吴王欲伐荆，孺子谏之。义与此协。

晋国苦盗。有郄雍者，能视盗之眼，察其眉睫之间，而得其情。晋侯使视盗，千百无遗一焉。晋侯大喜，告赵文子曰：吾得一人，而一国盗为尽矣，奚用多为？文子曰：吾君恃伺察而得盗，盗不尽矣，且郄雍必不得其死焉。俄而群盗谋曰：吾所穷者郄雍也。遂共盗而残之。

残，贼杀之。

晋侯闻而大骇，立召文子而告之曰：果如子言，郄雍死矣。然取何方？文子曰：周谚有言：察见渊鱼者不祥，智料隐匿者有殃。

此答所以致死。

且君欲无盗,莫若举贤而任之,使教明于上,化行于下,民有耻心,则何盗之为?

此答所以止盗之方。

于是用随会知政,而群盗奔秦焉。

用聪明以察是非者,群诈之所逃;用先识以摘奸伏者,众恶之所疾。智之为患,岂虚言哉?

卢曰:教者,迹也。众人所以履而行焉。化者,道也。众人所以日用而心伏。心伏则有耻,迹明则教成,举贤任才,盗斯奔矣。或问曰:庄子云圣人生而大盗起,此云举贤任才而群盗去,何谓耶?答曰:求虚名而丧其实者,大盗斯起矣;得其实而去为名者,群盗斯去矣。故举贤而任才者,求名也;用随会者,得实也。理不相连,何疑之有耶?

政和:道之以德,有耻且格。圣人所以教民而化之以道,虽赏之不窃也。以苛为明,抑末矣。克核太至,必有不肖之心应之。郄雍视盗,所以见杀。举贤而不仁者远矣,随会知政所以群盗去而他适。

范曰:鉴水之与形接也,不设智故而物之方圆曲直不能逃也。善为国者,藏其利器,不以示人,无为而民自化,无欲而民自朴,又曷尝务机巧,滋法令,饰智惊愚,恃明察物而期以得盗为哉?若郄雍者,不足以知此。

孔子自卫反鲁,息驾乎河梁而观焉。有悬水三十仞,圜流九十里,鱼鳖弗能游,鼋鼍弗能居,有一丈夫方将厉之。孔子使人并涯止之,曰:此悬水三十仞,圜流九十里,鱼鳖弗能游,鼋鼍弗能居也,意者难可以济乎?丈夫不以错意,遂度而出。孔子问之曰:巧乎?有道术乎?所以能入而出者,何也?丈夫对曰:始吾之入也,先以

忠信；及吾之出也，又从以忠信。忠信错吾躯于波流，而吾不敢用私，所以能入而复出者，以此也。孔子谓弟子曰：二三子识之，水且犹可以忠信诚身亲之，而况人乎？

《黄帝篇》中已有此章，而小不同，所明亦无以异，故不复释其义也。

卢曰：夫忠者同于物，信者无所疑。同而不疑，不私其己，故能入而复出也。然则同而不疑，不私其己，知道矣夫！《黄帝篇》中已有此章。

政和：至诚之道，无所不通。忠而不欺，信而不疑，诚心行之，可以感物。则动天地，感鬼神，横六合而无逆者，故游金石，蹈水火，皆可也。

范曰：游于吕梁者，必顺性命之理；济于河梁者，必体忠信之道。其旨一也。

白公问孔子曰：人可与微言乎？孔子不应。

白公，楚平王之孙，太子建之子也。其父建因费无极所谮，出奔郑，郑人杀之。胜欲令尹子西、司马子期伐郑，许而未行。晋伐郑，子西、子期将救郑，胜怒曰：郑人在此，雠不远矣。欲杀子西、子期，故问孔子。孔子知之，故不应。微言，犹密谋也。

卢曰：微言者，密言也，令人不能知也。白公，楚平王之孙，太子建之子。建出奔郑，白公欲乱，故孔子不应耳。

白公问曰：若以石投水，何如？孔子曰：吴之善没者能取之。

石之投水则没，喻其微言人不能觉，故孔子答以善没者能得之，明物不可隐者也。

曰：若以水投水，何如？孔子曰：淄渑之合，易牙尝而知之。

复为善味者所别也。

卢曰:以石投水,喻迹不可见;以水投水,喻合不可隐也。味者分淄渑,不可合也。唯神契理会,然后得也。

白公曰:人故不可与微言乎？孔子曰:何为不可？唯知言不谓者乎！

谓者,所以发言之旨趣。发言之旨趣,则是言之微者。形之于事,则无所隐。

夫知言之谓者,不以言言也。

言言则无微隐。

卢曰:夫情生而事彰,味殊而可尝,唯神之无方,知言之谓者,神会也。

争鱼者濡,逐兽者趋,非乐之也。

自然之势,自应濡走。

故至言去言,

理自明,化自行。

至为无为。

理自成,物自从。

夫浅知之所争者末矣。

失本存末,事著而后争解,鲜不及也。

卢曰:鱼在于水,争之者濡;兽走于野,逐之者趋,非乐之也,其势使然也。故至言者不在言,至为者无所为也。浅智逐末,常失其理。道之所行,物无不当者矣。

白公不得已,遂死于浴室。

不知言之所谓,遂使作乱,故及于难。

卢曰:忿而非理,死以快意,下愚之所以乱常也。

政和:以石投水,既有形矣,若形形者未尝形,则非善没者所能取也；淄渑之合，既有味矣，若味味者未尝呈，则非易牙所能尝而知之也。微言固隐而未彰，然言亦既有。唯目击道存，殆弗容声，则知言之谓而不以言言者也。争鱼逐兽，所争末矣。故至言必去言，然后为言之至；至为必去为，然后为为之至。白公何足以与此？

范曰：以石投水，而善没者能取之；以水投水，而善喊者能尝之。一涉于物，固有不得而逃者矣。然不知言之人，乌可与言？知言之人，默焉而意已传。将欲微言，非知言之谓者，不可也。又况天下之理，争鱼者濡，逐兽者趋，岂固乐之哉？意之所至，有不知所以然而然者，何则？物有感触，皆从意生。意所偏系，随念而易。发于言者一或不慎，则几事不密而至于害成者有矣。故至言去言，则虽言而未尝言；至为去为，则无为而无不为。夫浅智之所争者，末矣。白公争而灭，殆谓是与！

赵襄子使新稚穆子攻翟，

穆子，襄子家臣新稚狗也。翟，解虞也。

胜之，取左人、中人。

左人、中人，解虞二邑名。

使遽人来谒之。

遽，传也。谒，告也。

卢曰：急来告捷也。

襄子方食而有忧色，左右曰：一朝而两城下，此人之所喜也。今君有忧色，何也？襄子曰：夫江河之大也，不过三日，

谓潮水有大小。

飘风暴雨不终朝，日中不须臾。

势盛者必退也。

今赵氏之德行,无所施于积,

无积德而有重功,不可不戒惧也。

一朝而两城下,亡其及我哉!

不忘亡,则不亡之也。

卢曰:不能积德累行,而以强力下二城。夫物盛必衰,不亡何待耶?故贪不以忻,贤者所以惧。知苟得之所以惧也,然后能积其德矣。

孔子闻之曰:赵氏其昌乎!夫忧者所以为昌也, 戒之深也。**喜者所以为亡也。** 将致矜伐。**胜,非其难者也,持之,其难者也。贤主以此持胜,故其福及后世。齐、楚、吴、越皆尝胜矣,然卒取亡焉,不达乎持胜也。唯有道之主,为能持胜。**

胜敌者皆比国,而有以不能持胜,故危亡及之。

卢曰:矜功伐能,所以亡也;忧得诫强,所以昌也。贤者以此福及后代,道者以此泽被含生,此之谓持胜。持胜者,持此诫慎,胜彼强梁。唯有道者所能行也。

孔子之劲,能拓国门之关,而不肯以力闻。

劲者,力也。拓者,举也。孔力能举门关,而力名不闻者,不用其力也。

墨子为守攻,公输般服,而不肯以兵知。

公输般善为攻器,墨子设守能却之,为般所服,而不称知兵者,不有其能也。

故善持胜者,以强为弱。

得为攻之母也。

卢曰:夫子之力能举关,墨子之善能制敌。不以力谋显而以道德闻者,善此持胜,以强为弱也。夫艺成者必为人所役,好胜者必遇于强敌,唯道德仁义者可以役物而兴化者也。

政和:盈而处之以坤,成而处之以缺,持胜之道也。刚而守之以柔,强而守之以弱,常胜之道也。江河之大也,有损焉。风雨之聚也,有息焉。日之中也,有昃焉。观诸天地,尚不能久,而况于人乎？惟始于忧勤者终于逸乐,此忧者所以为昌。般乐怠敖者是自求祸,此喜者所以为亡。知此则福及后世,此之谓持胜之道。力足以制众而无勇功,兵足以胜敌而无威名,柔弱处下而攻坚强者,莫之能先,此之谓常胜之道。然常胜之道,是乃所以持胜也。

范曰:战胜易,守胜难。故非有道之主不能持胜。

冲虚至德真经四解卷之二十

说　符

宋人有好行仁义者,三世不懈。家无故黑牛生白犊,以问孔子。孔子曰:此吉祥也,以荐上帝。居一年,其父无故而盲,其牛又复生白犊。其父又复令其子问孔子,其子曰:前问之而失明,又何问乎？父曰:圣人之言,先迕后合。其事未究,姑复问之。其子又复问孔子。孔子曰:吉祥也。复教以祭。其子归致命,其父曰;行孔子之言也。居一年,其子又无故而盲。其后楚攻宋,围其城。民易子而食之,析骸而炊之。丁壮者皆乘城而战,死者太半。此人以父子有疾皆免,及围解,而疾俱复。

此所谓祸福相倚也。

卢曰:夫仁者爱人,义者济物,三世不息,其于积善深矣。若有其才则招禄,无其才则致福,此余庆之所钟也。吉祥之应,为善之征,克全其生而获其利。积行之报,岂虚言也哉?

政和:昭昭生于冥冥,有伦生于无形。祸兮福所倚,福兮祸所伏。孰知其极,则倚伏之理何常之有?唯德厚者福衍,故福生有基而祸亦不来。此宋人之行仁义,所以能因祸致福。

范曰:福之兆乎物谓之祥,祸之兆乎物亦谓之祥。所谓吉祥者,岂非吉之先见者与?然梱之祥也,其父以为不祥;巫祝所以为不祥者,神人以为大祥。盖忧喜聚门,吉凶同域,而祸福之相为倚伏,特未可知也。唯圣人为能知其所以然。

宋有兰子者,

凡人物不知生出主谓之兰也。

以技干宋元。宋元召而使见,其技以双枝长倍其身,属其胫,并趋并驰,弄七剑迭而跃之,五剑常在空中。元君大惊,立赐金帛。又有兰子又能燕戏者,

如今之绝倒投狭者。

闻之,复以干元君。元君大怒曰:昔有异技干寡人者,谓先侨人。**技无庸,适值寡人有欢心,故赐金帛。彼必闻此而进,复望吾赏。拘而拟戮之,经月乃放。**

此技同而时异,则功赏不可预要也。

卢曰:夫积仁义以守道者,福可全也;恃力技以侥幸,不常禄也。列子两举其事,以彰德行之为益耳。

政和:理无常是,事无常非,顾所遇之时如何耳。乃若执技而不通乎道,尤非所谓可常之道也。君子知分之无常,所以谨于去就。

范曰:得时者昌,失时者亡。苟骋徼利之心,而昧适时之道,鲜不及矣。

秦穆公谓伯乐曰：子之年长矣。

伯乐，善相马者。

子姓有可使求马者乎？

问伯乐之种姓，有能相马继乐者不。

伯乐对曰：良马可形容筋骨相也。

马之良者，可以形骨取也。

天下之马者，若灭若没，若亡若失。

天下之绝伦者，不于形骨毛色中求，故仿佛恍惚，若存若亡，难得知也。

若此者，绝尘弭辙。

言迅速之极。

臣之子皆下才也，可告以良马，不可告以天下之马也。臣有所与共担纆薪菜者，

负索薪菜，盖贱役者。

有九方皋，比其于马，非臣之下也。请见之。

非臣之下，言有过于己。

卢曰：担缠薪菜者，贱役者也。子姓者，子弟之同姓者也。

穆公见之，使行求马。三月而反，报曰：已得之矣，在沙丘。 地名。**穆公曰：何马也？对曰：牝而黄。使人往取之，牡而骊。穆公不说，召伯乐而谓之曰：败矣，子所使求马者，** 谓九方皋。**色物、牝牡尚弗能知，又何马之能知也？伯乐喟然太息曰：一至于此乎！是乃其所以千万臣而无数者也。**

言其相马之妙乃如此也，是以胜臣千万而不可量。

卢曰：皋之相马，相其神不相其形也。形者，常人之所辩也。伯乐叹其忘形而得神，用心一至于此，自以为不及皋之无数倍也。

故穆公以为败,伯乐以为能也。

若皋之所观,天机也,

天机,形骨之表所以使蹄足者,得之于心,不显其见。

得其精忘其粗,在其内而忘其外。

精内,谓天机;粗外,谓牝牡毛色。

见其所见,

所见者,惟天机也。

不见其所不见;

所不见,毛色牝牡也。

视其所视,

视其所宜视者,不忘其所视。

而遗其所不视。

所不应视者,不以经意也。

若皋之相马,乃有贵乎马者也。

言皋之此术,岂止于相马而已,神明所得,必有贵于相马者,言其妙也。

马至,果天下之马也。

卢曰:夫形质者,万物之著也。神气者,无象之微也。运有形者,无象也;用无象者,形物也。终日用之而不知其功,终年运之而不以为劳。知而养之者,道之主也。皋之见乎所见者,以神也,契其神者而贵于马也。代人皆不知所贵矣。

政和:道在体无体。若灭若没,视之不可见;若亡若失,搏之不可得;绝尘弭躅,逐之不能及。中人以下才士也,岂足以识此?可以言论者物之粗,可以意致者物之精。得其精忘其粗者,言之所不能论也。知之外矣,不知内矣,在其内忘其外者,知之所不能知也。

见其所见,不见其所不见,此其见之所以独;视其所视,不视其所不视,此其视之所以神。惟其所索者不在于形骸之内,故其所得者非见于形骸名声之末,是乃进乎圣人之道。良马以喻才,天下马以喻圣人之道。

范曰:牝而黄,牡而骊,相去远矣。九方之相马也,得其精而忘其粗,在其内则忘其外,造天机之妙,而色物牝牡无所致知。此伯乐所以喟然而叹,以为千万臣而无数也。

楚庄王问詹何曰:治国奈何?

詹何,盖隐者也。

詹何对曰:臣明于治身,而不明于治国也。楚庄王曰:寡人得奉宗庙社稷,愿学所以守之。詹何对曰:臣未尝闻身治而国乱者也,又未尝闻身乱而国治者也,故本在身,不敢对以末。楚王曰:善。

卢曰:损物以厚生,小人之常情也;损生以利物,好名之诡行也。安社稷者,后其身也;善理身者,国自理之矣。君者国之主,神者形之主。理国在乎安君,理身在乎安神,神安则道崇,道崇则国理。神者身之本,道者神之功,故不敢以末对。

政和:国之本在身,是以明明德于天下者,欲治其国,先修其身,所谓治其本面末从之也。古之人以道之真治身,其绪余以为国家,岂有身治而国乱?

范曰:国之本在家,家之本在身。善为国者岂有他哉?盖亦反其本矣。詹何之钓鱼也,以弱制强也。以轻致重而曰治国,诚能若此,则天下可运于一握。由是观之,举斯心以加诸彼,固其所慢为也。

狐丘丈人谓孙叔敖楚大夫也。**曰:人有三怨,子知之乎?**

狐丘,邑名。丈人,长老者。

孙叔敖曰:何谓也?对曰:爵高者,人妒之;官大者,主恶之;禄

厚者,怨逮之。孙叔敖曰:吾爵益高,吾志益下;吾官益大,吾心益小;吾禄益厚,吾施益博。以是免于三怨,可乎?

卢曰:夫心益下君,道之用也;施益博者,德之用也。用道以下身者,无怨恶也;用德以周施者,主恩惠也。向之三怨,复从何而生哉?

政和:君子不欲多尚人,爵益高,心益下,此所以免于人之妒而无失;其为高官益大,心益小,此所以免于上之忌而无失;其为大禄益厚,施益博,此所以免于怨之逮而无失。其为厚,是谓持后而处先。

范曰:孙叔敖三为令尹而不荣华,三去之而无忧色,以是而期免于怨,固无往而不可矣。

孙叔敖疾,将死,戒其子曰:王亟封我矣,吾不受也。为我死,王则封汝。汝必无受利地。楚越之间有寝丘者,此地不利,而名甚恶。楚人鬼,而越人禨,

信鬼神与禨祥。

卢曰:禨字,巨衣切,又居希切。《淮南传》曰:吴人鬼,越人禨。禨,祥也。

可长有者唯此也。孙叔敖死,王果以美地封其子。子辞而不受,请寝丘,与之,至今不失。

汉萧何亦云,子孙无令势家所夺,即此类也。

卢曰:人所争者,有力必取之;利之薄者,人所不用焉。不争之物则久有其利,必争之物则不能常保。人知利厚而共争,不知长有而利深。故嗜欲者,必争之地也。全道者,长久之方也。善于道者,触类而长之,何适而非道?

政和:天下皆知美之为美,斯恶矣。唯处众人之恶而不争者,为几于道,而可以长久。

范曰:古之得道者,处众人之所恶,不以自好累乎其心。以寝丘之封,孙叔敖所以戒其子也。

牛缺者,上地之大儒也。下之邯郸,遇盗于耦沙之中,尽取其衣装车。牛步而去,视之欢然,无忧吝之色。盗追而问其故。曰:君子不以所养害其所养。盗曰;嘻!贤矣夫。既而相谓曰:以彼之贤,往见赵君,使以我为,必困我。不如杀之。乃相与追而杀之。燕人间之,聚族相戒,曰:遇盗莫如上地之牛缺也。皆受教。俄而其弟适秦,至关下,果遇盗,忆其兄之戒,因与盗力争。既而不如,又追而以卑辞请物。盗怒曰:吾活汝弘矣,而追吾不已,迹将著焉。既为盗矣,仁将焉在? 遂杀之,傍害其党四五人焉。

牛缺以无吝招患,燕人假有惜受祸,安危之不可预图皆此类。

卢曰:夫知时应理者,事至而不惑,时来而不失,动契其真,运合于变矣。若见名示迹,不适其时,则无往不败也。牛缺不知时,其弟亦过分,亦犹孟氏之二子出于文武哉?矫名过当者,未尝不如此也。

政和:生非贵之所能存,身非爱之所能厚,牛缺之见杀是已。富贵者以养伤身,贫贱者以利累形,燕人之见杀是已。然则轻生固所不免,而重生者亦未离于有累,圣人所以有身为大患。

范曰:牛缺以无吝招辜,燕人以力争遇害。祸福之理不可预图,有如此者。

虞氏者,梁之富人也,家充殷盛,钱帛无訾,财货无量。登高楼,临大路,设乐陈酒,击博楼上。侠客相随而行,楼上博者射,明琼张中,反两㯬吐合切**。鱼而笑。**

明琼,齿五白也。射五白得之,反两鱼获胜,故大笑。

飞鸢适坠其腐鼠而中之。侠客相与言曰:虞氏富乐之日久矣,

而常有轻易人之志。吾不侵犯之,而乃辱我以腐鼠。而此不报,无以立懂于天下。懂,勇。请与若等勠力一志,率徒属必灭其家为等伦。皆许诺。至期日之夜,聚众积兵以攻虞氏,大灭其家。

骄奢之致祸败,不以一涂。虞氏无心于凌物而家破者,亦由谦退之行不素著故也。

卢曰:前章言学仁义,三代以致祥,此章言积骄奢,一朝以招祸。行之不著,飞灾所钟。祸福无门,惟人所召。此之双举,诫之深焉。

政和:祸福之来,惟人所召。而天之所恶,孰知其故?

范曰:道者去奢去泰,奢则淫于德,泰则侈于性,岂道也哉?虞氏富乐日之久矣,肆轻易之心,亡谦恭之行,故其亡也,立而待也。

东方有人焉,曰爰旌目,将有适也,而饿于道。狐父之盗曰丘,见而下壶餐以铺之。爰旌目三铺而后能视,曰:子何为者也?曰:我狐父之人丘也。爰旌目曰:嘻,汝非盗邪?胡为而餐我?吾义不食子之食也。两手据地而欧之,不出,喀喀然,遂伏而死。狐父之人则盗矣,而食非盗也。以人之盗,因谓食为盗而不敢食,是失名实者也。

卢曰:求名失实,违道丧生,其爰旌目之谓乎?有道者不然矣,使盗者变其心,成乎仁也。身行其道,人沐其化,君子济危,食之两全也。欧则双失,又喀喀而吐,伪愚也哉!

政和:贤者过之,道之所以难行也。此伯夷之隘,君子所以不由。

范曰:嘑尔之与,乞人弗屑;嗟来之食,饿者弗受。矧夫所谓盗者哉?然有御人于国门之外者,其交也以道,其馈也以礼,虽孔子受之,讵曰以其人之盗而不食其食乎?

柱厉叔事莒敖公,自为不知己者,居海上。夏日则食菱芰,冬

日则食橡栗。莒敖公有难,柱厉叔辞其友而往死之。其友曰:子自以为不知己,故去。今往死之,是知与不知无辩也。柱厉叔曰:不然,自以为不知,故去。今死,是果不知我也。吾将死之,以丑后世之人主不知其臣者也。凡知则死之,不知则弗死,此直道而行者也。柱厉叔可谓怼以忘其身者也。

卢曰:彼终不知己也,乃死其身以明彼之不知己,岂有道者所处乎? 名之累愚,多若是矣,与夫全生宝道者远矣。

政和:君子有杀身以成仁者,仁不可去也;有舍生而取义者,义不可辞也。忿诚无由,适足以杀其躯而已。不能惩忿窒欲,而刻意异俗以丧其生,此未闻君子之大道也。

范曰:死或重于泰山,或轻于鸿毛,顾所以处之如何耳。死者非难,处死者难。公子纠之难,召忽死而管仲不死,古之人未尝不非子纠而多管仲,矧夫所谓不知己者哉? 以怼忘身,君子不贵也。

杨朱曰:利出者实及,怨往者害来。

利不独往,怨不遍行,自然之势。

发于此而应于外者唯请,

请,当作情。情所感,无远近幽深。

是故贤者慎所出。

善著则吉应,恶积则祸臻。

卢曰:唯请者,若自召之也。祸福之来,若影与响耳,故贤者慎其所出也。今之慕道者,皆脱略名教,轻弃礼法,放情任己以为达生,以任义为桎梏,以屋宅为裈袴,忽彼报应,人事不修。故嵇康之徒死亡而不暇,嗣宗之辈世疾如仇雠而不知真理乎?

政和:言出乎身,加乎人;行发乎迩,见乎远。言有招祸,行有招辱,君子不可不慎也。曰发于此而应于外者唯请,盖言祸福荣辱之来，唯人所召。

范曰：祸福无门，惟人所召。荣辱之来，各象其德。出乎尔者，反乎尔者也，可不慎乎？

杨子之邻人亡羊，既率其党，又请杨子之竖追之。杨子曰：嘻！亡一羊何追者之众？邻人曰：多歧路。既反，问：获羊乎？曰：亡之矣。曰：奚亡之？曰：歧路之中，又有歧焉，吾不知所之，所以反也。杨子戚然变容，不言者移时，不笑者竟日。门人怪之，请曰：羊，贱畜，又非夫子之有，而损言笑者，何哉？杨子不答，门人不获所命。弟子孟孙阳出以告心都子。心都子他日与孟孙阳偕入，而问曰：昔有昆弟三人，游齐鲁之间。同师而学，进仁义之道而归。其父曰：仁义之道若何？伯曰：仁义使我爱身而后名。

身体发肤不敢毁伤也。

仲曰：仁义使我杀身以成名。

无求生以害仁，有杀身以成仁。

叔曰：仁义使我身名并全。

既明且哲，以保其身。

彼三术相反，而同出于儒。孰是孰非邪？杨子曰：人有滨河而居者，习于水，勇于泅，操舟鬻渡，利供百口。裹粮就学者成徒，而溺死者几半。本学泅，不学溺，而利害如此。若以为孰是孰非？心都子嘿然出。孟孙阳让之曰：何吾子问之迂，夫子答之僻？吾惑愈甚。心都子曰：大道以多歧亡羊，学者以多方丧生。学非本不同，非本不一，而末异若是。唯归同反一，为亡得丧。子长先生之门，习先生之道，而不达先生之况也，哀哉！

卢曰：羊以逾神，守神不失为道也。一失其羊而奔波歧路，不可得矣。但守其神，为无丧无得，而为无待也。多方于仁义者，亦若是矣。

政和：自道术为天下裂，百家往而不反，故天下之人各自为方，判离涣散而不见古人之大全，此多歧所以亡羊，多方所以丧生也。仁义使我爱身而后名，盖若微子之去；使我杀身以成名，盖若比干之死；使我身名俱全，盖若箕子之智，然是三仁者同归于道。使天下之人虽殊涂而同归，则无得丧矣。

范曰：道不欲杂，杂则多，多则扰。体道者一以贯之，岂以多为贵哉？会殊涂而同归，该百虑而一致，则于道几矣。

杨朱之弟曰布，衣素衣而出。天雨，解素衣，衣缁衣而反。其狗不知，迎而吠之。杨布怒，将扑之。杨朱曰：子无扑矣，子亦犹是也。向者使汝狗白而往，黑而来，岂能无怪哉？

此篇明己身变异，则外物所不达，故有是非之义。不内求诸己而专责于人，亦犹杨布服异而怪狗之吠也。

卢曰：夫守真归一，则海鸥可驯；若失道变常，则家犬生怖矣。

政和：君子之行，内守之而外不变，或知白守黑，或以黑尚白，众人固不识也。若丧其质之真，而外变于白黑，又岂能使物之不怪乎？

范曰：物变无常，是非各异，知其然不知其所以然者，妄也。真伪强生分别，名贵震乎朝暮，毁誉迷于再三，岂不惑哉？

杨朱曰：行善不以为名，而名从之；名不与利期，而利归之；利不与争期，而争及之，故君子必慎为善。

在智则人与之讼，在力则人与之争，此自然之势也。未有处利名之中，而患难不至者也。语有之曰：为善无近名。岂不信哉！

卢曰：求名之善，人所必争。故曰为善无近名者，不与人争利也。行人之所不能行而不伐者，慎为善也。

政和：善不与名期而名自至，名不与利期而利自至。货财聚而睹所争，则其流生祸也。圣人见出以知入，观往以知来，故言行之发，必慎其独也。庄子曰：为善无近名。

范曰：善者人之所欲也。一有所欲，则或殉名而不息，或逐利而无厌，决性命之情以争之，而攘夺诞谩无所不至矣。故伯夷饿于首阳之下，盗跖暴于东陵之上，岂不惑哉？

昔人言有知不死之道者，燕君使人受之，不捷，而言者死。燕君甚怒，其使者将加诛焉。幸臣谏曰：人所忧者，莫急乎死；己所重者，莫过乎生。彼自丧其生，安能令君不死也？乃不诛。有齐子亦欲学其道，闻言者之死，乃抚膺而恨。富子闻而笑之曰：夫所欲学不死，其人已死而犹恨之，是不知所以为学。胡子曰：富子之言非也。凡人有术不能行者有矣，能行而无其术者亦有矣。卫人有善数者，临死，以诀喻其子。志其言而不能行也。他人问之，以其父所言告之。问者用其言而行其术，与其父无差焉。若然，死者奚为不能言生术哉？

物有能言而不能行，能行而不能言，才性之殊也。

卢曰：或人有非术者，云徒能说虚词以辩理，未有自能行而证之者，故疑其所言，以为不实耳。故此章言有知之者，有能知而未能行者，有能行而不知者，然则知而不行，行而不知。不行不知，虽俱能悟，非无差别矣。况闻斯行诸，因知而获悟者，岂不贤于不知言者乎？

政和：小梁倚有圣人之才而无圣人之道，女偊有圣人之道而无圣人之才，或有其才，或有其道，所以未能俱至于圣也。有术而不能行者，有道之谓；能行而无术者，有才之谓。以圣人之道告圣人之才，庶几则其果为圣人矣。孰谓死者不能言生术哉？

范曰:言人之才性不同,有如此者。

邯郸之民以正月之旦献鸠于简子,简子大悦,厚赏之。客问其故。简子曰:正旦放生,示有恩也。客曰:民知君之欲放之,竞而捕之,死者众矣。君如欲生之,不若禁民勿捕。捕而放之,恩过不相补矣。简子曰:然。

卢曰:夫人知所以善者,皆事之末也。若理其本则众所不能知,而功倍于理末者,皆若此也,故小慈是大慈之贼耳。名教之迹,理其末也;大道之功,理其本也。众人皆睹其小而不识其大者焉。故略举放鸠以明此大旨也。

政和:天地之于万物形色智力,使其自遂而已。圣人好生之德,盖亦以匜。

齐田氏祖于庭,食客千人。中坐有献鱼雁者,田氏视之,乃叹曰:天之于民厚矣。殖五谷,生鱼鸟,以为之用。众客和之如响。鲍氏之子年十二,预于次,进曰:不如君言。天地万物与我并生,类也。类无贵贱。

同是生类,但自贵而相贱。

徒以小大智力而相制,迭相食,非相为而生之。人取可食者而食之,岂天本为人生之?且蚊蚋噆肤,虎狼食肉,非天本为蚊蚋生人、虎狼生肉者哉?

卢曰:夫食肉之类,更相吞噉,灭天理也,岂天意乎?鲍子之言,得理之当也。尝有俗士言伏羲为网罟,燧人熟肉而食,彼二皇者皆圣人也。圣人与虎食肉何远耶?释氏之经,非中国圣人,约人为教,利人而已矣。释氏是六通圣人,约识为教,通利有情焉。今列子之书乃复宣明此指,则大道之教未尝不同也。

政和:天地与我并生,万物与我为一,则类与不类相与为类。

然形名而降,大则制小,远近之相取,高下之相倾,智力消息,皆其自尔。故圣人之道,任万物之自然而不为。

范曰:人之于物,无所不爱也。所谓放生以示有恩者,岂其然哉?天之于物,无所不生也。所谓生物以为民用者,岂其然哉?

齐有贫者,常乞于城市。城市患其亟也,众莫之与。遂适田氏之厩,从马医作役而假食。郭中人戏之曰:从马医而食,不以辱乎?乞儿曰:天下之辱,莫过于乞。乞犹不辱,岂辱马医哉?

不以从马医为耻辱也。此章言物一处极地,分既以定,则无复廉耻,况自然能夷得失者乎?

卢曰:士有折支舐痔而取进用者,亦求衣食也。役于贱医之门者,亦求衣食也。获多利则以为荣,获少利则以为耻,代人亦孰知荣耻之实者乎?

政和:以道观之,物无贵贱;以俗观之,贵贱不在。已明乎此,则天下之辱不足以辱其身。此有道者之所贵也。

宋人有游于道、得人遗契者,遗弃。**归而藏之,密数其齿。**刻处似齿。**告邻人曰:吾富可待矣。**

假空名以求实者,亦如执遗契以求富也。

卢曰:举俗之人,迷于空名,失于真理,皆如拾遗失之木契,计刻齿之数以待富焉。亦犹不耻乞丐于市而耻受役于人矣,亦何异乎人间逃奴,弃其主而别事于人?执劳不异也,而自以为不系属于人。随妄情而失实义,其类皆如是矣。

政和:世之所贵道者,书也。道虽书之所传,而亦非书之所能得其真。彼载之空言而因以求道,则去道远矣。执遗契以待富,凡以明此。

范曰:以内观为务者,安至足之分,故从马医而不以为辱。以外慕为心者,肆无穷之欲,故执遗契而期以获富。

人有枯梧树者,其邻父言枯梧之树不祥,其邻人遽而伐之。

言之虽公,而失厝言之所也。

邻人父因请以为薪。

又践可疑之涂。

其人乃不悦,曰:邻人之父徒为薪,而教吾伐之也。

在可疑之地,物所不信也。

与我邻,若此其险,岂可哉?

卢曰:劝之伐树,公言也;请以为薪,理当也。劝伐而请疑过生焉,故曰:人之所畏,不可不畏。勿谓无伤,其祸将长。此之谓也。

政和:处嫌疑之域,则触类而生疑,道之所以不行也。

范曰:宋有富人,天雨墙坏。其子曰:不筑且有盗。其邻人之父亦云。暮而果大亡其财,其家甚知其子而疑邻人之父。然则践可疑之地,失措言之所,谁能使人之不疑哉?

人有亡铁者,意其邻之子。视其步,窃铁也;颜色,窃铁也;言语,窃铁也;动作态度,无为而不窃铁也。俄而抇其谷,而得铁,抇音掘字。**他日复见其邻人之子,动作态度无似窃铁者。**

意所偏惑,则随想念而转易。及其甚者,则白黑等色,方圆共形,岂外物之所能变乎?故语有之也,万事纷错,皆从意生。

卢曰:事有疑似而招祸者,多矣。自飞鸢坠鼠,皆疑似成患。唯积德守道,无情不私者乃能无患焉,故失铁疑邻,其事一也。

政和:藏猜虑之心,则随在而有蔽。故道之所以不明也。

范曰:万物纷错,皆从意生。意所偏系,随念而易。又况虚明之中,有物采之,沈沦性真,迷著外好,则事之物变,盖有甚于窃铁者。

白公胜虑乱,

虑者,犹度也。谋度作乱者。

罢朝而立,倒杖策,錣上贯颐,

錣,杖末锋。

血流至地而弗知也。郑人闻之曰:颐之忘,将何不忘哉?意之所属箸,其行足踬株埳,头抵植木,而不自知也。

政和:意有所至,形有所忘。

昔齐人有欲金者,清旦衣冠而之市,适鬻金者之所,因攫其金而去。吏捕得之,问曰:人皆在焉,子攫人之金何?对曰:取金之时,不见人,徒见金。

嗜欲之乱人心,如此之甚也。故古人有言:察秋毫之末者,不见泰山之形;调五音之和者,不闻雷霆之声。夫意万物所系迷著外物者,虽形声之大而有遗矣。况心乘于理,检情摄念,泊然凝定者,岂因万物动之所能乱者乎?

卢曰:张湛云,嗜欲之乱人心,如此之甚也。故曰:察秋毫之末者,不见泰山之形;听五音之和者,不闻雷霆之声。心有所存,形有所忘,皆若此者也。此章言嗜欲不可纵,丧身灭性之大也。今以丧其身之物,意欲厚其身也。若能无其身,复何用金为?所言无身,非谁灭身也,盖不厚而已矣。

政和:见得而忘形,见利而忘真,此世俗之人所以丧己于物也。是篇终之以攫金,盖亦符《天瑞》为盗之说。

范曰:白公虑乱而杖策贯颐,齐人攫金而衣冠之市,意有所至而形有所忘,可不慎欤?